개정증보판

한국철학
에세이

개정증보판
한국철학에세이
ⓒ 김교빈, 2008

초판 1쇄 펴낸날 2003년 1월 30일
초판 8쇄 펴낸날 2007년 3월 15일
개정판 1쇄 펴낸날 2008년 5월 5일
개정판 15쇄 펴낸날 2024년 2월 20일

지은이 김교빈
그린이 이부록
펴낸이 이건복
펴낸곳 도서출판 동녘

등록 제311-1980-01호 1980년 3월 25일
주소 (10881) 경기도 파주시 회동길 77-26
전화 영업 031-955-3000 편집 031-955-3005 전송 031-955-3009
홈페이지 www.dongnyok.com **전자우편** editor@dongnyok.com
페이스북·인스타그램 @dongnyokpub
인쇄·제본 영신사 **라미네이팅** 북웨어 **종이** 한서지업사

ISBN 978-89-7297-567-0 (03130)

- 잘못 만들어진 책은 바꿔 드립니다.
- 책값은 뒤표지에 쓰여 있습니다.
- 이 도서의 국립중앙도서관 출판시도서목록(CIP)은 e-CIP홈페이지(http://www.nl.go.kr/ecip)와 국가자료공동목록시스템(http://www.nl.go.kr/kolisnet)에서 이용하실 수 있습니다. (CIP제어번호: CIP2008001299)

동녘선서 93

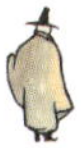

개정증보판
한국철학 에세이

김교빈 지음 | 이부록 그림

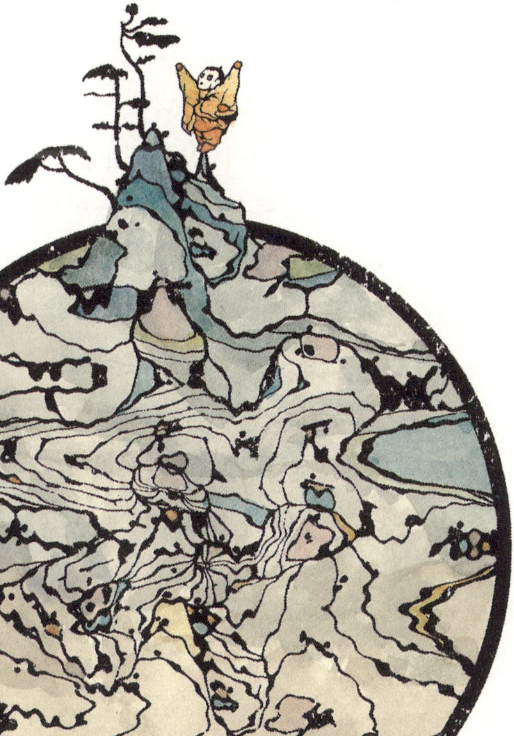

개정증보판 책머리에

　자유주의 시장 경제가 전 세계를 지배하는 오늘의 현실에서 인문학은 매우 어려운 상황에 처해 있습니다. 특히 대부분의 사람들은 철학이 내용도 어려울 뿐 아니라 현실과 상당한 거리가 있다고 생각하기 때문에 선뜻 철학책에 손을 대지 않습니다. 그럼에도 5년 전 펴낸 철학책의 개정판 서문을 쓰게 되니 여러 가지 의미에서 감회가 새롭습니다. 아마도 적지 않은 독자들이 보내 준 뜨거운 관심의 결과라고 생각합니다.

　이 책을 처음 펴낸 것은 2003년 1월이었습니다. 그동안 다행스럽게도 2005년 6월 한국문학번역원이 선정한 '2005 한국의 책' 인문과학 분야 10종 가운데 하나로 뽑혔고, 그 결과 정부로부터 번역비를 지원받아 2008년 1월 일본의 니혼효론샤(일본평론사)가 '한국 철학의 계보'라는 제목으로 출간해 내었습니다. 이제는 한국의 독자에 대해서만이 아니라 일본 독자들에게까지 한국철학을 알리는 역할을 하게 되어 어깨가 더 무거워진 느낌입니다.

　오늘날 인문학이 어려운 것은 사실이지만 인류 역사 속에서 인문학은 늘 모든 인간 활동의 정신적 고향이었습니다. 나는 누구인가를 끊임없이 되묻고, 나와 세계가 어떤 관계에 있는지를 근본에서부터 따져 들어가는 것이 인문학입니다. 또한 우리의 삶을 이루는 사물, 행위, 사건에는 어떤 의미가 있으며, 세상을 아름다우면서도 살 만한 것으로 만드는 가치가 무엇이고 어떻게 구현할 것인지를 고민하는 것이 인문학입니다. 그러한 물음에 답하기 위한 지적 노력이 인문적 탐구이고, 이런 탐구를 통해 길러진 능력이 인문적 교양입니다. 그리고 이를 바탕으로 삶의 문제들을 깊이 들여다보면서 새로운 해결을 모색하는 능력이 인문적 상상력이며, 인문적 탐구와 교양과 상상력을 통해 자신과 세계를 더 깊이 이해하고, 삶의 가치와 아름다움을 드높여 가는 정신이 인문 정신인 것입니다. 그런 점에서 전혀 실용적이지 않은 것처럼 보이는 인문학이야말로 사람과 사람, 사람과 세계에 대한 성찰을 통해 우리의 삶에 풍요로운 결실을 가져다주는 것입니다.

동아시아에서는 오랜 옛날부터 세계를 '천문', '지문', '인문'으로 나누었고 그 가운데서도 '인문'을 중심으로 세상 모든 것을 이해해 왔습니다. 그리고 '인문' 속에는 문학, 역사학, 철학과 함께 예술도 모두 담겨 있었습니다. 그런 점에서 이 책은 한국의 대표적인 전통 지식인들이 그들의 인문학적 상상력을 바탕으로 세계를 어떻게 이해하고 실천해 왔는지를 살펴 본 책입니다.

이 책이 한국 인문학의 대중적 지반을 넓히는 일에 작은 보탬이라도 되었다는 생각에 한국철학을 전공해 온 사람으로서 조금이나마 공부의 빚을 갚은 느낌입니다. 하지만 앞으로도 한국철학의 대중화와 사회화를 위해 더 노력하라는 채찍질로 받아들이려 합니다. 개정판은 초판에서 바로 잡지 못한 몇 군데를 보완하였고 아울러 초판에서 다루지 못한 수운 최제우의 사상을 갑오농민전쟁의 전개와 함께 다루어 보았습니다. 근대 민중의 사유를 다룬 것이라는 점에서 초판의 인물들과 대비되는 의미가 있습니다.

작은 성과이기는 하지만 《한국철학 에세이》 개정판을 내기까지에는 많은 분들의 도움이 제 학문의 밑거름이 되었습니다. 2002년 작고하신 아버님과 이제 여든넷이 되신 어머님, 늘 바쁘다는 핑계로 많은 시간을 함께하지 못한 가족들, 그리고 지금도 끊임없이 학자의 본을 보여주시는 안병주 선생님께 감사드립니다. 또한 오랜 인연으로 어줍잖은 글을 좋은 책으로 만들어주신 동녘출판사 이건복 사장님과 편집부 여러분께도 감사드립니다.

2008년 3월
김교빈 씀

초판 책머리에

1980년대 말 어느 더운 여름날 내 집에서 멀지 않은 곳에 사는 제자가 찾아왔습니다. 말이 제자이지 암울하던 1980년 당시 공장을 다니면서 야학에 찾아와 내게 배웠고, 그곳에서 만난 동학과 식도 못 올린 채 살다가 조금 형편이 펴지자 겨우 서른여덟 살인 내게 생애 첫 주례를 서게 만든 동지 같은 제자였습니다.

방학이어서 평소 버릇대로 큰 상을 펴고 앉아 여기저기 책을 늘어놓은 채 뭔가를 쓰고 있던 나에게 그 친구가 불쑥 물었습니다.

"한국에도 철학이란 게 있나요?"

나는 느닷없는 질문에 조금 당황하면서도 왜 그런 질문을 했는지 궁금해졌습니다. 나는 그 때 《역사비평》에서 청탁받은 남북 철학의 차이에 대한 글을 쓰던 중이어서 책상 위에는 북에서 나온 《조선철학사》를 비롯해서 남쪽에서 출간된 여러 종류의 한국철학사 책들까지 어지럽게 놓여 있었습니다. 아마 책 제목들을 보고서 묻는 것이라 짐작되었습니다. 하지만 상황이야 어떻든 명색이 한국철학 전공자인 내게 한국에도 철학이 있느

나는 질문은 매우 충격적이었습니다. 지금은 잘 생각나지 않지만 땀을 흘리며 열심히 설명해 보려고 했던 기억이 남아 있습니다.

그 일은 나 자신에게 몇 가지 공부할 과제를 갖게 만든 좋은 기회가 되었습니다. 그 가운데 하나는 완결된 한국철학사를 써 보겠다는 야무진 꿈이었습니다. 완결된 한국철학사란 고대부터 현대까지 이어지는 철학의 흐름을 뜻합니다. 이렇게 생각한 이유는 그런 질문이 나오는 이유 가운데 하나가 현대 한국에서 얘기되는 철학은 모두 서양철학이며 전통철학은 근대로 막을 내렸다고 보기 때문입니다. 사실 이 점은 남이나 북 모두 마찬가지 상황입니다. 북에서 나온 철학사 책들은 1920년 이전까지만 전통철학을 서술하고 있고 그 이후는 마르크스주의와 주체철학만을 논하고 있습니다. 그리고 남쪽 또한 모든 한국철학사 책이 근대에서 서술이 끝나 있었습니다. 그렇다면 근대 이후는 한국철학이 아니거나 정립된 것이 없다는 얘기가 될 것입니다.

그 뒤 근대부터 현대까지의 한국철학을 정리해 보자는 생각에서 후배들과 함께 한국철학사상연구회 안에 근현대사상 분과를 만들고 몇 년 동안 공동 작업을 해 보았습니다. 그리고 미흡하지만 시간적으로는 현대까지를, 공간적으로는 남북을 모두 아우른 철학사 책을 펴냈습니다. 물론 이 과제는 공부를 계속하는 한 끝까지 짊어지고 가야 할 과제입니다.

또 다른 과제 하나는 모든 사람이 읽을 수 있는 쉬운 내용의 한국철학 책을 써 보자는 것이었습니다. 전이나 지금이나 노동자로 일하는 그 제자가 한국철학에 대해 더 안다고 해서 삶이 달라지는 일은 없을 것입니다. 그러나 눈에 보이지 않는 힘이 더 크고 중요한 것처럼 내 땅의 사유 체계를 이해하고 그 이해를 자신의 삶과 연관시켜 생각할 수 있다면 훨씬 풍요로운 삶을 살 수 있을 것입니다. 그런 생각에서 1993년에 우선 동양철학을 쉽게 이해할 수 있는 책으로 《동양철학 에세이》를 후배와 함께 써 보았고, 1996년에는 한국철학사를 쉽게 푼 책을 후배들과 같이 써 보기도 하였습니다. 그 책은 누구나 편하게 읽을 수 있게 한다는 생각에서 쓰기 시작했는데 쉬운 글 쓰기가 얼마나 어려운지를 실감했습니다.

이제 《동양철학 에세이》를 낸 지 꼭 10년 만에 《한국철학 에세이》를 세상에 내놓습니다. 비록 완결된 철학사는 아니지만 한국철학을 큰 흐름에서 인물별로 정리한 이 책을 마무리하고 나니 명색이 한국철학을 전공한 사람으로서 공부 길에 들어서서 많은 도움을 받았던 분들께 지고 있던 빚을 조금은 갚은 느낌입니다. 먼저 지난 봄에 돌아가신 내 아버님과 지금 여든을 바라보시는 어머님, 공부한다고 항상 신경도 못 써주는 가족들에게 감사를 드립니다. 그리고 철모르던 시절부터 지금까지 공부 길을 이끌어 주신 고 유정동 선생님과 안병주 선생님, 18년을 같이해 온 호서대학교 철학과 학생들에게 감사드립니다. 안 나오는 글을 기다리느라고 애가 타면서도 여러 가지 뒷바라지를 아끼지 않은 도서출판 동녘 이건복 사장님과 편집부 여러분께도 고마운 마음을 전합니다.

2003년 1월
김교빈

개정증보판 책머리에 • 4

초판 책머리에 • 8

바로보기 우리 철학의 길 • 15

원효 한국 불교의 뿌리 • 33

지눌 정성을 다해도 모래로 밥을 지을 수는 없다 • 57

화담 서경덕 종달새를 바라보며 하루해를 보내다 • 81

회재 이언적 논쟁을 통해 성리학을 뿌리내리다 • 111

퇴계 이황 사람이 말을 부리는가, 말이 사람을 부리는가 • 141

율곡 이이 임금의 하늘은 백성이고, 백성의 하늘은 밥이다 • 175

하곡 정제두 만물의 이치가 내 마음에 있다 • 205

연암 박지원 격정의 삶을 살아간 북학의 대부 • 245

다산 정약용 농민이 아니면 땅을 가질 수 없다 • 273

수운 최제우 사람이 곧 하늘이다 • 299

돌아보기 오늘 우리에게 한국철학은 무엇인가 • 333

바로보기
우리 철학의 길

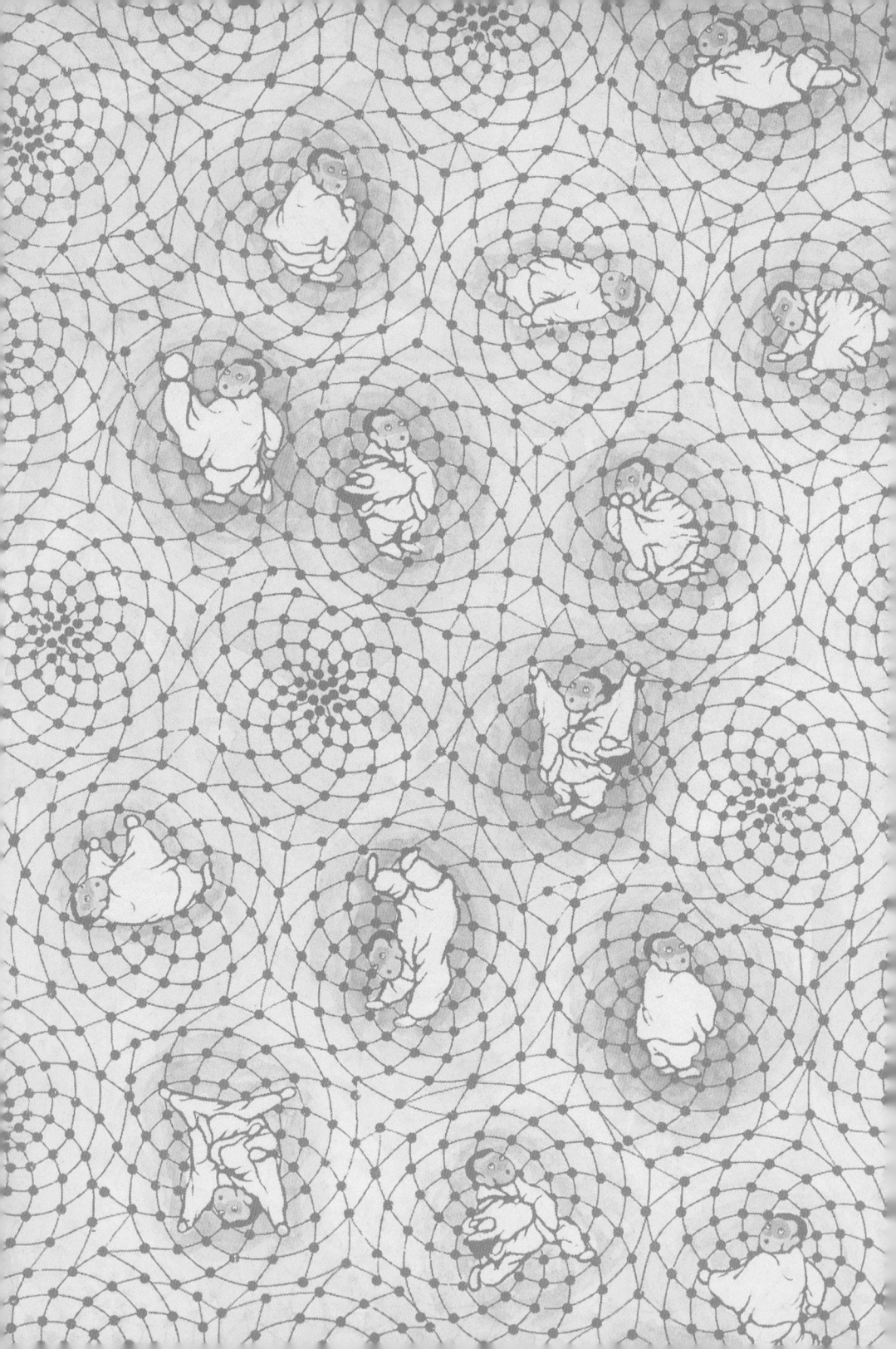

문화의 세기와 철학의 위기

21세기는 문화의 세기라고 합니다. 눈부신 과학 기술의 발전에 힘입은 교통과 통신의 발달이 지구를 한 마을처럼 가깝게 묶어 둔 가운데, 세계 모든 나라들이 한편으로는 무차별 경제 전쟁을 벌이고 있고, 다른 한편으로는 대규모 문화 전쟁을 치르고 있습니다. 언뜻 보아서는 경제 전쟁이 문화 전쟁보다 훨씬 더 직접적이고 클 것 같지만, 사실 문화 전쟁은 이미 그 속에 경제 전쟁을 포괄할 정도로 규모가 커졌습니다. 미국이 영화 한 편으로 벌어들이는 수익이 우리가 1년 동안 세계를 돌아다니며 땀 흘려 판 자동차로 번 총수입을 넘어서는 판입니다. 민족 단위의 국가들에게 문화 전쟁이란 민족의 생존 차원을 넘어서서 더 근본적으로 자신의 정체성을 유지·강화하는 길이며, 그 승패는 자신들의 고유 문화와 그 문화의 기반을 이루는 사상의 보존과 확산 여부에 달려 있습니다. 이런 상황에서 우리가 우리 문화에 눈을 돌리는 일은 18세기 이후 서양에 압도당하면서 내팽개쳤던 우리의 자존심을 회복하는 길이자 우리 스스로를 되돌아보는 길이기도 합니다. 그런 점에서 도도한 서구 중심의 문화 흐름에 밀리면서도 끊임없이 자기 문화를 지키려는 아랍이나 인도, 그리고 가까이는 중국의 노력이 모두 우리에게는 소중한 교훈인 셈입니다.

문화와 철학은 어떤 관계에 있는 것일까요? 문화는 넓은 범주에서 보면 종교·철학·예술·법률·풍속 같은 모든 사회 현상을 포괄하지만, 좁은 의미에서는 정신 생활 영역을 가리킵니다. 이처럼 문화는 매우 복잡한 구조를 지니고 있습니다. 문화를 세 개의 층차로 구분한 중국학자 방박의 견해에 따르면 뿌리가 되는 가장 깊은 부분에는 종교와 철학, 윤리 등이 놓여 있고, 둥치나 줄기에 해당하는 중간 부분에는 문학, 예술 등이 자리 잡고 있으며, 잎과 열매에 해당하는 겉으로 나타나는 부분에는 정치, 경제, 사회 등이 있습니다. 그런 점에서 본다면 철학은 문화의 핵심인 셈입니다. 다시 말해서 그 민족의 철학을 알면 그 민족의 문화를 알 수 있습니다. 왜냐하면 한 민족의 문화는 그 민족의 철학에 담긴 인간관, 사회관, 자연관, 세계관, 예술관 등이 반영된 것이기 때문입니다. 그런데 오늘 우리 사회는 문화 중심의 시대를 살면서도 오히려 그 뿌리인 철학을 가장 소홀히 대하는 역설적인 모습을 보이고 있습니다. 더구나 인문학 전반의 위기가 채 자리 잡지 못한 한국철학의 존립 근거를 더 어렵게 만들고 있습니다.

역사적으로 보면 18세기 이후 서양문화가 유입되면서부터 동양 여러 나라들의 문화는 전근대적이고 비합리적이며 비과학적이라는 비판을 받았습니다. 철학분야만 보더라도 전통철학은 서양철학의 유입 이후 근대 이전까지 누리던 주도적 위치를 잃고 말았던 것입니다. 그런 가운데에서도 중국은, 비록 성공적인 결과를 내지는 못하였지만 다양한 서양철학 사조를 자신들의 관점에서 소화해 보려고 노력함으로써 서구 문화를 단순한 수용 차원이 아니라 민족 문화의 새로운 모색을 위한 추동 요소로 삼으려 하였습니다.

그러나 우리 경우는 결합을 지향하기보다는 서양철학과 전통철학이 적대적 위치에 서서 결국은 전통철학이 말살당하고 지배당하는 형식으로 진행되어 온 것입니다. 그래서 이제는 철학이라 하면 당연히 서양철학을 가리키는 줄 알게 되었고, 반드시 그 앞에 동양 또는 한국이라는 수식어를 붙여야만 구분이 되는 것이 현실입니다.

현재 우리 나라 상황을 보면 철학과가 있는 50여 개 대학의 철학 강좌 중 동양철학 강좌는 3분의 1이 채 안 되며 더더구나 한국철학 강좌는 대부분 두세 과목에 지나지 않습니다. 하지만 서양 여러 나라들은 그렇지 않습니다. 독일의 철학 교육은 독일 철학을 중심으로 그 주변에 프랑스 철학과 영미 철학을 놓고 다시 그 바깥에 동양철학을 놓습니다. 프랑스에 가면 그 중심은 프랑스 철학으로 바뀌고 영국이나 미국에서는 영미 철학이 중심이 됩니다. 그런데 우리의 경우는 판에 박은 듯이 영미 철학이나 독일 철학이 중심을 이루고 그 주변에 프랑스 철학, 동양철학이 붙어 있으며, 한국철학은 정말 어쩌지 못해 군더더기처럼 붙어 있는 것이 현실입니다. 이 같은 기현상은 학문 수준의 우열에 따른 것이 아닙니다. 일제 강점하에서 현대식 교육이 시작되면서 일제가 자신과 동맹관계에 있던 독일 철학을 서양철학의 중심으로 삼았고, 해방 뒤에는 미국의 영향 아래 그 중심이 미국 철학으로 대체되었는데 그 우스꽝스러운 과거를 반영한 것입니다.

여러 해 전, 문민정부를 내세웠던 김영삼 정권 출범 직후 외국 수반 가운데 가장 먼저 우리 나라를 방문한 독일 대통령을 만난 자리에서 우리 대통령은 자신이 대학에서 철학을 전공했기 때문에 칸트와 헤겔 같은 독일 철학에 대해 잘 안다고 했습니다. 그 이야기를 들은 독일 대통령이 어떤 생각을 했을까요? 만일 칸트와 헤겔에 대해 잘 알지만 우리에게도 원효와 지눌, 화담과 율곡과 퇴계 같은 철학자가 있었다고 말했더라면 독일 대통령의 반응은 어떠했을까요?

무엇을 한국철학이라고 하는가

어느 민족이나 민족의 존립 근거는 주체성입니다. 그렇게 말하는 까닭은 주체성이 안으로는 민족의 동질성을 보장하는 기반인 동시에 밖으로는 다른 민족과의 차별성을 드러내는 근거이기 때문입니다. 물론 지금처럼 세계화를 내세우면서 민족 또는 국가간의 협력과 조화를 강조하는 시대에서는 특수성에 기반을 둔 민족 주체성을 강조하기보다 인류의 보편성을 확보하는 일이 우선적인 과제처럼 보일 수도 있습니다. 하지만 국제화나 세계화도 민족의 존립이 전제되지 않는다면 모래 위에 지은 집과 같습니다. 민족의 존립에 근거하지 않은 국제화는 강대국의 이익만을 보장하는 허구에 불과하기 때문입니다. 이것은 약소국이나 약소 민족의 평화에 대한 보장 없이 세계 평화를 논하는 것과 같습니다.

민족의 주체성을 구성하는 요소는 매우 많습니다. 고유 언어와 관습, 민족이 공유하는 오랜 역사 경험 등이 모두 여기에 해당합니다. 하지만 그 가운데에서도 가장 중요한 것은 민족의 고유한 철학사상입니다. 민족의 고유한 철학이란 그 민족의 보편적인 사유체계이며 그 속에서 민족 나름의 인간관, 자연관, 사회관이 나오기 때문입니다. 그렇기 때문에 고유한 사유체계를 지니지 못한 민족은 존립 근거를 잃은 것이나 마찬가지입니다.

그렇다면 우리 민족의 고유한 철학사상은 무엇일까요? 일찍이 일본의 식민학자들은 전통철학의 핵심을 이루는 유교·불교·도교가 모두 중국에서 발생한 철학이므로 한국만의 고유한 철학사상으로 볼 수 없다고 하였습니다. 그리고 삼국 시대부터 고려 시대까지는 불교에만 집착하였고 조선 시대에는 유교에만 집착하였듯이, 새로운 외래 사상이 들어오면 거기에만 몰두하는 고착성과 더불어 오랜 역사를 통해 중국 문화만 맹종해 온 사대성이 한국사상의 특징이라고 규정하였습니다. 그러나 이러한 주장은 자신들의 조선 지배를 합리화시키고 우리의 정체성을 무너뜨리기 위한 억지에 불과한 것입니다. 고착성을 말한다면 퇴계를 높여 왔고 양명학을 받들어 온 일본의 유교도 마찬가지가 됩니다. 그리고 크고 힘센 것을 섬기는 사대성이 특징이라면 조선 후기에 나타난, 청나라에 대한 끈질긴 저항과 일제 강점기까지 이어지는 항일운동의 흐름을 설명할 길이 없습니다.

 그 뒤 이 같은 식민사관에 반대하는 새로운 주장들이 나왔는데 그 가운데 세 가지를 소개하겠습니다. 첫째는 유교·불교·도교 같은 외래사상을 제외한 단군 신화와 무속신앙, 그리고 화랑도 같은 고유사상만을 한국철학으로 보자는 견해입니다. 둘째는 우리 고유사상에다 유교·불교·도교처럼 밖에서 들어왔더라도 오랜 세월을 거치면서 우리 것이 된 사상을 합쳐 한국철학으로 보자는 견해입니다. 셋째는 철학은 보편을 추구하는 작업이므로 서양과 동양, 한국·중국·일본으로 가를 것이 아니라는 전제하에 한국사람이 한국에서 한국말로 하는 철학은 모두 한국철학으로 보아야 한다는 견해입니다. 위의 견해 가운데 첫 번째 견해는 객관적인 자료가 부족한 고대사상을 민족에 초점을 맞춰 상상으로 부풀림으로써 편협한 국수주의와 신비주의에 빠질 우려가 있습니다. 그리고 세 번째 견해는 마치 상 위에 중국음식, 일본음식, 서양의 온갖 음식을 다 늘어놓고 먹으면서 지금 한국사람이 한국에서 먹는 음식은 다 한국음식이라고 하자는 것과 같은, 뿌리 없는 보편론이 되기 쉽습니다. 이러한 주장은 삶의 경험이 지닌 차이와 이를 바탕으로 한 사유체계의 차이를 무시한 허구적 논리입니다.

 그렇다면 우리는 무엇을 우리의 철학이라고 할 수 있을까요? 앞에서 말한 것처럼 어느 민족이나 그 민족만의 고유한 사유체계를 갖습니다. 민족의 고유한 사유체계는 그 민족이 오랜 역사 속에서 자신들이 몸담고 살아

온 자연적 조건과 사회적 상황 속에서의 체험들을 추상화하고 체계화한 것입니다. 그 과정에서 독자적인 사유체계를 만들어 내기도 하고 외래사상을 받아들여 자신들의 사상으로 만들어 가기도 합니다. 사실 인간은 고대부터 오늘날까지 누구나 자기가 살고 있는 체험 세계, 즉 삶의 세계에 나타난 여러 문제들을 고민하면서 나름대로 답을 구해왔습니다.

하지만 이러한 고민들은 개별 인간의 문제로 그치는 것이 아닙니다. 개개인의 고민과 해석은 오랜 기간을 거치면서 민족 범주의 보편적 공감대를 구성하게 되고 궁극적으로는 하나의 사유체계를 이루게 됩니다. 이 같은 과정을 거쳐 한국 민족이 만들어 낸 보편적 사유체계가 바로 한국의 철학사상이 되는 것입니다.

그렇다면 어떠한 모습을 보일 때 비로소 한국의 철학사상이라고 할 수 있는 것일까요? 첫째, 한국적 특징을 지니는 것이어야 합니다. 한국적 특징이란 밖으로부터 똑같은 사상을 받아들이더라도 다른 나라가 받아들인 모습과 구별되는 특징입니다. 그런 예로 불교를 들 수 있습니다. 불교는 오랜 기간을 거치면서 한국적 특징을 가진 철학사상으로 자리 잡았으며, 그렇기 때문에 인도 불교·중국 불교·일본 불교·한국 불교의 구분이 가능해지는 것입니다. 실제 이런 특징이 겉으로 드러난 예는 불상에서 찾을 수 있습니다. 같은 불상이지만 한국 불상이 인자하게 웃는 모습이라면 일본 불상은 고뇌하는 모습을 보이고 있고, 중국 불상은 매우 근엄한 표정을 짓고 있습니다. 이런 차이가 생기는 것은 같은 씨앗을 심어도 남쪽에서는 귤이 열리고 북쪽에서는 탱자가 열리는 이치와 같습니다. 이 점은 유교나 도교의 경우도 마찬가지이며, 오늘날 우리 사회에서 큰 비중을 차지하고 있는 서양철학이나 기독교도 오랜 과정을 거치면서 한국적 특징을 띠게 된다면 한국 철학사상의 범주에 들게 될 것은 당연한 일입니다.

둘째, 앞에서 말한 한국적 특징을 충족시키기 위해서는 구체적으로 한국인의 삶에 기초해야 합니다. 아무리 뛰어난 철학사상이 우리 지식인들 사이에 널리 퍼져 있다고 하여도 이 땅의 삶과 관계가 없는 한 그것은 한국의 철학사상이 될 수 없는 것입니다. 아무리 뛰어난 중국 철학이라 하더라도 그저 우리가 아는 중국 철학 가운데 하나에 지나지 않으며, 독일 철학이라면 마찬가지로 그저 독일의 다양한 철학 가운데 하나일 뿐입니다. 하지만 그러한 철학사상이 우리 사회의 문제를 고민하고 우리의 삶을 개선시키기 위한 도구가 된다면 그 때 비로소 우리 철학사상의 울타리 안으로 들어오게 됩니다. 즉 우리 사회의 문제를 인식하는 도구인 동시에 그 모순을 해결하기 위한 대안이 될 수 있을 때 우리의 철학사상으로 기능하는 것입니다. 과거 불교나 유교의 토착화 과정이 그러하였으며, 앞으로 기독교나 서양철학들도 같은 길을 걸어야 할 것입니다.

셋째, 과거의 철학이든 오늘날 우리가 받아들인 외래사상이든 민족의 삶에 발전적으로 작용해야만 합니다. 과거 우리 철학의 한 부분이었던 전통철학도 오늘 우리의 삶과 무관하다면 더는 우리 철학일 수 없습니다. 물론 그런 경우 과거 역사 속에 나타난 그 전통철학의 존재 여부나 철학사적 기능 자체를 부정하자는 것은 아닙니다. 하지만 오늘 우리의 삶과 무관할 때는 그러한 철학의 역할이 오늘 우리의 삶을 개선시키기보다는 오히려 사회발전을 가로막는 역기능으로 작용하기 쉽습니다. 즉 과거의 긍정적 역할이 아무런 제약 없이 오늘의 긍정적 역할로 이어지는 것은 아니라는 것입니다. 마찬가지로 외래사상, 특히 오늘날의 서양철학 또한 반드시 주체적 입장에서 섭취, 수용되어 우리 민족의 삶에서 긍정적인 역할을 맡는 과정을 거쳐야 비로소 우리 철학사상의 범주 속으로 들어오게 될 것입니다.

한국철학, 어떻게 할 것인가

　연구자들 가운데에는 동양철학과 서양철학은 연구 방법이 본질적으로 다르다고 보는 사람들이 있습니다. 그들은 그 근거로 서양철학의 흐름이 존재론이나 인식론적 경향을 강하게 띠었던 것과 달리 동양철학은 개인의 도덕적 수양에 관심을 두었다는 점을 들기도 합니다. 또는 서양철학이 분석적이고 논리적인 방법을 강조했던 것과 달리 동양철학은 도에 대한 직관적 깨달음이나 경험을 통한 체득을 중시했다고도 합니다. 그러나 이처럼 방법론에 근거한 구분 논리에 반대해 어떠한 철학이든 보편적인 측면이 있기 때문에 연구 방법을 구분할 필요가 없다는 주장도 있습니다. 이처럼 상반된 입장은 한국철학 연구에도 같은 모습으로 드러납니다. 한국이라는 조건은 중국이나 일본과 다른 특수한 조건이므로 여기에 근거한 연구 방법이 따로 있다는 주장이 있는가 하면, 모든 철학이 추구하는 것은 보편적이므로 이 같은 주장은 편협한 국수주의적 사고라는 지적도 있습니다. 하지만 이러한 주장들 속에는 연구자들 자신이 처한 입지를 강화하려는 의도가 들어 있기도 합니다.

　그러나 정말 중요한 것은 방법론의 차이가 아니며, 특정 철학에만 유용한 연구 방법이란 없습니다. 다만 어떠한 연구 방법이 다른 방법에 비해 분석도구로써의 역할에서 비교 우위에 있다고 할 수 있을 뿐입니다. 어떤 연구 방법이 옳은지를 따질 때의 주요 기준은 그 방법이 연구 목적에 들어맞는 결과를 얻는 데 얼마나 유용한 것인지, 한국 사회의 문제를 새롭게 볼 수 있는 틀을 만드는 데 얼마나 효과적이며 한국에 적합한 사유체계를 바람직한 발전 방향으로 이끌 수 있는 방법인지, 그리고 한국인들이 이런 방법에 얼마큼 동의하고 그것을 받아들이는지가 되어야 합니다. 그러므로 훈고학적 방법이든 고증학적 방법이든, 또는 해석학적 방법이든 현상학적 접근이든 위의 전제를 충족할 수 있다면 모두 유용한 것이며, 유물론적 방법 또한 유용하다면 받아들이면 될 뿐입니다. 본래 한국 철학사상을 탐구하는 근본 목적은 지식의 확장을 위한 것이 아니라 이 시대, 이 땅에서 한국사람다운 삶을 살기 위한 것입니다. 따라서 한국철학을 연구하는 방법 또한 이러한 목적을 실현하는 데 알맞은 것이어야 합니다. 그런 점에서 본다면 어떤 철학을 할 것인가보다는 왜, 그리고 무엇을 위해 철학을 할 것인가를 따지는 문제가 더 중요할 것입니다. 그러기 위해서는 근본적으로 다음과 같은 자세가 필요합니다.

첫째, 우리가 살고 있는 현실에 대한 역사의식, 시대의식, 사회의식을 가져야 합니다. 물론 과거 우리에게는 어떠한 철학사상이 있었으며 서양에는 어떤 철학이 있었는지, 그리고 그 철학사상들이 역사적으로 어떠한 기능을 했는지를 아는 일도 중요합니다. 하지만 우리가 철학사상을 탐구하는 궁극의 목적은 단순히 과거를 회상하거나 지적인 호기심을 채우는 데 있는 것이 아닙니다. 그러한 것을 바탕으로 오늘 우리가 안고 있는 문제들을 해결할 수 있는, 창조적인 전환이 필요합니다. 그러기 위해 우리는 오늘 우리가 사는 현실을 분석하고 설명할 수 있는 눈을 가져야 하며, 그 눈이 바로 시대의식, 역사의식, 사회의식인 것입니다. 이러한 의식은 구체적으로는 시대적 요구와 역사적 사명, 그리고 사회가 안고 있는 모순을 짚어 낼 수 있는 눈을 의미합니다. 하지만 그동안 우리 철학계는 환경운동이나 정치 개혁 같은 치열한 시민운동의 확산을 보면서도 그러한 이념을 창출하는 데 보탬이 되지 못하였고, 민족의 숙원인 통일 논의의 정신적 기초를 마련해 주기 위한 노력을 기울이기보다는 침묵과 외면으로 일관해 왔습니다. 이 같은 소극적 자세가 오늘날 철학의 위기를 가져온 것이며 앞으로도 그러한 시대적 요구를 반영해 내지 못하는 철학은 이 땅의 철학으로 설 수 없을 것입니다.

둘째, 우리 철학사상에 대한 자긍심을 탐구의 출발점으로 삼아야 합니다. 이 말은 우리의 철학사상을 지나치게 높이고 무조건 따르라는 것이 아닙니다. 그러한 자세는 자긍이 아니라 자만일 뿐이며, 자만은 언제나 자기 안으로 움츠리는 폐쇄성을 낳고, 그 결과는 국수주의와 맹목적 보수주의, 그리고 허위의식으로 나타날 것입니다. 반대로 우리의 철학사상을 스스로 낮추는 자기 비하도 안 됩니다. 우리의 철학사상에 대한 자기 비하는 우리 민족의 사유체계 속에 담긴 선조들의 고유한 성과를 무시하는 민족 허무주의를 낳고, 그 결과 남의 것을 무조건 추종하는 외래사상 의존을 가져옵니다. 하지만 자긍심은 그렇지 않습니다. 자긍심은 주체의식을 바탕으로 하면서도 열린 마음을 갖기 때문에 우리 철학사상에 굳건한 토대를 두면서도 외래사상 가운데 도움이 될 만한 것들을 긍정적인 자세로 수용하게 합니다. 이러한 자세를 가질 때만이 우리의 철학사상을 비판적으로 계승해 낼 수 있을 것이며 아울러 우리 사상에 도움이 될 외래사상들을 지나쳐 버리지 않을 수 있습니다.

셋째, 창의적인 자세가 필요합니다. 대체로 한국의 철학사상은 근대 이전에 만들어진 것이 대부분이며, 서양의 철학사상은 우리와 다른 사회적 조건들 속에서 만들어진 것입니다. 따라서 그 속에는 전근대와 근대, 그리고 오늘 우리가 사는 현대가 뒤섞여 있으며, 서양과 동양이라는 차이가 함께 담겨 있습니다. 예를 들어 전통철학의 경우를 보면 근대 이전의 철학사상을 만들어 낸 사회적 토대와 오늘 우리가 사는 사회적 토대 사이에 큰 차이가 있으며, 그에 따라 철학사상을 실현하는 방법과 주체가 달라질 수밖에 없습니다. 서양철학의 경우 또한 삶의 조건과 경험에서 많은 차이가 있기 때문에 논의되는 대상이나 주체가 달라질 수밖에 없습니다. 그러므로 과거의 철학사상이 아무리 좋다고 해도 오늘의 현실에 그대로 옮겨 심을 수는 없으며, 어떤 서양 철학자의 사상이 아무리 위대하다 해도 우리 현실에 그대로 받아들일 수는 없습니다. 따라서 한국 철학사상의 전통들을 의미 있게 계승해 내고 서양의 위대한 철학적 성과를 긍정적으로 수용하기 위해서는 지금 우리 현실에 맞도록 철저히 비판하고 개조해 낼 수 있는 창의적 자세가 필요합니다. 이런 점에서 볼 때 기철학을 가지고 새로운 학문의 틀을 구상해 온 조동일 교수나 우리 철학을 바탕으로 분단 현실을 넘어서는 논리를 찾는 백낙청 교수의 시도는 의미가 큽니다.

그렇다면 우리는 이러한 자세를 바탕으로 하면서도 구체적으로는 어떠한 방법으로 한국철학을 탐구해야 할까요? 무엇보다도 먼저 정치·사회·경제적 배경과 연관하여 한국철학을 이해해야 합니다. 사실 어떤 철학이든 그 철학이 만들어진 시대와 무관하지 않으며, 그런 점에서 모든 철학은 시대의 아들입니다. 예를 들어 봉건시대에 나온 전통철학은 군주와 양반 관료가 중심이 된 정치적 배경과 지주-전호제에 입각한 봉건적 토지 경제와 양반과 상놈의 차별적인 사회 신분 제도를 그 배경으로 하고 있습니다. 마찬가지로 오늘날 우리가 다루는 서양철학 또한 그 속에 그것을 배태한 사회적·역사적 배경을 담고 있습니다. 따라서 그러한 철학에서 말하는 인간이나 사회에 대한 견해와 세계관이나 자연관 속에는 그 배경이 반영되어 있습니다. 그러므로 이 같은 사회경제적 토대에 대한 분석을 지나쳐 버리면 각각의 철학사상이 지닌 한계에 대한 지적 없이 오늘 우리 현실에 그대로 유용하다는 몰역사적이며 몰주체적인 주장을 낳게 마련입니다. 이 같은 주장은 구체적 상황에 대한 구체적 분석이라는 과학성을 상실한 것으로, 종교적 신념이 될 수는 있어도 철학이 될 수는 없습니다.

둘째, 다른 학문 분야에서 이루어 낸 성과와 연관하여 이해하는 것이 필요합니다. 갈릴레이나 코페르니쿠스의 예에서 보듯이 중세 과학 발전이 가져온 세계관의 확대가 일정하게 철학적 세계관의 확장으로 나타났던 것처럼 철학의 발전은 사회 다른 분야의 발전과 무관한 것이 아닙니다. 우리 철학의 경우도 외세와의 관계가 주요 모순이 되어 버린 근대 이후의 철학을 이해하기 위해서는 정치학이나 역사학계의 성과를 함께 살펴보지 않으면 안 됩니다. 이 같은 노력 없이 철학의 변화 과정만을 다룬다면 그 결과는 관념론에 빠지고 말 것입니다. 이 점은 오늘 한국의 철학을 말할 때도 마찬가지로 적용됩니다. 환경 문제나 생명 윤리를 다루기 위해서는 자연과학의 연구 성과들을 수용해야 하며, 시민운동의 이념이나 신자유주의 문제 등을 다루기 위해서는 경제학이나 사회학에서 다른 우리 사회에 대한 분석을 충분히 받아들여야만 합니다. 이러한 노력이 따르지 않으면 어떤 문제를 다루더라도 구체성을 잃은 채 원칙에 입각하여 같은 말만 되풀이하는 앵무새 철학에 머물고 말 것입니다.

셋째, 우리 사회의 현실 문제들을 해결하기 위한 방향으로 나아가야 합니다. 철학이 대중에게 외면당하는 가장 큰 이유는 현실 문제를 다루지 않기 때문이며, 다룬다 해도 구체성을 상실한 추상화의 오류에 빠져 사변 철학으로 끝나기 때문입니다. 역사적으로 볼 때 철학은 시대의 성과를 종합하여 총체적으로 설명해 내기도 하고 때로는 새로운 시대를 열어 가기도 합니다. 그러므로 역사적으로 의미 있는 철학인지 아닌지는 그 시대의 문제점을 얼마나 정확히 짚어 내고 있으며, 그렇게 인식한 문제를 얼마나 논리적인 체계로 설명하고 있고, 마지막으로는 그러한 논리 체계를 바탕으로 얼마나 치열한 실천으로 이어지는가에 달려 있습니다. 그런 점에서 본다면 바람직한 오늘 우리의 철학이 되기 위해서는 민족의 최대 과제인 통일을 중요 주제로 삼을 수 있어야 하며, 여기서 파생된 우리 사회의 다양한 모순과 문제를 짚어 내고 대안을 제시할 수 있어야 합니다. 통일을 말하더라도 과거 그 많았던 마르크스주의에 대한 연구가 대부분 본격적인 연구도 없이 비판을 위한 비판에 머무름으로써 오히려 남북의 편차를 벌리는 역할을 했던 것과 같은 오류를 되풀이해서는 안 될 것입니다.

한국철학은 우리에게 어떤 의미가 있는가

한국철학이 한국사람들에게 주는 의미는 무엇일까요? 물론 한국사람만이 한국철학을 배울 수 있는 것은 아닙니다. 우리가 다른 나라의 철학을 배우고 연구하는 것처럼 외국사람들도 얼마든지 한국철학을 배우고 연구할 수 있습니다. 그렇다면 한국사람이 한국철학을 탐구하는 것과 외국사람이 한국철학을 탐구하는 것은 무엇이 다를까요? 외국사람이 한국철학을 탐구할 때는 그 목적이 한국철학을 발전시키려는 데 있지 않습니다. 이것은 한국사람이 외국철학을 아무리 열심히 연구하더라도 궁극적으로 연구의 목적이 그 나라의 철학 발전에 이바지하려는 것이 아닌 것과 같습니다.

사실 이런 점에서는 모든 학문이 마찬가지입니다. 요즈음 국제화, 세계화가 강조되면서 인문계열 대학에 진학하는 학생들 가운데 많은 수가 영문과로 몰리고 있습니다. 하지만 우리가 영문학을 공부하는 목적이 영미문학을 발전시키는 데 있다고 한다면 정신 나간 사람이 되고 맙니다. 사실 우리가 어떤 외국의 문학을 공부하는 목적은 그 나라의 문학을 발전시키려는 데 있는 것이 아니라, 좁게는 그 나라의 문학과 문화를 이해하고 나아가 그 나라와의 교류에 중요한 힘을 얻으려는 것이며, 크게는 그러한 성과를 바탕으로 우리 문학이나 문화 발전에 도움을 얻으려는 것입니다.

마찬가지로 다른 나라 사람이 한국철학을 탐구하는 까닭도 한국철학의 핵심을 이해함으로써 한국인의 사유구조와 의식을 알려는 것이며, 궁극적으로는 자기 나라의 이익에 보탬이 되게 하려는 것입니다. 따라서 그 경우 아무리 좋게 평가하더라도 수단으로서의 연구를 벗어날 수 없는 것입니다. 물론 한국철학과 외국의 철학 사이에 보편성도 있을 수 있습니다. 하지만 그러한 탐구의 궁극 목적이 자기 나라 철학과 남의 나라 철학 속에 들어 있는 보편성을 확인하기 위한 것은 아닙니다.

그렇다면 한국사람이 한국철학을 탐구하는 의미는 어디에 있을까요? 우리에게는 우리 철학의 탐구가 수단이 될 수 없습니다. 우리는 우리 철학을 탐구하여 한국 철학사상의 본모습을 찾아내고, 외국의 철학사상들이 탐구한 결과를 들여다가 우리 철학사상을 풍부하게 만들며, 우리의 철학사상 가운데 재현이 가능한 것들을 오늘 우리 사회의 발전을 위해 새롭게 재구성해 내기도 합니다. 그러므로 한국사람에게 한국 철학사상 탐구는 수단이 아니라 목적인 것입니다. 이처럼 한국 철학사상을 주체적으로 탐구할 수 있는 사람은 한국사람밖에 없습니다. 한국사람의 한국 철학사상 탐구는 바로 우리 눈으로 자신을 보는 것이며 우리의 삶을 주체적으로 변화·발전시키려는 노력입니다. 이 같은 관점에서 볼 때 전통철학 연구자든 서양철학 연구자든 우리 철학을 발전시킨다는 근본 목표에서 서로 만날 수 있을 것입니다.

여러 해 전에 영문학자인 백낙청 교수가 성균관대학교 교수들이 성대 초대 총장인 심산 김창숙을 기념하여 자신들의 주머니를 털어 마련한 '제2회 심산상'을 받고 수상 소감을 밝힌 적이 있습니다. 백낙청 교수는, 유학자이자 민족주의자였고 반독재 투쟁과 반분단 투쟁에 앞장섰던 김창숙 선생이 서양 문학 전공자인 자신에게 이 상이 주어졌다는 사실을 아신다면 어떻게 생각하셨을지를 묻고, 아마 좋다고 하셨을 것이라고 했습니다. 왜냐하면 그 상은 자신이 영문학을 했기 때문에 주는 상이 아니라 민족문학을 했다는 이유로 주는 상이기 때문이라는 것입니다. 소감 말미에 백낙청 교수는 자신이 재직하는 서울대학교 교수들이 성대 교수들처럼 상을 만든다 해도 일본사람인 초대 경성제대 총장이나 미국사람인 초대 서울대학교 총장을 기념할 수는 없는 현실을 안타까워하였습니다.

한국 철학사상은 정말 우리 역사만큼이나 오랜 역사를 지니고 있습니다. 그리고 저 먼 과거로부터 이어져 온 것처럼 아득한 미래까지 이어져 갈 것입니다. 어떠한 경우든 과거에 뿌리를 두지 않은 현재는 없으며 어떠한 현실도 고정된 상태로 있지는 않습니다. 오랜 세월에 걸쳐 지층이 퇴적되는 것처럼 현실은 언제나 과거의 전통 위에 서 있으며, 지금의 현실도 머지않아 새로운 현실에 대해 전통으로 작용하게 될 것입니다. 물론 전통철학 가운데에는 버려야 할 것도 많지만 계승해야 할 것도 많습니다. 서양철학의 경우도 부정되어야 할 것이 있겠지만 우리 사상을 발전시키기 위해 긍정적으로 검토해야 할 것도 많습니다. 그렇기 때문에 동서와 고금은 민족 현실과 주체성이라는 목표 아래 서로 만나야 할 것입니다. 우리는 그것을 실천한 예로 1957년, 대학에서 최초로 한국 철학사를 강의하였던 박종홍 교수를 들 수 있습니다. 물론 박종홍 교수가 유신정권에 봉사했던 데 대한 부정적 평가는 당연한 것입니다. 그러나 어린 시절 전통 학문을 배우고, 청년 시절부터 정식으로 서양철학을 배운 뒤 그 서양적 연구 방법을 가지고 다시 한국철학 연구로 회귀한 점에서 귀감이 아닐 수 없습니다. 이처럼 우리는 한국철학을 통해 주체성이라는 목표 아래 서로 만나야만 합니다. 그러기 위해서는 비판적 태도와 함께 열린 마음으로 우리의 철학을 보아야 할 것입니다.

원효

한국 불교의 뿌리

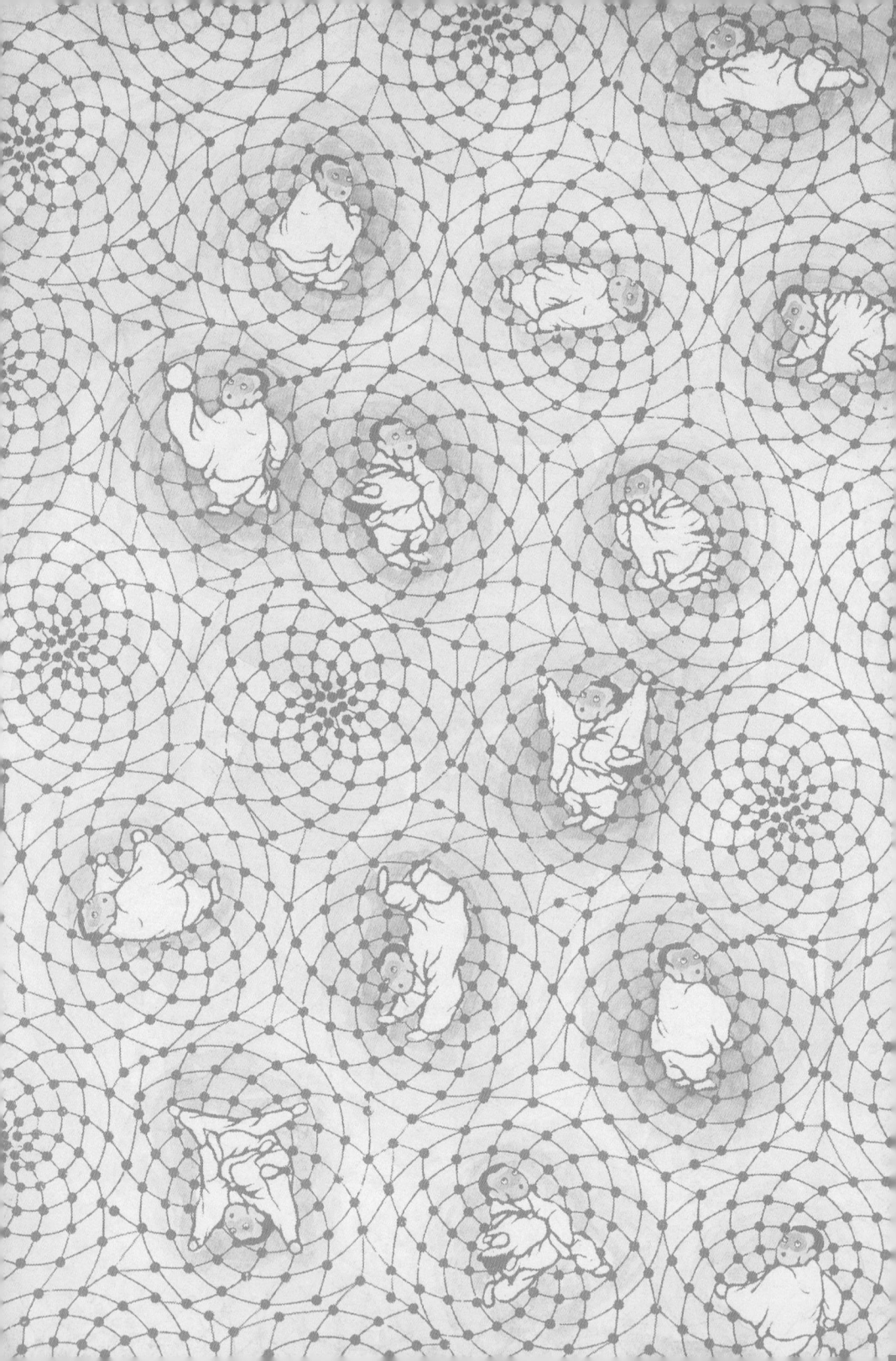

달라진 것은 내 마음일 뿐이다

1980년대 초반 뉴욕주립대학교에서 원효(元曉:617~686) 사상에 대한 특강이 열렸습니다. 강사는 불교 철학을 가르치는, 그 대학의 한국인 교수였는데, 강의를 들은 대다수 미국인들은 놀라움을 감추지 못하였습니다. "아니, 그 작은 나라 대한민국에, 더구나 7세기 초반에 그렇게 대단한 사상가가 있었단 말인가?"

어쩌면 한국철학에 문외한일 수밖에 없는 미국인들의 놀라움은 당연한 것일지 모릅니다. 그 교수는 특강을 마치고 혹시나 하는 마음에서 세계적인 철학 사전들을 찾아보았답니다. 대부분의 철학 사전이 원효를 다루고 있었지만, 한결같이 원효의 이름을 겡꾜라는 일본 발음으로 표기하고 있었다고 합니다. 필시 원효를 찾아본 외국인이 있었다면 일본 철학자로 착각했을 것입니다. 아무튼 이 일이 계기가 되어 교포들이 돈을 모으고, 뉴욕주립대학교도 지원을 하여 스토니부룩 캠퍼스에 한국학과가 만들어졌습니다.

사실 한국에는 많은 불교 철학자가 있습니다. 신라의 원광(圓光), 자장(慈藏), 의상(義湘)이나 고려의 지눌(知訥)과 의천(義天), 그리고 조선의 사명대사(泗溟大師), 서산대사(西山大師)에 이르기까지 역사에 이름을 떨친

사상가가 한둘이 아닙니다. 하지만 그들 가운데서도 가장 위대한 업적을 남긴 사람이 바로 원효입니다. 그는 한국을 대표하는 승려이며 한국 불교를 토착화시키는 데 이바지한 위대한 인물입니다.

원효의 어머니는 유성이 뱃속으로 들어오는 꿈을 꾸고서 원효를 가졌다고 합니다. 그리고 이른 새벽 만삭의 몸으로 밤나무 밭을 지나다가 산기를 느껴서 밤나무에 웃옷을 걸쳐 몸을 가린 채 원효를 낳았다고 전해집니다. 그가 태어날 당시 오색 구름이 땅을 온통 뒤덮었다고 하며, 그 뒤 그 밤나무에서는 주먹만한 밤이 열렸다고 합니다. 이처럼 이른 새벽에 태어나서 으뜸 원(元)자에 새벽 효(曉)자를 붙여 뒷날 법명을 원효라고 했다는 것인데, 이는 원효의 위대함이 만들어 낸 설화일 것입니다.

본래 원효의 성은 설씨였으며 어릴 때 이름은 서당이었습니다. 젊은 시절 그는 신라의 다른 젊은이들처럼 화랑이 되어 전쟁터를 누비기도 했습니다. 하지만 나이가 들면서 불교에 뜻을 두기 시작하였고, 마침내 석가가 출가한 나이인 29세에 황룡사로 들어가 머리를 깎고 승려가 되었습니다.

33세 되던 해에 원효는 네 살 아래인 친구 의상과 함께 좀더 깊은 깨달음을 얻기 위하여 중국으로 유학을 가려고 했습니다. 그 전해에는 고구려 땅을 거쳐 중국으로 가려고 하다가 요동에서 고구려 군사들에게 붙들리는 바람에 신라의 첩자로 몰려 여러 달 감옥에 갇히는 신세가 되었습니다. 그래서 이번에는 백제를 거쳐 바다로 가려고 길을 나섰습니다. 그런데 중도에서 그만 날이 저물어 버렸습니다. 캄캄한 길을 걸으며 쉴 곳을 찾던 두 사람은 어둠 속에서 움집 같은 빈 집을 발견하고 다 무너져 내린 문으로 기다시피 해 들어가 잠이 들었습니다. 한참을 자다가 목이 말라서 잠이 깬 원효가 머리맡을 더듬어 보니 출렁출렁 물이 든 그릇이 손에 잡혔습니다. 몹시 목이 마르던 차에 원효는 그 물을 아주 맛있게 먹고 다시 잠이 들었습니다.

다음날 햇빛이 작은 구멍으로 비쳐 들 무렵 잠을 깨고 보니 두 사람이 누워 있는 곳은 놀랍게도 오래된 무덤 속이었습니다. 그제야 깜짝 놀라 주위를 둘러보니 여기저기 뼈다귀들이 굴러다니고 있었고 머리맡에는 해골 바가지 하나가 놓여 있었습니다. 그리고 그 속에는 원효가 먹다 만 썩은 물이 조금 남아 있었습니다. 원효는 너무 놀랍고 역겨운 나머지 구역질을 하였고, 그러다가 문득 '어제 그렇게 달게 마셨던 물이 오늘은 구역질을 하게 하는 물이라니? 해골 바가지에 담긴 물은 어제 달게 마실 때나 오늘 구역질할 때나 아무것도 달라지지 않았다. 그렇다면 무엇이 이 물을 어제는 달게 만들었고 오늘은 구역질 나게 만든 것일까?' 하는 생각을 하게 되었습니다.

한참을 생각하던 끝에 그는 무릎을 치며 깨달았습니다.

'그렇다. 어제와 오늘 달라진 것은 내 마음일 뿐이다.'

불교에서는 마음이 모든 것을 만들어 낸다고 합니다. 깨끗하다고 본 것도 내 마음이며 더럽다고 본 것도 내 마음입니다. 내 앞에 빵이 세 개 놓여 있을 때 "애걔, 겨우 세 개 남았어?"라고 말하든 "아이고, 아직도 세 개나 남았네"라고 하든 세 개 남은 빵은 달라질 것이 없습니다. 다만 그것을 보는 내 마음이 다를 뿐입니다. 내 마음이 이 세상 모든 것의 근본이라는 깨달음을 무덤 속에서 얻은 원효는 중국으로 가려던 생각을 버리고 당나라로 향하는 의상과 헤어져 되돌아옵니다. 홀로 떠난 의상은 뒷날 당나라에서 화엄학을 배우고 돌아옵니다.

인도 철학과 석가모니

지금 인도에는 불교 유적만 남아 있지만, 불교는 인도 고대 철학에서 나왔습니다. 인도의 고대 철학은 기원전 1000년 이전부터 있었던 베다(veda)에서 시작됩니다. 베다는 자연신들을 찬양한 시로, 제사 때 노래로 불렸으며, 그 가운데 가장 유명한 것이 리그베다(Rg Veda)입니다. 지금도 인도 철학이나 문학 연구에서는 베다를 중요한 연구 자료로 삼고 있습니다.

기원전 1000년 이후 베다에서 더 발전된 종교 형태인 브라마니즘이 나옵니다. '브라만'이란 모든 것을 의미하고, 그 반대인 '아트만'은 나 자신을 뜻합니다. 브라마니즘은 나와 모든 것이 하나라는 생각을 기본 사상으로 하며, 불교와 힌두교 모두 여기서 출발하였습니다. 이 브라마니즘과 베다를 합쳐 우파니샤드 철학이라고도 하는데, '우파니샤드'란 '무릎 가까이'라는 뜻입니다. 그러니까 사랑하는 제자를 무릎 가까이 앉혀 놓고 진리를 얘기해 준다는 의미가 됩니다.

요즘 인도를 다녀온 사람들의 반응을 보면 매우 대조적입니다. 향료가 독해서 음식도 안 맞고 모든 환경이 비위생적일 정도로 지저분하다고 고개를 절레절레 흔드는 사람이 있는가 하면, 영혼까지 파고드는 깊은 문화의 향기에 완전히 매료됐다고 하는 사람도 있습니다. 인도는 정말 극과 극이 공존하는 나라입니다. 핵무기를 가질 정도로 첨단 물리학이 발달했는가 하면 지금도 계층을 넘어선 결혼을 인정하지 않는 엄격한 계급제도가 있습니다. 하지만 인도사람들은 그런 삶을 그냥 받아들입니다. 그들은 전생의 업을 믿는 데다가 다음 생에 대한 희망을 갖고 있기 때문입니다.

인도사람들의 바람 가운데 하나는 히말라야의 눈이 녹아 내린 성스러운 갠지스 강에 화장되어 떠내려가는 것입니다. 그래서 많은 인도인들은 장례를 갠지스 강에서 치릅니다. 돈이 많은 사람은 충분한 장작과 석유를 쓰겠지만 가난한 사람은 그렇지 못해서 여기저기 타다 남은 팔죽지가 떠내려가기도 합니다. 그런데 바로 그 물에서 사람들이 머리 감고, 목욕하고, 쌀을 씻습니다. 죽은 자와 산 자가, 강물과 사람이 하나가 되는 것입니다.

인도의 성자 마하트마 간디가 한번은 아프리카에 있던 영국 식민지에서 테러를 당해 죽을 고비를 넘겼습니다. 그리고 자신을 죽이려던 사람을 재판하는 자리에서 영국인 재판장에게 이렇게 말했습니다.

"당신은 이해하지 못하겠지만 저 사람과 나는 하나입니다. 그러니 저 사람을 풀어 주십시오."

바로 이런 생각이 인도에서 발생한 모든 철학에 담겨 있습니다.

하지만 불교는 브라마니즘과 완전히 다른 사유 체계를 가졌습니다. 첫째, 불교는 계급 의식이 아닌 평등 의식을 기반으로 하고 있습니다. 브라마니즘에서는 모든 것과 내가 하나라고 하면서도 현실의 계급을 인정하였습니다. 그러나 불교에서는 누구나 똑같이 해탈할 수 있고, 해탈할 경우 앞서 깨달은 석가모니 부처와 대등한 부처가 될 수 있다고 이야기합니다. 자신들이 받드는 숭배 대상과 자신을 대등하게 보는 종교가 없다는 사실을 감안하면 불교는 엄청난 평등 종교입니다.

둘째, 브라마니즘이 고행을 통해 깨달음을 얻으려 한 것과 달리 불교는 중도(中道)를 통해 깨달음에 이르려고 하였습니다. 브라마니즘은 사막을 맨발로 걷거나 가시덤불에 알몸으로 앉는 등 다양한 고행을 통해 깨달음을 얻으려 하였습니다. 그러나 불교는 이런 방법을 거부하였습니다. 고통이라고 여기는 것이나 쾌락이라고 여기는 것이나 마음을 비우고 보면 같은 것이라는 중도의 깨달음이 불교의 수행법이었습니다.

셋째, 브라마니즘은 해탈이 내세에서 이루어진다고 생각하였지만 불교는 현세에서의 해탈을 꾀하였습니다. 불교의 해탈은 죽은 뒤에 얻는 세계가 아니라 지금의 삶 속에서 깨달음에 이르는 순간 바로 도달하는 것이었습니다.

넷째, 브라마니즘이 신 중심적 사유 체계였던 것과 달리 불교는 인간 중심적 사유 체계를 지녔습니다. 따라서 신에게 빌며 기대는 것이 아니라 자신의 내면에서 자신의 힘으로 깨치는 것이었습니다.

이 같은 불교를 일으킨 사람이 석가모니입니다. 석가모니 부처를 인도 고대어인 산스크리트어로 말하면 '샤카무니붓다(Sakya Muni Buddha)'입니다. '샤카'는 석가모니가 태어난 부족의 이름이고, '무니'는 성스러운 사람, '붓다'는 깨달은 사람을 의미합니다.

석가는 인도 북부 석가족의 왕자로, 정반왕과 마야부인 사이에서 태어났습니다. 그의 어릴 때 이름은 '모든 것을 다 이룬다'는 뜻의 '싯다르타'였습니다. 그의 어머니는 만삭의 몸으로 친정을 다녀오다 숲에서 그를 낳았다고 전해집니다. 그는 태어나자마자 일곱 걸음을 걸은 다음 "온 세상에서 오직 나만이 존귀하다"라고 말했다고 합니다. 그리고 그가 발걸음을 옮길 때마다 연꽃이 피어났다고 합니다.

그러나 불행하게도 태어난 지 7일 만에 어머니를 여의고 맙니다. 어머니를 일찍 여읜 탓이었는지 그는 어려서부터 삶에 회의를 가졌습니다. 한 성문에서는 늙어서 고통스러워하며 힘들게 걸어가는 노인을 보았고, 다른 성문에서는 사람이 죽어 그 뒤를 많은 사람들이 울면서 따라가는 모습을 보았으며, 또 다른 성문에서는 병든 사람이 실려 가는 것을 보았습니다. 그리고는 '사람은 왜 태어나 늙고, 병들고, 죽어 가는가. 이 모든 고통에서 벗어날 길은 없는가'를 고민하였습니다. 그래서 그는 일찍부터 집을 벗어나 깨달음의 길을 가려고 하였습니다. 석가모니의 아버지는 그를 붙들기 위해 이웃 나라의 예쁜 공주 야소다라와 결혼시켰지만 공주의 아름다움도 그를 붙들 수는 없었습니다. 할 수 없이 꾀를 낸 아버지가 대를 이을 자식을 낳으면 집을 나가도 좋다고 하였습니다. 설마 자식이 생기면 나갈 수 있겠느냐 하는 것이 아버지의 생각이었습니다. 예상대로 아들을 낳은 석가모니는 고민에 빠졌습니다. 그래서 아들의 이름을 장애물을 뜻하는 "라훌라"라고 지었습니다. 석가모니에게는 자식이 정말 가장 큰 장애물이었을 것입니다. 뒷날 야소다라와 라훌라는 모두 석가모니의 제자가 되는데, 특히 라훌라는 10대 제자 가운데 한 사람으로 꼽힙니다. 하지만 석가모니는 모든 장애를 딛고서 29세 되던 해 출가를 합니다. 출가 후 처음에는 브라마니즘에 들어가 온갖 고행을 했습니다. 고통에서 벗어나기 위해 출가한 사람이 고행을 하는 이유는 작은 고통을 견디다 보면 큰 고통도 넘어설 수 있을 것이라는 생각에서입니다. 하지만 석가모니는 고행을 통해서는 생로병사의 고통에서 벗어날 수 없다고 보았습니다.

그렇다면 어떤 방법이 있을까요? 고통의 반대는 쾌락이니, 그것으로 고통을 이겨낼 수 있을까요? 그러나 쾌락은 이미 왕자 시절에 다 누려보았고 그것으로도 벗어날 수 없었기 때문에 집을 나왔습니다. 고통으로도 안 되고 쾌락으로도 안 된다면 고통과 쾌락 이외에 다른 무엇이 있을까요?

고통의 반대는 쾌락이고 쾌락의 반대는 고통이며 그 사이에 다른 것은 없습니다. 석가모니가 깨달은 방법은 고통이 곧 쾌락이요, 쾌락이 곧 고통이라는 중도였습니다. 고통이라고 느끼는 것이나 쾌락이라고 여기는 것이 모두 마음에 달렸다는 것입니다. 이러한 깨달음을 통해 석가모니는 35세 되던 해 보리수 나무 아래서 해탈을 얻습니다.

있음이 없음이고 없음이 있음이다

불교는 이 세상 모든 것이 다 변한다는 진리 위에 서 있습니다. 사실 이 세상 모든 것은 그것이 정신적인 것이든 물질적인 것이든 다 변합니다. 다만 그 시간이 찰나이기도 하고 겁이기도 할 뿐입니다. '찰나'는 눈 깜짝하는 사이보다 더 짧은 75분의 1초에 해당하고, '겁'은 가로와 세로, 높이가 각각 15킬로미터인 창고 안에 가득 찬 겨자씨를 100년마다 한 알씩 꺼

내어 다 비워도 도달할 수 없는 시간이며, 같은 크기의 돌을 100년에 한 번씩 흰 천으로 닦아서 그것이 다 닳아 없어져도 미치지 못하는 시간입니다. 하지만 따지고 보면 '겁'은 무수한 찰나의 연속일 뿐입니다. 그런데도 무엇인가에 집착하고 그 집착 때문에 고통스러워하는 것은 모든 것이 끊임없이 변할 뿐이라는 진리를 깨닫지 못하기 때문입니다.

이처럼 모든 것은 다 변하므로, 사실은 고정된 실체가 없습니다. 심지어 나라고 생각하는 존재조차도 없습니다. 이것이 모든 존재의 참모습이며, 그 때문에 일체개공(一切皆空)이라고 하는 것입니다. 이러한 온갖 사물의 본모습을 깨달은 상태를 불교에서는 '열반'이라고 합니다. 열반은 산스크리트어로 '니르바나'라고 하는데, 이 말의 본래 뜻은 '훅 불어서 끈다'입니다. 원효가 어둠 속에서 해골 바가지의 물을 마시고 깨달음을 얻었던 것처럼 불을 꺼 버린 깜깜한 방에서는 깨끗한 것과 더러운 것, 좋은 것과 나쁜 것의 구분이 없습니다. 따라서 집착할 것이 없게 되고, 집착이 없으므로 고통도 없어지는 것입니다. 사실 불을 훅 불어 끈다는 비유는 촛불이 아니라 내 마음속에서 온갖 사물을 구분하고, 집착하고, 그래서 고통스러워하는 번뇌의 불, 욕망의 불을 불어 끄는 것을 의미합니다.

세상 모든 변화는 인(因)과 연(緣)이 일으키는 것이고 그 인연을 만드는 것은 자신입니다. 인은 어떤 일이 생기게 된 직접 원인이고, 연은 간접 원인입니다. 인이 열매까지 맺게 되는 근본 원인으로서 씨앗과 같다면, 연은 햇빛, 바람, 물, 흙 같은 간접 원인입니다. 그러니까 불교에서는 모든 일이나 생각은 그 앞의 어떤 일이나 생각 때문에 필연적으로 생기는 것이라고 봅니다.

예를 들어 내가 지금 이런 글을 쓰는 것은 이 시기 한반도에 태어나 한국철학을 했기 때문이고, 독자들이 이 글을 읽는 것은 한국철학에 관심을 가졌기 때문입니다. 다만 그 필연의 연속 가운데 해탈을 위한 좋은 업을 쌓느냐 그렇지 못하냐 하는 것은 오직 나 자신에게 달려 있을 뿐입니다. 그렇기 때문에 사람은 누구나 자기 삶의 완벽한 주인이 되는 것이고, 이런 것을 가리켜 '인과응보'라고 합니다. 이런 인과응보의 끝없는 굴레를 '윤회'라 하고 이 윤회에서 벗어나는 방법이 앞에서 말한 '중도'입니다.

  석가모니의 사촌으로, 나중에 10대 제자 가운데 한 사람이 된 아난이란 사람이 있었습니다. 아난은 산 위의 절에 머물면서 하루 한 번씩 정해진 시간에 아랫마을로 탁발을 나갔습니다. 그런데 너무도 미남인 아난에게 동네 처녀 하나가 반해 버렸습니다. 처녀는 매일 같은 시각에 오는 아난을 보기 위해 문틈으로 내다보며 기다리는 일이 잦아졌습니다. 그런데 하루는 여느 날과 마찬가지로 아난이 탁발을 왔을 때 너무도 황홀한 나머지 부끄러움도 잊은 채 아난의 얼굴을 빤히 쳐다보았습니다. 잠시 마주 보던 아난이 처녀에게 물었습니다. "제 얼굴에 뭐라도 묻었는지요?" 그러자 그 처녀는 수줍어하면서 "아닙니다. 스님 눈이 너무도 예뻐서요"라고 답했습니다. 그 말을 들은 아난은 주저 없이 자신의 손가락으로 눈알을 후벼 내서 처녀에게 주었습니다. 어떻게 되었을까요? 처녀의 손바닥에 놓인 그 눈이 예뻤을까요? 아마도 핏줄, 신경, 힘줄이 더덕더덕 붙어 있는 그 모습에 처녀는 기절을 했을 것입니다. 그렇다면 조금 전까지 예뻤던 눈은 어디로 갔습니까? 바로 지금 기절할 것처럼 징그러운 것이 아까 예뻤던 그 눈입니다. 다만 아까는 예쁜 것만 보았고 지금은 징그러운 것만 보는 것이지요. 그리고 달라질 것 없는 그 눈알을 두고 내 마음이 예쁘다고 여기고 징그럽다고 여길 뿐입니다. 이처럼 예쁜 것과 징그러운 것은 사실 하나이며, 사랑과 미움도 하나라는 것을 깨달으면 그것이 중도입니다. 그러고 나면 집착할 것이 사라집니다. 그래서 색즉시공 공즉시색(色卽是空 空卽是色 : 있음이 없음이고 없음이 있음이다)이라고 하는 것입니다.

삼국 불교의 꽃 – 신라 불교

우리 나라에 불교가 처음 들어온 것은 고구려, 백제, 신라가 서로 힘을 겨루던 300년 무렵이었습니다. 그 가운데 고구려와 백제는 비슷한 시기에 중국에서 직접 불교를 들여왔고, 신라는 상당히 늦게 고구려를 통해 받아들였습니다.

그 때 중국은 한나라가 무너지고 난 뒤 위나라와 진나라를 거쳐 북쪽은 북방의 이민족이 점령하고, 남쪽은 한족이 다스리는 남북조(南北朝) 시기였습니다. 당시 남조와 북조의 불교는 매우 다른 모습을 보이고 있었습니다. 남조에서는 개인의 해탈을 강조하는 소승불교가 발전하였던 반면, 북조에서는 사회성을 강조하는 대승불교가 발전하였습니다. 소승불교는 남방불교라고도 하며 대승불교는 북방불교라고도 합니다.

대승이니 소승이니 할 때의 '승(乘)'은 수레라는 뜻입니다. 따라서 대승은 여럿이 탈 수 있는 대중교통이고 소승은 혼자밖에 탈 수 없는 자가용 같은 것입니다. 물론 불교는 나 자신이 깨달음을 얻어 생로병사의 고통에서 벗어나는 것이 목적이며, 해탈을 얻지 못하면 또다시 다음 생에서 생로병사의 고통을 반복하는 윤회에 묶인다고 생각했습니다. 하지만 대승불교는 이번 생에서 해탈하지 못하더라도 더 많은 사람을 구하겠다는 사회적 실천 의지를 강하게 깔고 있습니다. 그동안 쌓은 공덕으로 보면 벌써 부처가 되었겠지만 더 많은 사람을 구하려고 보살로 남아 있다는 관세음보살은 대승불교의 대표적인 인물입니다.

고구려는 북조불교를 받아들였고 백제는 남조불교를 받아들였습니다. 그리고 신라는 주로 고구려를 통해 불교를 받아들였기 때문에 북방불교, 즉 대승불교의 성격이 강하였습니다. 그렇지만 가장 먼저 불교를 받아들인 고구려는 불교의 꽃을 피우지 못하였습니다. 고구려에서는 소수림왕 2

년(372년)에 순도(順道)라는 승려가 중국에서 불경과 불상을 가지고 오면서 불교가 시작되었습니다. 그 뒤 얼마 안 가 성문사(省門寺)와 이불란사(伊弗蘭寺)라는 절을 짓기도 하였습니다. 하지만 고구려에서는 불교가 뿌리를 내리지 못하였습니다. 그 첫째 이유는 지금도 우리 생활 속에 많이 남아 있는 무속적 전통과의 마찰 때문이었습니다. 무속에서 가장 중요한 것은 죽은 뒤가 아니라 지금, 여기입니다. 그래서 오늘날에도 많은 사람들이 병 없이 복을 누리면서 오래 살려고 무당을 불러 복을 빌고 재앙을 막는 굿을 하는 것입니다. 하지만 불교는 우리가 중요하게 생각하는 현실을 모두 헛된 것이라고 봅니다. 현실을 중시하는 것은 욕심 때문에 생긴 집착일 뿐이며 이런 집착을 버리지 못해서 고통이 생긴다는 것이지요. 사실 부자가 되겠다거나 유명해지겠다는 욕심은 끝이 없으며, 그 욕심이 채워지지 않는 한 그 사람의 삶은 고통스러울 수밖에 없습니다. 이처럼 현실을 서로 다른 눈으로 보는 무속과의 마찰이 불교의 발전을 가로막았습니다.

둘째, 불교가 기존 사회 제도와 충돌했기 때문이었습니다. 고구려 사람들에게는 농사가 중요한 생활 기반이었으며, 농사를 잘 짓기 위해 많은 노동력이 필요했습니다. 그래서 자연스레 대가족 제도가 형성되었고 대가족을 유지하기 위해서는 가족들 사이의 질서가 필요했는데, 이런 것이 부모에 대한 효와 형제에 대한 우애로 나타납니다. 그러나 불교에서는 해탈을 얻기 위해 승려가 되라고 하며, 승려가 되려면 부모 자식의 인연도 매섭게 끊어야 합니다. 이런 점은 당시 사회의 일반적인 규범들과 마찰을 일으킬 수밖에 없었습니다.

그러나 고구려 불교는 고구려에서는 발전하지 못한 대신 신라와 일본으로 불교를 전파하는 역할을 하였습니다. 일본에 불교를 전한 혜자나 신라에 불교를 전한 혜량과 정방 같은 승려들은 모두 고구려 출신이었습니다.

백제 불교도 고구려와 상황이 크게 다르지 않았습니다. 침류왕 1년(384년)에 중국 승려 마라난타가 불교를 전해 준 뒤 불교는 무속과 결합하였습니다. 더구나 백제가 받아들인 불교는 개인적 성향이 강한 남조불교였기 때문에 개인의 해탈을 위해 엄격한 계율을 요구하는 율종(律宗)이 유행하기도 했습니다. 사실 백제는 나라의 구성원이 크게 둘로 나뉘어 있었습니다. 왕실은 고구려에서 온 사람들이지만 여기에 대항하는 토착 귀족들이 있었기 때문에 왕이 마음대로 정치를 할 수 없었습니다. 이 같은 정치적 상황에서 개인적 성향이 강한 남조불교가 쉽게 받아들여질 수 있었던 것입니다. 그러나 백제 불교는 오래가지 못하였고 신라 불교에 흡수되고 말았습니다.

하지만 신라 불교는 앞에서 본 고구려나 백제 불교와는 달랐습니다. 그 가장 큰 차이는 순교로 시작되었다는 점입니다. 어떤 종교이든 피를 흘리고 받아들여진 것은 강한 힘을 갖습니다. 천주교가 순교를 통해 로마의 국교가 된 것이나 한국 천주교회가 조선 후기 많은 신도들의 희생 위에 세워졌다는 것이 그 증거입니다. 신라 불교의 순교자는 23대 임금 법흥왕의 조카였던 이차돈이었습니다. 당시 먼저 불교를 받아들인 신라 왕실은 불교를 크게 일으키려 하였지만 신라 건축의 주역이었던 6부 촌장들 중심의 토착 귀족들은 생각이 달랐습니다. 이런 상황에서 이차돈은 불교를 발전시키려는 임금의 뜻을 헤아리고 순교를 자청하였습니다. 그는 신하들이 모두 모인 자리에서 자신이 국가에서 불교를 공인하도록 요청하면 다른 신하들이 반대하여 조정이 시끄러워질 터이니, 그 책임을 물어 자신을 벌하라고 임금에게 부탁하였습니다. 《삼국유사》에는 이차돈의 목을 베었을 때 목에서는 흰 피가 솟구치고 하늘에서는 꽃비가 내렸다고 쓰여 있습니다. 너무 과장된 이야기이기는 하지만 분명 어떤 기적이 있었던 모양입니다. 신라는 이 사건이 계기가 되어 억압에 따른 맹종이 아니라 왕과 신하가 뜻을 같이하여 불교를 받아들이게 됩니다.

신라 왕실은 처음부터 불교를 독실하게 믿었습니다. 그 예로 23대 법흥왕이나 24대 진흥왕은 죽고 난 뒤 임금자리를 물려준 것이 아니라 스스로 임금자리를 내놓고 부부가 함께 승려가 되었습니다. 그렇기 때문에 시호를 '불법을 일으킨 임금'(법흥), '진리를 일으킨 임금'(진흥)이라고 붙인 것입니다. 또한 25대 진지왕의 이름은 금수레바퀴라는 뜻인 '금륜'이었습니다. 수레바퀴의 회전과 윤회의 회전이 같은 의미로 쓰이기 때문에 수레바퀴는 불교의 진리를 상징합니다. 더구나 26대 진평왕의 이름은 석가모니 아버지의 이름인 백정(白淨)을 따왔고, 부인은 석가모니 어머니의 이름을 따서 마야부인이라고 했습니다. 또한 27대 선덕여왕과 28대 진덕여왕의 어릴 적 이름도 불교사에서 굳센 믿음으로 유명한 여인의 이름을 따 덕만과 승만이라고 지었습니다. 이런 상황은 왕이 곧 부처이며 왕실이 바로 부처 집안이라는 생각을 보여 줍니다. 그리고 이런 생각을 바탕으로 신라가 곧 불교에서 말하는 극락정토라는 사상이 자리 잡습니다. 선덕여왕 때 지은 황룡사 9층탑은 9층 모두가 각각 불교를 억압하는 다른 나라들을 상징하며, 그런 나라들을 물리쳐 불교를 전파하겠다는 뜻을 담고 있었습니다.

이런 모습이 뒤에 호국불교의 기틀이 되었습니다. 호국불교의 모습은 불교 계율에 사회나 국가 윤리를 넣어 만든 세속오계에 잘 나타나 있습니다. 세속오계는 귀산과 취항이라는 두 명의 화랑이 원광법사에게 얻은 것으로서, 충성으로 임금을 섬기고, 효도로 어버이를 섬기며, 믿음으로 벗을 사귀고, 싸움터에 나아가서는 물러서지 말며, 살아 있는 것을 죽일 때에는 잘 선택해서 하라는 것이었습니다. 본래 화랑들은 매우 나약해서 전쟁을 하다가 조금만 불리해도 도망을 쳤는데 세속오계를 받은 뒤로는 싸움에서 물러서지 않았다고 합니다. 잡았다가 너무 어려서 놓아줄 때마다 다시 적진을 향해 달려간 화랑 관창의 일화가 그런 변화를 잘 보여 줍니다.

사실 불교가 처음 들어올 때만 해도 신라는 3국 가운데 가장 후진국이었습니다. 그러다 나중에 두 나라를 무너뜨리는 강한 나라가 될 수 있었던 데는 신라가 곧 극락정토이고 왕이 곧 부처라는 호국불교사상이 큰 힘이 되었던 것입니다.

합침의 철학

일반적으로 한국 불교의 특징을 말할 때 통(通)불교, 원융(圓融)불교, 합침의 불교라는 말을 합니다. 통불교는 "막힘 없이 모든 것에 통한다"는 뜻이고, 원융불교란 말도 "모나지 않아서 모든 것과 두루 어울린다"는 뜻이며, 합침의 불교도 "한 가지라도 부정하거나 거부하지 않고 다 끌어안는다"는 뜻입니다. 그리고 이러한 전통은 바로 원효에서 시작되었습니다.

원효 철학의 기본 논리는 화쟁(和諍)의 논리입니다. 화쟁이란 "말다툼, 즉 논쟁을 조화시킨다"는 뜻입니다. 원효가 논쟁을 조화시킬 수 있었던 근거는 무엇일까요? 원효 철학의 밑바탕에는 화엄철학이 깔려 있으며, 화엄철학의 기본 논리는 하나가 곧 전부요, 전부가 곧 하나라는 것입니다. 하나가 곧 전부이고 전부가 곧 하나라는 말의 예를 들어 봅시다. 어떤 날 같은 시간에 서울에서 보는 하늘은 구름이 잔뜩 낀 하늘인데 인천에서 보는 하늘은 맑게 갠 모습을 하고 있을 수도 있습니다. 그뿐 아니라 대전 하늘에서는 비가 오고 뉴욕 하늘에서는 눈이 올 수도 있으며, 유럽 하늘은 맑을 수도 있습니다. 어떤 사람은 서울 하늘이 진짜라고 하고, 어떤 사람은 부산 하늘이 진짜라고 합니다. 그래서 네가 틀렸다느니 내가 맞았다느니 하면서 서로 다툰다고 합시다. 어떤 하늘을 진짜 하늘이라고 하겠습니까? 그러나 그 하늘들은 모두 같은 하늘일 뿐입니다. 나누어서 보면 모두 다른 하늘이지만 합쳐 보면 모두 같은 하늘일 뿐입니다.

음식을 가지고 다시 예를 들어 볼까요? 자, 여기에 먹음직스러운 비빔밥이 한 그릇 있다고 합시다. 계란이 있고, 온갖 나물도 있고, 그 위에 참기름, 깨소금, 고추장까지 얹혀 있습니다. 숟가락으로 한참 비빈 후에 맛을 분석하는 기계를 써서 측정해 보니, 짠맛 20%, 매운맛 30%, 단맛 30%, 신맛 15%, 쓴맛 5%였다고 합시다. 그렇지만 우리는 한 숟가락 듬뿍 떠서 입에 넣은 다음, "이 비빔밥은 20% 짜고, 30% 맵고, 5% 쓰고……"라고 말하지 않습니다. 그저 "맛있는걸" 아니면 "무슨 맛이 이래?"라고 할 뿐입니다. 이처럼 나누어서 말하면 여러 맛이 되지만 합치면 한 맛일 뿐입니다. 그러므로 이 비빔밥은 짜다고 해도 맞고 달다고 해도 맞으며 맵다고 해도 맞습니다. 그리고 맛있다고 해도 옳고 맛없다고 해도 옳습니다.

원효는 바로 이런 논리를 바탕으로 《십문화쟁론十門和諍論》을 지었습니다. '십문화쟁론'이란 온갖 학파들의 논쟁을 화합시킨다는 뜻입니다. 원효는 서문에서 이렇게 말합니다. 깨달음을 얻은 석가모니가 세상에 살아 계실 때에는 모든 사람들이 의문이 있을 때마다 석가모니에게 직접 물어서 답을 얻었습니다. 그러나 석가모니가 돌아가시고 난 뒤에는 의문이 생기더라도 석가모니가 남긴 말에서 답을 얻을 수밖에 없었습니다. 그래서 사람들은 자기 나름대로 석가모니의 말을 담아 놓은 경전을 해석하면서 자기 해석은 옳고 다른 사람의 해석은 옳지 않다고 하거나, 이 사람의 해석은 옳고 저 사람의 해석은 틀리다고 함으로써 밤하늘의 은하수처럼 무수히 많은 주장이 나오게 되었다는 것입니다.

이 같은 원효의 지적은 사실 중국 불교에서 시작되었습니다. 중국은 1세기 무렵 인도에서 불교를 받아들였지만 중국 지식인들은 자신들의 사상이 이 세상에서 가장 훌륭하다는 우월의식 때문에 처음에는 밖에서 들어온 불교에 관심을 두지 않았습니다. 그 뒤 위진남북조 시대를 거치면서 중국은 자신들이 얕잡아 보던 이민족들에게 침략을 당하여 양자강 이북 지방을 빼앗겼습니다. 이런 역경은 중국인들의 생각에 큰 변화를 가져왔고, 비록 불교가 들어온 지 수백 년 지난 뒤였지만 비로소 밖에서 들어온 불교에 관심을 갖게 되었습니다. 그런데 중국인들이 불교에 관심을 가지게 되었을 때에는 이미 석가모니의 말을 담아 놓은 온갖 경전들이 중국에 들어와 있었습니다. 사실 경전들이 모두 석가모니의 말씀을 정리한 것이지만 살아생전에 어떤 사람들을 대상으로 한 말씀인가에 따라 조금씩 내용이 달랐습니다. 그래서 이 경전에는 이렇게 말했지만 다른 경전에서는 달리 말한 것이 서로 모순처럼 보이기도 했습니다. 중국인들은 여러 경전 가운데 어떤 경전이 부처의 가장 핵심적인 사상을 담고 있는지를 따져서 그 경전을 기준으로 다른 경전을 해석하기 시작하였고, 따라서 중심 경전에 따라 종파가 나누어져서 서로 자기 주장을 내세우며 열띤 논쟁을 벌이기도 하였습니다. 화엄경을 내세운 화엄종, 묘법연화경을 내세운 법화종, 열반경을 내세운 열반종 등이 그러한 예입니다.

그러나 원효는 쪽빛과 남색이 하나이고 물과 얼음이 근본적으로 같은 것처럼 서로 달라 보이는 주장들도 모두 석가모니의 말씀을 해석한 것이어서 모두 다 옳다고 생각했습니다. 집으로 치자면 하나의 대들보에서 여러 갈래의 서까래가 나오는 것과 같다는 것입니다. 그래서 해석하면 무수히 많은 주장이 나오지만 되돌리면 한 말씀으로 돌아간다고 보았으며, 이런 입장에서 여러 경전에 대한 서로 다른 해석들을 다 받아들이고 이를 바탕으로 자신의 주장을 전개하였습니다.

이 과정에서 원효가 어떤 사람의 주장도 부정하지 않고 다 받아들인 것은 모든 주장을 종합한 것일 뿐 자신의 주장은 하나도 없는 것이 아니냐는 지적을 할 수도 있을 것입니다. 하지만 그렇게 해서 만들어진 원효의 결론은 어떤 주장과도 같지 않습니다. 그래서 다른 사람들의 주장이 틀렸다고 하지 않았지만 결과적으로 다른 사람들의 주장을 모두 틀렸다고 한 것이 되었으며, 다른 사람들의 주장을 모두 받아들였지만 결국은 하나도 안 받아들인 모습이 되었습니다. 이 같은 결과를 설명하기 위해 바다를 예로 들어 봅시다. 서해로는 황하, 양자강, 압록강, 대동강, 한강 등 중국 동쪽과 한국 서쪽의 온갖 강물이 흘러듭니다. 하지만 서해가 황하를 더럽다고 거부하거나 한강을 못 들어오게 막지 않습니다. 그렇다고 서해가 한강이나 황하가 되는 것은 아닙니다. 그 온갖 강물들이 모여 이루어진 서해는 이미 어떤 특정한 강이 아니라 서해일 뿐입니다. 이것이 바로 합침의 철학이며, 원효의 철학은 이 같은 합침의 불교를 잘 보여 줍니다.

이런 철학을 바탕으로 원효는 많은 책을 지었습니다. 《열반경종요涅槃經宗要》, 《화엄경종요華嚴經宗要》처럼 '종요'라는 말을 붙인 경전에 대한 해설책을 무려 17권이나 지었습니다. '종'은 문을 연다는 뜻이며 여러 가지로 나누는 것을 말하고, '요'는 문을 닫는다는 뜻이며 하나로 합치는 것을 말합니다. 그러나 나누든 합치든 참모습은 달라지지 않습니다. 이것은 돌을 우리말로 돌이라고 부르든 영어로 스톤이라고 부르든, 또는 일본어나 중국어로 부르든 그 참모습에 아무런 변화가 없는 것과 같습니다.

깨달음을 통해 얻은 자유

원효는 살아가면서 어떤 것에도 집착을 보이지 않았습니다. 원효가 "자루 없는 도끼를 내게 줄 이 없느냐. 내 손으로 하늘 받칠 기둥을 깎으리라"라는 노래를 지어 부르고 다닌다는 소리를 듣고 태종무열왕이 혼자 사는 자신의 누이동생 요석공주와 인연을 맺어 주었지만, 하룻밤의 인연으로 뒷날 이두[吏讀]문자를 만들어 유명해진 설총을 낳고도 전처럼 자유롭게 살았습니다. 불교를 전파하는 방식도 남달라서 길거리에서 탈을 쓰고 항아리를 두드리며 춤추고 노래하면서 일반 사람들을 만났습니다. 술자리도 마다하지 않았고, 걸인들과도 어울렸으며, 밥을 먹다가 밥상을 느닷없이 걷어차고 나가서 설법을 하기도 하였습니다. 원효는 이와 같이 어떤 것은 되고 어떤 것은 안 된다는 규제가 없는 삶을 살았습니다.

원효의 글 가운데 "무상(無常)"이라는 시가 있습니다. 그 시는 칠언절구로 두 줄을 쓰다가 다시 나머지 네 줄을 오언절구로 썼습니다. 일곱 자씩 계속 쓰든가 아니면 처음부터 다섯 자씩 썼어야 하는데 원효는 칠언과 오언을 구분하는 것에 구애받지 않으려 했던 것입니다. 우리는 이런 경우 파격이라는 말을 씁니다. 파격은 틀을 깨는 것이며, 틀에 박히면 편하기는 하겠지만 자유로울 수는 없는 것입니다.

그 시의 내용은 다음과 같습니다.

삶은 어디에서 오는 것인가.
죽음이란 어디로 간단 말인고.
삶이란 한 조각 뜬구름 이는 것이요
죽음이란 뜬구름의 꺼짐이로세.
뜬구름 그 자체가 실없는 것인데
살고 죽고 오고 감이 이와 같구나.

이같이 거리낌 없이 살았던 원효의 삶을 무애행(無碍行)이라고 합니다. 그렇기 때문에 당시 사람들은 원효를 이해하지 못하였으며, 나라에서 고승들을 모셔 놓고 설법을 듣는 백고좌강회(百高座講會)에 한 번도 초대받을 수가 없었습니다.

하지만 《금강삼매경 金剛三昧經》에 얽힌 이야기는 원효의 실력이 어떠

했는지를 잘 알려 줍니다.

　당나라 사신에게 새로운 불경을 얻은 임금이 황룡사에 대규모 법회를 준비시키고 이 경을 설법할 사람을 추천하게 하였습니다. 하지만 아무도 설법은커녕 해석도 하지 못하였습니다. 그 때 마침 어떤 사람이 삼태기를 짊어지고 다니며 원효처럼 기행을 일삼는 대안스님을 추천하였습니다. 그러나 대안은 자신의 능력으로는 어쩔 수 없다고 하면서 상주에 있던 원효를 추천하였습니다. 추천을 받은 원효는 본래 《금강삼매경》에서는 깨달음, 즉 각(覺)을 두 가지로 말하고 있다고 하면서, 책을 쓸 자리를 소의 두 뿔[角] 사이에 준비해 달라고 해서는 소 잔등 위에 걸터앉아 설법 준비를 했다고 합니다. 원효는 여기에서 깨달음도 자신의 마음 때문에 가능한 것이고 깨닫지 못하는 것도 마음 때문이라고 하면서 한 마음에 두 개의 문이 있음을 말하였습니다. 마음을 비우면 깨달음을 얻고 마음을 채우면 고통스러워진다는 것입니다.

　원효의 철학은 후세에 많은 영향을 끼쳤고 한국 불교의 으뜸이 되었습니다. 원효는 "진리가 너희를 자유롭게 하리라"는 말처럼 참깨달음을 얻음으로써 아무것에도 얽매이지 않은 자유로운 삶을 살았던 것입니다. 어떤 것에도 집착하지 않는 삶, 이를 통해 비로소 삶과 죽음을 나누는 구분 의식에서 자유로울 수 있었던 것입니다. 그래서 "모든 것에서 자유로운 사람은 한 길로 삶과 죽음에서 벗어날 수 있다"고 노래하며 다녔습니다.

　이 같은 원효의 철학에는 몇 가지 특징이 있습니다. 첫째, 원효는 왕실이 먼저 받아들여 왕이 곧 부처이고, 왕실이 부처의 가족이며, 신라가 곧 부처님 나라라는 이념을 만들어 낸 왕실 중심의 불교를 민중 중심의 불교로 바꾸었습니다. 원효가 백고좌강회 같은 자리에 연연하지 않고 탈 쓰고 항아리를 두드리며 춤과 노래로 불교를 전파한 것도 바로 이런 모습을 잘 나타내고 있는 것입니다. 원효가 민중 중심의 불교로 나아간 것은 그의 사회적 신분과도 관련이 있을 것입니다. 원효는 신분상 6두품에 속했습니다. 골품제를 행하고 있던 신라에서의 품계는 어떤 일이 있어도 어길 수 없는 것이었습니다. 성골-진골-6두품-5두품으로 내려가는 품계에서 아무리 뛰어난 진골도 성골이 될 수는 없으며 아무리 뛰어난 6두품도 진골이 될 수는 없었습니다. 왕들도 선덕여왕에서 성골이 끊어지자 진골로 이어진 것입니다. 이 같은 사회적 조건이 원효를 위가 아니라 아래를 향해 가도록 한 것입니다.

둘째, 한국 불교는 원효를 통해 비로소 토착화가 이루어졌습니다. 최남선(崔南善)은 《조선불교고의》에서 불교가 시작된 인도 불교는 서론의 불교이고, 경전 해석의 다양한 차이를 드러내면서 여러 종파를 일으킨 중국 불교는 본론에 해당하는 각론의 불교이며, 한국의 불교는 결론의 불교라고 하였습니다. 우리는 글을 쓸 때에 서론에서 글의 목적이나 서술 방법 등을 말하고, 본론에서 말하고자 하는 바를 여러 내용으로 나누어 자세하게 설명한 다음, 논의를 종합하여 결론을 맺습니다. 한국 불교는 바로 불교의 발전 과정이나 내용 면에서 결론에 해당한다는 것입니다.

1957년, 대학에서는 처음으로 '한국 철학사'라는 과목을 만들어 강의를 했던 박종홍(朴鍾鴻)은 20대 초반의 나이에 당시로서는 최고 지성들의 글만을 실던 《개벽》에 13회에 걸쳐 한국의 불교 미술에 관한 글을 기고했습니다. 그는 그 글에서, 우리 불교 미술품 속에는 인도 미술과 중국 미술만이 아니라 그리스와 로마의 미술까지도 녹아 있다고 보았는데, 이는 한국 불교가 지닌 합침의 성격을 잘 드러낸 연구였던 셈입니다. 이처럼 합침의 불교가 바로 한국 불교의 특성이며, 원효는 그런 기틀을 마련한 사람이었습니다.

지눌

정성을 다해도 모래로
밥을 지을 수는 없다

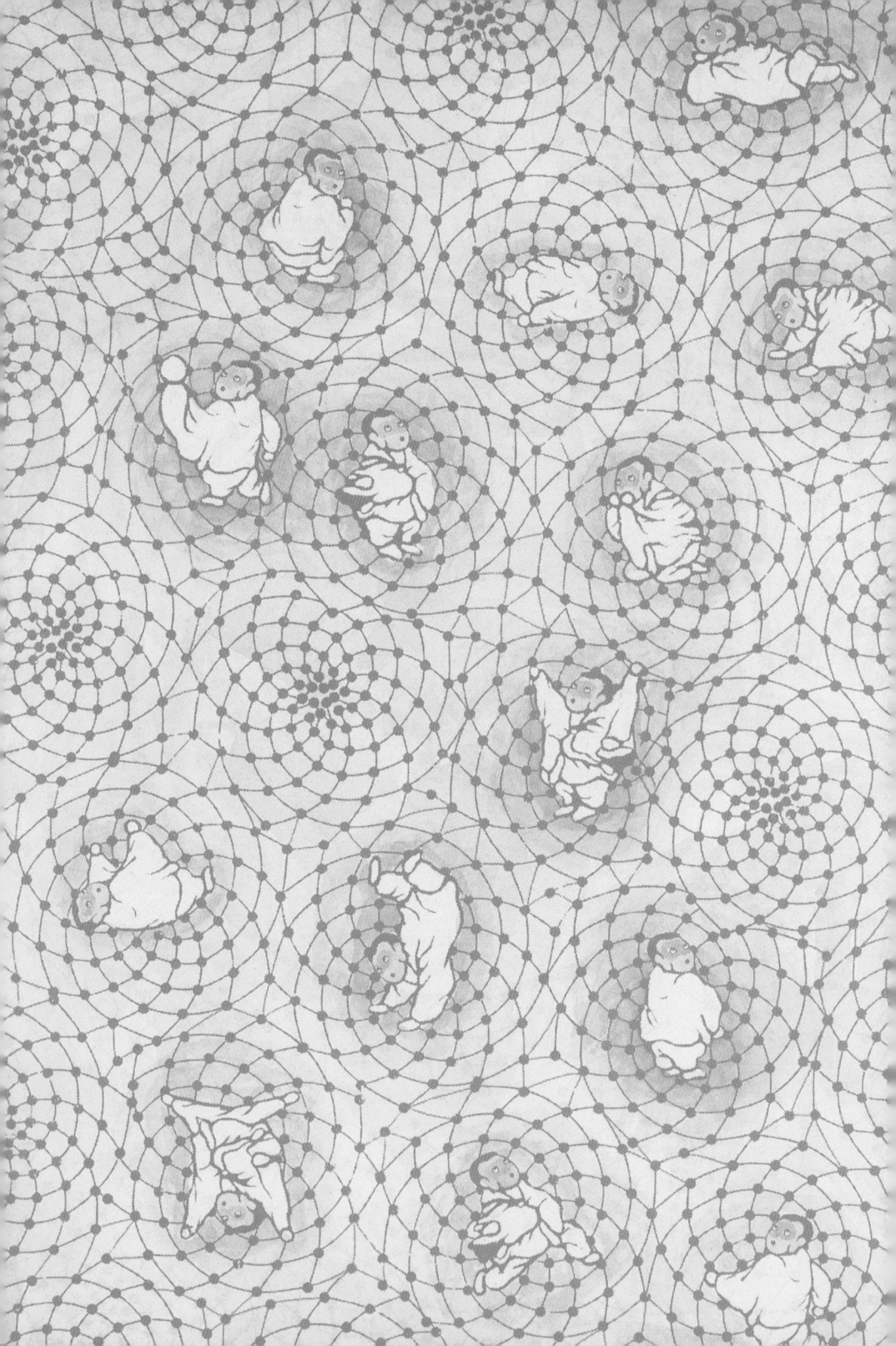

소를 길들이는 마음으로

여수행 밤 기차를 타고 이른 새벽 순천에 내려 아직 어스름이 걷히지 않은 송광사에 들어서면, 이름처럼 아름드리 소나무숲이 널리 퍼져 있는 사이에 자리한 절의 모습에서, 큰 사찰이 주는 장엄함만이 아니라 무엇인가 또 다른 경건함을 느끼게 됩니다. 아마도 그런 느낌이 드는 까닭은 이 절에서 한국 불교의 큰 기둥인 보조국사 지눌(知訥:1158~1210)이 생애의 마지막 10년을 보냈기 때문인 것 같습니다. 사실 송광사는 보조국사 이래 16명의 국사가 나온 승려들의 대표적인 도량으로, 지금도 절 경내 곳곳에서 그 곳을 거닐던 지눌의 자취를 느낄 수 있을 것 같습니다. 지눌은 한국 불교계의 가장 큰 종파인 조계종이 지금의 모습으로 발전할 수 있도록 터를 닦은 인물이며, 특히 불교 역사 전체를 놓고 볼 때 교종의 대표격인 원효와 쌍벽을 이루면서 한국 선종의 맥을 일으킨 사람입니다. 그러므로 지눌이 쓴 《진심직설眞心直說》을 한국 선종의 백미라고 합니다.

지눌은 고려 의종 12년 황해도 서흥 땅에서 태어났으며, 지눌의 아버지는 당시 최고 교육기관인 국학에서 유학을 가르치던 사람이었습니다. 그런데 나면서부터 몸이 약해서 온갖 병으로 시달리던 지눌이 갖은 정성을 다 기울여도 낫지 않자, 지눌의 부모는 병을 낫게 해주시면 죽은 셈 치고 아들을 부처님께 바치겠다고 빌었습니다. 그 뒤 신기할 정도로 씻은 듯이 병이 나았고, 그의 부모는 부처님께 했던 약속대로 겨우 여덟 살 난 지눌을 조계종 승려 종휘의 제자로 들여보냈습니다.

부처에게 새 생명을 받았지만 자신의 뜻과 상관없이 부모의 뜻에 따라 머리를 깎은 이 아이가 훗날 타락한 고려 불교를 새롭게 바꿀 큰 인물이 됩니다.

당시 고려는 무신정권이 힘을 발휘하던 때였습니다. 한국 역사에서 무인이 집권한 시기는 고려의 무신정권 60여 년과 1960년 5·16 군사 쿠데타 이후 전두환, 노태우 정권까지뿐입니다. 고려의 무신정권은 유학자 출신 관료들에게 눌려 지내던 군인들이 난을 일으켜 정권을 잡은 다음, 왕을 허수아비로 만들어 놓고 제멋대로 정치를 하던 체제였습니다. 무신정권이 나오게 된 원인은 고려 건국 초에서부터 찾아볼 수 있습니다. 본래 고려는 왕건이 지방 호족들의 군사력에 힘입어 세운 나라지만, 후삼국을 통일한 뒤부터는 왕권 안정을 위하여 개국 공신들의 무력을 제압해야 했습니다. 그래서 문치를 표방하고 문신들을 우대하였고, 무신들은 상대적으로 홀대를 받았습니다. 그러한 상황은 뒤로 갈수록 더욱 심해져서, 단적인 예로 문신의 대표격인 김부식의 어린 손자가 잔치자리에서 위엄 있게 앉아 있던 대장군 정중부의 수염을 마구 잡아당긴 일이 있었는데 좌중의 놀림감이 된 정중부가 속으로 치밀어 오르는 화를 참으면서 그저 껄껄 웃기만 하였다고 합니다. 그 뒤 정중부는 정권을 잡자마자 김부식의 그 어린 손자를 들어올려 땅에 메쳐 죽이고 맙니다. 결국 차별 대우에 대한 분노가 폭발하여 무신 정중부가 정권을 잡았을 때 지눌은 열두 살의 어린 승려였습니다. 이 같은 혼란 속에서 힘있는 승려들은 정치 세력과 손잡고 자기 휘하의 승려들을 군대 삼아 정변에 동원하기도 하였습니다.

지눌의 철학은 바로 이러한 사회 혼란을 바로잡겠다는 데서 출발한 것입니다. 그런데 지눌의 철학을 가능하게 한 또 다른 사회적 조건이 있습니다. 건국 초부터 왕실이나 문신들은 주로 교종을 지원하였고, 여기에 대한 반발로 무신들은 문신들과 다른 이념적 지지 기반을 확보하기 위하여 선종을 지원하였습니다. 당시의 사회적 혼란이 무신과 문신의 대립에서 온 것이지만, 그러한 대립이 한편으로는 선종이 기반을 넓혀 갈 수 있는 조건을 만들어 주었습니다.

철모르는 어린 나이에 절에 들어갔던 지눌은 25세 때 승려 과거시험에 합격하였기에 불교계에서 탄탄한 출세가 보장되었습니다. 당시 고려는 광종 때부터 중국에서 시행하던 과거 제도를 들여왔으며 그 과정에서 승려들을 대상으로 한 승과 제도와 승계 제도를 만들었습니다. 그래서 국가가 불교계의 지도적인 인사들을 뽑아 관리하는 상황이었습니다. 이러한 제도 아래 대부분의 승려들은 과거 합격과 품계를 올리는 일에만 매달렸습니다. 하지만 지눌은 과거에 합격한 뒤, 오히려 보장된 출세 길을 버리고 방랑하면서 자유로운 배움의 길로 들어섭니다. 사실 세상과 인연을 끊고 출가한 승려가 과거를 통해 명예를 얻겠다는 생각 자체가 불교적일 수 없는 것입니다. 그는 당시에 유행하던 선종과 교종의 대립에도 아랑곳하지 않고 양쪽을 자유롭게 넘나들면서 깨달음의 길을 걸었습니다.

지눌이 자신의 깨달음을 한 단계 더 높인 계기는 용맹정진의 구도 길에서 잠시 머물던 전라남도 창평사에서의 일이었습니다. 이 곳에서 지눌은 중국 선종을 이룩한 혜능의 《6조단경》을 읽다가 인간이 본래 자유로운 존재임을 깨닫습니다. "모든 것을 보고 들을 수 있는 것이 인간이면서도 그 보고 들은 것에 얽매이지 않을 수 있는 것 또한 인간"이라는 혜능의 이야기가 지눌을 깨달음에 한 걸음 더 가까이 갈 수 있게 했던 것입니다. 그 뒤 33세 때에는 〈권수정혜결사문〉을 발표하고 뜻 맞는 승려들과 함께 참다운 수도를 위해 정혜사(定慧社)라는 단체를 만들었습니다. 그리고 41세 때

몇몇 도반과 지리산에 3년 간 머물면서 정진하던 가운데 《서장書狀》이라는 책에서 "선(禪)이란 조용한 곳이나 시끄러운 곳이나 일상생활에서 깊이 생각하고 따지는 데 있는 것이 아니지만, 또한 이런 것들을 떠나서 선을 해서는 안 된다"는 글을 보고 깨달음에 한 걸음 더 나아갈 수 있었습니다. 그는 이 말에서 선이 이상과 현실, 자유와 구속, 선과 악, 고통과 기쁨 등의 대립 갈등을 넘어선 것임을 깨달은 것입니다. 이를 통해 소극적인 은둔자에서 적극적인 보살행의 실천자로 바뀐 지눌은 42세 때 송광사로 옮긴 뒤부터 열심히 저술하고 강연하면서 한국 선종의 기틀을 닦았습니다. 그리고 송광사에 온 지 10년 되던 해 평소처럼 일찍 일어나 목욕재계하고 모든 사람을 한자리에 불러 모아 설법을 한 다음, 제자들의 질문에 하나하나 답하고 나서 앉은 채로 열반에 들었습니다.

지눌은 불교의 깨달아 가는 과정이 소 치는 것과 같다는 뜻에서 목우자(牧牛子)라는 호를 즐겨 썼습니다. 그리고 어떻게 마음을 닦을 것인가를 소 치는 아이에 비유해 설명한 〈목우자수심결牧牛子修心訣〉을 지었습니다. 그래서 지금도 조계종에 속하는 많은 절의 대웅전 벽에서는 〈목우자수심결〉의 내용을 그림으로 풀어 놓은 〈목우자십도〉를 볼 수 있습니다. 전부 열 개로 되어 있는 그 그림에는 소 치는 아이와 소가 등장합니다. 이 그림에서 소는 마음을 뜻하고 아이는 해탈에 목적을 둔 자신을 가리킵니다. 처음에는 온통 검은색의 소가 등장합니다. 검은 소는 개인적인 욕심으로 가득 찬 우리의 일상적인 마음을 상징합니다. 그런데 아이가 길을 들여 가면서 검은빛은 점점 줄어들고 흰빛이 많아지기 시작합니다. 그래서 반은 검고 반은 흰 소가 되었다가 마침내는 완전히 흰 소가 되는 것입니다. 흰 소는 모든 욕심이 사라져 버린 깨달음을 의미합니다.

이 그림이 주는 의미는 다음과 같습니다. 소를 길들이려면 조급해서도 게을러서도 안 됩니다. 여유로운 마음과 끈기를 가지고 해탈이라는 원대한 이상을 향해 꾸준히 노력해야 하는 것입니다. 소를 거칠게 다루면 소가 고삐를 끊고 달아날 수도 있고, 소에게 만만하게 보였다가는 걷어채일 수도 있습니다. 소와 사람이 대립자로 맞서는 것이 아니라 소를 치는 사람과 소가 하나로 호흡할 때 비로소 소 치는 일이 완성될 것입니다. 즉 나누고 대립하고 맞서는 일들을 모두 넘어선 경지가 해탈이라는 것입니다.

신비주의의 유행과 선종의 유입

삼국 시기의 불교는 교종(敎宗)이었으며, 그 흐름은 후기 신라까지 이어졌습니다. 교종은 석가모니의 말씀을 담은 경전을 통해 깨달음을 얻으려고 하는 종파였습니다. 그런데 고구려와 백제를 무너뜨리고 강력한 국가를 이룩한 신라도 후기에 이르러 왕권이 약해지고 상대적으로 지방 호족들의 힘이 커지면서 나라가 혼란스러워지기 시작하였습니다. 지난 세기 말에 휴거 소동이 일어나고 노스트라다무스의 예언이 유행했던 것처럼 어느 시대나 말기에는 말기적 증상이 나타나는 법입니다. 그런 점에서는 신라도 마찬가지였습니다. 바로 이 시기에 미래를 예언하는 도참사상과 풍수지리가 크게 유행했던 것입니다. 이러한 상황은 불교에도 예외일 수 없었습니다. 그래서 현실을 헛것으로 보는 불교가 오히려 현실의 복을 비는 무속적 요소와 어우러지면서 미륵신앙을 유행시키기도 하였습니다.

본래 미륵불은 먼 훗날 세상을 바로잡기 위해 온다는 미래의 부처입니다. 그런데 현실을 중시하는 무속과 어우러져 바로 그 부처가 지금 여기 나타났다고 하는 것이 미륵신앙입니다. 미륵신앙은 우리 역사에서 세상이 어지러울 때마다 민란과 함께 나타납니다. 민란의 지도자들은 민중의 소망을 미륵에 담아 농민을 조직하여 지배층에 대항하곤 하였습니다. 지금 문화재로 지정되어 있는 미륵불은 대부분 이 무렵에 만들어진 것으로 당시 미륵신앙이 얼마나 큰 힘을 발휘했는지를 잘 말해 주고 있습니다. 태봉(마진)을 일으켜 새 세상을 꿈꾸었던 궁예도 자신은 미륵불이며 두 아들은 보살이라고 했습니다.

이 같은 신비주의의 유행은 논리를 강조하는 교종과 달리 단번에 모든 것을 뛰어넘어 해탈에 이를 수 있음을 강조하는 선종이 받아들여질 수 있는 토양이 되었습니다. 선종은 교종과 달리 경전을 중시하지 않았습니다. 해탈이 달이고 경전은 달을 가리키는 손가락에 불과한 것인데도 "자, 저 달을 보라" 하고 손가락으로 달을 가리키니까 어리석은 자들이 달은 보지 않고 손가락만 보고 있다는 것입니다. 이처럼 선종은 교종이 깨달음을 얻는 도구에 지나지 않는 경전에 얽매여 오히려 깨달음을 얻지 못하고 있다고 생각했습니다. 그래서 선종의 승려들은 대부분 글을 남기지 않았고, 경전에 쓰여진 문자 밖에서 깨닫는 것을 중요시하였으며, 스승과 제자 사이에 마음으로 주고받는 가르침이 중요하다고 생각했습니다.

하지만 선종도 그 출발은 석가모니입니다. 석가모니가 살아 계실 때 제자들과 함께 앉아 있다가 아무 말 없이 연꽃 한 송이를 들어 보이면서 빙그레 웃었는데, 석가모니를 따라 빙그레 웃었던 가섭존자에게서 선종이 시작되었다는 것입니다. 연꽃 한 송이를 들어 보이면서 빙그레 웃으신 것이 가르침이었고 가섭이 따라서 빙그레 웃은 것은 바로 그 가르침을 받아들인 것이라고 합니다. 이 일화를 가리켜 '염화시중의 미소'라고도 하고 '이심전심의 미소'라고도 합니다. 가섭에서 시작된 이 깨달음의 방법이 그 맥을 이어받은 달마대사가 중국에 들어가면서부터 중국 선종으로 피어난 것입니다. 달마는 진리라는 뜻이며, 중국 선종의 1조는 바로 달마대사입니다. 선종은 중국에 들어와서 중국 특유의 초월적 사유 체계인 노장 사상과 만나면서부터 엄청나게 빠른 속도로 자리 잡았습니다.

선종과 관련된 일화는 매우 많습니다. 나무를 깎아 만든 불상을 한겨울에 도끼로 패서 땔감으로 쓰고 나서, 놀라 야단법석을 떠는 사람들을 향해 "목불을 태워 사리나 얻어 보려 했다"고 한 단하 스님의 말씀은, 상징을 상징으로 보지 않고 우상화하는 대중을 깨우치기 위한 것이었습니다. 선종에서 말하는 깨달음은 자신 안에서의 깨달음이었습니다. 이와 같은 가르침을 선종의 유명한 종파 가운데 하나인 임제종과 덕산종을 통해 보면, 임제종에서는 신도나 제자들이 스님에게 진리가 어디 있느냐고 묻거나 진리를 어디서 구할 것인가를 물으면, 대답은커녕 느닷없이 질문한 사람에게 욕설을 퍼붓고 호통을 쳤습니다. 그리고 덕산종에서는 아무 말도 없이 몽둥이로 두들겨 팼습니다. 가르침을 청하는데 고함을 쳐대고 몽둥이질을 하는 것이 바로 가르침이었던 것입니다. 사실 내가 그런 질문을 했다가 욕을 먹거나 매를 맞았다고 합시다. 욕을 먹거나 매를 맞고 나면 가장 먼저 나올 반응은 '내가 뭐 잘못했나? 왜 욕을 하는 거야?' 아니면 '아이고 아파라. 내가 도대체 무슨 잘못을 했다고 다짜고짜 때리는 거야?'일 것입니다. 바로 이것이 깨달음을 위한 열쇠입니다. '내가 뭐……' 또는 '왜 나를……'이라는 생각을 하도록 하기 위해서 고함을 치고 욕과 몽둥이질을 했던 것입니다. 그렇게 하여 진리를 자기 밖에서 찾아 헤매는 사람들이 자신에게로 눈을 돌리도록 하였습니다.

이와 비슷한 일화를 봅시다. 스승과 제자가 함께 길을 가다가 하늘을 나는 기러기를 보았습니다. 스승이 기러기를 가리키며 "저것이 무엇이냐?"고 물었습니다. 제자가 무심코 "기러기가 날아가는데요"라고 답하자 스승이 달려들어 제자의 코를 잡아 비틀며 다시 묻습니다. "무엇이 어떻게 되고 있다고?" 코를 비틀려 비명을 지르는 순간 기러기로 향한 제자의 마음이 다시 자신에게 되돌아옵니다. "네 마음이 기러기에 가 있으니까 기러기가 날아가는 것이지 마음이 그 곳에 가 있지 않으면 기러기는 없다"

는 것이 이 일화의 가르침입니다. 사실 불교에서는 참깨달음의 주체인 불성, 즉 진리가 모든 사람의 마음속에 있다고 합니다. 때문에 깨달음이란 바로 제 마음에서 오는 것일 뿐 다른 곳에 있지 않습니다. 바로 이처럼 그 사람의 마음을 곧장 지적하여 깨달음을 얻도록 해주려는 것이 선종의 가르침이었습니다.

이 같은 선종이 후기 신라 말에 자리 잡을 수 있었던 또 다른 이유는 당시의 정치적 상황이었습니다. 신라는 말기에 이르러 왕권이 약해지면서 진골이 중심이 된 지배 세력의 힘이 경주를 중심으로 한 일부 지역에밖에 미치지 못하였고, 그에 따라 각 지방에서는 호족들이 세력을 키우기 시작하였습니다. 그들은 신라의 왕권을 지탱시켜 주는 이데올로기인 교종과 차별되면서 자신들을 지지해 줄 수 있는 대안 이데올로기를 찾던 중이었습니다. 그 무렵 자리 잡기 시작한 선종은 그러한 대안이 되기에 알맞았고, 따라서 지방 호족들은 선종에 대한 지원을 아끼지 않았던 것입니다. 그래서 다섯 개의 교종 종파와 아홉 개의 선종 종파가 난립한 가운데 5교 9산으로 표현되는 선종과 교종의 양대 산맥이 고려 중기까지 이어지게 됩니다.

하지만 지방 호족으로서 선종을 지원하며 정권을 장악한 고려 왕조도 왕권을 확립하면서부터는 다시 교종을 지원하게 됩니다. 그 까닭은, 선종은 모든 형식과 절차를 부정하는 점이 많은 대신 교종은 논리적이고 형식을 중시하는 면이 많아 다스리는 자의 입장에서는 통치 이데올로기로 교종이 적합했기 때문입니다. 초기인 광종 때 승려 과거제도와 승려 계급제도를 만든 것도 이런 이유 때문이었습니다. 고려는 불교뿐 아니라 도교도 번성했던, 가히 종교의 나라였고, 그 가운데서도 무속과 결합한 불교가 한때 너무 번성하여 사회 문제가 되자 성종은 불교 행사를 금지시키기도 하였습니다. 그러나 얼마 안 가 다시 팔관회, 연등회, 인왕회 같은 호국 법회들이 자주 열렸습니다. 이런 상황에서 대각국사 의천(1055~1101)이 나와서 천태종(天台宗)을 중심으로 교종을 합치고 다시 그 위에 선종을 합치게 됩니다.

의천은 문종의 넷째 아들이었습니다. 그는 불교를 독실하게 믿던 아버지의 뜻에 따라 11세 때 승려가 되었고, 출가한 지 6개월 만에 250가지의 계율을 지키는 구족계를 받았으며, 13세 때에는 승통이라는 높은 직책에 올랐습니다.

그러나 의천은 여기에 만족하지 않고 송나라에 들어가 더욱 많은 공부를 하려고 하였습니다. 하지만 아버지인 문종은 허락하지 않았습니다. 그 뒤 아버지를 이어 형이 왕위에 오르자 의천은 왕과 어머니인 태후에게도 알리지 않고 몰래 송나라로 떠났습니다. 중국에서 의천은 많은 고승들과 더불어 화엄종과 천태종을 공부하였고, 돌아와서는 흥왕사에 머물면서 교장도감을 만들어 놓고, 중국·요·일본에까지 사람을 보내어 장경을 구해다가 이를 간행하였습니다.

의천은 원효가 세운 한국 불교의 전통을 이으려고 하였습니다. 그래서 고려로 돌아온 뒤 천태종을 중심으로 5교로 나뉜 교종을 합쳐서 새로운 천태종을 만들었습니다. 그리고 부처의 가르침을 중시하는 교종에 선종의 수양법인 관법(觀法)을 합쳐서 '교관겸수(敎觀兼修)'를 주장하였습니다. '교'는 부처가 남긴 가르침이고 '관'은 선종의 참선과 같은 것으로서 '겸수'는 이 두 가지를 함께 닦아야 한다는 입장이었습니다. 의천은 옛 승려들은 으레 부처의 가르침을 바탕으로 선을 익혔는데 지금 승려들은 부처의 가르침을 버리고 입으로만 선을 떠들고 있다고 보았습니다. 그리하여 그는 가르침을 버리고 선만 하는 것을 경계하면서도 선의 중요성을 강조하였습니다.

이처럼 교종과 선종을 하나로 합친 의천의 사상은 바로 원효로부터 이어진 것입니다. 의천은 분황사(芬皇寺)에서 원효에 대한 제를 올리면서 원효를 '해동교주', '원효보살', '해동보살' 등으로 높였고, 여태껏 훌륭한 사람들을 많이 보아 왔지만 원효만큼 뛰어난 인물은 보지 못했다고까지 하였습니다. 그리고 숙종 때에는 임금에게 건의하여 원효에게 화쟁국사(和諍國師)라는 칭호를 내리도록 하였습니다. 원효의 '합침의 불교'가 의천에 이르러 교종을 바탕으로 한 선종의 합침으로 나타난 것입니다.

땅에서 넘어진 자 땅을 딛고 일어선다

의천으로 이어진 합침의 불교는 다시 지눌에 와서 선종을 바탕으로 꽃을 피웁니다. 지눌의 철학에서 가장 중요한 것은 부처란 바로 내 마음이며, 따라서 자신이 곧 부처임을 깨닫는 것입니다. 모든 사람들의 마음속에는 완전한 모습으로서의 불성이 들어 있어서 이것을 깨닫는 일이 모든 수행의 출발이라고 본 것입니다.

이런 입장에서 지눌은 자신의 마음 밖에서 진리를 찾으려고 하는 것은 모래로 밥을 짓는 것과 같다고 하였습니다. 모래를 아무리 깨끗하게 씻어서 솥에 넣고 정성껏 불을 땐다고 해도 그것은 절대로 밥이 될 수 없습니다. 출발이 잘못된 것이라면 아무리 열심히 도를 닦아도 깨달을 수 없다는 뜻입니다.

지눌은 자신이 곧 부처임을 깨닫기만 한다면 여러 이론을 놓고 다툴 필요가 없다고 하였습니다. 그러므로 서로 다른 입장 사이의 논쟁을 화해시키려고 한 원효의 주장에서 한 걸음 더 나아가 아예 처음부터 논쟁 자체가 필요 없다는 입장에 서게 됩니다. 내 마음이 곧 부처의 마음이고 아울러 모든 사람의 마음이 다 부처의 마음임을 깨닫는다면 처음부터 차별이

없기 때문에 논쟁이 일어날 수가 없다는 것입니다. 사실 사람들이 깨닫지 못하는 까닭은 마음에서 일어나는 욕심 때문입니다. 그러나 욕심을 일으키는 그 마음이 바로 본래 부처의 마음이라는 것입니다. 그러니까 욕심을 일으키는 것도 이 마음이고 깨닫는 것도 이 마음이기 때문에 이 마음을 떠나서 깨달음이란 없다는 것입니다. 그런 점에서 지눌은 땅에 엎어진 사람이 일어서려면 반드시 자기가 넘어져 있는 그 땅을 딛고 일어서야 하는 것처럼, 깨달음을 얻지 못하도록 끝없는 욕망을 만들어 내는 것도 마음이지만 바로 그 마음을 밝게 비추어 보는 데서부터 부처의 참모습을 깨달을 수 있다고 보았습니다.

  사람들은 누구나 부처가 되겠다고 마음먹습니다. 하지만 그러한 마음 자체가 욕심입니다. 그래서 입으로는 부처를 잘 모른다고 겸손한 척하면서도 머리로는 부처는 이러이러한 존재라고 규정해 놓고 자기가 규정한 그 부처가 되려고 애를 쓰는데, 바로 그런 생각 자체가 잘못이라고 합니다. 그것은 내 밖에 따로 부처를 만들어 놓고 나와 부처를 대립시키는 것이기 때문에 결코 부처와 내가 하나가 될 수 없다는 것입니다. 물론 지눌이 '나는 아직 부처가 못 된 존재'라고 생각하면서 그러한 나를 곧 부처라고 보라는 것은 아닙니다. 문제는 '나는 아직 부처가 못 된 존재'라고 보는 생각 자체가 나와 부처를 따로 놓고 보는 데서 온다는 것입니다. 그렇기 때문에 지눌은 이런 생각을 가리켜 어둠을 움켜쥐고서 밝아지려 애쓰는 것과 같다고 하였습니다. 그러한 헛된 망상을 모두 버리고 자기 마음의 참모습을 비추어 보라는 것이 바로 지눌 철학의 출발점입니다.

  그렇게 깨달아 가는 과정의 첫 단계는 '돈오(頓悟)'이고 둘째 단계는 '점수(漸修)'입니다. '돈오'는 자기 안에 부처의 본모습이 들어 있다는 것을 문득 깨닫는 것이며, '점수'는 자신이 바로 부처라는 사실을 문득 깨닫더라도 타성에 젖어 끊임없이 일어나는 욕망을 가라앉히기 위해 계속해서 마음을 닦는 것을 말합니다. 그런 점에서 본다면 '돈오'는 새벽녘에 아직 사방이 어두운 가운데 문득 아침 햇살이 비쳐 들어서 만물이 한꺼번에 분명해지듯이 갑자기 이루어지는 것이고, '점수'는 거울을 닦듯이 날마다 옛 습관을 버리는 작업입니다. 지눌은 '점수'가 필요한 까닭으로 물과 얼음이 같다는 사실을 깨달았다고 해도 얼음이 바로 물이 되지 않는 것과 같다고 하였습니다.

여러분은 혹시 진짜 바다를 본 적이 있습니까? 여러분이 본 바다의 모습은 어떠한 것이었습니까? 백사장까지 하얀 파도가 밀려왔다가 다시 밀려 나가는 모습이나 크고 작은 파도가 출렁대는 모습을 떠올리지는 않았습니까? 그러나 이것은 바다의 참모습이라고 할 수 없습니다. 물결이나 파도는 모두 바람이나 인력이 일으키는 작용이며, 바람이나 인력은 외부에서 바다를 그렇게 만드는 요소일 뿐 바다 그 자체는 아닙니다. 만일 우리가 그러한 상황에서 바람과 인력을 다 끊어 버릴 수 있다면 바다의 참모습을 볼 수 있을 것입니다. 그렇다면 바람과 인력이 전혀 작용하지 않는 바다의 본모습은 과연 어떤 모습일까요? 그것은 아마도 종이 한 장 깔아 놓은 것처럼 아무런 움직임도, 소리도 없는 상태가 될 것입니다.

불교에서는 깨달음의 경지인 열반의 상태를 열반적정(涅槃寂靜)이라고 합니다. '적'은 소리 없음이고, '정'은 움직임 없음을 뜻합니다. 바로 열반의 상태가 소리도 움직임도 없는 경지라는 것입니다. 이 경지는 앞에서 말한 바다의 본모습과 같습니다. 이 설명 가운데 바다는 우리의 마음이며 바람이나 인력은 우리 마음을 흔드는 바깥 사물의 유혹입니다. 만일 우리 마음에서 파도를 일으키는 외부의 온갖 유혹을 끊어 낼 수 있다면 바로 적정의 상태인 열반에 이를 수 있을 것입니다. 돈오란 바로 열반에 든 부처가 우리 마음의 참모습임을 깨닫는 것입니다. 하지만 바람이나 인력을 없애 버린다고 하여 바다가 바로 제 모습으로 돌아오는 것은 아닙니다.

줄어들기는 했겠지만 조금 전까지 출렁이던 관성 때문에 여전히 움직이고 있을 것입니다. 마찬가지로 우리 마음도 바깥 사물에 대한 집착과 욕심으로 번뇌하고 고통스러워하는 것이 참모습이 아니라는 사실을 깨달았더라도 가끔씩 관성처럼 욕심이 일기 때문에 계속해서 '점수'가 필요한 것입니다.

지눌은 이 과정에서 주의할 것으로, 첫째는 자기 마음이 부처의 마음인 줄 모르고 깨닫는 일은 뛰어난 사람이나 할 수 있는 일이지 나같이 능력 없는 사람은 불가능하다고 스스로를 낮추어 보는 생각과, 둘째로는 내 마음이 부처의 마음이라는 사실을 깨닫고 우쭐해져서 더는 수양하려고 하지 않는, 스스로를 높이는 태도를 들었습니다.

네 마음이 깃발을 흔든다

본래 '돈오'와 '점수'는 모두 중국 선종의 수양법이었습니다. 중국 선불교는 가섭에서 시작하여 스물여덟 번째로 법통을 이어받은 달마가 중국에 들어가 1조가 된 뒤, 달마에게 오른팔을 잘라 바치고 제자가 된 2조 혜가, 승찬-도신-홍인을 거쳐 6조 대사 혜능에 이르러 꽃을 피우게 되었습니다. 혜능은 오랑캐 땅에서 태어나 홀어머니를 모시면서 나무를 해다 팔아서 겨우 먹고사는 가난한 나무꾼이었습니다. 어느 날 나뭇짐을 지고 한 부잣집을 찾아간 혜능은 주인이 《금강경》 읽는 소리에 이끌려 그를 찾아가 가르침을 청하였습니다. 그리고 주인의 소개로 5조 홍인대사의 제자가 되었습니다. 홍인은 혜능의 바탕을 인정하고 받아들였지만 8개월 동안 쌀 찧고 나무하는 허드렛일만 시켰습니다.

사실 홍인대사에게는 혜능이 들어오기 전부터 자타가 인정하는 귀족 출신의 수제자 신수(神秀)가 있었습니다. 법통을 물려줄 때가 되었다고 생각한 홍인대사는 어느 날 제자들을 모두 불러 놓고 자신의 후계자를 뽑기 위해 각자 그동안 깨달은 진리를 시로 지으라고 하였습니다. 제일 먼저 자신 있게 일어난 신수는 다음과 같은 시를 지었습니다.

내 몸은 진리의 나무요
내 마음은 맑은 거울대이다
때때로 털어 내고 닦아 내서
먼지 끼지 못하게 하자

누구나 인정하는 수제자 신수의 시가 끝나자 아무도 감히 시를 짓겠다고 나서지 못하였습니다. 그 때 맨 끝자리에 앉아 있던 혜능이 벌떡 일어나 시를 지어 답했습니다.

진리란 본래 나무가 아니며
마음 또한 정해진 틀이 없다네
본래 아무것도 없는 것인데
어디에서 먼지가 인다고 하는가

진리가 어떤 구체적인 것이 아니며 마음 또한 묶인 곳이 없다는 생각은 불교의 진리를 제대로 드러낸 것이라고 하겠습니다. 사실 이 두 사람의 시는 깨달음의 정도만이 아니라 깨달음을 얻기 위한 수양 방법에서 전혀 입장을 달리하고 있습니다. 신수는 때때로 털어 내고 닦아 내는 '점수'를 말한 것이고, 혜능은 한꺼번에 깨닫는 '돈오'를 말한 것입니다. 시합이 끝난 뒤 홍인대사는 혜능과 신수를 한 사람씩 방에 들어오게 했습니다. 그리고는 부처님을 모시는 연화대를 꺼내 놓고 그것이 무엇인지를 물었습니다. 신수는 벌떡 일어나 절을 하였고, 혜능은 발로 걷어찼습니다. 신수가 부처님이 앉으시는 신성한 것이라 보았다면 혜능은 얽매여서는 안 되는 상징일 뿐이라고 본 것입니다. 두 사람을 모두 돌려보낸 홍인대사는 아래채에서 방아를 찧고 있던 혜능을 찾아가 지팡이로 절구통을 세 번 두드리고 돌아섰습니다. 3경에 보자는 신호로 알아들은 혜능이 한밤중에 찾아갔을 때 홍인대사는 법통의 상징인 자신의 옷 한 벌과 밥그릇을 놓고 기다리고 있었습니다. 그리고는 이것을 가지고 달아나 숨어 살라고 하였습니다. 그래서 혜능은 물려받은 의발을 가지고 남쪽으로 달아나 자기를 찾으러 다니는 신수 일파의 추적을 피해 나무꾼들과 지내며 17년 동안 숨어 살았습니다.

  그러던 어느 날 가까운 절에 고승 한 분이 오셔서 설법을 한다는 이야기를 듣고 그 절로 찾아갔습니다. 아직 스님은 나오지 않았고 설법을 들으려고 모인 승려들만 가득 둘러앉아 이야기를 나누고 있었습니다. 그때 한 승려가 밖을 내다보다가 "어이쿠, 바람이 부니까 깃발이 흔들리네"라고 하였습니다. 그러자 그 말을 들은 다른 승려가 "바람이 눈에 보이는 것이 아닌데 어떻게 바람이 깃발을 흔든다고 할 수 있겠나. 저것은 깃발 스스로가 흔들고 있는 것이라네"라고 하였습니다. 마침내 그 자리에 있던 승려들이 둘로 갈라져서 '바람이 깃발을 흔든다'느니 '깃발 스스로 흔들고 있다'느니 하면서 논쟁이 벌어졌습니다. 그러자 그 논쟁을 보다 못한 혜능이 나섰습니다. "어허, 답답한 사람들. 저것은 바람이 깃발을 흔드는 것도 아니고 깃발이 스스로 흔드는 것도 아니라네. 바로 그대들 마음이 지금 그 깃발을 흔들고 있을 뿐이지." 그 때 설법을 하기로 예정된 스님이 들어와 그 얘기를 전해 듣고는 "이분이야말로 나 대신 설법을 하셔야 할 분"이라며 이내 혜능을 단상으로 모셨습니다. 그래서 마침내 새로운 종파가 열리게 됩니다. 물론 뒤에는 혜능의 종파가 중국 전체를 지배하지만 당시는 혜능의 입장을 남종이라고 하고 신수의 입장을 북종이라고 불렀습니다.

위에서 본 지눌의 철학은 바로 이 같은 남종과 북종을 하나로 합친 것이며, 그 위에 다시 교종을 합친 것입니다. 지눌은 부처가 입으로 전한 것이 '교'이고 마음으로 전한 것이 '선'인데, 석가의 마음을 통한 가르침과 입을 통한 가르침이 다른 것이 아니므로 교종과 선종을 합칠 수 있다고 보았습니다. 그러므로 부처의 가르침을 바탕으로 내 마음이 곧 부처의 마음임을 깨달아 가는 과정에서 경전은 배의 방향타와 같은 역할을 한다고 생각했습니다. 오늘날 조계종이 그 바탕은 선종이면서도 경전을 중시하는 전통을 가지고 있는 것은 바로 지눌의 철학에서 온 것입니다. 이러한 지눌의 철학은 의천과 마찬가지로 원효의 영향을 받은 것입니다. 지눌은 항상 원효를 높였으며 자기 주장의 중요한 대목마다 원효의 설명을 인용하곤 하였습니다. 이처럼 원효의 합침의 철학은 지눌에게도 이어졌습니다.

지눌은 이 같은 깨달음을 얻기 위해서는 궁극적으로 마음을 비우고 생각을 비우라고 하였습니다. 욕심을 버리고 마음을 비우면 참답게 사물을 볼 수 있는 지혜가 생깁니다. 그리고 이 같은 참지혜로 사물을 볼 때 이것은 좋고 저것은 나쁘다는 분별을 하지 않게 되는 것입니다. 조계종 종정이셨던 성철 스님은 부처님 오신 날 "산은 산이요, 물은 물이로다"라는 법어를 발표한 적이 있습니다. 사실 이 법어는 중국 선승의 이야기를 되살린 것이기도 합니다. 예전에 중국의 한 승려가 처음 불교에 귀의하기 전에는 산이 보였고, 승려가 되어 세상 모든 것이 마음이 만들어 내는 것일 뿐이라는 가르침을 들으면서 산이 안 보였는데, 30년의 수행 끝에 깨달음을 얻고 나니 다시 산이 보이더라는 것입니다. 이 일화에서 처음 보이던 산과 30년 뒤에 보이던 산은 같은 산일 뿐입니다. 다만 달라진 것은 그 산을 보는 내 마음일 뿐입니다. 30년 전에 보던 산은 집착을 가지고 보던 산이고 이제 보는 산은 집착 없이 보는 산입니다. 우리가 집착을 가지고 보면 저 산은 싫고 이 산이 좋을 수도 있지만 그렇다고 해서 산 자체가 달라지는 것은 아무것도 없습니다. 그렇기 때문에 집착 없는 눈에는 이 산은 이 산일 뿐이고 저 산은 저 산일 뿐이며, 이 물은 이 물일 뿐이고 저 물은 저 물일 뿐인 것입니다. 그래서 성철은 그 다음 해 부처님 오신 날 법어로 "학교에서 공부하는 부처님들, 공장에서 일하는 부처님들, 교회에서 기도하는 부처님들……"이라고 했던 것입니다. 부처의 눈으로 보면 모두 다 부처인 셈입니다.

그렇다면 마음을 비운다는 것이 구체적으로 어떻게 가능할 수 있을까? 그것은 어떤 사물을 대하든지 '나'라는 존재의 입장을 버리고 보는 것입니다. 예를 들어 우리 앞에 어떤 일이 생겼다고 합시다. 그 일은 민족 또는 우리 마을 사람들을 위해 필요한 일입니다. 그런데 그런 일을 하다 보면 내가 손해를 볼 수도 있습니다. 그 때 내게 이로울 것인가 해로울 것인가를 따진다면 아무런 일도 할 수 없을 것입니다. 그런 일은 자신을 버릴 때 비로소 가능합니다. 지눌은 분별을 버리면 나와 남의 구별이 사라지게 되고, 그 때 남을 위하는 일이 바로 자기를 위하는 일이 된다고 하였습니다. 마음을 비우고 자신을 버리고 보아야 사물의 참모습을 구분해 볼 수 있는 지혜가 나오는 것입니다.

불교에서는 그러한 눈을 혜안이라고 부릅니다. 역사적으로 승려들은 어려운 고비마다 무기를 들고 나왔습니다. 고려 때 거란과 싸운 일이나 임진왜란 때 왜군과 싸운 일이 모두 그러합니다. 살생을 금하는 불교에서 승려들이 무기를 들고 살생을 한다는 것은 쉽게 이해하기 어려운 부분입니다. 그러나 자신의 마음을 비우고 보았을 때 정말 선한 존재가 누구이고 악한 존재가 누구인지를 가릴 수 있으며, 그 속에서 참다운 보살행이 나올 수 있는 것입니다. 이러한 전통은 1980년대 민주화 투쟁에 스님들이 함께 참여하여 거리로 나섰던 일의 타당성을 설명하는 이론 근거로도 이어집니다.

오늘날까지 이어지는 돈점 논쟁

지눌이 입적한 뒤 불교는 고려 말에 이르러 다시 혼란에 빠집니다. 한편으로는 왕권의 도움을 받는 과정에서, 다른 한편으로는 왕권이 약해진 틈을 타서 고려의 절들은 엄청난 힘을 지니게 됩니다. 고려에서는 본래 승려가 되면 국가로부터 많은 혜택을 받았습니다. 성을 쌓는 부역이나 전쟁 때 군대에 가야 하는 의무뿐 아니라 국가에 바치는 세금까지도 모두 면제되었기 때문에, 많은 사람들이 해탈을 위해서가 아니라 도피를 위해서 절을 택했습니다. 또 절에서 개간한 땅이나 절에서 하는 사업도 국가에 세금을 낼 필요가 없었습니다. 그래서 귀족들은 왕권이 약해진 틈을 이용하여 개인 소유의 절을 지어 재산을 불리기도 하고, 절에 있는 승려와 노비들을 자신의 군대로 쓰기도 하였습니다.

더구나 국가가 앞장서서 행했던 많은 불교 행사가 국가 경제를 어렵게 만들었습니다. 고려 말에는 불교가 인도에서 중국으로 전해지는 과정에서 티베트를 거치면서 티베트의 고유 신앙과 결합하여 생긴 밀교가 유행하였습니다.

밀교에서는 수행의 방법으로 성의 중요성을 강조하기도 했는데, 인간이 가지고 있는 가장 큰 힘인 생명체를 만들어 낼 수 있는 성적 에너지를 승화시켜 해탈의 힘으로 바꾼다는 본뜻이 왜곡되어 많은 성적 타락을 낳기도 하였습니다. 오늘날 남아 있는 집단적인 남녀 관계를 묘사한 밀교의 그림들은 대부분 이 무렵 나온 것들입니다. 아울러 밀교는 의식과 주문을 중요하게 생각하였습니다. 그래서 밀교 의식을 행하기 위해 제단을 만드는 일은 국가적인 큰 일이었으며, 이 때문에 많은 돈이 들기도 하였습니다. 그 결과 화려한 제단을 만들고 그 제단 위에서 바라춤을 비롯한 대대적인 의식을 행함으로써 국가 재정에 큰 손실을 가져오기도 했습니다.

여기에 더해 불교계를 크게 위협한 것은 중국에서 성리학을 받아들인 유학자들의 불교 비판이었습니다. 그들은 유교의 충효 이론을 바탕으로 불교가 현실을 부정하는 비윤리적인 가르침이라고 비판하였습니다. 하지만 불교의 입장에서는 남을 비판한다는 것은 무엇인가를 염두에 둔 집착을 전제로 하기 때문에, 성리학의 비판에 대해 침묵할 뿐이었습니다. 그 결과 주자학을 따르는 신진사대부들의 도움으로 고려를 무너뜨린 조선은 왕실 안에서는 개인적으로 불교를 믿는 사람들이 많았지만 제도적으로는 유교를 높이고 불교를 억누르는 정책을 취했습니다. 승려가 되려는 사람에게는 일생 동안 내야 할 세금을 미리 거둠으로써 승려의 재생산을 막기도 하였습니다. 또 불교를 발전시키기 위해 만들었던 승려 과거시험도 폐지되면서 불교는 점점 도심에서 산간으로 쫓겨 가기 시작하였습니다.

그 뒤 승려 과거시험은 어린 명종이 왕위에 오르고 그 어머니인 문정왕후가 대신 다스리던 시기에 잠깐 부활하였습니다. 이 때가 조선에서는 짧게나마 불교가 빛을 본 시기였으며, 그 때 시험을 거쳐 배출된 승려들 가운데 유명한 서산대사와 사명대사가 있습니다. 하지만 전체적으로 볼 때 조선의 불교는 침체를 벗어나지 못하였습니다. 이 같은 상황에서 불교가 유교와의 화해로 나아간 것은 당연한 일이었습니다. 효를 강조하는 유교의 입장을 곁들여 부모의 은혜가 크다는 내용의 《부모은중경父母恩重經》을 중시하기도 하였고, 불교와 유교가 본질은 같다는 주장과 함께 유불도를 함께 아우르려는 노력도 하였습니다. 하지만 이런 모습을 단순히 유교와 결합하여 살아남고자 한 몸부림으로만 보기보다는 합침의 불교라는 한국 불교의 전통 속에 같이 담아 볼 수도 있을 것입니다.

19세기 말에 이르면 일본의 침략 과정에서 일본 불교가 들어와 한국 불교의 순수성을 훼손하기도 하였고, 절의 관리와 운영뿐만 아니라 주지의 임명까지도 총독부의 통제를 받기도 하였습니다. 이러한 상황에서 만해 한용운 선생이 불교 혁신운동을 들고 나와 그동안 누적된 불교의 모순을 지적하면서, 절과 종단의 제도, 경전과 재산까지도 모두 민중화해야 하며 나아가 적극적으로 사회에 참여해야 한다는 주장을 펼쳤습니다.

1990년 순천 송광사에서는 오랜만에 무차선대회가 열렸습니다. 무차선대회는 승려들간의 서열이나 딱딱한 형식 등을 넘어선 공개 대토론회 같은 모임입니다.

이 대회에 외국 학자들도 참여하였지만 실제적인 두 축은 지눌의 전통을 잇는 송광사와 지눌의 돈오점수에 문제를 제기한 성철 종정의 해인사였습니다. 사실 불교의 목표는 깨달음입니다. 따라서 깨달음을 얻기 위해 어떻게 할 것인가와 깨달은 뒤에는 어떠한 삶을 살 것인가가 중요한 과제일 수밖에 없습니다. 그런 점에서 이 논쟁은 두 축의 주도권 싸움이 아니라 한국 불교의 맥을 되살리는 중요한 의미를 지닌 것이었습니다. 이 논쟁은 1981년 당시 조계종의 종정이던 성철 스님이 《선문정로禪門正路》라는 책에서 지눌의 돈오점수를 비판하며 "몹쓸 나무가 뜰 안에 났으니 베어 버리지 않을 수 없다"고 한 것에서 시작되었습니다. 성철은 지눌의 돈오점수가 계속된 수행을 강조하고 있기 때문에 완전한 깨달음이 될 수 없다는 입장에서 돈오돈수설(頓悟頓修說)을 제기했던 것입니다. 깨달음을 향한 길은 체험의 길이며 정해진 길이 없습니다. 오히려 지눌 이전의 승려들이 정해진 길만을 집착했던 것에서 지눌이 새로운 길을 열었다면, 성철 스님은 지눌의 이론에 집착하는 사람들에게 새로운 길을 열려 했다는 점에서, 지눌도 반길 일이 아니었을까 하는 생각을 해 봅니다.

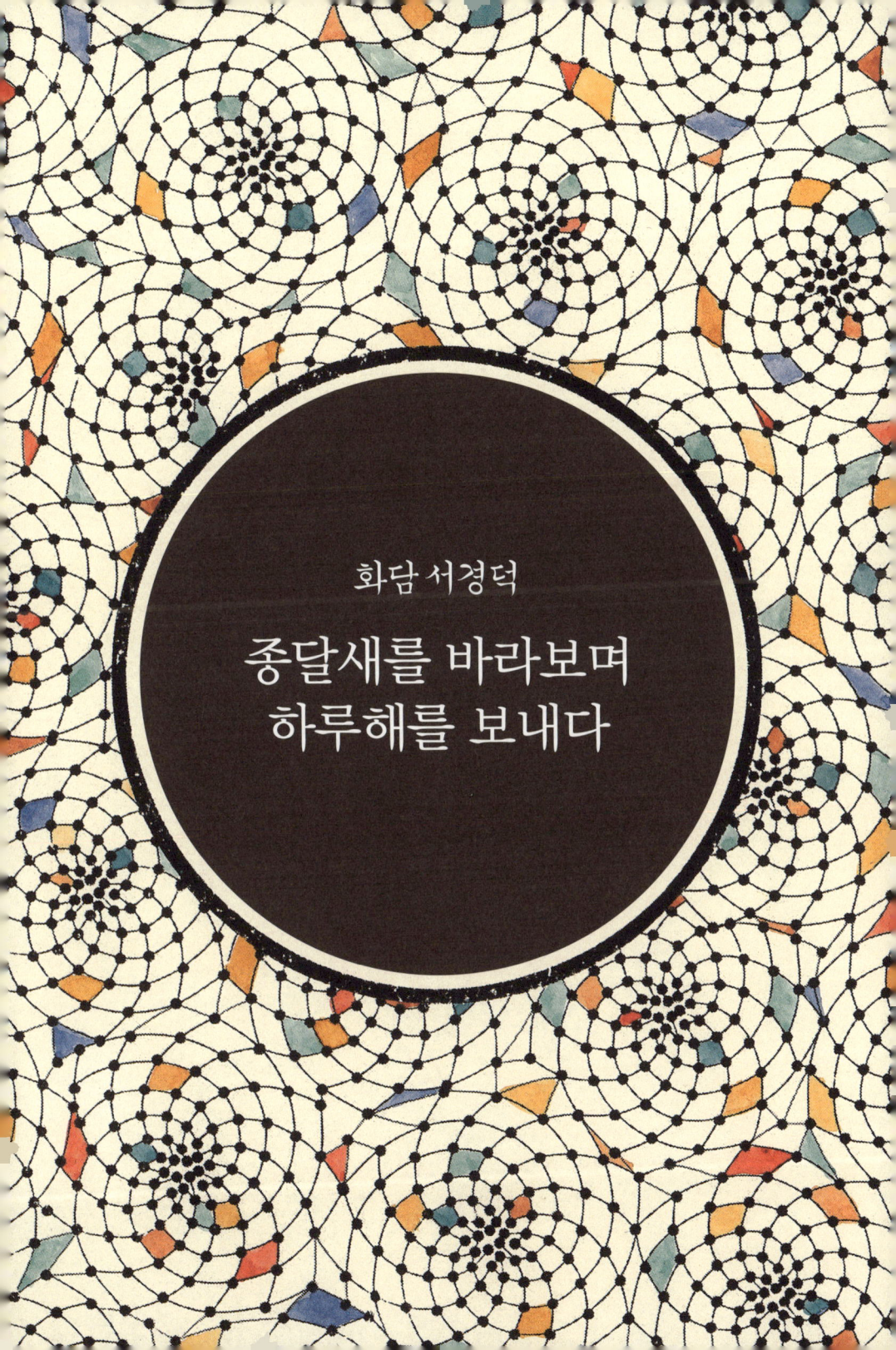

화담 서경덕

종달새를 바라보며
하루해를 보내다

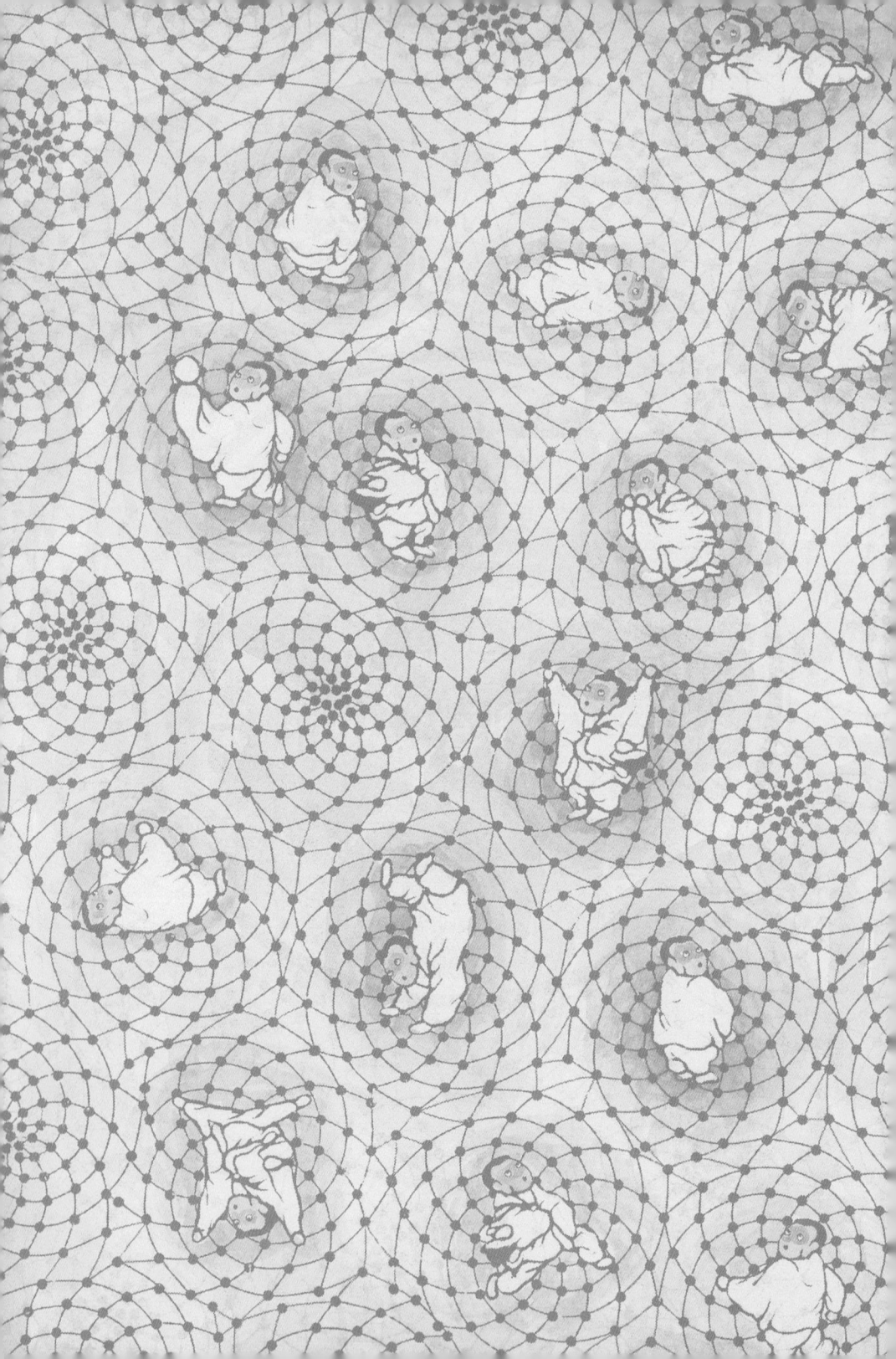

처사로 지낸 일생

 개성의 옛 이름은 송도였습니다. 조선 중기 송도에는 세 가지 자랑거리가 있었습니다. 박연 폭포와 황진이, 그리고 화담 서경덕(花潭 徐敬德: 1489~1546), 이 셋을 가리켜 당시 사람들은 '송도 삼절'이라고 불렀습니다. 아마도 박연 폭포가 보여 주는 시원하면서도 웅장한 기상, 문학과 음악 등 여러 방면에 뛰어난 재능과 함께 빼어난 아름다움을 자랑하던 황진이의 꼿꼿한 절개, 그리고 깊은 학문에서 우러나오는 서경덕의 유유자적한 삶과 처사다운 풍모 때문이었을 것입니다.
 처사는 높은 덕을 지녔으면서도, 일생 벼슬에 나아가지 않고 자연에 묻혀 지내며 자신을 수양한 사람을 가리키는 말입니다. 사실 옛날이나 지금이나 사람을 평가하는 데에는 여러 가지 기준이 있습니다. 그러나 어떤 경우에도 돈이 많거나 지위가 높다고 하여 무조건 훌륭하다고 하지는 않습니다. 어느 시대든 사람다운 사람, 즉 덕이 높은 사람을 더 높이 쳤습니다. 그래서 조선 시대에도 영의정이나 이조 판서 같은 벼슬을 한 조상이 많은 집안보다는 대제학을 지낸 조상이 많은 집안을 더 높이 샀습니다. 대제학이란 홍문관이나 예문관 등의 책임자를 말하며, 정조 때는 성균관의 책임자도 대제학이라 하였는데, 이는 본인이 물러나지 않는 한 평생 계속할 수 있는 자리였습니다. 그리고 홍문관, 성균관 등은 모두 임금의 자문에 응하거나 인재를 기르는 곳으로서 학문과 직접 관련된 부서이기 때문에 정치적인 수완보다는 학문과 덕이 높은 사람에게 그 일을 맡겼습니다. 하지만 대제학보다도 더 높이 치는 것이 처사입니다. 처사는 정말 덕이 높아서 뭇사람들의 추앙을 받으면서도 재물이나 벼슬에 연연하지 않는 사람입니다. 그렇기 때문에 조선 시대 선비들 가운데는 처사로 불리고자 한 사람들이 많았습니다.

　서경덕은 바로 처사였습니다. 그는 평생 유학을 공부하였지만 벼슬에 나아가지 않았습니다. 본래 유학은 인간을 중심으로 한 사유 체계였으며 사회성을 강하게 띠고 있는 학문이었습니다. 따라서 자기를 닦고 나아가 이를 바탕으로 사회에 참여한다는 수기치인(修己治人)이 학문의 목표였습니다. 그런데 이 목표의 결과만을 중시한 사람들은 웬만큼 공부하고 나면 으레 과거시험에 목을 매는 경우가 많았습니다. 하지만 유학에서는 치인보다 자신의 내면을 닦는 일이 먼저입니다. 왜냐하면 자신의 내면을 닦은 만큼 사회에 이바지할 수 있기 때문입니다. 자신을 닦는다는 것은 단순히 인간 세계의 이치를 깨닫는 것만을 의미하지 않습니다. 근본적으로는 자연의 이치를 깨닫는 것이며 이를 통해 인간을 포함한 만물의 이치를 깨달아 가는 것입니다. 유학은 자신이 깨달은 자연의 이치를 인간의 도덕법칙과 하나로 보는 점에 특징이 있습니다. 그래서 유학의 주된 관심이 가치론에 있다고들 합니다. 하지만 서경덕의 관심은 일반 유학자들과 달랐습니다. 그는 평생 자연의 이치를 중심에 두고 생각하였으며 그의 이러한 태도가 스스로 사회 참여를 자제한 이유가 되었습니다.

　서경덕은 조선조 성종 때 태어났으며, 한창 활동한 시기는 중종 때였습니다. 중종은 포악하기로 이름 높았던 연산군을 몰아낸 임금입니다. 연산군 때 벌어진 무오사화와 갑자사화는 많은 어진 선비들을 희생시켰습니다. 그래서 대부분의 선비들은 산과 들에 묻혀 지내면서 정치에 나서지 않으려는 경향이 강했습니다. 연산군을 몰아내고 왕위에 오른 중종은 한때 상당한 개혁 의지를 보였습니다. 그래서 과거시험으로 인재를 선발하던 일반적인 경우와 달리 산림에 숨어 지내며 공부만 하는 덕이 높은 선비들을 대접하여 벼슬에 불러내는 현량과라는 제도를 만들었습니다. 서경덕이 31세 되던 해, 현량과에서는 전국에서 가려 뽑은 120명의 선비를 추천하였는데 그 가운데 서경덕이 첫 번째를 차지하였습니다. 그만큼 서경덕에 대한 사람들의 기대가 컸던 것을 알 수 있습니다. 서경덕 주변에서 살던 사람들이 다툼이 생기면 관청으로 가기보다는 서경덕에게 와서 판정을 받았다는 일화는 일반 사람들이 그에게 얼마만한 믿음을 가졌는지를 잘 보여 줍니다. 하지만 서경덕은 왕이 내리는 벼슬을 받지 않았습니다. 그 뒤 어머니의 간곡한 부탁을 못 이겨 뒤늦게 43세에 과거시험을 보기는 했지만 벼슬에 나아가지 않기는 마찬가지였습니다.

   조선 시대의 과거시험은 크게 두 단계로 나누어집니다. 특히 문과의 경우 양반 자제들은 어릴 때부터 서당에서 한문 기초를 익힌 다음, 8세가 되면 서울의 동서남북에 있는 4학이나 지방의 향교에 진학합니다. 이들이 처음 보는 시험을 소과라고 하는데, 이 시험에 합격하면 생원이나 진사가 되며 성균관에 입학할 자격이 주어집니다. 성균관에 들어간 다음에는 다시 세 차례에 걸쳐 2단계 시험인 대과를 보는데, 그 결과는 갑·을·병의 3등급으로 나누어집니다. 갑과의 장원 급제자는 종6품 이상의 벼슬을 받고, 병과는 정9품 이상의 벼슬을 받았습니다. 이같이 과거에 합격해 벼슬을 얻고 이름을 내는 것은 보통 선비들의 한결같은 바람이었습니다. 그러나 서경덕은 소과에 합격하여 생원이 되었을 뿐 더는 시험을 보지 않았습니다. 그리고는 일생 학문을 연구하면서 보냈습니다.

   남들이 다 뜻을 두는 과거시험도 마다하고 임금의 부름도 거절한 채 평

생 자연에 묻혀 산 서경덕의 학문은 어떤 것이었을까요? 서경덕의 독특한 학문 경향은 어린 시절 일화에 잘 나타나 있습니다. 서경덕은 어렸을 때 나물을 캐러 들에 나갔다가 나무 꼭대기에 집을 짓고 사는 종달새의 움직임에 정신이 팔려서 나물 바구니는 던져 놓은 채 하루해를 보내 버린 적도 있었습니다. '도대체 종달새는 무슨 까닭으로 쉴 새 없이 제 집을 들락거리는 것일까?' '종달새의 날갯짓에는 어떤 원칙이 들어 있는 것일까?' '저 높은 나무 위에 집을 짓는 까닭은 무엇이며, 잠시도 쉬지 않고 울어대는 까닭은 무엇일까?' 그런 생각을 하면서 멍하니 나무 위만 바라보고 앉아 있었을 어린 서경덕을 생각하면 참 우스운 생각이 들기도 합니다. 사실 우리도 대부분 어린 시절에는 끊임없이 질문을 해대서 어른들을 괴롭히곤 하였습니다. "무지개는 왜 생기는 거야?" "별은 어떻게 떨어지지도 않고 하늘에 매달려 있는 거야?" "눈은 왜 내리고 꽃은 왜 피는 거야?" 하지만 어른이 되고 나면 대부분 이런 의문을 더는 갖지 않을 뿐더러 세상 일들을 그냥 지나쳐 버리게 됩니다. 그러나 서경덕은 이런 고민들을 끊임없이 이어 가면서 철학적인 해답을 구하려 하였던 것입니다. 그에게는 모든 자연 현상이 다 심각한 철학적 고민의 대상이었습니다.

서경덕의 이런 모습은 다른 곳에서도 나타납니다. 그는 18세 때 《대학》을 읽다가, 사물에 나아가 그 사물 속에 담긴 이치를 깨달음으로써 내 앎을 완성한다는 격물치지(格物致知)를 보고 나서 "사물에 대한 탐구를 먼저 하지 않는다면 독서는 해서 무엇하겠는가?"라고 하였습니다. 그 뒤부터는 책상 위에다 매일 자연계의 사물 이름을 하나씩 써 붙여 놓고서 그 이치가 무엇일까를 고민했다고 합니다. 어떤 날은 '하늘'이라고 써 붙이기도 했고, 또 다른 날은 '바람'이라고 써 붙이기도 했습니다. '온천'이라고 써 붙여 놓고는 왜 다른 데서 나오는 물은 다 차가운데 온천에서는 따뜻한 물이 나오는지를 고민했고, '부채'라고 써 놓고 부채가 바람을 일으키는 까닭이 무엇인가를 골똘히 생각했습니다. 이런 노력의 결과로 나온 것이 서경덕의 기(氣) 철학입니다. 그의 철학은 특히 56세 때 병든 몸으로 선배 지식인들이 다 밝히지 못한 것을 후배들에게 전한다는 마음에서 지은 〈원이기原理氣〉, 〈이기설理氣說〉, 〈태허설太虛說〉, 〈귀신사생론鬼神死生論〉 등에 잘 나타나 있습니다.

서경덕은 58세의 나이로 죽었습니다. 죽음에 가까이 이르러 병들어 누운 서경덕에게 곁에 둘러앉은 제자들이 물었습니다. "선생님, 지금 심정이 어떠신지요?" 서경덕은 제자들에게 이렇게 대답하였습니다. "죽고 사는 이치를 안 지가 오래라서 마음이 편안하다." 죽음 앞에서도 서경덕의 마음을 편하게 했던 그 깨달음이란 과연 무엇이었을까요?

성리학과 이기론

서경덕 철학의 중심은 氣입니다. 氣를 강조하는 철학은 오랜 역사를 가지고 있습니다. 중국 고대 철학에서 도가 철학의 시조가 되는 노자는 氣를 음과 양으로 나누어 설명하였고, 그의 뒤를 이은 장자는 온 세상 만물을 하나로 꿰뚫고 있는 것은 氣뿐이라고 하였습니다. 이처럼 氣를 중시한 도가의 흐름과 달리 유가 사상의 대표격인 공자는 氣를 가지고 사람의 호흡이나 혈기, 밥을 통해 얻는 기운 정도를 설명했을 뿐이지만, 맹자는 제자들에게 호연지기를 기르라고 강조함으로써 氣를 도덕적인 범주로 끌어들였습니다. 그러나 전체적으로 본다면 유가 철학에서는 氣가 별로 중요한 개념으로 쓰이지 않았습니다. 그러던 것이 송나라 때 만들어진 성리학에서부터 중요한 개념 가운데 하나로 자리 잡습니다. 성리학은 진시황이 중국을 통일하기 이전의 춘추전국 시대 사상가들이었던 공자, 맹자, 순자

등의 사상을 이어받았으며, 여기에 불교와 도교의 이론틀을 받아들이면서 새로운 철학적 체계를 구축한 학문입니다. 먼저 성리학의 성립 배경을 잠깐 보도록 합시다.

기원전 202년에 세워져서 400년 정도를 지속했던 한나라는 말기에 이르러 여러 가지 혼란을 겪습니다. 당시 사회적으로 많은 문제를 일으킨 것 가운데 하나가 전염병이었습니다. 그런데 그 전염병들은 묘하게도 같은 시기 로마에서 자주 발생한 전염병들과 비슷합니다. 균이 자라기에 알맞은 습도와 온도를 갖춘 인도에서 발생한 병원균들이 실크로드를 오가는 장사꾼들을 통해 중국과 로마에 퍼졌던 것입니다. 그 때 유행한 전염병들은 지금은 별로 문제될 것도 없는 홍역이나 백일해 같은 가벼운 병들이었지만, 면역성이 없던 당시 사람들에게는 치명적이었습니다. 조조의 군대가 제갈공명의 뛰어난 계략 때문에 적벽에서 엄청나게 큰 패배를 당했다는 《삼국지》 적벽전의 이야기 뒤에는 당시 조조의 군대에 유행했던 전염병이 패전의 주된 원인이었음을 밝힌 자료들도 있습니다.

전염병이 크게 돌아 많은 사람들이 별 대책 없이 죽어 가는 상황이 한편으로는 중국 의학의 발전을 가져왔고, 다른 한편으로는 죽음의 극복을 힘주어 말하는 종교가 자리 잡을 수 있는 좋은 기반을 제공하였습니다. 바로 그 같은 상황 속에서 로마에서는 가톨릭이 세계 종교로 자리 잡게 됩니다. 죽음이란 다만 천국으로 들어가는 문이라는 말이 힘없는 많은 사람들에게 용기를 주었을 뿐만 아니라, 초기 기독교는 상당 부분 질병 치료에도 많은 역할을 했기 때문입니다. 이런 점은 중국에서도 마찬가지였습니다. 죽음에 대한 처방과 함께 질병 치료에 큰 역할을 하던 불교와 도교가 엄청난 세력으로 자리를 잡은 것입니다. 그러한 역사적 사례로는 도교를 이념으로 내걸고 사회 개혁을 주장했던 오두미도에 민중이 큰 호응을 보냈던 일을 들 수 있습니다. 바로 이런 이유 때문에 위진남북조의 혼란을 수습한 수나라와 그 뒤를 이은 당나라가 민심을 끌어들이기 위해 불교와 도교를 국교 차원으로 우대했던 것입니다. 이 같은 상황에서 유학이 불교와 도교에 대응하여 내놓은 것이 바로 성리학이었습니다.

또 다른 측면에서 성리학이 성립된 원인을 봅시다. 한나라 말기에 일어난 '황건의 난' 이후 중국에는 엄청난 혼란기가 오랫동안 계속됩니다. 혼란기를 틈타서 여러 이민족들이 침입하여 장강 북쪽을 장악하고 자기들끼리 다툼을 벌였지만, 남쪽으로 쫓겨 간 중국 지배 세력들은 빼앗긴 장강 북쪽 지역을 회복할 생각을 하기보다는 세력 다툼으로 날을 보냈습니다. 이 시기가 위진남북조 시대입니다. 이런 혼란을 겨우 통일한 수나라도 오래가지 못했고, 그 뒤 당나라가 들어섭니다. 하지만 당나라도 군사권까지 지닌 각 지방의 절도사들이 날뛰면서 혼란이 계속됩니다. 그런 당나라를 이은 것이 송나라입니다. 당나라를 교훈 삼아 문치주의를 표방한 송나라는 그 때문에 오히려 국력이 약해져 곧 여진족에게 장강 이북을 빼앗깁니다. 이것이 금나라입니다. 이러한 역사적 배경은 중국인에게 나라가 강해야 한다는 바람을 갖게 하였습니다. 봉건주의 시대에 강한 나라가 되는 지름길은 임금의 권한을 강화하는 것이었으며, 그러기 위해서는 임금에 대한 신하들의 변치 않는 의리가 요구될 수밖에 없었습니다. 즉 절대 권력을 유지하는 기반이 될 절대주의 철학을 요구하게 됩니다. 이런 것들을 배경으로 송대에 성리학이 나오게 되었습니다.

하지만 성리학이 단순히 정치 도덕적인 현실만을 문제 삼은 것은 아니었습니다. 자연과 인간의 관계, 나아가서는 자연 자체도 문제로 삼고자 하였습니다. 그래서 자연과 인간을 통일되게 설명하는 철학을 세우게 된 것입니다. 하지만 성리학의 기반인 유학은 전통적으로 가치 문제가 중심이었기 때문에 존재 문제를 설명하는 우주론적인 부분이 상대적으로 약했습니다. 이런 이유에서 송대 성리학은 존재론적 탐구가 강한 도교와 불교를 받아들여 좀더 강한 사유 체계로 무장하였고, 이를 바탕으로 오히려 불교와 도교를 비판하였습니다. 그 과정에서 이(理)와 氣가 중요한 개념으로 자리 잡았고, 특히 氣 개념의 밑바탕에는 앞에서 말한 노장적인 사유가 담기게 된 것입니다.

성리학을 설명할 때 가장 중요한 개념 가운데 하나가 理와 氣입니다. 이기론은 성리학 이론 가운데 가장 기본적인 것이지만 대부분의 독자들은 지레 어렵고 머리 아픈 것이라고 생각할 것입니다. 하지만 사실 그렇게 어렵지만은 않습니다. 성리학은 '성(性)이 곧 理'라는 '성즉리'를 대전제로 인정하는 철학입니다. 여기서 말하는 理는 모든 사물의 원리인 동시에 도덕 법칙입니다. 하지만 氣는 이와 달리 구체적인 사물을 이루는 바탕입니다. 氣가 구체화되면 질(質)이 되고 그 질은 다시 형(形)으로 드러나는 발전 과정을 지닙니다. 그래서 기질이니 형기니 하는 용어를 쓰는 것입니다.

理에는 두 가지 측면이 있습니다. 하나는 만물 하나하나의 구체적인 원리로 작용하는 측면이며, 다른 하나는 만물의 공통적인 원리로 작용하는 측면입니다. 구체적인 측면에서 보면 사람의 이치, 개의 이치, 나무의 이치, 바람의 이치는 모두 다릅니다. 각각의 이치가 다르기 때문에 사람과 개와 고양이와 나무와 바람의 모습이 모두 다른 것이며, 사람다움과 개다움과 고양이다움과 나무다움도 모두 달라지는 것입니다. 그러나 사람 가운데서도 아버지의 이치, 어머니의 이치, 자식의 이치, 남자의 이치, 여자의 이치 등이 다 다르지만 이런 것들을 다 합치면 결국 사람의 이치에 귀결됩니다. 마찬가지로 사람과 고양이와 개의 이치는 모두 동물의 이치로 귀결되고, 여기에 나무와 꽃 같은 식물의 이치가 합쳐져서 생물의 이치로 귀결되며, 다시 돌의 이치와 쇠의 이치 등 무생물의 이치까지 합쳐지면 존재의 이치가 되는 것입니다. 그러므로 개별의 측면에서는 구체적인 사물의 이치가 모두 다르지만 공통의 측면에서는 모든 사물의 이치가 하나인 셈입니다.

이치를 다른 말로 하면 원리입니다. 모든 사물은 원리를 가지고 있습니다. 예를 들어 컴퓨터를 봅시다. 사람들은 옛날부터 자신의 경험을 체계화하여 머리 속에 기억해 두었습니다. 그리고 그 기억들을 필요한 것들만 추려 내 조합하여 새로운 아이디어로 끌어내기도 하고, 기억의 내용을 바꾸어 새롭게 머리 속에 저장해 두기도 하였습니다. 때로는 계산을 하기도 하고 때로는 메모를 해 두기도 합니다. 이러한 원리를 응용해서 만든 것이 컴퓨터입니다. 그런데 원리만 있다고 하여 어떤 사물이 만들어지는 것은 아닙니다. 원리는 마치 설계도와 같은 것이고 이 설계도에 따라 반도체, 모니터, 자판 같은 부품이 필요합니다. 이러한 부품을 만드는 재료들이 성리학에서는 氣에 해당합니다. 또한 자료들이 작동하는 것이나 전원을 켜고 끄는 것도 모두 氣에 해당합니다. 따라서 모든 컴퓨터 속에는 그 원리인 理와 氣가 함께 들어 있는 셈입니다.

그런데 대부분의 유학자들은 만물을 사람 중심으로 이해하였으며, 사람의 원리를 도덕 원칙으로 생각하였기 때문에 도덕 원리인 理를 중심으로 철학을 수립하였습니다. 이 理가 모든 사물 속에 똑같이 들어 있는 가장 높은 차원의 理며, 이 초월적인 理는 절대 변하지 않습니다. 초월적이기 때문에 감각할 수도 없고, 절대적이기 때문에 변하지도 않습니다. 변하지 않는다는 것은 움직이지 않는다는 것을 의미하며 아울러 의지적인 존재도 아닙니다. 이 같은 논리가 절대 불변의 도덕 법칙을 정당화하는 바탕이 되는 것입니다. 그러나 서경덕은 이러한 일반적인 흐름과 달리 氣를 중심으로 한 철학을 세웠던 것입니다. 그렇다면 氣는 어떤 것일까요?

만물의 본질 – 氣

氣는 고대부터 우주 만물의 변화 발전을 설명하는 중요한 개념이었습니다. 특히 서구 문명이 들어와서 동양적인 사유들이 침체하기 전까지는 철학만이 아니라 의학, 문학, 예술 등 대부분의 학문 분야에서 큰 역할을 해 왔습니다.

氣가 이제 더는 쓸모 있는 개념이 아닌 것처럼 되었지만 사실은 아직도 우리가 일상생활에서 별 생각 없이 쓰는 말 속에 많이 남아 있습니다. 우리말에 남아 있는 氣와 관련된 생각들을 정리해 보면 氣가 무엇인지를 쉽게 알 수 있을 것입니다.

사람들은 아무것도 없는 빈 공간처럼 보이기 때문에 하늘을 가리켜 허공이라고 부릅니다. 하지만 이 세상은 어느 한 곳도 빈 곳이 없습니다. 아무것도 없는 것처럼 보이는 공간까지도 사실은 氣로 꽉 차 있습니다. 그래서 빈 것 같지만 사실은 氣로 가득 차 있다는 뜻에서 공기(空氣)라고 하는 것입니다. 또 만물이 모두 氣로 이루어졌고 그 가운데 공기가 가장 큰 덩어리이기 때문에 대기(大氣)라고도 하며, 대기 중에는 공기보다 농도가 짙은 연기도 있고, 액화된 상태의 증기도 있습니다.

사실 氣는 만물의 본질이고 모든 사물은 氣로 이루어져 있습니다. 그래서 우리 몸 속에도 혈기가 흐르고 있는 것입니다. 그런데 만물은 각각의 사물을 이루는 氣가 서로 다른 성질을 지니고 있기 때문에 차별성이 생깁니다. 세상에는 열기가 많은 것도 있고 습기가 많은 것도 있습니다. 이처럼 만물은 모두 氣로 이루어져 있다는 점에서는 같다고 할 수도 있지만, 만물 모두의 기질이 다르다는 점에서는 같은 氣를 지닌 사물은 하나도 없습니다. 다만 같은 뿌리에서 나온 것들은 비슷한 氣를 지니게 됩니다. 그래서 같은 부모에서 태어난 형제를 가리켜 동기(同氣)라고도 하는 것입니다.

그런데 우리는 이런 氣를 느낄 수 있다고 생각합니다. 그런 생각을 잘 담고 있는 말이 감기(感氣)입니다. 감기란 말 그대로 氣를 느꼈다는 뜻으로, 우리가 가장 쉽게 걸리는 병이기도 합니다. 우리 몸을 이루고 있는 것도 氣이고 몸 밖의 대기도 氣이기 때문에, 우리는 평소 물고기가 항상 물 속에서 살면서도 자신이 물 속에 있다는 사실을 모르는 것처럼 내 몸 밖의 氣와 내 몸의 氣를 다른 氣라고 느끼지 않습니다. 그런데 어느 날 갑자기 오싹해지면서 몸 밖의 氣를 다른 氣라고 느끼게 되면 바로 감기에 걸리는 것입니다. 하지만 우리가 실제 느끼는 氣의 종류는 다양합니다. 추울 때는 한기(寒氣)를 느끼고, 더울 때는 열기(熱氣)를 느낍니다. 또 어떤 사람이나 사물에게서는 생기(生氣)를 느끼고 또 다른 사람이나 사물에서는 살기(殺氣)를 느끼기도 하는 것입니다.

아울러 氣는 끊임없이 움직이는 존재입니다. 우리가 잘 쓰는 말 가운데 '기가 막혀 죽겠다'는 말이 있습니다. 기철학에서 보면, 氣가 막히면 죽는 것이 당연합니다. 왜냐하면 氣는 잠시도 쉼 없이 움직여야 하기 때문입니다. 이런 입장에서 본다면 氣의 흐름이 끊어졌다는 기절(氣絶)이나, 기운(氣運)이 좋다거나 기세(氣勢)가 좋다는 말도 모두 氣의 움직임을 전제로 한 말입니다. 氣가 세다든가 氣가 꺾였다든가 氣가 살았다는 말들도 같은 의미를 담고 있습니다. 그런데 氣의 움직임은 모였다 흩어졌다 하는 모습으로 나타납니다. 그러한 생각을 잘 보여 주는 말이 군대에서 받기 쉬운 기합(氣合)입니다. 기합이란 군기(軍氣)가 빠진 사병에게 氣를 모아 주는 행위인 것입니다. 그래서 기합을 받고 나면 동작도 빨라지고 눈빛도 살아 있게 되는 것입니다. 이 밖에 가수나 탤런트들처럼 대중들의 氣를 한몸에 받아 인기(人氣)를 누리다가 대중의 관심이 멀어지면 인기가 떨어지는 수도 있습니다.

사실 만물은 氣를 삶의 동력으로 삼고 있습니다. 그래서 氣를 써서 일하기도 하고 氣를 써서 말하기도 합니다. 그렇지만 氣를 쓰기만 하면 곧 기진맥진(氣盡脈盡)해집니다. 그래서 잘 먹거나 잘 쉬어서 氣를 보충해야만 합니다. 곡기(穀氣)란 바로 곡식에서 얻어지는 氣를 가리킵니다. 이렇게 해서 氣를 잘 보충하면 기력이 좋아져 활기가 넘치게 되는 것입니다. 하지만 氣가 이런 생명 에너지에 국한된 것은 아닙니다. 우리의 감정이나 지혜도 모두 氣로 이루어져 있습니다. 氣가 몸에 골고루 잘 퍼져 있으면 기분(氣分)이 좋지만, 화가 나면 노기(怒氣)나 분기(憤氣)가 생기고, 일이 잘 안 되면 오기(傲氣)를 부리기도 하는 것입니다. 또 야단을 맞으면 氣가 죽지만 칭찬을 받으면 氣가 살아서 기고만장(氣高萬丈)해지기도 합니다. 그래서 우리는 심기(心氣)가 편한지 불편한지를 따지는 것입니다. 이 밖에도 지혜가 번뜩이는 사람을 총기(聰氣) 있다고 하고, 씩씩한 사람을 용기(勇氣) 있다고 합니다.

이 같은 이기 개념에 대한 이해를 바탕으로 서경덕의 철학을 다시 살펴봅시다. 서경덕은 理와 氣 가운데 氣를 중시하였습니다. 氣를 중시한다는 것은 도덕적 원리인 理를 중시하는 것과 달리 사물의 존재론적인 측면을 중시하는 것이 됩니다. 모든 사물은 氣로 이루어져 있고 氣는 끊임없이 변화합니다. 그래서 어떤 것이든 고정된 것은 없습니다. 그런 의미에서, 氣를 중시하는 철학은 변화를 중시하는 철학일 수밖에 없습니다. 앞에서 보았듯, 서경덕이 종달새의 움직임을 관찰했다는 경우도 바로 그런 의미에서 이해해야 합니다.

바람은 왜 생기는가

서경덕은 우주가 氣로 가득 차 있다고 보았습니다. 따라서 氣 자체는 보이지도 않고 만져지지도 않지만 없는 것이 아닙니다. 서경덕은 이런 氣의 성격을 가리켜 움켜쥐어도 아무것도 잡히지 않고 붙들려 해도 붙들 수 없지만, 사실은 온 우주를 가득 채우고 있기 때문에 아무것도 없다고 할 수는 없다고 했습니다. 서경덕은 이 같은 상태를 우주 만물의 가장 본질적인 상태로 보았으며 태허(太虛)라고 불렀습니다. 태허란 본래 완전히 빈 듯한 상태를 뜻하는 말로서 이 말을 처음 쓴 사람은 장자였습니다. 장자는 현상 세계는 모두 앞과 뒤, 높은 것과 낮은 것, 꿈과 생시, 죽음과 삶, 슬픔과 기쁨, 아름다움과 추함처럼 상대적인 것들로 이루어져 있는데, 이 같은 현상 세계의 상대성을 넘어선 경지가 태허라고 하였습니다. 그 뒤 이 개념을 중요한 철학적 용어로 되살려 낸 사람이 1100년 무렵의 중국 학자 장횡거였습니다. 서경덕은 많은 점에서 장횡거의 영향을 받았지만 전체 학문 틀에서는 자기 나름의 독특한 철학을 형성했습니다.

  태허란 현실의 다양한 사물과 현상들이 나오는 근본 자리로서 빈 듯하면서도 비어 있지 않은 것입니다. 그리고 그 빈 듯해 보이는 것이 바로 氣라고 합니다. 이런 생각은 부채가 어떻게 바람을 일으키는지에 대한 서경덕의 생각에 잘 나타나 있습니다. 서경덕은 재상 김안국이 부채를 선물로 보내 오자, "김재상이 부채를 선물함에 감사하며"라는 시를 지었습니다.

> 묻노니 부채를 흔들면 바람이 생기는데
> 바람은 어디에서 나오는 것인가?
> 만일 부채에서 나온다고 한다면
> 부채 속에 언제부터 바람이 있었는가?
> 만일 부채에서 나오는 것이 아니라고 한다면
> 필경 바람은 어디에서 나오는 것인가?
> 부채에서 나온다고 해도 말이 안 되고

부채에서 나오는 것이 아니라고 해도 말이 안 되네
만일 허(虛)에서 나온다고 한다면
오히려 저 부채를 떠나 또 허가 어떻게 스스로 바람을 만들어 낼 수 있단 말인가?
나는 그렇게 말할 수는 없다고 보네
부채가 바람을 몰아칠 수는 있지만
부채가 바람을 만들어 낼 수 있는 것은 아니로세
바람이 태허에서 쉬고 있을 때에는
고요하고 맑아서 아지랑이나 티끌 먼지가 일어나는 것조차 볼 수 없다네
그렇지만 부채를 흔들자마자 바람이 곧 몰아치네
바람은 氣라네
氣는 하늘과 땅 사이에 가득해서
물이 계곡을 꽉 채워 조금의 틈도 없는 것과 같네
저 바람이 고요하고 잠잠할 때는
그 모였다 흩어졌다 하는 모습을 볼 수 없지만
그렇다고 氣가 어찌 빈 적이 있으리오
노자가 '빈 것 같지만 다함이 없어서 움직일수록 더욱 나온다'고 한 것이 이것일세
그 부채를 흔들자마자 몰려가서는 氣가 들끓어서 바람이 되네

    우리가 지금 한여름 무더위 속에 앉아 부채질을 한다고 해 봅시다. 우리는 보통 별 생각 없이 부채를 흔들지만 화담은 부채질이란 부채와 공기의 마찰이라고 생각하였습니다. 즉 부채로 공간을 밀어내는 행동인 셈이지요. 그런데 우주 공간은 모두 氣로 가득 차 있습니다. 따라서 부채질이란

가득 메우고 있는 氣를 밀어 주는 행동이 됩니다. 그러면 일순간 부채로 밀어낸 만큼의 빈 공간이 생길 것입니다. 그러나 온 세상은 항상 氣로 가득 차 있는 것이기 때문에 어느 한 곳도 빈 곳이란 없습니다. 따라서 옆에 있던 氣가 그 빈 자리로 몰려들게 되고 바로 그것이 바람이라는 것입니다. 이 같은 서경덕의 생각은 비록 자연에 대한 거친 이해이기는 하지만 당시로서는 매우 과학적으로 바람을 설명해 보려고 한 셈입니다.

모든 변화는 氣의 변화이다

서경덕은 모든 것을 변화라는 관점에서 보았습니다. 종달새가 날갯짓을 하고, 바람이 불고, 눈이나 비가 내리고, 꽃이 피고, 나이가 드는 자연의 물질적 변화부터 기뻐하고, 슬퍼하고, 성내고, 미워하는 우리네 마음씀까지 이 세상 어느 하나도 바뀌지 않는 것이라곤 없습니다. 그런데 이런 변화는 왜 생기는 것일까요? 서경덕은 어떠한 변화도 氣에서 벗어나는 것은 없다고 보았습니다. 그렇다면 氣의 변화는 왜, 어떻게 일어나는 것일까요?

서경덕이 생각한 氣의 세계에서는 氣가 생기거나 없어지는 일이 없습니다. 사실 일반 성리학자들은 氣를 理보다 낮은 개념으로 보았습니다. 그래서 理는 절대 불변이며 처음부터 그대로 있을 뿐 생겨나지도 않고 없어지지도 않지만, 氣는 생겨나는 것이며 한번 생겨난 氣는 변화 과정 속에서 점점 엷어져서 마침내 없어지는 것이라고 보았습니다. 그러나 서경덕은 다릅니다. 처음부터 이 세상은 氣로 가득 차 있을 뿐이며 그 氣는 어디서 생겨나는 것이 아니라고 합니다. 그리고 한번 생겨난 氣는 모습이 달라지는 것일 뿐 없어지는 것이 아니라고 보았습니다. 서경덕은 그 예로 촛불을 듭니다. 촛불을 켰다가 훅 불어 껐을 때 처음에는 역한 냄새가 나다가 조금 뒤 냄새가 없어지는 것 같지만, 그것은 냄새를 이루는 氣가 점점 엷어져서 氣의 본래 모습으로 돌아간 것일 뿐이지 없어지는 것이 아니라는 것입니다. 서경덕의 생각에서는 초나 심지, 그리고 불이 모두 氣입니다. 초에 불을 붙이면 초와 심지가 모두 줄어듭니다. 이 경우는 초를 이루는 氣와 심지를 이루는 氣가 불의 氣로 바뀌는 것입니다. 그리고 촛불을 끄면 다시 불의 氣가 냄새를 이루는 氣로 바뀌는 것이지요. 서경덕의 이러한 생각은 마치 모습은 바뀌어도 질량은 변하지 않는다는 질량 불변의 법칙을 보는 듯합니다.

앞에서 보았듯이 氣는 처음도 없고 끝도 없는 존재입니다. 그런 점에서 본다면 시간을 초월해 있는 것입니다. 그러나 氣는 끊임없이 변화하는 것이고, 그러한 氣의 변화는 곧 만물의 변화를 뜻합니다. 그리고 그 변화는 氣가 모였다 흩어졌다 하는 모습으로 나타납니다. 氣가 모이면 내 몸도 나오고 생각도 나오지만 氣가 흩어지면 내 몸도 없어지고 생각도 없어지는 것입니다. 그러니까 정신적인 것이든 물질적인 것이든 만물의 발생은 氣가 모인 것이고 소멸은 氣가 흩어진 것일 뿐입니다. 예를 들면 물의 氣, 해의 氣, 바람의 氣, 흙의 氣 등이 모여 곡식도 나오고 채소도 나옵니다. 채소의 氣는 그것을 뜯어 먹은 소의 氣가 되기도 하지요. 우리는 그렇게 만들어진 곡식의 氣와 채소의 氣와 고기의 氣를 받아들여 생각도 하고 행동도 하면서 氣를 쓰고 살아갑니다. 그 과정에서 우리 몸의 氣는 배설되어 나가기도 하고 일의 성과로 바뀌기도 합니다. 그리고 죽음과 함께 내 몸을 이루던 모든 氣가 흩어지면서 흙으로 돌아가서 꽃을 피우기도 하고, 썩어 나온 물이 하늘로 올라가 비가 되기도 하는 것입니다.

서경덕은 이러한 氣의 순환을 처음 모습인 태허의 상태에서 氣가 모이면 사물이 되고 다시 사물이 소멸하여 氣가 흩어지면 태허의 상태로 돌아가는 것이라고 보았습니다. 죽음을 앞둔 서경덕이 제자들에게 "죽고 사는 이치를 안 지가 오래라서 마음이 편안하다"고 답한 까닭 속에는 이러한 氣에 대한 이해가 깔려 있습니다.

　사람들이 죽음을 극복하는 방법은 여러 가지입니다. 죽음이란 천국으로 들어가는 문일 뿐이라고 보는 종교적 이해도 있습니다. 그러나 죽음이 삶에서 모양만 바뀌는 것에 지나지 않는다는 생각도 하나의 방법이 될 수 있습니다. 이것은 장자의 생각과도 통합니다. 장자는 자기 부인이 죽었을 때 부인의 시체 옆에서 다리를 뻗고 앉아 항아리를 두들기며 노래를 불렀습니다. 조문을 왔던 장자의 친구 혜시가 그 모습을 보고는 "그대는 더불어 같이 살면서 자식도 기르고 함께 늙어 가던 부인이 죽었는데 슬피 울지 않는 것만으로도 이상하거늘, 게다가 항아리를 두들기며 노래를 부르다니 너무 심하지 않은가?"라고 물었습니다. 장자는 이렇게 대답했습니다. "나라고 해서 어찌 슬프지 않았겠는가? 그런데 가만히 그 처음을 살펴보니 삶이란 게 없더란 말일세. 아니, 삶이 없었을 뿐 아니라 본래는 형체도 없었지. 아니, 형체가 없었을 뿐만 아니라 본래는 氣도 없었다네. 흐리멍텅하게 뒤섞여 있던 것이 변하여 氣가 생기고, 氣가 변하여 형체가 생기고, 형체가 변하여 생명이 나온 것인데, 이제 다시 변하여 죽음으로 간 것일세. 이것은 봄, 여름, 가을, 겨울이 번갈아 순환하는 것과 같지. 저 사람은 이제 천지라는 큰 집에 누워 쉬는 것일세. 내가 소리치고 통곡한다면 스스로 자연의 진리를 깨닫지 못한 것이라는 생각이 들어서 울음을 그쳤을 뿐이네." 이처럼 처음부터 내 목숨이 생겨난 것도 대자연의 氣에서 왔기 때문에 달리 얻은 것이라고 할 것이 없으며, 죽음 또한 내 몸을 이루고 있던 氣가 본래 모습으로 돌아가는 것이기 때문에 잃었다고 생각할 것이 없다는 깨달음이 바로 죽음을 눈앞에 둔 서경덕의 마음을 편하게 했던 것입니다.

그렇다면 우연처럼 한 생명이 생겨나고, 어디에서인가 바람이 불어오며, 알지도 못하는 사이에 꽃이 피는 자연의 오묘한 변화는 왜 생기는 것일까요? 변화를 만들어 내는 누군가가 있는 것일까요? 연못가에 앉아 못 속의 물고기를 보고 있노라면 이 쪽을 향해 열심히 헤엄을 치다가 갑자기 방향을 바꾸기도 하고, 풀쩍 물 위로 뛰어오르기도 합니다. 이런 자연의 변화는 모두 누가 시키는 것이며, 왜 그렇게 되는 것일까요? 서경덕은 변화의 원인을 氣 자체에서 찾았습니다. 즉 변화란 氣의 자기 원인적인 것이라고 보았습니다. 서경덕은 모든 변화는 氣가 스스로 그렇게 하는 것일 뿐이며 동시에 어쩔 수 없어서 그렇게 되는 것일 뿐이라고 합니다. 엄격히 말하면 이 두 가지 설명은 서로 모순입니다. 스스로 그렇게 한다는 것은 능동적인 행위이며 우연적인 의미가 있습니다. 반면 어쩔 수 없어서 그렇게 되는 것이라는 말은 수동적인 행위이자 필연적인 의미가 있기 때문입니다. 이처럼 서경덕은 氣 자체에 능동성과 필연성이 같이 들어 있다고 보았습니다.

서경덕은 이러한 생각을 기자이(機自爾)라는 말로 표현하였습니다. '기자이'란 서경덕이 만들어 낸 독창적인 용어로, 기틀이 그러할 뿐이라는 뜻입니다. 이 말에서 '기(機)'는 변화의 계기를 의미합니다. 다시 말해 '機'란 그 때에 이르면 그렇게 바뀔 수밖에 없는 시간적 필연을 뜻하는 것입니다. 예를 들어 비 한 방울 오지 않을 것처럼 해가 쨍쨍 비추다가 어디선가 느닷없이 구름이 몰려들어 빗방울을 떨구기도 합니다. 사실 모든 변화는 언제나 끊임없이 이어지는 연속의 상태입니다. 다만 그것을 시간적으로 나누어 보면 그 때가 되면 바람이 불고 비가 오고 꽃이 피는 것입니다. 그 때가 되면 새로운 것이 생겨나기도 하고, 있었던 것이 없어지기도 하는 것입니다. 따라서 이러한 변화를 존재론적인 관점에서 보면 그저 바뀌는 것일 뿐 슬플 것도 기쁠 것도 없습니다. 서경덕은 철저히 존재론의 관점에 서 있습니다. 그래서 우주 자연의 모든 변화를 氣가 모였다 흩어졌다 하는 과정으로 보았으며, 그 변화는 시간적인 계기를 통해 나타나므로, 어떤 시점이 되면 氣가 스스로 그렇게 작용하고 아울러 어쩔 수 없이 작용하여 변화가 일어난다고 했던 것입니다.

복괘(復卦)에서 천지 자연의 중심을 본다

서경덕에게는 여러 가지 호가 있습니다. 물론 우리가 가장 잘 아는 호는 화담입니다. 화담은 서경덕이 살던 동네 이름에서 따온 것이지만, 꽃 핀 연못이라는 말 뜻에 자연에 묻혀 살던 서경덕의 삶이나 자연을 추구하려는 그의 철학이 잘 드러나 있습니다. 그러나 서경덕의 철학을 잘 드러내는 호는 화담보다 복재(復齋)입니다. 뒤에 붙은 '재'는 집을 의미하는 것이므로 별 뜻이 없습니다. 따라서 중요한 것은 '복(復)'입니다. '復'은 《주역周易》의 복괘를 뜻하는데, 서경덕이 지은 글 가운데도 "복괘에서 천지 자연의 중심을 본다"는 제목의 글이 있습니다. 그렇다면 복괘가 무엇이기에 자신의 호를 복재라고 하고, 복괘에서 천지 자연의 중심을 본다고 한 것일까요?

《주역》에 나오는 복괘의 모양은 ䷗입니다. 아래에 있는 ☳은 8괘 가운데 진괘로서 우레를 상징하며, 위에 있는 ☷은 8괘 가운데 곤괘로서 땅을 상징합니다. 그래서 전체적으로는 땅 속에서 우레가 나온다는 뜻으로, 지평선 저 밑에서 태양이 막 솟구쳐 오르는 것을 의미합니다. 일찍이 중국 송나라 때 철학자 소강절은 자연의 변화를 《주역》의 괘가 지니는 상징과 수로 표현하였습니다. 지금 우리는 하루를 24시로 나누어 쓰지만 예전 동양에서는 지금의 두 시간을 하나로 묶어 하루를 12시로 나누었습니다. 사람들의 띠를 나타내는 12간지가 그 12에 해당합니다. 그런데 하루 12시간이 30개 모이면 한 달이 되고, 다시 한 달이 열두 개 모이면 1년이 되며, 1년이 30개 모이면 한 세대가 됩니다. 소강절은 이처럼 12와 30을 반복하여 우주와 사회의 역사를 설명하였습니다. 그 과정에서 소강절은 1년 열두 달의 변화를 주역 64괘 가운데 건(乾)䷀·구(姤)䷫·둔(遯)䷠·비(否)䷋·관(觀)䷓·박(剝)䷖·곤(坤)䷁·복(復)䷗·임(臨)䷒·태(泰)䷊·대장(大壯)䷡·쾌(夬)䷪의 12괘로 설명하였습니다. 《주역》의 괘는 ―으로 표현되는 양효와 --으로 표현되는 음효로 만들어집니다. 64괘는 모두 음이든 양이든 여섯 줄로 이루어져 있으며 괘의 변화는 언제나 제일 아랫줄부터 일어납니다. 따라서 앞에서 말한 12괘를 가지고 본다면 복괘(䷗)의 바로 앞은 곤괘(䷁)이고 그 앞은 박괘(䷖)가 됩니다.

조선 시대 말기에 《주역》을 연구하던 많은 학자들은 외세가 점점 압박해 오면서 나라의 운명이 어두워지자 박괘를 주요 연구 대상으로 삼았습니다. 박괘는 머지않아 맨 꼭대기에 있는 양효마저 음으로 바뀌면서 곤괘가 될 것입니다. 《주역》에서는 박괘의 맨 위에 붙어 있는 양효를 "딱딱한 과일이라 먹을 수 없다"는 말로 설명하고 있습니다. 《주역》의 기본 기호인 양은 밝음을 의미하며 음은 어둠을 의미합니다. 따라서 당시 조선의 운명이 박괘와 같이 아래서부터 어둠이 점점 밀려와 맨 위에 겨우 양 하나만 남아 있는 것이며, 그래서 배가 고프지만 딱딱해서 먹을 수 없는 과일처럼 바람 앞의 등불과 같은 상황이라고 보았던 것입니다. 머지않아 어둠이 더 강해지면 결국 맨 위의 한 가닥 빛마저 없어질 것이고, 그렇게 되면 완전한 어둠을 의미하는 곤괘가 될 것입니다. 곤괘의 짙은 어둠은 나라가 망하는 것을 의미합니다. 그래서 어떻게 하면 박괘에 남아 있는 마지막 한 가닥 빛을 지킬 수 있겠느냐는 것이 당시 지식인들의 고민이었습니다.

하지만 일제에 나라를 잃은 뒤, 《주역》을 연구하는 지식인의 관심이 곧 괘가 아니라 복괘로 향합니다. 어떻게 하면 어둠을 뚫고 다시 빛을 얻을 수 있겠느냐 하는 생각에서였습니다. 우리는 일본 제국주의에서 나라를 되찾은 8월 15일을 광복절이라 부릅니다. 광복절이란 빛을 되찾았다는 뜻도 있겠지만 복괘가 바로 서광이 아래에서 올라오는 것이기 때문에 그렇게 붙인 것입니다.

서경덕은 바로 그 "복괘에서 천지 자연의 중심을 본다"고 하였습니다. 앞에서 보았듯이 서경덕의 주된 관심은 변화였으며, 따라서 이 말은 복괘에서 천지 자연의 중심인 변화를 본다는 뜻이 됩니다. 그러면 변화를 가장 잘 볼 수 있는 때는 언제일까요? 변화란 氣의 변화이며, 언제나 끊임없이 바뀌고 있습니다. 하지만 그러한 변화가 가장 뚜렷이 드러나는 때는 바로 아침에 해가 뜰 때입니다. 하늘을 가득 채운 어둠의 밑바닥에서 마치 땅을 뚫고 올라오는 것처럼 태양이 떠오르는 바로 그 때 변화가 어떤 것인지를 확실히 볼 수 있다는 것입니다. 그리고 1년의 변화에서 본다면 복괘는 동지에 해당합니다. 동지는 밤이 가장 긴 날이지만 바로 그 순간 낮이 길어지기 시작하는 것입니다. 그래서 서경덕이 자신의 호를 《주역》의 복괘에서 따와서 복재라고 한 것입니다.

화담 철학의 역사적 역할과 제자 토정 이지함

물론 지금의 개념과는 다르겠지만 서경덕은 당시 수준에서 볼 때 뛰어난 물리학자였던 셈입니다. 자연 속에서 도덕 원리를 찾으려고 했던 성리학자들과 달리 자연을 객관적으로 탐구하면서, 인간을 포함한 모든 사물을 구성하는 氣가 객관적으로 존재한다고 보고, 그 氣를 변화라는 모습

속에서 파악하려 한 것입니다. 그래서 서경덕은 氣보다 理를 더 우위에 두고 理를 궁극의 탐구 대상으로 삼는 성리학자들의 견해에 찬동하지 않습니다.

사실 성리학이란 인간의 본성이 바로 이치라는 도덕적 대명제를 인정하는 철학입니다. 그렇기 때문에 氣보다 理가 더 중시되며 존재론적으로도 理가 氣보다 먼저 있다고 합니다. 이런 생각은 당연히 관념 지향적인 요소를 지니게 되며 모든 문제를 마음을 중심으로 한 도덕적 판단으로 해결하려 하게 됩니다. 이러한 입장에서는 사회 문제가 발생하였을 때, 그 원인을 사회 구조에서 찾기보다는 사회 구성원인 인간의 도덕적 타락에서 찾으려 할 것입니다. 그러나 서경덕은 理의 우월성을 인정하지 않았습니다. 서경덕은 理가 주재적인 위치에서 변화를 주관하는 존재가 아니라 변화를 통해 드러나는 氣의 합리적인 법칙에 불과하다고 보았습니다. 따라서 氣를 떠나서는 결코 理를 이야기할 수 없으며 理가 氣보다 먼저 존재할 수도 없습니다.

理를 중시하는 철학에는 관념 지향적인 성격이 많이 담겨 있기에 상대적으로 화담의 철학은 물질 지향적인 측면을 띠게 됩니다. 그래서 북한의 철학계에서는 서경덕을 15, 16세기 전 세계를 통틀어 가장 위대한 유물론 철학자라고 하는 것입니다. 하지만 서경덕이 말하는 氣는 시공을 초월한 절대 변화입니다. 따라서 순수한 유물론과도 같은 주관적인 면이 강하게 들어 있기 때문에 이런 점에서는 관념론과 거의 다를 것이 없습니다. 다만 당시의 사회 역사적 상황과 연결해 생각해 볼 때 理의 도덕성을 강조하면서 지배 계층의 이데올로기 역할을 했던 철학과 달리, 훗날 氣를 바탕으로 변화를 중시하는 철학의 토대를 만들었다는 점에 큰 의의가 있습니다.

중세 봉건 사회는 농업이 기본 산업이었습니다. 농업은 토지를 떠나 성립할 수 없기 때문에 대부분의 사람들은 자신의 토지가 있는 한 곳에 머물러 있어야만 합니다. 따라서 돌아다니는 것이 기본인 상업 중심 사회와 달리 농업 중심 사회의 구조는 정적(靜的)일 수밖에 없으며, 이 같은 상황은 불변하는 도덕 법칙을 강조하는 철학이 자리 잡기에 아주 좋은 토양이 됩니다. 그렇기 때문에 훗날 실학자들이 일반 성리학자들과 달리 氣를 상당히 중시한 것은 사회 변화를 추구한 것과 통하는 셈입니다.

氣를 강조한 서경덕의 철학은 뒤에 조선의 대표적 성리학자인 퇴계 이황과 율곡 이이로부터 비판을 받았습니다. 그러나 두 사람의 비판에는 상당한 차이가 있습니다. 이황은 서경덕의 氣철학을 전면 부정하였고 이이는 부분 부정하였습니다. 그 까닭은 이황은 理를 강조한 철학자였고, 이이는 理와 氣를 함께 강조한 철학자였기 때문입니다. 理만을 강조하는 이황의 입장에서는 서경덕을 전면적으로 반대할 수밖에 없었을 것이며, 理氣를 함께 강조한 이이의 입장에서는 절반 정도의 부정이 나올 수밖에 없었을 것입니다. 하지만 이 같은 비판이야말로 서경덕 철학의 특징을 잘 드러내는 셈입니다. 서경덕은 두 사람과 달리 氣 자체를 강조한 것이 아니라 氣의 변화를 강조한 사람이었습니다.

서경덕의 철학은 뒷날 많은 제자들에게 이어졌습니다. 그 가운데는 선조 때 재상을 지낸 박순이나 《홍길동전》을 지은 허균의 부친 허엽도 있었고, 왕족인 이구라는 사람도 있었습니다. 그러나 가장 유명한 사람은 바로 토정 이지함(土亭 李之菡)입니다. 서경덕은 자신이 선생 없이 혼자 공부하였기 때문에 고생이 아주 심했다고 하였지만 그 자신은 많은 제자들을 남긴 것입니다. 특히 이지함은 유명한 《토정비결》을 지은 사람입니다. 토정(土亭)은 흙으로 만든 집이라는 뜻입니다. 이지함은 율곡 이이와도 친하게 지낸 사람이지만 언제나 부귀 영화와 상관없이 오늘날 서울 마포 언저리에서 흙을 땅굴처럼 파고 들어간 움집에 살았습니다. 마포 나루 주변의 민중과 함께하면서 얻은 삶의 경험을 바탕으로 하루하루를 희망 없이 살아가는 사람들에게 희망을 주겠다는 생각으로 만들어 낸 것이 《토정비결》이었습니다.

이지함은 기인이었습니다. 어떤 때는 한 말이나 되는 쌀로 밥을 지어 한꺼번에 먹고는 한 달 동안 아무것도 먹지 않고 지낸 적도 있으며, 길을 가다가 지팡이에 기대어 선 채 잠을 자기도 했다고 합니다. 솥을 모자처럼 쓰고 다니다가 밥 먹을 때가 되면 모자를 벗어서 밥을 지었다고도 하고, 언젠가 제주도로 들어갈 때 뗏목 네 귀퉁이에 박을 매달아 놓아서 사람들이 이상하게 여겼지만, 풍랑을 만나도 박들이 뗏목을 지탱해 주어 많은 사람을 놀라게 하였다고도 합니다. 이처럼 이지함은 여러 가지 이상한 행적을 남겼습니다.

이지함도 스승 서경덕처럼 일생을 무엇에도 얽매이지 않고 살았습니다. 훗날 친구인 율곡 이이의 추천으로 마지못해 포천 현감을 지내기도 하고 말년에는 아산 현감을 지내기도 합니다. 특히 아산 현감을 지낼 때는 관청 방 하나에 걸인청(乞人廳)이라는 이름을 붙여 놓고 거지들을 모아다가 짚을 대 주면서 새끼를 꼬아 그것을 시장에 내다 팔아 먹고 살 수 있게 하였습니다. 그는 일반 관료들은 생각지도 못하고, 하려고도 하지 않았던 개혁 정치를 한 셈입니다. 게다가 이지함은 농업이 중심이었던 당시 사회에서 뱃길로 외국과 교역할 것을 강조하기도 하였습니다. 이 같은 이지함의 생각이나 실천은 모두 변화를 추구하는 서경덕의 氣철학에서 온 것입니다.

뒷날 서경덕은 민간에서 만든 소설의 주인공으로 자주 등장하였습니다. 구름을 타고 다니면서 도술도 부리는 신선 같은 인물로 말입니다. 물론 이러한 소설들은 내용만 본다면 대부분 허무맹랑한 이야기에 지나지 않습니다. 그러나 그 속에는 사회를 바꾸겠다는 개혁 의지가 강하게 들어 있습니다. 엄격한 신분 계층 질서가 강하게 자리 잡고 있던 당시로서는 새로운 사회를 세운다는 것이 실현 불가능했기 때문에 많은 사람들이 그런 소망을 이야기 속에 담아 표현했던 것이며, 그 주인공으로 변화를 이야기하였던 서경덕을 선택한 것입니다. 서경덕의 철학은 그 뒤로도 氣를 강조한 철학자들에게 많은 영향을 주었으며, 특히 실학자들의 사고에 많은 영향을 미쳤습니다.

회재 이언적

논쟁을 통해
성리학을 뿌리내리다

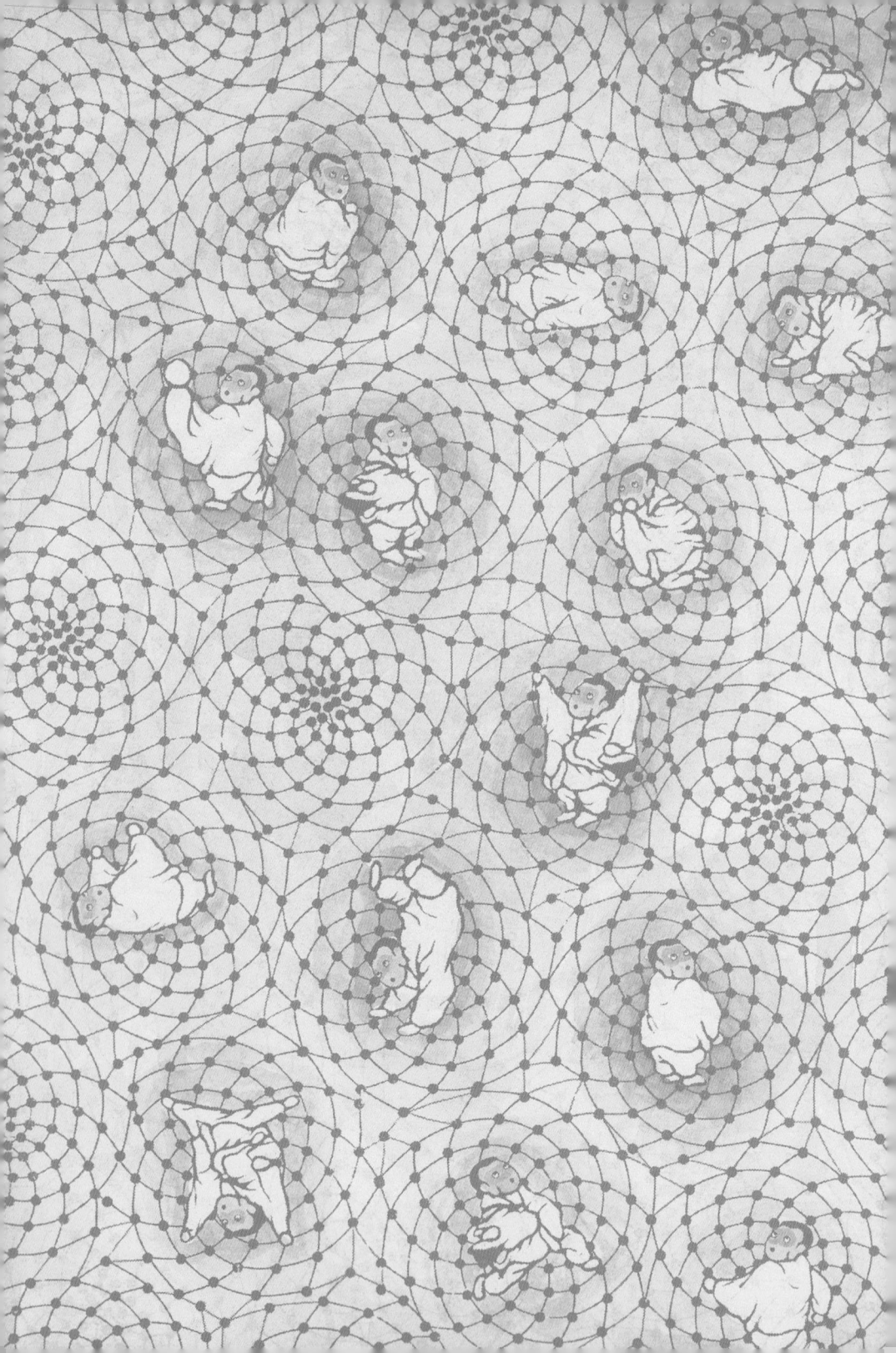

노학자와 젊은 선비의 논쟁

　16세기 초 조선 땅 한 귀퉁이 경주 부근에서 두 선비가 논쟁을 벌이고 있었습니다. 한 사람은 호를 망재(忘齋)라고 하는 손숙돈(孫叔暾)이었고 다른 한 사람은 망기당(忘機堂)이라는 호를 가진 조한보(曺漢輔)였습니다. 두 사람 모두 일찍이 진사 시험에 합격한 나이 지긋한 학자들로, 비록 중앙 정계에 진출하지는 않았지만 경주 일대에서는 잘 알려진 사람들이었습니다. 두 학자는 여러 차례 편지를 주고받으면서 논쟁을 한 것으로 짐작되는데, 아깝게도 두 사람 사이에 어떤 논쟁이 오갔는지를 정확히 알 수 있는 자료는 남아 있지 않습니다. 그런데 그 논쟁에 패기 만만한 젊은 선비 하나가 뛰어들었습니다. 바로 손숙돈의 외조카인 회재 이언적(晦齋 李彦迪 : 1491~1553)입니다.
　경주에 세워진 지방국립학교 선생이었던 이언적은 우연히 친구를 통해 조한보가 자신의 외삼촌인 손숙돈에게 보낸 편지를 보았습니다. 그리고는 조한보와 손숙돈 모두를 비판하는 논평을 써 놓았던 것입니다. 그런데 그 글이 다시 친구를 통해 조한보에게 전해지고 조한보가 그 비평에 대한 반박 편지를 보내오면서, 논쟁 상대가 손숙돈에서 이언적으로 바뀝니다. 현재 남아 있는 최초의 철학 논쟁이자, 한국 철학사에서 중요한 의미를 갖는 이언적과 조한보의 논쟁은 이렇게 시작되었습니다.

어떤 철학이든 나름의 관점과 논리가 있으며 그것이 무너지면 그 철학은 아무런 의미를 가질 수 없습니다. 따라서 서로 다른 관점을 지닌 사유체계를 만나면 자신의 의견이 옳고 상대방의 의견이 잘못됐음을 논리적으로 증명하기 위해 논쟁을 벌이게 됩니다. 사실 바람직한 논쟁만큼 학자를 단련시키는 것은 없습니다. 논쟁이란 단순히 상대를 이기기 위한 것이 아닙니다. 참다운 논쟁을 위해서는 먼저 자기 학문에 대한 내적인 진지성을 확보해야 합니다. 이런 점에서 논쟁은 곧 자신과의 싸움이기도 합니다. 자기 생각에 깊이를 더하고 이를 논리적으로 다듬을 때, 비로소 상대의 논리를 넘어설 수 있는 강한 힘을 갖게 되는 것입니다. 그래서 논쟁이 풍부했던 철학은 그만큼 많은 발전을 하게 됩니다.

또한 논쟁은 단순히 이기고 지는 것으로 끝나지 않으며, 논쟁 과정에서 서로의 견해를 이해하고 받아들임으로써 더 나은 이론이 나올 수도 있습니다. 철학사를 통해 볼 때 일정한 논쟁을 전후하여 철학의 흐름이 달라지는 경우가 많습니다. 그런 점에서 철학사는 논쟁의 흐름을 통해 이해해 볼 수도 있습니다. 한국철학의 경우 이언적과 조한보의 태극 논쟁에서 시작된 성리학 내부의 논쟁은 이황과 기대승이 인간의 선한 행위와 악한 행위의 원인을 따진 4단7정 논쟁(147쪽 참조), 이이와 성혼이 4단7정 문제와 함께 순수한 마음과 욕심 섞인 마음의 관계를 따진 인심 도심 논쟁(190쪽 참조), 임진왜란과 병자호란을 지낸 뒤 이간과 한원진이 인간의 본성과 인간 아닌 것의 본성이 같은지 다른지를 따진 인물성동이 논쟁, 조선 후기 화서 학파와 한주 학파 등에서 벌어진 심(心)을 주제로 한 논쟁으로 나아갔습니다. 이 같은 흐름에서 볼 때 이언적과 조한보의 논쟁은 한국철학 논쟁사의 출발이었던 셈입니다.

논쟁이 시작될 무렵 이언적의 나이는 27세였고 조한보는 50이 넘은 경험 많은 학자였습니다. 조한보는 성종 때 진사 시험에 합격하고 한때는 성균관에서 공부했던 장래가 촉망되는 젊은이였습니다. 조선 시대에는 벼슬에 나아가는 가장 일반적인 방법이 과거시험이었습니다. 과거는 크게 장수를 뽑는 무과와 행정 관료를 뽑는 문과로 나뉘었는데, 소과에 합격한 생원과 진사들을 대상으로 실시하는 문과의 본시험인 대과는 대체로 3년에 한 번 실시되는 것이 원칙이었습니다. 하지만 가끔씩 왕이 성균관에 가서 성균관 유생만을 대상으로 실시하는 알성 문과 등이 부정기적으로 있었기 때문에 성균관에 들어가면 결정적으로 유리한 입장에 서게 되는 것입니다.

하지만 조한보는 정치적 사건과 관련하여 성균관 유생들의 동맹 휴학을 주동하였고, 그 벌로 곤장을 맞고 과거시험 볼 자격을 박탈당해 고향으로 돌아와 홀로 학문을 닦고 있었습니다. 예나 지금이나 젊은 사람들은 가슴속에 이상을 품고 있기 때문에 현실에 대해 비판적일 수밖에 없습니다. 옛날 선비들도 옳지 못한 일을 보면 지금의 대학생들처럼 데모를 하기도 하였습니다. 권당이라고 불린 그들의 데모는 자신들의 주장을 담은 상소문을 임금에게 올리고 학생 모두가 성균관 문밖에 나와 자신들의 의견을 들어주면 학교로 돌아가고 그러지 않으면 학교를 나가겠다고 시위하는 것입니다. 사실 한 시대를 짊어질 뛰어난 인재들이 성균관에 모여 있는 상황에서 이런 시위는 위협적일 수도 있습니다. 그들이 등 돌린다는 것은 곧 양심적 지식인인 사림이 등 돌리는 것을 의미하며, 한때라도 성균관이 비게 된다면 인재를 길러 이상 국가를 만든다는 유교 이념에 큰 타격이 될 수 있기 때문입니다. 아무튼 조한보는 그런 이유로 거의 일생을 경주에 머물면서 학문에만 전념하였습니다.

24세에 과거에 급제하여 본격적인 학자의 길을 걷고 있던 패기 만만한 젊은이와 출세를 단념하고 고향에 돌아와 자신의 내면에 깊이 침잠하면서 혼자 학문을 닦는 노숙한 학자의 논쟁. 그들이 직접 만난 적이 있는지는 알 수 없지만 논쟁은 주로 편지를 통해 이루어졌습니다. 논쟁 기간은 2년이 걸렸고, 두 사람이 주고받은 편지는 처음에 이언적이 썼던 비평문 외에 각각 네 통의 편지가 있습니다. 2년 동안의 논쟁에 오간 편지가 겨우 네 통뿐이라는 사실이 놀라울 수도 있겠지만 그들은 상대방의 편지를 받고 나면 오랜 생각을 한 뒤에 답장을 썼습니다. 그래서 편지글의 양이 상당할 뿐만 아니라 그 속에 깊은 철학적 내용을 담고 있습니다. 하지만 그들의 논쟁이 철학 논쟁이었다고 해서 딱딱하기만 한 것은 아니었습니다. 논쟁 사이사이에 시를 지어 주고받기도 하였습니다. 이언적은 다섯 편의 시를 지어 보냈고, 조한보도 두 편의 시를 지어 보냈습니다. 물론 그 시들은 자기 주장을 강조하거나 상대방의 주장을 비판하는 내용을 담고 있습니다. 더운 여름날 개울가 정자에 앉아 상대방이 보내온 편지를 들고 한 줄 읽고는 깊은 생각에 잠기고 다시 한 줄 읽고 골똘히 생각에 몰두하는 갓 쓴 선비의 모습을 머리 속에 그려 보십시오. 더구나 한치도 양보할 수 없는 철학 논쟁 속에서도 자신의 생각을 시에 담아 전해 주던 그들의 여유 있는 태도를 생각하면 절로 흐뭇한 생각이 듭니다. 이 논쟁은 뒷날 한국철학의 한 방향을 형성하는 데 중요한 역할을 하였습니다. 무엇보다 놀라운 사실은 논쟁을 거치면서 이언적이 자신보다 나이 많은 선배로부터 많은 양보를 얻어 낸 것입니다.

외가의 복을 가로챈 아이

이언적은 1491년 늦가을, 경주 부근 양동 마을에 있는 외가에서 태어났습니다. 여주 이씨인 그의 집안은 일찍이 영남 지방에 낙향하여 살았는데, 이언적의 아버지가 경주 손씨 집안의 장녀와 결혼하면서 처가를 따라 경주 부근 양좌촌으로 옮겨 살았기 때문입니다. 이 무렵 경주 손씨는 아버지와 아들, 그리고 형제들이 대를 이어 과거시험에 급제하고, 더구나 이언적의 외할아버지인 손소(孫昭)가 공신 칭호를 받으면서 이름난 집안이 되었습니다. 특히 외삼촌 손중돈(孫仲暾) 형제와 이언적 대에 와서 집안이 가장 번창하였습니다. 그런데 이언적의 외가에는 옛날부터 훌륭한 인물 세 사람이 태어날 것이라는 이야기가 전해 오고 있었습니다. 그 가운데 첫째로 꼽히는 인물은 이언적의 외삼촌 손중돈이지만, 두 번째는 바로 이언적입니다. 따라서 외손자인 이언적이 손씨 집안의 정기를 가로챈 셈이 됩니다. 그런 일이 있은 뒤 지금까지도 이언적의 외가에는 시집간 딸이 애 낳을 때가 되면 친정에 오지 못하게 하는 금기가 생겼습니다. 앞으로 태어날 손씨 집안의 마지막 인물마저 또 다시 외손주에게 빼앗길까 걱정되어서 그런 풍습이 생긴 것입니다.

  그래서인지 이언적은 어린 시절부터 보통 아이들과 달랐다고 합니다. 다른 아이들이 바로 옆에서 웃고 떠들어도 전혀 휩쓸리지 않았다고 합니다. 이언적은 10세 때 아버지를 여의고부터는 외가의 도움을 받고 자랐으며, 12세 때부터 외삼촌 손중돈에게 공부를 배웠습니다. 손중돈은 조선 초기 사림파의 우두머리로서 많은 선비들의 존경을 받았던 김종직의 제자였습니다. 이언적은 23세 때 소과에 합격하여 생원이 되었고 24세 때 별시에 합격하여 벼슬에 나아갔습니다. 그 때 이언적의 답안지를 본 사림파 출신 시험관 김안국(金安國)은 '임금을 도울 재목'이라고 감탄하였습니다. 본래 이언적의 이름에는 언자가 없었습니다. 그런데 벼슬에 나아가고 보니 같은 이름을 가진 사람이 있었기 때문에 두 사람을 구별하기 위해 중종이 특별히 언자를 덧붙여 주었습니다. 예전에는 이런 경우가 많았습니다. 심지어 임금이 아들을 낳아 이름을 짓고 나면 태자와 이름이 같은 사람들은 이름을 바꿔야 했습니다. 그러니까 임금이 직접 이름자를 주었다는 것은 상당한 영광인 셈입니다.

이언적은 지금의 국립학교 선생에 해당하는 주학교관 벼슬부터 시작하여 여러 벼슬을 두루 거쳤으며, 41세 때는 사간원의 사간이라는 직책을 맡았습니다. 사간원은 나랏일 전반에 걸쳐 광범하게 언론을 펴는 곳으로, 임금의 잘못을 지적하기도 하고 관원을 임명하기 전에 미리 심사를 하기도 하는 곳이었습니다. 이언적이 사간을 지낼 때 조정의 여론이 김안로(金安老)가 세자를 가르치고 돌봐야 한다는 쪽으로 기울었지만, 이언적은 김안로의 사람됨이 바르지 않다고 반대하였다가 김안로 일파의 미움을 사서 좌천되었습니다. 그 후 벼슬에서 쫓겨나 고향으로 돌아오게 된 이언적은 자옥산 기슭에 정자를 지어 놓고 공부에만 열중하였습니다. 언젠가 김안로에게 뇌물을 바치고 벼슬을 얻은 경주 사람이 있었는데, 김안로가 그에게 이 사실을 이언적이 알지 못하게 하라고 했다는 이야기는 이언적의 강직함이 어떠했는지를 알려 주는 좋은 예입니다. 47세 때, 권력을 마음대로 휘두르던 김안로가 죽자 중종은 이언적을 가장 먼저 불러들였습니다. 이 때부터 벼슬이 점점 올라서 지금의 국립대학 총장에 해당하는 성균관 대사성, 대법원장에 해당하는 사헌부 대사헌, 서울 시장과 같은 한성 판윤, 행정자치부 장관과도 같은 이조 판서 등 요직을 두루 지냈습니다. 56세 되던 해, 중종의 뒤를 이어 즉위한 인종이 이듬해 바로 죽고 배다른 형제인 명종이 즉위하자, 명종의 외척들은 간신들과 짜고 죽은 인종의 외척들과 사림파를 한데 묶어 몰아내려고 을사사화를 일으켰습니다. 이 때 이언적은 어떤 이유에서인지 그들의 횡포에 강하게 맞서지 않았고, 나중에 사양하기는 하였지만 공신으로 봉해지기도 하였습니다. 그러나 얼마 안 가 어린 명종 대신 권력을 휘두르던 명종의 어머니 문정왕후와 그 측근을 비방하는 글이 양재역 벽에 붙는 사건이 발생하였습니다. 당시 양재역은 지금의 서울 양재 지하철 역 부근으로 말을 갈아타던 곳이었습니다. 이언적은 이 사건에 연루되어 벼슬에서 쫓겨나 강계로 귀양 가서는 끝내 돌아오지 못하고 63세에 죽었습니다. 하지만 이 기간이야말로 40대에 고향에서 지냈던 6년 남짓의 기간과 함께 이언적이 자신의 철학에 깊이를 더할 수 있었던 귀중한 시기였습니다. 동서양을 막론하고 뛰어난 사람들이 남긴 글 가운데 귀양 중이거나 감옥에 있을 때, 또는 어려운 처지에 빠져 있을 때 만들어진 것들이 많습니다. 그것은 오히려 불행한 일이 자신의 내면을 깊이 들여다볼 수 있는 좋은 계기가 되기 때문입니다. 사내로서 가장 수치스러운 궁형을 받고 써 낸 사마천의 《사기》나 감옥에서 딸에게 편지 형식으로 보낸 네루의 《세계사 편력》 등이 다 그러합니다. 이 점에서는 이언적도 마찬가지였습니다. 그가 지은 《대학장구보유大學章句補遺》와 《속대학혹문續大學惑問》, 《구인록求仁錄》, 《봉선잡의奉先雜儀》, 《중용구경연의中庸九經衍義》 등이 모두 유배지에서 쓴 책들입니다.

이언적에게는 서자 전인과 후사를 잇기 위해 양자로 들인 5촌 조카 응인이 있었습니다. 전인은 이언적이 경주에 머물 때 얻은 아들이지만, 이언적이 임신한 줄 모르고 경주를 떠났기 때문에 전인은 자신이 이언적의 아들이라는 사실을 모르고 자랐습니다. 그러나 이언적이 자신의 아버지인 줄 안 뒤로는 극진하게 모셨습니다. 특히 이언적이 강계에서 귀양살이를 하는 동안에는 모든 수발을 들면서 학문을 배웠습니다. 따라서 전인은 이언적의 아들인 동시에 제자인 셈입니다. 이전인(李全仁)은 아버지에게 배운 것을 묶어 대화체 형식의 《관서문답록》이라는 책을 펴내었으며, 이언적이 죽고 난 13년 뒤에는 이언적이 60세 때 유배지에서 훌륭한 임금이 되기 위해 지켜야 할 일들을 여덟 가지 조목으로 나누어 써 놓은 〈진수팔규〉라는 글을 자신의 상소문과 함께 임금에게 올려 이 글을 읽은 명종이 잘못을 깨닫고 이언적을 복권시키기도 하였습니다.

지금의 포항 부근 안강에는 선조 때 안강 사람들이 이언적을 기리며 그가 머물던 독락당 아래에 지은 옥산 서원이 있습니다. 자옥산 기슭에서 흘러내린 물이 앞내를 이루고 있는 옥산 서원은 선조로부터 현판 글씨를 받은 유명한 서원입니다. 이 서원 창고에는 지금도 450년이 다 된 대나무가 보관되어 있습니다. 이제는 썩어서 빛깔이 까맣게 변한 그 대나무는 효성이 지극하였던 전인이 이언적이 죽자 시신을 모시고 오는 데 썼던 것입니다. 전인은 아버지의 시신을 그 대나무 위에 올려놓고 강계에서 포항까지 한겨울 눈길을 미끄러지면서 끌고 왔다고 합니다. 지금도 그 대나무를 보면 효성이 지극했던 전인의 모습을 보는 듯합니다.

뒷날 광해군 2년에 이언적은 조선 초기 대표적 사림파였던 김굉필·정여창·조광조·이황과 함께 문묘(文廟)에 모셔집니다. 문묘의 '묘'는 사당이라는 뜻으로 조선 시대에는 여러 개의 묘가 있었습니다. 그 가운데는 왕실 조상들을 모신 종묘도 있었고 무속과 관련하여 관운장을 모신 동대문 밖 숭인동의 동묘도 있었습니다. 그러나 이런 것과 달리 문묘는 성균관 안에 있는 공자의 사당으로 조선 시대 문교 정책의 상징이었습니다. 이 안에는 공자·맹자와 공자의 제자들, 이름난 중국의 성리학자들과 설총 이후 덕이 높고 학문이 뛰어난 조선의 학자들이 모셔져 있습니다. 죽은 뒤의 일이기는 하지만 문묘에 모셔진다는 것은 학자로서 가장 영광스러운 일입니다. 그런데 이언적을 문묘에 모시자는 논의에서 율곡 이이는 이언적이 을사사화 때 강직하게 대처하지 못한 처신을 문제 삼아 반대하였고, 서애 유성룡은 이언적이 강직하게만 대처했다가는 사림들이 더 큰 화를 입게 될 것을 염려하여 그렇게 처신한 것이라고 변호하였습니다. 아무튼 이언적은 오랜 논의 끝에 문묘에 배향됩니다.

《태극도설》과 주륙 논쟁

이언적의 철학에서 매우 중요한 부분 가운데 하나는 앞서 말한 조한보와의 논쟁에 잘 나타납니다. 이 논쟁은 태극 논쟁 또는 무극 태극 논쟁이라고 불리는데, 논쟁에 나타난 두 사람의 차이는 송나라 때 성리학의 기초를 닦은 염계 주돈이(濂溪 周敦頤)의 《태극도설太極圖說》에 대한 이해의 차이이기도 합니다. 논쟁의 발단이 된 《태극도설》은 중국에서도 논란이 많았던 저술입니다. 《태극도설》은 크게 그림과 그에 대한 설명 부분으로 나누어집니다. 이 그림은 청나라 때부터 이미 많은 학자들이 도가의 수련 과정을 담은 그림에서 영향을 받은 것임을 밝혀 놓았습니다. 도교에서는 옛날부터 신선이 되기 위한 다양한 방법을 개발해 왔습니다. 그 초기 방법은 알약을 만들어 먹고 신선이 되겠다는 연단술이었습니다. 연단술은 서양의 연금술과 비슷하면서도 다른 점이 많습니다. 연금술이 주로 금을 얻으려 한 것이라면 연단술은 불로 장생의 약을 얻겠다는 것이었습니다. 서양의 연금술은 2세기 무렵 이집트에서 시작해 아라비아를 거쳐 14, 15세기 유럽에서 전성기를 이루었는데, 연금술사들은 초자연적 힘을 지닌 '철학자의 돌'을 만들어 이 돌로 비금속을 금이나 은으로 바꾸고, 나아가 만병 통치약으로 쓰고자 하였습니다. 연금술 발전의 배경에는 초자연적 힘에 대한 가톨릭 교회의 옹호와 더 많은 부를 얻으려는 봉건 영주들의 관심이 있습니다. 서양 근대 과학의 대명사인 뉴턴의 저작 가운데 3분의 2 정도가 연금술 관련 저술이라는 점도 흥미롭습니다. 이후 서양은 연금술에서 미신적 요소를 제거함으로써 연금술을 근대 과학의 한 분야인 화학으로 발전시켰습니다.

중국 연단술의 대체적인 내용은 갈홍(葛洪)이 쓴 《포박자抱朴子》에 실려 있습니다. 갈홍은 이 책에서 주성분이 진사(辰沙)인 금단 만드는 법을 설명하고 있습니다. 그는 금단을 발에 바르면 물 위를 걸을 수 있고, 손에 바르면 원하는 모든 것을 얻을 수 있으며, 한 알을 다 먹으면 하늘에 올라가 신선이 되고 반 알만 먹으면 영원히 살 수 있다고 합니다. 또 하늘에 올라가면 먼저 온 선배 신선들이 너무 많아 인사를 하느라 머리를 들고 다닐 수조차 없기 때문에 그냥 지상에서 불로 장생을 누리는 편이 낫다고 하였습니다. 사실 이 알약의 주성분인 진사는 수은과 유황의 혼합물이었기 때문에 연단술을 행하다가 중금속 중독으로 많은 사람이 죽었을 것입니다. 이 방법은 뒤에 사람의 몸 속에서 단을 만드는 내단술로 바뀝니다. 동양식 수련법에서 배꼽 바로 아래를 단전이라고 부르는 것은 바로 단을 만드는 밭이라는 의미입니다. 내단술은 바로 단전과도 관련 있는 용어입니다. 당시 많은 도사들은 내단을 얻는 과정을 그림으로 그려 놓고 수행하였습니다. 《태극도설》의 원본으로 지적되는 진도남의 〈무극도〉도 이러한 것 가운데 하나로 바위 벽에 새겨져 있던 것입니다. 주렴계(周濂溪)는 이 같은 도교적 사유에 《주역》의 세계관을 더하여 성리학의 중요한 이론 근거가 된 《태극도설》을 지은 것입니다.

　주렴계의 《태극도설》의 내용을 요약하면 다음과 같습니다. 만물의 본질은 무극이면서 태극인데, 바로 여기에서 음양이 나오고, 다시 음양에서 오행이 나오고, 이 음양오행의 조합에 따라 만물이 발생합니다. 하지만 이 과정을 다른 한편에서 보면 오행 속에는 음양이 있고 음양 속에는 태극이 있으며 태극은 본래 무극입니다. 그런데 만물 가운데 인간이 가장 빼어난 氣를 받은 신령스러운 존재이기 때문에, 인간이 지닌 인·의·예·지·신 다섯 가지 본성의 움직임에 따라 선악이 나뉘기도 하지만 잘 수양하면 누구나 성인이 될 수 있다는 것입니다. 그러니까 《태극도설》에 쓰여진 만물의 발생 과정은 태극-음양-오행-만물로 요약할 수 있습니다. 이 과정은 《주역》의 〈계사전〉에서 태극-음양-사상-팔괘-만사 만물로 발생 과정을 설명한 것과도 유사합니다.

그런데 이 가운데 이해하기 어려운 개념이 '태극'입니다. 태극을 이해하기 위해 우리 나라의 국기인 태극기를 생각해 봅시다. 태극기란 태극이 들어 있는 깃발이라는 뜻입니다. 그런데 그 속에서 어떤 부분이 태극일까요? 우리는 태극기 가운데 둥근 원과 그 속에 들어 있는 두 가지 색 무늬를 합쳐 태극 문양이라고 합니다. 그러나 엄밀하게 말하면 태극은 가운데 있는 둥근 원입니다. 그 원을 아래 위로 나눈 선 ∼과 빨간색·파란색은 음양을 의미합니다. 특히 ∼은 파도가 올라왔다 내려갔다 하는 것처럼 음이었다 양이었다 하는 변화가 끝없이 이어지는 것을 잘라낸 것일 뿐입니다. 세상 모든 변화는 음양의 자리바꿈일 뿐입니다. 숨을 내쉬고 나면 다시 들이마시는 것처럼 모든 일은 기쁨과 슬픔, 밝음과 어둠, 높은 것과 낮은 것, 긴 것과 짧은 것, 부와 가난 같은 상대적인 상황의 변화일 뿐이며 그 속에는 언제나 그러한 이치로서의 태극이 들어 있다고 보는 것입니다. 바로 그러한 생각이 둥근 원인 태극과 그 속에 그려진 음양으로 표현된 것입니다. 그러니까 태극이란 모든 변화 속에 들어 있는 이치인 셈입니다. 그리고 바깥에 있는 네 개의 도형은 8괘 가운데 음양을 가장 잘 드러내는 하늘과 땅을 상징하는 건곤(乾坤)과 물과 불을 상징하는 감리(坎離) 네 괘를 그린 것입니다.

이 《태극도설》을 성리학에서 가장 중요한 지위로 끌어올린 사람이 주희(朱熹)입니다. 그 과정에서 주희는 《태극도설》의 여러 문제를 놓고 육상산과 논쟁을 벌였습니다. 두 사람의 논쟁은 아호사라는 절에서 시작되었기 때문에 아호 논쟁이라고도 하고, 두 사람의 성을 따서 주륙 논쟁이라고도 하는데, 네 번에 걸쳐 벌어졌던 논쟁 가운데 세 번째 논쟁이 바로 《태극도설》에 관한 논쟁이었습니다. 논쟁 주제는 크게 다음 네 가지로 나눌 수 있습니다.

첫째, 《태극도설》을 과연 주돈이가 지었는가?
둘째, 만물의 본질을 무극이면서 태극이라고 한 표현 가운데 무극이라는 표현이 필요한가?
셋째, '극(極)'이란 무엇을 의미하는가?
넷째, 《태극도설》은 무엇으로부터 영향받은 것인가?

육상산은 《태극도설》이 주돈이의 저작이 아닐 수도 있다고 주장하였지만, 주희는 주돈이가 직접 지은 것이라고 주장하였습니다. 또 육상산은 태극이라는 표현만으로도 충분하니 무극은 필요 없으며 이 때의 '극'은 모든 것의 표준이라는 뜻에서 '중(中)'과 같다고 한 반면, 주희는 구체적으로 고정된 틀은 없지만 이치는 있다는 뜻에서 무극이면서 태극이라고 하였기에 무극과 태극이 모두 필요하며, 이 때의 '극'은 '지극'하다는 의미로 보았습니다. 마지막으로 육상산은 《태극도설》이 노자의 학문에서 왔다고 보았지만, 주희는 유가 정통 사상을 이은 것으로 보았습니다. 두 사람은 서로 한치도 양보하지 않은 채 논쟁을 마쳤습니다.

진리는 어디에 있으며 어떻게 얻을 수 있는가

이언적과 조한보의 논쟁은 앞에서 본 주희와 육상산이 벌였던 논쟁의 연장선에 있습니다. 주희의 호는 회암이었고 이언적의 호는 회재였습니다. 한국 성리학자 가운데 '회'자가 들어가는 호를 쓰는 사람은 모두 주자의 호를 따온 것입니다. 회재라는 호 또한 회암에서 따온 것으로, 주희를 흠모한 그의 마음을 읽을 수 있습니다. 논쟁 과정에서 이언적은 기본적으로 주희의 견해를 바탕으로 주장을 펴고 있습니다. 하지만 그는 단순히 주희의 견해를 답습하는 데 머물지 않고, 성리학의 한국적인 틀을 다지는, 중요한 역할을 했습니다. 이 논쟁의 초점은 궁극의 진리란 어떠한 것이고, 어디에 있으며, 어떻게 얻을 수 있는지를 따지는 데 있었습니다. 이제 이 논쟁을 중심으로 이언적의 철학을 살펴봅시다.

논쟁에서 다룬 첫째 내용은 다음과 같습니다. 조한보는 유학자였지만 그의 주장에서는 노장 철학이나 불교에 가까운 모습이 보입니다. 이런 점은 조한보와 처음에 논쟁을 벌였던 손숙돈도 마찬가지입니다. 사실 같은 동양철학이지만 유학과 노장 철학, 그리고 불교는 아주 다른 철학입니다. 유학은 본질적으로 현실 긍정에서 출발하지만, 불교나 노장 철학은 현실에 대해 부정적인 입장을 취합니다.

예를 들어 불교는 현실을 고통의 연속으로 보고 고통에서 벗어나는 것을 목적으로 삼았으며, 현실의 고통은 그 원인이 집착에 있다고 보았습니다. 현실의 모든 것은 끊임없이 변하는 것이기 때문에 고정된 것은 하나도 없는데도, 사람들은 뭔가 변하지 않는 것이 있다고 보고 그것에 매달린다는 것입니다. 더 많은 돈을 벌겠다거나 더 예뻐지고 싶다거나 더 훌륭해지고 싶다는 욕망이 모두 그러합니다. 하지만 아무리 아름다운 사람도 백 년 뒤에는 한 줌 흙일 뿐이며, 하늘을 찌를 듯한 권력이나 부를 가진 사람도 언제까지나 그 상태를 유지할 수는 없습니다. 그런데도 끊임없는 욕망이 사람을 얽매고 있기 때문에 욕망을 벗어나지 않는 한 현실은 언제나 불만스럽고 고통스러울 수밖에 없습니다. 하지만 이 같은 현실은 모두 욕망이 일으키는 한바탕 헛된 꿈에 지나지 않습니다. 현실이 끝없는 인과법칙 때문에 언제나 변하는 것이고, 생각이나 육체마저도 찰나마다 변하고 있기 때문에 사실은 고통스러워하는 나란 존재조차도 고정된 것이 아님을 깨닫는다면 비로소 고통을 벗어나 해탈할 수 있다는 것입니다. 불교에서 말하는 제행무상(諸行無常)이나 제법무아(諸法無我)는 바로 이러한 것을 가리킵니다. 그렇기 때문에 마음속에 타오르는 욕망의 불을 끈다면 바로 열반에 들 수 있다고 합니다. 열반을 뜻하는 산스크리트어 니르바나는 바로 훅 불어 끈다는 뜻입니다.

　이 점은 노장 철학도 마찬가지입니다. 사실 우리는 많은 선입관을 가지고 살아갑니다. 돈이 많으면 행복할 수 있을 것이라는 착각, 지위가 높으면 훌륭한 사람이라는 생각, 생김새나 옷매무새가 형편없으면 아무 까닭 없이 낮추어 보려는 생각, 미국은 언제든 우리를 돕는 좋은 나라라는 생각, 경험도 없는 어린 녀석이 무얼 알겠느냐는 생각, 비싼 물건은 무언가 좋은 점이 있을 것이라는 생각, 강한 것이 좋은 것이라는 생각이 그러합니다. 그러나 돈이 많아서 자식들의 재산 다툼으로 불행해질 수도 있고, 지위가 높으면서도 사람답지 못한 행동을 하여 비난받는 경우도 있습니다. 비싼 물건을 산 다음 질이 형편없어서 후회하는 경우도 있고, 부드러움이 강한 것을 이기는 경우도 많습니다. 우리는 이 같은 편견 때문에 사물의 참모습을 제대로 보지 못하는 경우가 많은 것입니다. 노자나 장자는 사람들의 편견을 깨기 위해 사물을 있는 그대로 보자고 하였습니다. 편견은 우리의 감각이나 감각을 통해 만든 지식에서 오는 것이므로 노자와 장자 모두 감각도 버리고 지혜도 버리라고 했던 것입니다.

　조한보의 호는 망기당(忘機堂)이었으며 처음에 조한보와 논쟁을 벌인 손숙돈의 호는 망재(忘齋)였습니다. 두 사람의 호에 공통적으로 들어가 있는 '망(忘)'은 잊어버린다는 뜻인데, 《장자》에서는 도덕이나 옳고 그름뿐만 아니라 자신마저도 잊어버린 가장 높은 깨달음의 경지를 '좌망(坐忘)'이라고 하였습니다. 좌망이란 옳고 그름이나 인의예지를 모두 잊고 나아가서는 자신마저 잊어버려 만물과 하나가 되는 상태입니다. 그리하여 노자는 갓 태어난 아기와 같은 상태로 돌아가라고 했던 것입니다. 이런 점에서 볼 때 불교와 노장 철학이 사뭇 다른 사유 체계이기는 하지만 눈앞의 현실을 넘어서서 초월적인 무언가를 찾으려고 했다는 점에서 공통적인 모습을 보입니다. 특히 망기당이라는 조한보의 호에서는 노장적인 냄새가 납니다.

조한보의 입장은 논쟁 과정에서 그가 했던 주장에 잘 드러나 있습니다. 그는 만물의 본질인 태극이 자질구레한 일상생활을 넘어서서 초월적인 무언가에 들어 있다고 보았습니다. 그러나 이언적은 태극이 초월적인 것이기는 하되 우리가 살고 있는 구체적인 현실을 떠나 있는 것이 아니라고 합니다. 여기서 말하는 태극은 만물의 본질인 동시에 진리입니다. 진리는 글자 그대로 참다운 이치로서 어떤 사물들에만 적용할 수 있는 것이 아니라 모든 것에 보편적으로 적용될 수 있는 법칙을 의미합니다. 예를 들면 사람에게는 여러 가지 원리들이 있습니다. 배고프면 먹어야 하고, 목마르면 마셔야 하고, 피곤하면 쉬어야 합니다. 이 같은 생리적 현상은 참을 수 있는 정도의 차이는 있지만 인종이나 성별, 나이의 차이를 넘어서서 누구에게나 해당되는 보편적 진리입니다. 더 넓혀 생각해 보면 개와 고양이뿐만 아니라 살아 있는 모든 생물체에 적용되는 법칙입니다.

그러나 이 같은 생리적 본능 외에도 사람에게는 또 다른 원리가 있습니다. 배고프면 먹고 싶은 것이 본능이지만 자신의 배고픔을 참아 가면서 더 불쌍한 사람에게 자기 몫을 주기도 합니다. 더구나 어떤 사람들은 남을 위해 목숨까지 버리기도 합니다. 이 같은 행동의 근원 또한 생리적 본성과 마찬가지로 우리 속에 들어 있는 본래적인 모습이며 우리는 그것을 도덕성이라고 합니다. 그래서 사람이라면 누구나 양심에서 벗어나는 일을 했다는 생각이 들면 그것을 아무도 모른다고 해도 스스로 부끄러운 마음을 갖게 되는 것입니다. 그렇기 때문에 우리는 어떤 사람의 위대성을 평가할 때 자신의 욕심을 얼마나 버렸는가, 즉 얼마나 도덕적인가를 따지게 되는 것입니다. 하지만 도덕성이 모든 생물체에 적용되는 것은 아닙니다. 그래서 인간만을 도덕적 존재라고 하는 것입니다.

이언적과 조한보의 논쟁은 바로 도덕 법칙에 대한 것이었습니다. 조한보는 도덕 법칙이란 보편적인 것이기 때문에 사람의 구체적 행동 하나하나를 넘어서서 어딘가 초월적인 곳에 있다고 생각했고, 이언적은 비록 도덕 법칙이 보편적인 것이기는 하지만 사람들의 행동 하나하나를 떠나서 있는 것이 아니라고 보았습니다. 이언적의 주장을 더 구체적으로 살피면 다음과 같습니다. 우리가 사람답다고 할 때의 사람다움이란 보편적인 개념입니다. 따라서 이렇게 보면 도덕 법칙은 개개인을 넘어서서 존재하는 초월적인 개념인 것 같습니다. 그러나 사람다움이란 자기 이익만을 챙기지 않고 뭇사람을 위해 헌신적으로 봉사하는 사람들, 옳은 일이나 국가와 민족을 위해 목숨을 버린 사람들의 구체적인 행동 하나하나를 통해 드러나는 것입니다. 그러므로 진리란 우리의 삶 속에 들어 있다고 하는 것입니다.

좀더 구체적인 예를 들어 봅시다. 선거철만 되면 국회의원 후보든 대통령 후보든 한결같이 국가와 민족을 위해 온 힘을 다하겠다고 약속합니다. 그러나 우리 정치사를 보면 그렇게 뽑힌 사람 가운데 당선되고 나서 자기 가족이나 일가 친척을 위해 이권을 챙긴 경우를 많이 봅니다. 심지어는 몇 천억씩 챙기다가 감옥에 간 대통령도 둘이나 있습니다. 이런 것을 보면 도둑이 많아서 걱정이라는 임금에게 "그대가 욕심 내지 않는다면 백성들은 상을 준다고 해도 도둑질하지 않을 것"이라고 질타한 공자의 말을 떠올리지 않을 수 없습니다. 사실 국회의원이나 대통령이 국가와 민족을 위해 일해야 한다는 것은 비록 그렇게 행동하지 못하는 사람이라도 이야기할 수 있는 진리입니다. 그런 점에서 본다면 진리는 구체적인 행위를 넘어서서 있는 것 같지만, 그 진리는 국가와 민족을 위해 헌신하는 구체적 실천 속에서만 참다운 모습이 드러나는 것입니다. 그렇기 때문에 진리는 보편적이면서도 구체적인 행위 속에 들어 있다고 하는 것입니다.

이언적은 이 같은 입장에서 도덕 법칙이 구체적인 사람을 넘어서서 있다는 조한보의 주장은 눈금 없는 저울이나 치수 없는 자와 같다고 하였습니다. 만일 어떤 사람이 몸무게를 달기 위해 저울에 올라갔을 때 계기판에 눈금이 없거나 바늘이 움직이지 않는다면 정확한 몸무게를 잴 수 없을 것입니다. 마찬가지로 눈금이 표시되어 있지 않은 자로는 정확한 길이를 잴 수가 없겠지요. 이언적의 이 같은 비판은 조한보의 주장이 구체적인 현실을 무시한 주장으로, 현실에 아무런 도움도 줄 수 없는 헛된 논리일 뿐이라는 것입니다.

그런데 이언적과 조한보의 논쟁은 여기서 끝나지 않았습니다. 논쟁은 어떻게 진리를 얻을 수 있는지를 따지는 데까지 나아갔습니다. 사실 어딘가 진리가 있다고 하더라도 얻을 방법이 없다면 그 진리는 우리 삶에 아무런 의미도 줄 수 없을 것입니다. 조한보는 자기 내면의 경건성에 바탕을 둔 수양을 통해서만 진리를 깨달을 수 있다고 했습니다. 하지만 이언적은 경건성에 바탕을 둔 내적 수양과 더불어 구체적 실천의 결과가 옳은지 그른지를 따져 잘못을 바로잡아 가는 외적 수양을 통해 깨닫는 것이라고 합니다. 이러한 견해 차이는 진리가 어디에 있는지를 보는 관점의 차이에서 온 것입니다. 앞에서 보았듯이 조한보는 진리가 구체적인 현실을 떠나 존재하는 초월적인 것이라 생각하였습니다. 따라서 그는 사람이 이웃이나 국가, 민족을 위해 헌신적으로 봉사함으로써 사람다움을 드러낸다고 할 때 각각의 원리들은 서로 다른 것이 아니라 처음부터 하나이기 때문에 근본 원리만 깨달으면 어떤 경우든 완전하게 사람다움을 실현시킬 수 있다고 보았습니다. 그러니까 정말 사람다운 것이 어떤 것인지를 내 마음속에서 깨닫는다면 사람다운 행동은 어떠한 경우든 상관없이 저절로 나온다는 것입니다. 그래서 조한보는 현실을 넘어선 초월적인 진리의 경지에 내 마음을 머물게 하면서 마음의 참모습과 인간의 본성을 잘 보존하고 길러 나가야 한다고 하였습니다.

하지만 이언적의 생각은 다릅니다. 이언적은 사람답다는 것이 사람을 떠나 존재하는 개념이 아니라고 보았습니다. 더구나 구체적인 사람 하나하나를 떠날 수 없는 것이라고 보았습니다. 사람답다고 하는 것은 머릿속에 있는 이상적인 것이나 박물관에 있는 표본과 같은 것이 아니라 사람들의 구체적인 행위 하나하나를 통해 드러날 때 비로소 의미가 있다는 것입니다. 따라서 깨달음도 구체적인 실천을 떠나 얻을 수 있는 것이 아니라고 보았습니다. 그렇다고 하여 이언적이, 마음의 본래 순수한 모습 그대로를 지켜야 한다는 조한보의 주장에 찬성하지 않는 것은 아닙니다. 하지만 깨달음이란 몸으로 하는 실천을 통해 오는 것이며 실천이 옳았는가 옳지 못했는가를 살펴 현실에서 검증함으로써 완성되는 것이라 보았습니다.

이런 입장에서 이언적은 조한보의 주장이 바다를 건너려고 하면서도 다리가 없음을 헤아리지 못하는 생각이며, 하늘에 오르려고 하면서도 사다리가 없다는 사실을 깨닫지 못하는 견해라고 비판하였습니다. 또한 고기 잡는 그물에서 그물코를 하나로 꿰고 있는 윗줄만을 보고 그 아래 펼쳐진 그물의 눈들을 따지지 않는 것이며, 피부를 빼놓은 채 뼈만 가지고 사람이라고 하는 주장과 같다고 비판하였습니다. 즉 이상은 있지만 그 이상을 실현할 수 있는 현실성이 빠져 있는 주장이라는 것입니다. 그리고 이처럼 현실의 실천을 소홀히 하는 것은 문을 나서지 않고 천릿길을 가려는 것이며, 걷지 않고 태산에 오르려 하는 것과 같다고 하였습니다. 따라서 조한보의 주장이 관념적 논리를 벗어나지 못했기 때문에 불교에서 '문득 깨달음'을 주장하는 돈오(頓悟)와 같으므로 빨리 잘못을 깨닫고 유가의 설로 돌아오라고 하였습니다.

이언적의 비판에 따르면, 어떤 사람이 집안에만 틀어박혀 사람다운 사람이 어떠한 것인지를 머릿속으로 생각하여 깨달았다고 하여 바로 그 사

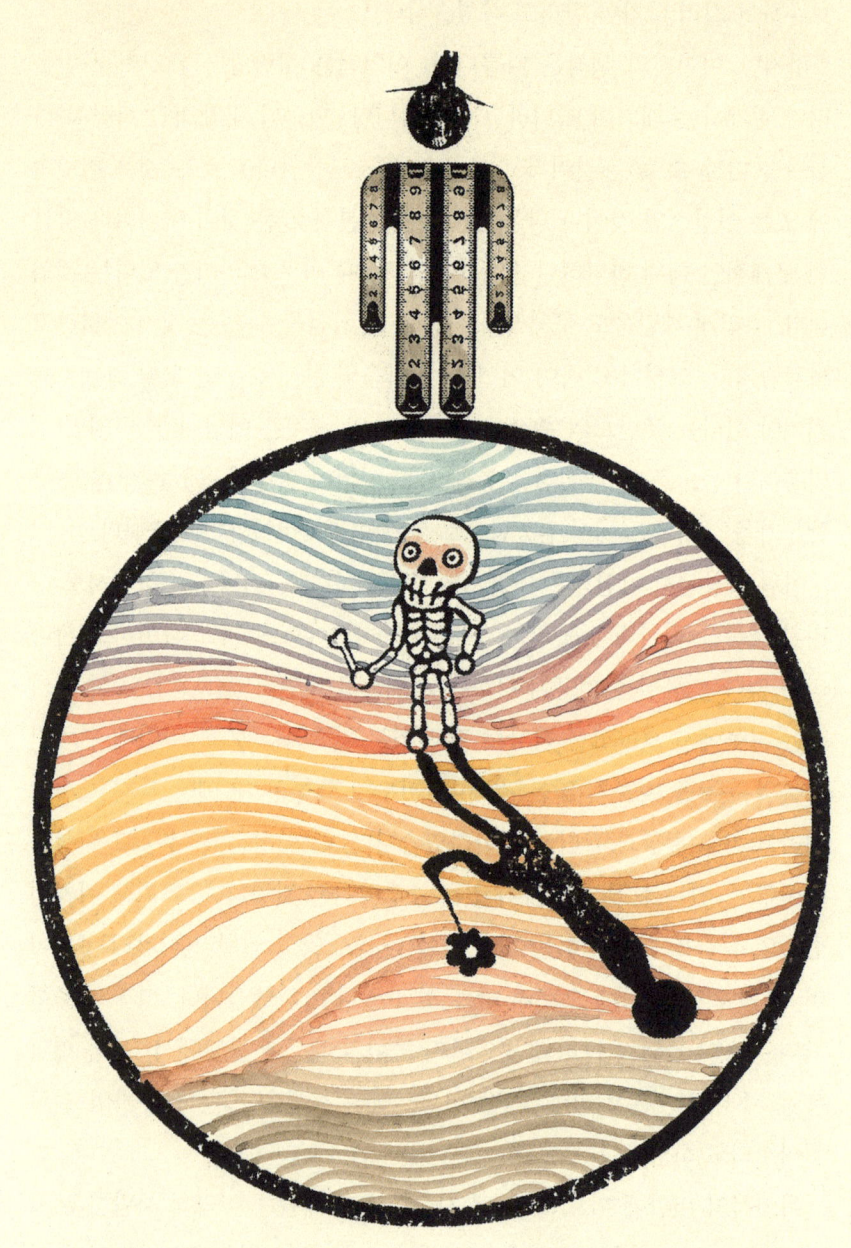

람이 사람다운 사람이 되는 것은 아니라는 것입니다. 정말 사람다운 사람이 되기 위해서는 뼈를 깎는 노력이 있어야 하며, 바로 그러한 현실에서의 노력이 훌륭한 사람에 이르기 위한 바다 위에 놓인 다리나 하늘을 향한 사다리와 같다는 것입니다.

理를 강조한 철학의 사회적 역할과 의미

이언적의 효성스러운 아들 전인은 중국에서 주자와 육상산이 아호 논쟁에서 주고받았던 편지글을 앞에 놓고 그 뒤에 이언적의 글을 붙여 《태극문변太極問辨》이라는 책을 만들었습니다. 그는 이 책을 이황을 비롯한 뛰어난 학자들에게 보이고 서문을 받았습니다. 어떤 학자는 중국의 주륙 논쟁과 쌍벽을 이룬다고 평가하였고, 이황은 불교나 노장 사상 같은 이단으로부터 유학을 지킨 공이 크다고 칭찬하였습니다. 뒤에 한국 성리학의 핵심적 논의는 이황과 이이의 논쟁에서 이루어졌지만 그 같은 논의의 바탕을 마련한 선구자는 앞서 본 서경덕과 이언적이었습니다. 두 사람은 본격적으로 우주와 인간의 문제를 탐구하였으며 이기론에 대한 주장을 통해 각기 뚜렷이 강조점을 달리함으로써 독자적인 학문을 개척했다는 공통점을 지닙니다. 서경덕의 철학은 이이에게 많은 영향을 주었고 이언적의 철학은 이황에게 많은 영향을 주었습니다. 이이가 서경덕을 긍정적으로 평가하면서 이언적을 비판한 것과, 이황이 서경덕을 비판하면서 이언적을 긍정적으로 평가한 것은 좋은 대조를 이룹니다.

특히 이언적의 주장에는 주희를 비롯한 중국 성리학자의 말을 그대로 인용한 부분이 많지만 중국 학자들의 견해를 답습하지만은 않았습니다. 오히려 진리를 어떻게 얻을 수 있는가를 따지는 수양의 문제로 나아감으로써 중국 학자들의 논점을 한국적 모습으로 바꾼 공이 큽니다. 선조 때 중국 사신들이 조선에도 공자와 맹자의 학문을 깊이 연구한 학자가 있냐고 묻자 사신들의 접대를 맡았던 우리 학자들이 이언적의 글을 보여 주었다고 합니다. 그럴 수 있었던 것은 이 논쟁에 주자 이론에 대한 깊은 이해와 함께 성리학의 한국적 전개가 잘 드러나 있기 때문입니다.

이언적의 논쟁은 조선 성리학의 터전을 굳건히 다졌다는 점에 큰 의미가 있습니다. 조선 초기 학자였던 권근과 정도전은 고려의 지배 이념이었던 불교에 대항해 조선의 이념을 만드는 과정에서 불교를 배척하는 글을 여러 편 썼습니다. 그 위에서 성리학의 관학화가 이루어진 것입니다. 이언적은 이 연장선 위에서 불교와 노장적 견해를 바탕으로 성리학을 이해하는 태도를 배척함으로써 성리학 내부에 주자학적 기초를 튼튼하게 세운 셈입니다. 그리고 중국에서 벌어졌던 논쟁과 달리 자연에 대한 이해만이 아니라 인간의 수양과 실천 문제로 들어감으로써 성리학의 한국적 발전에 나침반 역할을 하였습니다. 그 과정에서 이언적은 인간의 구체적인 행동 근거를 태극, 즉 진리에 둠으로써 진리에 창조적이고 능동적인 도덕성을 부여하였고, 이러한 생각은 뒷날 理와 氣 가운데 理를 우위에 두고 인간의 도덕 실천을 강조한 이황 철학의 토대가 되었습니다.

이 같은 이언적의 논쟁을 당시 사회와 연관시켜 본다면 어떠한 의미를 담을 수 있을까요? 이언적은 태극, 즉 진리가 만물에 앞서는 궁극적 본질이지만 구체적으로는 경험 세계를 떠나 있는 것이 아니라고 보았습니다. 이런 이언적의 주장에는 진리가 단순히 사물의 존재 법칙이 아니라 인간의 모든 생활에 구체적으로 살아 움직이는 원리임을 강조하려는 생각이 담겨 있습니다. 그래서 인간이 자기 내면에 담긴 경건성에 기초한 수양과, 실천의 잘잘못을 바로잡는 외적 검증을 통해 그 원리를 깨닫고 이에 충실히 따른다면 도덕적 실천이 가능하다고 보았던 것입니다. 이것은 인간의 본성이 곧 도덕 원리라는 확신과 아울러 마땅히 그 본성을 실현시켜야 한다는 주장인 셈이며, 본성의 능동적 발현을 통해 바람직한 사회 건설이 가능하다고 본 것입니다.

그렇다면 이언적이 理를 강조한 의미는 어디에 있을까요? 어떤 철학도 그것이 만들어진 당시 사회 조건을 벗어날 수 없습니다. 따라서 이언적의 논쟁도 당연히 그가 살던 사회와 연관해 이해해야 할 것입니다. 이언적이 살았던 15, 16세기는 사회 곳곳에서 문제점이 드러나기 시작한 때입니다. 그리고 그 문제들은 무오·갑자·기묘·을사로 이어진 4대 사화로 나타났습니다. 무오사화는 역사를 기록하는 사관이었던 김일손이 스승 김종직이 쓴 〈조의제문弔義帝文〉을 성종 실록에 끼워 놓았다가 이를 빌미로 훈구파가 사림파를 몰아낸 사건이었습니다. 〈조의제문〉은 중국에서 항우가 어린 임금 의제를 죽였던 사실을 슬퍼하는 내용인데, 이는 세조가 단종을 죽인 일을 빗댄 것이라 하여 많은 사림이 죽임을 당하였습니다. 갑자사화는 성종 때 쫓겨난 연산군의 어머니를 복권시키면서 폐비 축출에 관여하였거나 복권에 반대한 사람들을 대거 죽인 일이었습니다. 이 두 사화는 모두 연산군 때 일어납니다. 기묘사화는 사림파의 우두머리격이었던 조광조와 함께 그를 따르던 사림파를 모두 내몬 사건이었고, 을사사화는 앞에서 본 것처럼 명종의 외척이 인종의 외척을 내몬 사건이었습니다. 기묘사화와 을사사화 모두 중종 때의 일입니다. 4대 사화는 공통적으로 훈구파 기성 관료와 사림파 신진 관료 사이의 대립이었습니다.

훈구파는 왕의 주변에서 권력을 휘두르던 사람들이고, 사림파는 고려가 망하면서 한때 정치를 등지고 자연에 묻혀 지냈으나 조선이 안정된 뒤 다시 정치를 통해 사회를 바로잡으려고 했던 사람들입니다. 4대 사화 동안, 자신의 수양에 성실하였고 이를 바탕으로 도덕적인 사회를 만들기 위해 애쓰던 양심적 지식인 대부분이 죽거나 귀양 가는 어려움을 겪었습니다.

바로 이 같은 사림파들의 의식이 조한보와 논쟁을 벌였던 이언적의 주장에 녹아들어 있습니다. 더구나 이언적 자신도 마지막 사화였던 을사사화에서 유배를 당한 채 돌아오지 못하고 죽습니다. 이언적이 논쟁을 통해 태극, 즉 진리가 일상적인 삶 속에 있으며, 인간의 본모습은 이 원리에 충실히 따름으로써 인간다움을 실현해 가는 것이라고 주장한 것은 권력에 빌붙어 자신들의 이익만을 추구하는 훈구 세력에 대한 비판이었던 셈입니다. 또한 인간의 본성이 곧 도덕 원리라는 확신을 바탕으로 본성의 능동적 발현을 통해 바람직한 사회를 건설할 수 있다고 본 것은 곧 사림들의 정당성을 밝히려 한 것입니다. 이처럼 도덕성을 강조한 이언적의 주장은 귀양지에서 쓴 〈진수팔규〉에 보이듯 임금의 품성을 바로잡아 도덕에 바탕을 둔 올바른 통치를 통해 사회 국가의 도덕성을 회복하려 한 노력으로 나타났습니다. 봉건 전제주의 아래서는 최고 권력자가 임금일 수밖에 없으며, 따라서 임금의 마음을 바로잡는 일이 사회 개혁의 첫걸음이라는 생각은 당연한 것이었습니다. 하지만 이 같은 주장은 근본적으로 백성을 위한 주장이었습니다. 그 까닭은 백성들의 삶이 임금이 바른 정치를 하느냐 못하느냐에 달려 있기 때문입니다. 그래서 도덕 실현의 현실적 수혜자인 백성을 정치의 근본으로 삼아야 한다는 주장으로 이어집니다.

그러나 이언적의 철학 사상에는 문제점도 많습니다. 무엇보다도 이언적의 주장이 관념적 성격을 가지고 있어서 당시 점점 커져 가는 사회 모순을 바로잡을 수 있는 대안이 되기에 부족했습니다. 당시 사회 모순 가운데 가장 큰 것은 토지 제도였습니다. 조선의 집권 세력은 건국 초기부터 엄격한 토지 조사를 실시합니다. 그 이유는 고려 말 정권이 약해진 틈을 타 토지 대장에 누락된 토지가 엄청나게 많았기 때문입니다. 특히 그러한 토지의 소유자들은 대부분 고려의 귀족들이었습니다. 새로운 나라를 세운 조선은 고려를 따르던 세력들의 힘을 약화시켜야만 하였고 그러기 위해서는 그들의 토지를 빼앗아야 했습니다. 이러한 목적에서 엄격한 토지 조사를 실시한 결과 태종 때의 토지 대장에 오른 농토의 면적은 고려 말 토지 대장의 두 배에 가까웠고, 세조 초기에는 세 배에 가까웠습니다. 따라서 조선 건국에 공을 세운 공신들에게 많은 토지를 나누어 줄 수 있었습니다. 이 토지들은 대부분 서울 인근 경기도 부근의 땅이었고 한번 하사받으면 자손 대대로 물려줄 수 있었습니다. 이러한 토지 제도를 과전제라고 합니다. 그러나 조선 초기부터 두 차례 왕자의 난을 치렀고 세조의 집권 과정에서 생겨난 공신, 연산을 몰아낸 중종 반정의 공신 등이 생기자 토지는 한정되어 있는데 나눠 줄 사람은 점점 많아지면서 공을 세워도 토지를 주지 못하는 지경에 이르렀습니다. 이러한 모순이 14세기 말부터 두드러지자 벼슬에 있을 때만 토지를 받았다가 벼슬에서 물러나면 토지를 반납하는 직전제가 실시되기 시작합니다. 그나마 16세기에는 이러한 직전제마저 무너지는 상황에 이르고 맙니다. 이러한 문제는 제도 개혁을 통해 바로잡을 수밖에 없습니다. 이언적처럼 도덕 수양을 통해 사회를 바로잡겠다는 생각은 이상적이기는 하지만 현실적 대안이 되기에는 부족했던 것입니다.

사실 이러한 점은 이언적의 철학 구조가 지닌 약점이기도 합니다. 앞에서 보았듯이 서경덕처럼 氣를 중시하는 사고는 氣의 속성이 변화에 있기 때문에 자연의 변화나 사회의 변화를 강조하게 됩니다. 그러나 이언적처럼 理를 중시하는 사고는 理를 도덕 원리로 보고 그러한 도덕 원리는 변화하면 안 된다고 생각하기 때문에 보수적 성향을 띠게 됩니다. 더구나 理를 체득하는 도덕적 완성은 사회 구조의 문제가 아니라 개인의 엄격한 수양을 통해 얻을 수 있는 것입니다. 따라서 앞서 보았듯이 이언적은 태극, 즉 진리가 본래 인간의 마음속에 있다고 생각하기 때문에 마음이 모든 가치를 만들어 내는 근본이며 개인이나 사회의 실천 근거라고 보게 됩니다. 이 같은 생각으로 보면 어떠한 사회 문제도 그 원인이 사회 구조에 있는 것이 아니라 개개인의 수양이 모자라서 생긴 것입니다. 예를 들어 공정해야 할 공무원이 뇌물을 받거나 사람들이 부모나 형제들을 함부로 대하고 서로 돕기보다는 이기적으로 변해 가는 것도 모두 그 사람의 수양이 부족하기 때문이라고 보는 것과 같습니다. 이런 입장에서는 공무원의 봉급이 적기 때문에 뇌물에 약할 수밖에 없다든지, 산업 사회가 구조적으로 인간을 소외시키고 그 속에서 공동체 개념은 약해질 수밖에 없다는 등의 사회적 요인은 전혀 고려 대상이 아닌 것입니다. 따라서 이언적처럼 마음의 본래 모습을 회복하는 수양을 강조하고 임금의 마음을 바로잡아 사회 정의를 실현한다는 생각은 자칫하면 모든 문제를 정신적인 면으로 해결하려는 경향을 띠게 됩니다.

또 다른 측면에서 본다면 이언적이 강조한 도덕은 봉건 전제 국가라는 당시의 사회 현실을 감안할 때 왕권 유지를 위한 보수적 이념이 될 수도 있습니다. 본래 유학에서 강조하는 도덕 법칙은 인간 관계에서 지켜야 할 윤리였습니다. 그 대표적인 예가 삼강오륜입니다. 임금과 신하, 아버지와 아들, 남편과 아내, 형과 동생, 친구 사이의 관계 규정이 모두 여기에 해당합니다. 더구나 당시는 왕이 다스리는 사회였습니다. 왕 중심의 사회가 흔들림 없이 질서를 유지하려면 왕권이 강해져야 할 것입니다. 따라서 理는 지배자를 위한 윤리가 될 수밖에 없습니다. 그러나 한편으로 철학은 그것이 몸담고 있는 사회가 지닌 역사적 한계를 벗어날 수 없으면서도 한편으로는 비판 기능을 통해 사회에 영향을 주기도 합니다. 이언적은 도덕 수양을 강조함으로써 전제 왕조와 관료들을 견제하는 역할을 하였으며 양심적 지식인들의 견해를 논리적으로 담아냈습니다. 아울러 도덕이 사회에 실현되면 실질적으로 백성들이 혜택을 받을 수 있을 것이라고 봄으로써 제한된 조건에서나마 대다수 피지배 민중의 권익을 지키려 했습니다. 그러므로 이언적의 철학 속에 위에서 본 몇 가지 문제점들이 들어 있다고 하더라도 사상과 사회의 상호 발전 과정에서 본다면 전체적으로 긍정적인 평가를 내리게 됩니다.

理 중심 철학의 뿌리가 된 이언적의 사상

이언적 철학의 뿌리는 주자학이었습니다. 그래서 훗날 조선 시대 임금 가운데 드물게 학자적인 모습을 보였던 정조는 이언적의 글에 서문을 붙이며 주자를 잘 배웠다고 평가하였고, 후대 학자들도 이언적을 서경덕·이황·이이·임성주·기정진과 함께 조선조 성리학의 여섯 대가 가운데 한 사람으로 꼽았습니다.

이언적과 조한보가 논쟁을 벌인 것은 500년 전 일입니다. 논쟁의 중심 주제는 인간의 도덕이었습니다. 두 사람 다 인간의 본질을 도덕성으로 본 것은 같았지만 그 본질을 현실의 인간 속에서 찾을 것인가 아니면 초월적인 무언가에서 찾을 것인가 하는 점이 달랐습니다. 유학은 본래 종교적이기는 하나 종교는 아닙니다. 죽은 뒤의 내세를 문제 삼지 않고, 하나님 같은 믿음의 대상도 없기 때문입니다. 만일 유학이 종교라면 현실의 구체적인 인간을 넘어서서 절대적 힘을 지닌 신을 상정하고 그 신의 뜻을 따르면 될 뿐, 그 이상의 논의가 필요 없을 것입니다. 그러나 유학은 현실을 떠난 인간을 인정하지 않습니다. 그리고 그 인간은 노력에 따라 결과가 달라지기는 하지만 이미 자기 속에 완전한 인간이 될 가능성을 가지고 있습니다. 그것이 바로 내면의 도덕성입니다. 따라서 현실 외에 다른 세계를 허용하지 않으며 오직 현실에서 도덕적 삶을 통해 인간다움을 실현해 나갈 뿐입니다. 이런 입장에 서 있기 때문에 착한 일을 하더라도 마음으로 느끼는 뿌듯함 외에 다른 보상은 없습니다. 전통 유학을 삶의 지표로 삼았던 사람들의 사회적 헌신성은 이러한 인간 이해에 바탕을 두고 있는 것입니다.

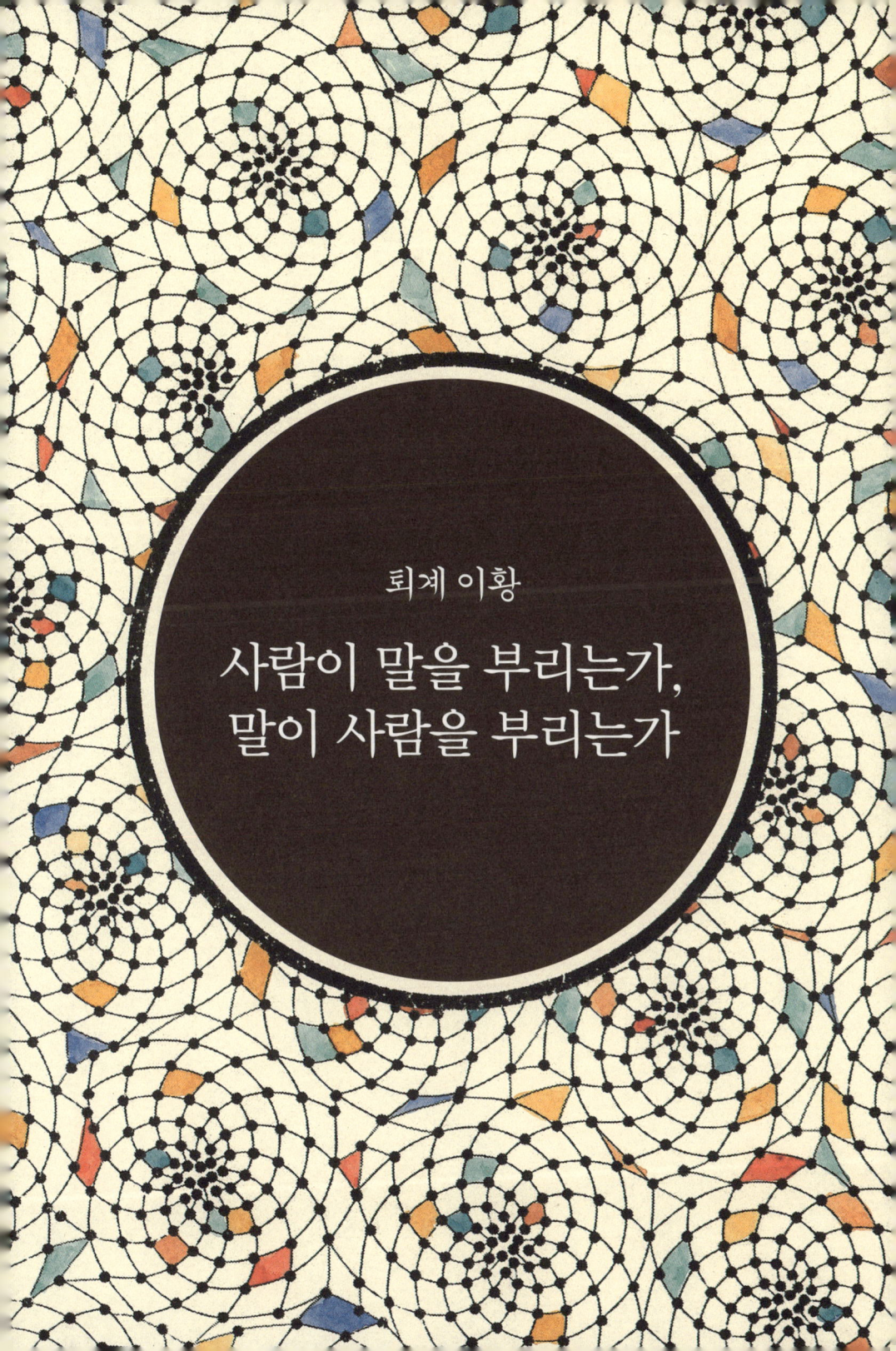

퇴계 이황

사람이 말을 부리는가,
말이 사람을 부리는가

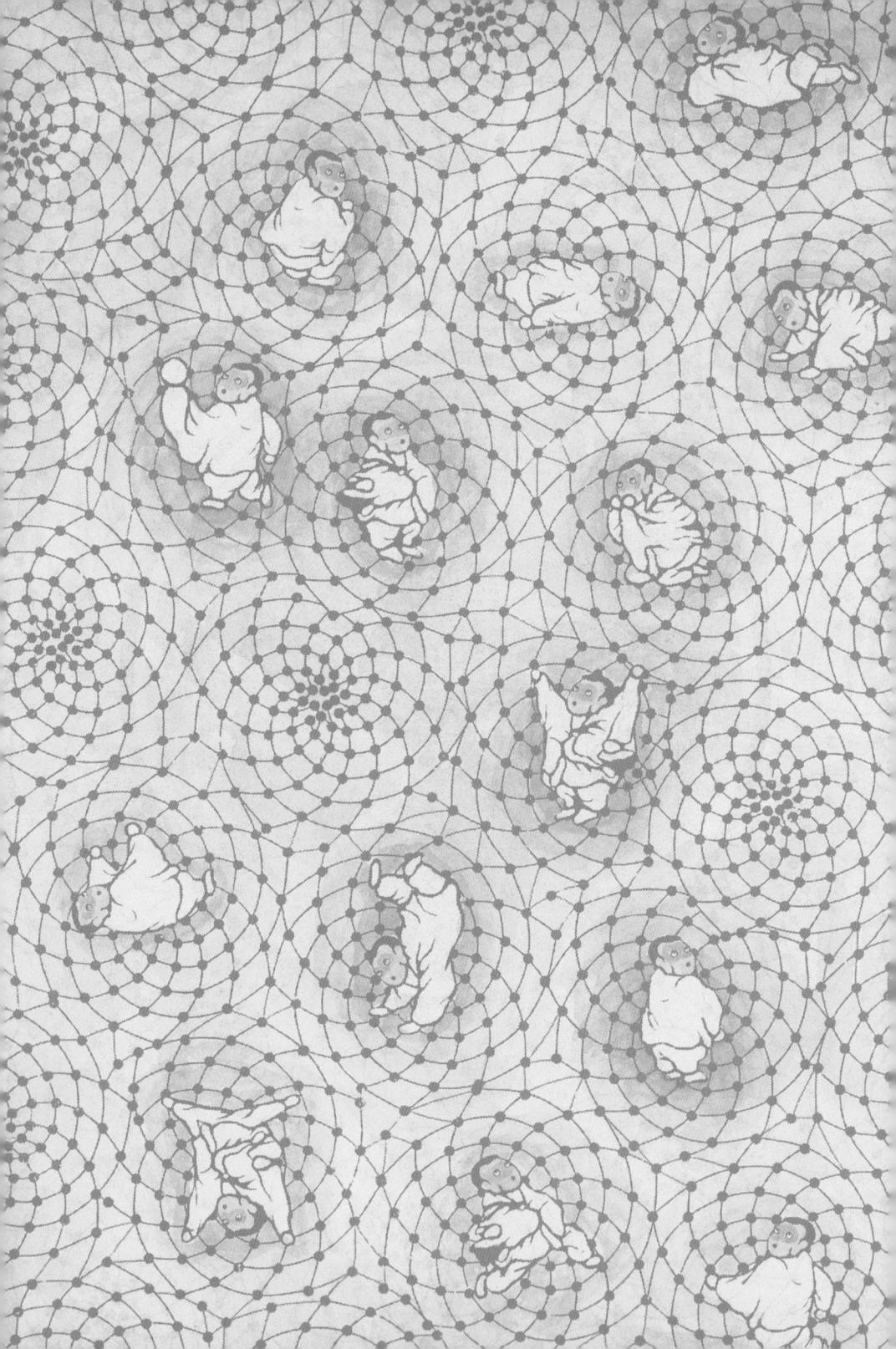

한국 성리학의 최고봉

퇴계 이황(退溪 李滉 : 1501~1570)은 우리 나라에서 잘 알려진 철학자 가운데 한 사람이며 세계적으로도 이름난 학자입니다. 우리가 가장 많이 쓰는 1,000원짜리 지폐에 그의 근엄한 얼굴이 그려져 있기도 하고, 서울에는 그의 호를 따서 이름 붙인 퇴계로라는 길도 있습니다. 더구나 제자들과 자손을 잘 둔 덕에 오늘날에도 그의 사상을 본격적으로 다루는 퇴계학 국제 학술 회의가 우리 나라뿐만 아니라 미국, 독일, 러시아, 중국 등지에서 10여 차례에 걸쳐 열려 세계적으로도 이름을 떨쳤습니다. 퇴계학이라는 표현처럼 어떤 사람의 이름이나 호 뒤에 학이라는 말을 붙여 다양한 학문 분야에서 연구 대상으로 삼는 경우는 흔하지 않습니다. 중국의 주자학이나 양명학, 우리 나라의 다산학 등이 그 예입니다. 하지만 현대인 대부분이 퇴계라는 호는 잘 알고 있으면서도 실제 그의 철학 사상에 대해서는 모르는 것 같습니다. 대부분의 사람들이 이황을 막연히 훌륭한 학자나 고리타분하고 까다로운 성리학자 정도로 알고 있을 뿐입니다. 과연 이황은 어떠한 삶을 살았을까요?

이황은 1501년, 경상북도 안동군 도산면에서 진성 이씨 집안 8형제 가운데 막내로 태어났습니다. 태어난 지 7개월 만에 아버지가 돌아가셨기 때문에 집안 살림을 어머니가 홀로 꾸려 갔습니다. 어머니 박씨는 자식들에게 "세상 사람들이 너희들을 과부의 자식이라서 배우지 못했다고 업신여기는데, 너희들이 백 배 노력하지 않는다면 어찌 이런 비난을 면할 수 있겠느냐"고 꾸짖었다고 합니다. 아마도 어머니의 엄격한 교육이 이황에게 어린 시절부터 성실하게 공부하는 태도를 만들어 주었을 것입니다. 또한 이 무렵 이황의 마음 씀씀이를 엿볼 수 있는 일화가 있습니다. 어느 날, 어린 이황은 둘째 형이 칼에 손을 벤 것을 보고 달려들어 형을 끌어안고 울었습니다. 그 모습을 본 어머니가 "네 형은 손을 베고서도 안 우는데 너는 어째서 우느냐?"고 물었더니, "형이 비록 울지는 않지만 이렇게 피가 흐르니 얼마나 아프겠습니까?"라고 답하였답니다.

이황은 어려서 동네 노인에게서 《천자문》을 배워 글자를 익혔고 열두 살 때부터 작은아버지로부터 본격적인 공부를 배웠으며, 스무 살 무렵에는 침식을 잊을 정도로 《주역》에 몰두하기도 하였습니다. 하지만 젊어서는 틈틈이 집안일을 도와야 했기 때문에 늦은 나이에야 벼슬에 나아갈 수 있었습니다. 스물일곱 살부터 과거시험을 보기 시작했지만 서른셋이 되어서야 최종 관문인 대과에 합격하여 그 이듬해부터 벼슬에 나아갈 수 있었습니다. 그러나 이황의 벼슬길은 순탄치 않았습니다. 자신을 찾아보지 않았다는 이유로 벼슬에 나간 초기부터 당시 권력을 휘두르던 김안로의 미움을 사서 역사를 기록하는 사관의 직책에 추천되었지만 임명받지 못한 적도 있었습니다. 그 뒤 임금의 잘못을 지적하는 사간원이나 관리들의 잘못을 감찰하는 사헌부 등에서 벼슬을 지내기도 하였고 충청도와 강원도에 어사로 파견되기도 하였지만, 사실상 정계를 떠나는 49세까지 주로 궁궐 안의 책들을 관리하고 임금의 발표문을 짓는 홍문관, 외교 문서를 담당하는 승문원, 국사 편찬을 도맡는 춘추관, 임금에게 학문을 가르치는 경연관의 관리를 지냈습니다.

이황은 43세 무렵부터 기회만 생기면 벼슬에서 물러나 자연에 묻혀 지내려고 하였습니다. 여러 번 병을 핑계로 벼슬을 사양하였고, 고향 마을에 암자를 지어 놓고 그 곳에 머물기도 하였습니다. 48세 때부터는 스스로 청하여 풍기와 단양의 군수를 맡고 있다가 직책상 상관인 경상도 감사에게 세 번이나 사직서를 올렸지만 답이 없자 허락도 받지 않은 채 벼슬에서 물러나 고향으로 돌아옵니다. 이 일로 두 계급 강등 처분까지 받았지만 이황은 전혀 개의치 않았습니다. 이황이 자신의 호를 퇴계라고 지은 것도 이 무렵입니다. 퇴계는 복잡한 세상에서 물러나 시냇가에 머무른다는 뜻입니다. 본래 이황의 고향 마을에는 토끼 냇물이라는 뜻의 토계가 흐르고 있었습니다. 이황은 이 냇물 이름을 퇴계로 고치고 자신의 호로 삼았던 것입니다. 그는 다음과 같은 시를 지어 자신의 심경을 나타냈습니다.

> 몸이 물러서니 내 분수에 편안하고
> 학문이 뒤늦었으니 늙어 감이 걱정일세
> 시냇가 언덕 위에 머물 곳을 정해 놓고
> 흐르는 물가에서 날마다 반성해 보네

그 뒤 지금의 국립대학 총장에 해당하는 성균관 대사성이나 홍문관과 예문관의 대제학, 예조 판서, 이조 판서 등을 지내기도 하였지만 틈만 나면 물러나와 자연에 묻혀 지냈으며, 제자들이 많이 몰려들자 장소를 도산으로 옮겨 서원을 짓고 그 곳에서 제자들을 가르치고 많은 글을 쓰면서 남은 생애를 보냈습니다. 특히 한국 철학사에서 중요한 위치를 차지하는 기대승과의 4단7정(四端七情) 논쟁이나 훌륭한 임금이 되기를 바라면서 선조에게 올린 《성학십도聖學十圖》 등이 모두 이 무렵에 나온 것입니다.

이황이 살던 조선 중기는 정치적으로 매우 혼란한 때였으며, 무오·갑자·기묘·을사 등 4대 사화가 모두 이 무렵에 일어났습니다. 따라서 연산군 때 태어나 중종·인종·명종·선조 다섯 임금의 통치 기간에 걸쳐 살았던 이황의 생애가 사실 4대 사화와 직접 얽혀 있다고 해도 지나치지 않습니다. 이황이 태어나기 3년 전에 무오사화가 있었고, 네 살 무렵 갑자사화가 일어났으며, 열아홉 살 때는 기묘사화가 있었고, 마흔다섯 살 때 을사사화가 벌어집니다. 특히 을사사화 때는 퇴계 자신도 관직에서 몰려났고, 감사를 지내기도 한 그의 형은 곤장을 맞고 귀양을 가다가 매 맞은 후유증으로 도중에 죽고 말았습니다. 이 같은 시대 상황이 이황을 정치에 참여하기보다는 물러나 산림에 묻히도록 하였을 것이고, 이황의 철학에는 그러한 시대 상황에 대한 인식이 그대로 드러나 있습니다.

사화는 앞에서 보았듯이 사림 세력과 훈구 세력의 대립이었습니다. 사림파는 국가와 사회를 걱정하는 양심적인 지식인들이었으며, 훈구파는 임금 주변에 빌붙어 권력을 휘두르면서 자신의 이익을 챙기는 기성 관료들이었습니다. 이황과 4단7정 논쟁을 벌였던 기대승은 《논사록論思綠》이라는 글에서 사림파의 맥을 정몽주－길재－김숙자－김종직－김굉필－조광조로 기록하였습니다. 이 가운데 정몽주는 고려조에 충성을 바치기 위해 조선의 건국을 반대하다가 선죽교에서 맞아 죽은 사람이며, 길재도 고려 왕조의 충신으로서 조선이 건국한 이후 일절 벼슬에 나아가지 않고 지조를 지킨 사람입니다. 초기 사림파는 이처럼 조선이 건국하고 나서는 벼슬에 나아가지 않았습니다. 그러나 조선이 안정을 이루면서 사림의 후예들도 벼슬에 나아가기 시작하였습니다. 길재는 자기 아들을 세종 때 벼슬에 내보내면서 자신이 고려 왕조를 섬겼던 그런 마음으로 조선을 섬기라고 당부하였습니다.

하지만 여러 정치적 사건들과 함께 사림들은 다시 은거와 진출을 반복합니다. 김숙자는 세조가 왕위에 오르자 정권 탈취의 부당함에 항거하는 뜻으로 벼슬을 그만두었습니다. 그리고 그의 아들 김종직은 무오사화 때 자신이 생전에 써 놓았던 세조를 비판하는 글 때문에 무덤이 파헤쳐지는 벌을 받습니다. 김종직의 제자였던 김굉필은 무오사화 때 귀양 갔다가 갑자사화 때 사약을 받았으며, 김굉필의 제자였던 조광조 역시 기묘사화 때 유배되어 죽임을 당하였습니다. 을사사화 때 어려움을 겪은 이황도 바로 이 같은 사림파의 맥을 이은 사람입니다. 그래서 이황의 철학 속에는 이러한 시대를 살아간 사림파들의 실천적 삶을 설명하는 논리가 담겨 있습니다. 그는 자신의 철학을 통해 국가와 사회를 위해 목숨을 아끼지 않은 사림파들의 삶을 정당화하였던 것입니다. 이황의 철학은 사화 속에서 피어난 한국 성리학의 고결한 꽃이라고 할 수 있습니다.

인간이란 무엇인가

이황의 철학 사상은 고봉 기대승과 벌인 유명한 4단7정 논쟁에 잘 나타나 있습니다. 이 논쟁은 인간이 가지고 있는 다양한 감정과 그 감정이 겉으로 드러난 결과인 행동을 가치 문제와 관련하여 각자의 관점에서 분석하고 토론한 것입니다. 이 논쟁을 거치면서 성리학은 한국적인 모습으로 자리를 굳혀 갔습니다.

4단은 맹자가 처음 사용한 개념으로서 네 가지 실마리라는 뜻입니다. 맹자는 4단을 바탕으로 삼아 인간은 날 때부터 착한 본성을 지녔다고 주장하였습니다. 4단 가운데 맹자가 가장 중시한 것은 남의 어려움을 보았을 때 마음속에서 저절로 생겨나는 불쌍히 여기는 마음, 곧 측은지심(惻隱之心)이었습니다. 맹자는, 아무것도 모르는 어린아이가 우물을 향해 기어가 막 물 속에 빠지려는 것을 본다면 아무리 악한 사람이라도 자기도 모르는 사이에 깜짝 놀라 어쩔 줄 모르는 마음이 생긴다고 하였습니다. 그 마음의 결과가 위험을 무릅쓰고 아기를 구하는 행동으로 나타나는 것이지요. 맹자는 이러한 행동이 상황을 잘 따져 보고 나서 아이를 구해 준 뒤 아이의 부모에게 보상을 요구하려는 마음에서 나오거나, 나중에 사람들이 비난할 것을 두려워하는 마음에서 생겨나는 것이 아니라고 합니다. 그 상황을 보는 순간 불현듯 마음속에 생기는 감정인 것입니다. 맹자는 이 측은지심에다가 자기 잘못을 부끄러워하고 남의 잘못을 미워하는 수오지심(羞惡之心), 남에게 양보하는 사양지심(辭讓之心), 옳고 그름을 따지려는 시비지심(是非之心)을 더하여 4단이라고 불렀습니다. 그리고 이 네 가지 실마리는 사람이라면 누구나 날 때부터 가지고 있는 것이기 때문에 만일 이 네 가지 실마리가 없다면 사람이 아니라고까지 하였습니다. 측은지심이 잘 발전하면 인(仁)이 되고, 수오지심이 잘 발전하면 의(義)가 되며, 사양지심이 잘 발전하면 예(禮)가 되고, 시비지심이 잘 발전하면 지(智)가 된다고 하였습니다. 그러니까 4단이란 인의예지의 실마리인 셈입니다.

　7정은 4단과는 차원이 다른 감정입니다. 7정이라는 표현이 처음 보이는 곳은 5경 가운데 하나인 《예기》인데, 이 책에는 기뻐하거나 성내거나 슬퍼하거나 두려워하거나 사랑하거나 미워하거나 욕심 내는 일곱 가지 감정은 사람들이 배우지 않고서도 저절로 그렇게 할 줄 아는 것이라고 하였습니다. 또한 4서 가운데 하나인 《중용》에서도 기뻐하거나 성내거나 슬퍼하거나 즐거워하는 감정을 말하고 있습니다. 사실 4단이나 7정은 누구에게나 있는 것입니다. 다만 4단이 마음속에 있는 순수한 도덕적 감정이라서 그것이 밖으로 드러나기만 하면 언제든 선으로 귀결되는 것이라면, 7정은 밖으로 드러날 때 지나치거나 모자라면 그 결과가 악이 될 수도 있는 일반적인 감정인 셈입니다. 이황과 기대승의 논쟁은 바로 4단과 7정이 무엇을 근거로 나오며 서로 어떤 관계에 있는지를 따진 것입니다.

사람에 따라서는 성리학에서 말하는 인간의 본성과 감정을 서양철학에서 말하는 이성과 감성처럼 이해하는 경우도 있습니다. 이러한 이해는 매우 위험한 생각입니다. 서양철학에서는 이성과 감성을 나누어 놓고 봅니다. 따라서 둘의 관계는 이원적이며 서로 대립적입니다. 이 같은 생각은 칸트가 강조한 '순수 이성'이라는 표현에 잘 드러나 있습니다. 칸트가 말한 순수 이성은 감성과 완전히 분리된 순수한 이성만을 가리키는 개념입니다. 그러나 성리학에서 말하는 본성과 감정은 일원적입니다. 사람의 모든 감정은 본성에 근거한 것이며 그 본성이 밖으로 드러난 것이 감정일 뿐입니다. 예를 들면, 본성은 어떠한 감정이 일어나기 전의 모습입니다. 우리가 아침에 막 눈을 뜬 상태나 고요히 명상에 잠긴 상태가 여기에 해당합니다. 이러한 상태에서는 즐겁다거나 슬프다거나 하는 구체적인 감정이 없습니다. 그러나 식사를 하면서 맛있는 반찬을 대하거나 흥겨운 음악을 들으면 즐거운 감정이 일어납니다. 또는 출근길에 반가운 친구를 만나서 기쁜 감정이 일기도 하고 직장에 나가서 일이 뜻대로 안 되면 화가 나기도 합니다. 하지만 이런 구체적인 감정들은 모두 본성에서 나옵니다. 현실 속의 인간은 기뻐할 일에 마땅히 기뻐하고 분노할 일에 마땅히 분노하는 존재입니다. 그러지 못하면 사람다운 모습이 아닌 것입니다. 우리는 잔치자리에서 펑펑 울어대거나 부모가 돌아가셨는데도 깔깔대고 웃는 사람이 있다면 그를 가리켜 실성한 사람이라고 합니다. 실성이란 사람다운 본성을 잃어버렸다는 뜻입니다. 그러니까 그러한 모든 감정은 마음속에 들어 있는 본성이 밖으로 드러난 것일 뿐입니다. 아직 어떠한 구체적인 감정으로도 드러나지 않은 상태가 본성이고, 본성이 어떤 일이나 사물과 만나 밖으로 구체적인 모습을 드러낸 상태가 감정입니다.

이 같은 생각은 《중용》에 잘 나타나 있습니다. 《중용》에서는 "기뻐하거나 성내거나 슬퍼하거나 즐거워하는 감정이 아직 밖으로 드러나지 않은 상태를 중(中)이라 하고, 그런 감정들이 드러나서 모두 절도에 들어맞은 상태를 화(和)라고 한다. '중'이란 세상의 큰 근본이고 '화'란 세상의 뛰어난 도(道)이다. 드러나기 전에는 중을 이루고 드러나서는 화를 이루는 상태가 완성되면 하늘과 땅이 제자리를 잡고 만물이 모두 제대로 자란다"고 하였습니다. 이 말은 사람의 감정에 대한 이야기로 시작하여 온 세상 만물 이야기로 마치고 있어서 잘 이해되지 않을 뿐만 아니라 너무 거창하고 황당한 느낌마저 듭니다. 그러나 사실은 전혀 그렇지 않습니다. 앞에서 보았듯이 기뻐하기도 하고 성내기도 하는 것이 사람의 자연스러운 모습입니다. 물론 기쁨의 정도나 분노의 정도는 대상에 따라 다를 것입니다. 강아지의 잘잘못을 보고 느끼는 감정과 자기 자식의 잘잘못을 보고 느끼는 감정은 당연히 다를 수밖에 없습니다. 그래서 《중용》에서는 때에 따라 알맞게 드러내야 한다는 뜻에서 시중(時中)을 중시했던 것입니다. 기쁨이나 즐거움도 정도가 지나치면 방탕해지기도 하고 모자라면 삭막해지기도 합니다. 이런 점은 분노도 마찬가지여서 지나치면 난폭해지고 모자라면 비겁해지는 것입니다. 하지만 이러한 감정이 드러나기 이전의 상태, 즉 기쁜 일이나 분노할 일을 만나기 이전에 우리 속에 들어 있을 마음의 본모습은 기쁨이나 분노로 치우치지 않은 상태이며 이를 '중'이라고 한 것입니다.

1980년대 초 암울하던 군사 독재 시절에 병든 소 파동이 있었습니다. 최고 권력자의 친척 가운데 한 사람이 자신의 욕심을 채우려고 외국에서 병든 소를 들여온 것입니다. 그 사람은 그 일을 진행하면서 큰 이득을 챙길 수 있다는 생각에 즐거운 마음이 가득했을 것입니다. 정부는 국민에게서 거두어들인 세금 가운데 많은 돈을 떼 내어 이 소를 사는 농민에게 싼 이자로 빌려 주겠다고 하였습니다. 많은 농민들이 기대에 부풀어 앞다투어 소를 사서 기르기 시작하였습니다. 그러나 소들이 떼 지어 죽기 시작하면서 돈을 빌려 소를 사서 기른 농민들이 엄청난 손해를 보게 되었습니다. 그러자 농민들이 각지에서 올라와 국회의사당 앞에서 날마다 시위를 하였습니다. 최루탄이 난무하고, 교통이 막히고, 그래서 온 세상이 혼란스러워졌습니다. 하늘과 땅이 제자리를 못 잡는 일이 발생한 것입니다. 더욱이 분을 못 이겨 자신이 기르던 소를 때려죽이는 사람도 있었고 빚더미에 올라앉게 되자 스스로 목숨을 끊는 사람도 있었습니다. 바로 이것이 만물이 제대로 자라지 못하는 상황인 것입니다. 처음엔 더 많은 기쁨을 얻으려는 개인의 잘못된 욕심에서 비롯되었지만 그 결과는 사회 질서의 혼란과 아울러 귀중한 생명이 제대로 보존되지 못하는 상황에까지 이른 것입니다. 만일 그 사람이 농민들을 잘살게 하려는 공정한 마음에서 소의 수입을 추진했더라면, 만약 일이 잘못되었더라도 자신의 이익을 챙기기 보다는 농민들에게 보상금을 지급했더라면 그러한 사회 혼란은 없었을 것이며 나아가 소 키우는 농민들이나 소들도 제대로 목숨을 보존할 수 있었을 것입니다. 이처럼 사람의 감정이 바르게 드러나느냐 그렇지 못하느냐의 문제는 사회 질서와 만물의 생명에까지 영향을 미치는 것입니다.

사실 사람의 본성은 언제나 구체적인 감정이라는 틀을 통해 바른 모습으로 드러날 수 있는 것입니다. 물론 그 가능성의 확실한 근거는 맹자가 말한 4단이기 때문에 이 4단을 잘 길러 나가면 인의예지의 완전한 인격을 갖춘 사람이 될 수 있습니다. 그래서 4단은 항상 좋은 것이라고 봅니다. 하지만 앞서 보았듯이 7정이란 감정은 항상 바른 모습으로 드러나는 것이 아닙니다. 어떤 때는 가장 적절한 모습으로 드러나기도 하지만, 어떤 때는 지나치기도 하고 모자라기도 합니다. 알맞게 드러나면 선이지만 그렇지 못할 때는 악이 되기도 하는 것입니다.

예를 들어, 지하철 안에서 어떤 사람이 몰래 남의 가방을 뒤지는 광경을 우연히 보았다면 여러분은 어떤 행동을 할 것인지 생각해 봅시다. 아마도 그런 상황에 처한다면 누구나 저런 일은 그냥 둘 수 없는 나쁜 일이라는 생각과 함께 돈이나 물건을 잃을 사람을 돕고 싶다는 생각이 들 것입니다. 하지만 그 다음 실제적인 행동은 여러 가지로 나타납니다. 어떤 사람은 공연히 남을 도우려다가 내가 다칠지도 모르니까 그냥 못 본 척할 수도 있고, 도둑을 잡았다 하더라도 경찰에서 증인으로 오라 가라 하는 일이 귀찮을 것 같아서 모른 척할 수도 있습니다. 또 어떤 사람은 못된 짓 하는 사람을 혼내 주겠다는 생각에 흠씬 두들겨 팰지도 모릅니다. 어떤 경우든 처음에 그런 광경을 보고 분노하는 것은 정상적인 마음의 움직임입니다. 하지만 그냥 지나쳐 버린 행동은 결국 그 분노하는 마음을 제대로 드러내지 못한 비겁한 행동이고, 반대로 두들겨 패서 상처를 입히는 일은 분노가 지나친 난폭한 행동입니다. 이러한 두 가지 반응은 모두 바람직한 행동이 아닙니다. 그렇기 때문에 구체적인 감정으로 드러나는 7정은 선이 되기도 하고 악이 되기도 하는 것입니다.

4단과 7정은 어떻게 다른가

4단과 7정에 대한 이황과 기대승의 논쟁은 엉뚱한 곳에서 시작되었습니다. 53세 무렵 서울에 살고 있던 이황에게 옆집 사는 정지운이라는 사람이 찾아왔습니다. 정지운은 처음에는 사림파 학자인 김정국에게서 학문을 배우다가 스승이 죽은 뒤부터는 그의 형 김안국을 따르는 학자였습니다. 그는 일찍이 동생과 함께 성리학을 공부하는 과정에서 자신이 얻은 이해를 바탕으로 하늘과 인간이 도덕적으로 어떻게 연결되는지를 그림으로 그리고 그 옆에 설명을 덧붙였습니다. 이 글과 그림은 〈천명도설〉이라 불렸습니다. 정지운은 이것을 두 스승에게 보이고 자신의 이해가 옳은지를 확인하려 하였지만 흔쾌한 답을 듣지 못하다가 10년 만에 마침 옆집에 사는 이황에게 보여 해답을 얻었던 것입니다. 이황은 정지운이 가져온 〈천명도설〉을 보고는 4단과 7정을 이(理)와 기(氣)로 연결지어 설명한 부분을 고쳐 주었습니다. 본래 정지운의 도설에는 '4단은 理에서 생겨나고 7정은 氣에서 생겨난다'고 되어 있었습니다. 그런데 이황은 이렇게 표현하면 4단과 7정의 구분이나 理와 氣의 주체적 역할이 뚜렷하게 드러나지 않는다고 보고, '4단은 理가 드러난 것이고 7정은 氣가 드러난 것'이라고 고쳐 줍니다.

본래 성리학자들은 理는 원리이고 氣는 그 원리를 현실에 구체적으로 드러내 주는 틀이라고 생각하였습니다. 그런데 理는 모든 사물의 존재 원리이자 개를 개답게 하고 고양이를 고양이답게 하며 사람을 사람답게 하는 도덕 법칙이라고 보았습니다. 사람과 짐승의 구분이나 사람의 사람다운 행동이 모두 理에서 나온다는 것입니다. '성이 곧 이치'라는 명제는 바로 이러한 의미를 담고 있습니다. 따라서 사람의 사람다운 본성, 즉 성이 바로 불변의 도덕 법칙인 理기 때문에 그 자체로는 언제나 선입니다. 그런데 氣는 그러한 원리를 드러내는 틀입니다. 그러니까 사람답다는 것도 氣라는 틀을 통해 구체적인 행동으로 드러나야 하는 것입니다. 하지만 인간의 행동 모두가 언제나 사람다운 것은 아닙니다. 때로는 가장 알맞은 모습으로 드러나기도 하지만 대부분의 행동은 지나치거나 모자라는 경우가 많습니다. 그래서 그 결과가 선으로 드러나기도 하지만 악으로 드러나기도 하는 것입니다. 성리학자들은 앞서 보았듯이 理는 절대선이기 때문에 현실에 드러나는 악은 모두 그 원인이 氣에 있다고 생각하였습니다. 그래서 언제나 선으로 귀결되는 4단은 불변의 도덕 법칙인 理에서 온 것이고, 알맞게 드러나는 경우도 있고 지나치거나 모자라는 경우도 있는 7정은 현실에서 선일 수도 있고 악일 수도 있는 氣에 그 원인이 있다고 한 것입니다. 이런 생각에서 이황은 정지운의 표현이 분명치 못하다고 생각하여 '4단은 理가 드러난 것이고 7정은 氣가 드러난 것'이라고 고쳐 주었던 것입니다.

정지운의 〈천명도설〉을 고쳐 준 이황은 얼마 안 가 벼슬을 그만두고 고향인 안동으로 내려갔습니다. 하지만 이황이 고쳐 준 부분이 많은 학자들 사이에 논란을 일으켰고, 6년이 지난 뒤 33세의 젊은 선비 기대승이 자신보다 26세 위인 대학자 이황에게 먼저 문제 제기를 하면서 논쟁은 시작됩니다. 기대승은 호가 고봉으로, 1558년 명종 때 과거에 급제하여 사관을 지내고 있었습니다. 논쟁은 1559년부터 1566년까지 8년 동안 계속되었고, 그동안 두 사람은 아홉 편 정도의 편지를 주고받았습니다. 한 해에 한 통 가량의 편지가 오갔을 뿐입니다. 하지만 기대승은 이 기간 동안 서울에서 벼슬을 하기도 하고 훈구파에 의해 벼슬에서 쫓겨나 고향에서 지내기도 하였으며, 이황은 거의 안동에서 지냈습니다. 교통이 불편하였던 당시에 서로 멀리 떨어져서 편지를 주고받는 일은 쉬운 일이 아니었을 것입니다. 더구나 이 논쟁은 많은 사람의 주목을 받고 있었기 때문에 상대의 편지를 받고 바로 답장을 쓰기보다는 많은 생각을 한 다음 답을 보냈을 것이라 생각됩니다.

아마도 처음에는 기대승이 이황을 만난 자리에서, 또는 글을 통해 자신의 반대 의사를 전한 것이 아닌가 짐작됩니다. 이황은 그에 대한 답으로 기대승에게 직접 편지를 띄웁니다. 이황은 이 편지에서 여러 사람들이 4단7정에 관해 이야기한다는 사실을 전해 들었으며 자신 스스로도 고쳐 준 부분이 마음에 들지 않았다고 밝힙니다. 그리고 이제 기대승으로부터 심한 반박을 들었으니, 4단이 드러나는 것은 순수하게 理를 따른 것이라서 선하지 않음이 없고 7정의 드러남은 理와 氣를 함께 따르는 것이므로 선일 수도 있고 악일 수도 있다는 표현으로 바꾸면 어떻겠느냐고 기대승의 의견을 묻습니다. 그 뒤 기대승이 4단7정에 관한 자신의 생각을 정리하여 편지를 보내 오고 다시 이황이 답장을 보내면서 본격적인 논쟁이 시작됩니다.

기대승은 크게 세 가지 입장에서 이황의 견해에 반대 의견을 펼칩니다.

첫째는 세상 모든 것은 그것이 정신적인 것이든 물질적인 것이든 항상 理와 氣가 함께 있는 것이기 때문에, 마음의 움직임인 4단과 7정도 하나는 理에서 나오고 하나는 氣에서 나온다는 식으로 나눌 수 없다는 것입니다. 따라서 이황처럼 4단은 理가 드러난 것이고 7정은 氣가 드러난 것이라고 한다면 4단에는 氣가 없게 되고 7정에는 理가 없게 된다는 것입니다.

둘째는 7정만이 아니라 불쌍히 여기는 마음이나 자기 잘못을 부끄러워하고 남의 잘못을 미워하는 4단도 감정이기 때문에 7정 가운데 선한 부분만을 뽑아 내면 4단이 된다는 것입니다. 따라서 4단과 7정의 관계는 4단이 7정 가운데 포함될 뿐이라는 것입니다.

셋째는 성리학의 理氣 개념에서 움직일 수 있는 것은 氣뿐이고 理는 불변의 원리이므로, 4단이든 7정이든 모든 감정의 움직임은 氣의 움직임에서 나온다고 할 수 있을 뿐 4단을 가리켜 움직일 수 없는 理가 드러난 것이라고 할 수는 없다는 것입니다.

이런 반박을 받은 이황은 한걸음 물러섭니다. 4단과 7정이 모두 감정임을 인정하면서 4단은 理가 먼저 움직이면 氣가 따르는 것이고, 7정은 氣가 움직이면 그 위에 理가 얹혀져서 드러나는 것이라고 하면 어떨지를 묻습니다. 이처럼 이황의 견해가 바뀐 까닭은 앞서 본 기대승의 반박 가운데 첫 번째 주장을 완전히 받아들이고 나아가 두 번째 주장도 부분적으로 수용하였기 때문입니다. 하지만 이황은 4단이나 7정 모두에 理와 氣가 함께 들어 있다는 사실과 두 가지 모두 정이라는 점은 인정하면서도 그 결과가 4단은 항상 선으로 귀결되고 7정은 선일 수도 있고 악일 수도 있기 때문에 어디에서 시작된 것인지를 엄밀히 따져 본다면 서로 가리키는 바가 다르다는 생각에서 여전히 나누어 보아야 한다는 견해를 버리지 않았습니다. 또한 이황은 理와 氣가 떨어질 수 없다고 해서 4단에 氣를 섞어 말한다면 氣는 악의 근원이기 때문에 4단에도 선만 있을 수 없게 된다고 합니다. 그러므로 인간의 본성을 본래 타고난 순수한 모습과 욕심에 얽매인 모습으로 나눌 수 있듯이 인간의 감정도 4단과 7정으로 나눌 수 있다는 것입니다.

사람-말[馬]의 비유와 달의 비유

이황은 기대승의 반박을 상당 부분 받아들였으면서도 理와 氣를 가지고 4단과 7정을 나누어 보아야 한다는 생각은 조금도 굽히지 않았습니다. 그리고는 자신의 주장이 옳다는 것을 강조하기 위하여 사람과 말의 관계를 비유로 들었습니다. 이황은 4단과 7정의 관계가 사람이 말을 타고 드나드는 것과 같다고 합니다. 어떤 사람이 먼 길을 간다고 할 때 사람의 입장에서 보면 말을 타지 않고서는 드나들 수가 없고, 말의 입장에서 보면 모는 사람이 없이는 방향을 잡을 수가 없습니다. 그래서 말과 사람은 서로 필요한 존재이기 때문에 떨어질 수 없습니다. 이 경우 사람과 말의 움직임을 함께 묶어 말할 수도 있고 나누어 말할 수도 있다는 것입니다. 둘을 묶어 말하는 것은 4단과 7정이 하나라는 기대승의 주장과 같고, 나누어 말하는 것은 4단과 7정을 구분해서 보자는 자신의 주장과 같다고 합니다. 그리고 이황은 한 걸음 더 나아가 사람이 말을 타고 가는 것을 보면서 사람이 간다고만 말하고 말에 대해서는 말하지 않아도 말의 움직임이 그 속에 포함되는 것이 4단이고, 반대로 말이 간다고 하면서 사람을 말하지 않아도 사람의 움직임이 그 속에 담겨 있는 것이 7정이라고 합니다. 이 같은 이황의 주장에는 어떻게 말하더라도 말과 사람이 함께 있는 것이지만 무엇을 주로 보느냐에 따라 달라질 수 있다는 생각이 담겨 있습니다.

이황이 비유한 사람과 말의 관계는 자신의 주장에 담긴 理와 氣의 관계를 빗댄 것입니다. 앞서 보았듯이 이황은 4단의 중심이 理에 있기 때문에 理가 먼저 움직이면 氣가 理의 움직임을 따라가게 되는 것이며, 7정의 중심은 氣에 있기 때문에 氣가 먼저 움직이면 理가 氣의 움직임 위에 실려 가게 된다는 것입니다. 이 비유를 구체적인 현실로 가져와서 생각해 보면 다음과 같습니다. 어떤 사람이 말을 타고 가는데 술에 몹시 취해 있다면 말은 주인의 통제를 받지 않기 때문에 제멋대로 갈 것입니다. 그래서 처음에 말에 오르면서는 가족이 기다리는 집으로 가겠다고 생각했지만 깨어 보니 집이 아니라 평소에 자기가 잘 다니던 술집 앞이거나 엉뚱한 시냇가 풀밭일 수도 있습니다. 하지만 반대로 사람이 말에 오를 때부터 정신이 맑고 의지가 굳다면 말이 제멋대로 물가를 찾으려 하거나 다른 말들을 쫓아가려 하더라도 잘 몰아서 처음에 뜻한 목적지에 아무 일 없이 도달할 수 있을 것입니다. 사실 이 비유에 나오는 사람과 말은 우리 마음속에 들어 있는 심리적 요소들입니다. 사람이 반드시 선으로 귀결되는 순수한 마음이라면, 말은 자신의 이해 관계를 따지다 보면 우연히 선에 귀결할 수도 있지만 오히려 악으로 드러날 수도 있는 또 다른 심리를 뜻합니다.

이러한 이황의 설명에 대해 기대승은 달을 비유로 들면서 반박합니다. 사람이 태어나면서부터 가지고 있는 순수한 본성은 하늘에 떠 있는 달과 같다는 것입니다. 이 본성이 바로 성리학에서 '성즉리(性卽理)', 즉 '본성이 곧 이치다'라고 할 때의 理에 해당합니다. 그러나 구체적인 현실의 인간 본성은 氣라는 그릇에 담겨서 나타나며 이것을 순수한 본성과 구별하여 '기질지성(氣質之性)'이라고 부릅니다. 어떤 사람은 화를 잘 내고 어떤

사람은 잘 울고 어떤 사람은 차갑고 어떤 사람은 온화한 것은 사람마다 기질이 다르기 때문입니다. 기대승은 이 기질지성을 물 속에 비친 달과 같다고 하였습니다. 물론 4단과 7정은 모두 기질지성이 밖으로 드러난 것이기 때문에 물 속에 비친 달의 경우와 비슷합니다. 비록 있는 자리는 다르지만 하늘에 있는 달만 달이라고 하고 물 속에 비친 달은 물이라고 해서는 안 된다는 것이 기대승의 입장입니다. 이 같은 기대승의 생각은 같은 감정이기 때문에 4단을 7정 속에 포함시키려고 하였던 것처럼 타고난 순수한 본성도 현실적인 인간의 본성인 기질지성 속에 포함시켜 이해하려 한 것입니다.

그리고 기대승은 4단이나 7정이 모두 물 속에 비친 달과 같지만 7정은 그 빛이 밝은 경우도 있고 어두운 경우도 있으며, 4단은 이와 달리 유난히 밝다고 하였습니다. 그러면서 다시 4단 가운데도 원래의 빛은 밝지만 물결의 움직임 때문에 알맞게 드러나지 못하는 경우가 있고 7정 가운데도 그 결과가 알맞게 드러난 것이 있다고 하면서, 알맞게 드러난 7정의 경우를 이황의 견해처럼 본다면 과연 理에서 나왔다고 하는 것이 옳을지, 氣에서 나왔다고 하는 것이 옳을지를 따집니다. 그리고는 이런 경우는 4단과 무엇이 다르다고 보는지를 묻습니다. 이 같은 비유와 질문은 결국 4단과 7정을 분리시키지 않으려는 생각을 잘 보여 줍니다. 또한 기대승은 달 비유와 아울러 理와 氣의 관계를 해와 구름의 관계에 비유하였습니다. 해는 항상 본래 모습 그대로 있지만 구름이 어떻게 하느냐에 따라 맑을 수도 있고 흐릴 수도 있다는 것입니다. 흐린가 맑은가는 구름에 달려 있을 뿐입니다. 그리고 흐렸다가도 구름이 걷히면 해의 본모습이 그대로 드러나지만 거기에는 조금이라도 더하거나 뺀 것이 없다는 것입니다. 이는 4단과 7정 모두에 理와 氣가 함께 있음을 인정하면서도 4단은 理가 먼저 움직인 것이라 보는 이황의 견해에 대해 움직이는 것은 오직 氣뿐이라는 생각을 밝힌 것입니다.

그 뒤 이황은 기대승의 질문에 대해 조목별로 답하는 편지를 써 놓았지만 보내지 않았습니다. 아마도 서로의 생각이 더 가까워지기는 어렵다고 판단하였던 것 같습니다. 그 대신 이황은 논쟁을 마무리하자는 내용의 편지를 보냈고 이를 받아 본 기대승도 결론처럼 자신의 생각을 정리한 두 편의 글을 보내 옵니다. 이황도 두 번이나 편지를 보내어 자신과 기대승의 견해가 다른 것은 근본은 같으면서도 작은 부분에서 차이가 나기 때문일 뿐이라고 하였습니다. 결국 논쟁은 시원한 결말을 보지 못하고 끝난 셈입니다. 논쟁을 통해 기대승과 이황은 4단과 7정이 모두 정이며 두 가지 모두 理와 氣를 함께 지니고 있다는 점에서는 의견을 같이하였습니다. 하지만 끝내 기대승은 4단과 7정을 나누어 보지 말자는 의견을 굽히지 않았고, 이황도 나누어 보자는 의견을 버리지 않았습니다. 아울러 이황은 4단의 경우 理가 움직인 것이라는 생각을 놓지 않았고, 기대승 또한 理가 중심이 된다는 생각에 동의하면서도 움직일 수 있는 것은 氣뿐이라는 생각을 견지하였습니다. 이런 점에서 본다면 두 사람 모두 각자가 처음부터 가지고 있던 가장 중요한 생각을 조금도 바꾸지 않았다고 할 수 있을 것입니다.

결코 군자와 소인을 혼동할 수는 없다

논쟁을 마무리하는 부분에서 기대승은 이황에게 왜 굳이 4단과 7정을 나누어 보려고 하는지 잘 안다고 하였고, 이황도 기대승에게 왜 굳이 합쳐 보려고 하는지 잘 안다고 하였습니다. 그렇다면 오랜 기간 논쟁을 거치고 굳이 합쳐 보려고 하는 기대승의 입장을 잘 알고 있으면서도 이황이기를 쓰고 4단과 7정을 理와 氣로 가르려고 한 근본적인 이유는 무엇일까요?

　이황은 사람을 두 종류로 나누어 보았습니다. 하나는 밖으로 드러나는 실천의 근거가 주로 그 사람 마음속의 4단에 있는 경우이고, 다른 하나는 주로 7정에 있는 경우입니다. 전자는 옳은 실천을 주로 하는 사람으로서 군자라 불리고, 후자는 그렇지 못한 사람으로서 소인이라고 불립니다. 전자의 실천이 항상 도덕적으로 옳은 까닭은 그 실천의 발단이 자신의 순수한 본성인 理에 있기 때문이고, 후자의 행동이 도덕적으로 어그러지기 쉬운 까닭은 그러한 실천의 발단이 악의 근원인 氣에 있기 때문입니다. 물론 군자든 소인이든 사람이라면 누구나 그 속에 理와 氣가 함께 들어 있게 마련입니다. 그리고 그 사람의 마음속에 들어 있는 4단이나 7정에도 理와 氣가 함께 들어 있습니다. 그렇지만 이황은 理와 氣가 같이 있다고 해서 그 둘을 구분하지 않고 하나로 본다면, 결국 사사로운 욕심이 하나도 섞이지 않은 순수한 감정과 욕심이 섞인 감정을 하나로 보게 된다고 생각하였습니다. 그리고 그 결과는 마침내 옳고 그름만을 생각하는 군자와 이해 관계만을 생각하는 소인을 구분하지 않게 될 것이라고 하였습니다.

　유학에서 군자와 소인의 구별은 오랜 역사를 가지고 있습니다. 일찍이 공자는 《논어》를 통해 군자와 소인이 어떻게 다른지를 여러 가지로 설명하였습니다. 그 가운데 대표적인 몇 가지를 살펴보면, 〈위정〉편에서는 군자는 모든 사람과 두루 어울릴 뿐 특별히 어떤 사람들하고만 편을 이루지 않지만 소인은 편을 갈라 어떤 사람들과만 짝을 지을 뿐 모든 사람과 두루 어울리지 못한다고 하였습니다. 군자는 원만한 인격의 소유자이기 때문에 누구와도 함께 어울리면서 파당을 짓지 않지만, 소인은 그렇지 못하여 으레 파당 짓기를 좋아하는 존재임을 알 수 있습니다. 그렇기 때문에 공자는 〈안연〉편에서 군자는 남의 좋은 일이 이루어질 수 있도록 해주되 나쁜 일은 그렇게 되지 못하도록 하지만 소인은 그와 반대라고 하였고, 〈위령공〉편에서는 군자는 잘못의 원인을 자기에게서 찾지만 소인은 남에게서 찾는다고 하였습니다. 또한 공자는 〈자로〉편에서 군자는 남과 잘 어울릴 뿐 같아지지 않지만 소인은 남과 같아지는 일은 잘 하면서도 남과 어울리지는 못한다고 하였습니다. 이 말은 군자는 주체성을 지닌 존재이지만 소인은 그렇지 못하다는 뜻입니다. 남과 같아지는 것만을 잘 하는 사람에게는 자신의 존재 의미가 있을 수 없습니다. 왜냐하면 그 사람이 없더라도 그 사람과 같은 다른 사람이 그 사람의 자리를 대신할 수 있기 때문입니다. 사실 남과 잘 어울린다는 것은 자신의 주체성을 잃지 않으면서 남을 주체적인 존재로 대하는 것입니다. 참된 어울림은 어우러지는 모든 구성원이 각자 주체로서 대등하게 만날 때 가능한 것입니다. 이제까지 살펴본 군자와 소인의 차이는 〈이인〉편에 나오는 말처럼 군자는 옳고 그름을 따지는 데 밝지만 소인은 자기의 이해 관계를 따지는 데 밝은 데서 오는 것입니다. 그리고 그 결과로 〈술이〉편에서 말하듯 군자는 늘 마음이 편안하고 넓지만 소인은 늘 근심하고 걱정하는 것이며, 〈자로〉편의 말처럼 군자는 편안하면서 교만하지 않지만 소인은 교만하면서 편안하지 못할 뿐입니다.

    4단과 7정을 굳이 구분하려는 이황의 생각 속에는 이처럼 하늘과 땅의 차이와도 같은 군자와 소인을 결코 뒤섞을 수 없다는 생각이 들어 있습니다. 우리가 사는 다양한 현실의 모습 속에서 항상 옳고 그름만을 따지다가 그런 행동 때문에 목숨을 잃게 되더라도 그렇게 행동하는 것이 옳다면 꿋꿋이 실천해 가는 군자와, 자신의 이익만을 위해 편을 가르고 힘으로 남을 짓누르며 끝내 해치기도 하는 소인을 혼동할 수는 없다는 것입니다. 그리고 이 같은 차이는 4단은 언제나 선이기 때문에 4단에 따르는 사람들이 군자이고, 7정은 선일 수도 있지만 악일 수도 있기 때문에 여기에 따르는 사람은 소인이라는 설명으로 나타난 것입니다. 그런데 기대승처럼 4단이나 7정이 모두 악이 될 수도 있는 氣에서 나오는 것이라면 결국은 군자와 소인을 구별할 수 없게 된다는 것입니다.

철학은 언제나 그 시대 상황을 벗어날 수 없는 것입니다. 따라서 이러한 이황의 생각도 사화기를 살았던 자신의 삶과 밀접하게 연관되어 있습니다. 사화란 옳고 그름을 따지는 일에 밝고 그 옳음을 지키기 위해 목숨까지 던질 수 있었던 사림파와 자신의 이해 관계를 따지는 일에 밝고 이익을 지키기 위해서라면 파렴치한 일도 마다하지 않았던 모리배들 간의 싸움이었습니다. 사림파 선비들은 조선이 고려를 무너뜨리고 나라를 세울 때 그 부당성에 온몸으로 맞섰던 고려 유신들의 비판 정신을 이어받은 사람들로서 조선이 정치적 안정을 되찾으면서부터 관직에 나아가 자신들의 이상을 펼쳐 사회를 바로잡아 보고자 조그만 불의에도 자신의 뜻을 굽히지 않았던 사람들입니다. 그러나 사림파들이 사회의 주축으로 나설 때마다 훈구파들은 오로지 자신들의 이익을 지키기 위하여 그들을 귀양 보내거나 죄를 씌워 죽였습니다. 하지만 한 무리의 올곧은 선비들이 죽임을 당하더라도 굴하지 않고 그 뒤를 이은 선비들이 새로운 각오로, 옳지 못한 세력에 대해 올곧은 비판 정신으로 맞섰던 것입니다.

흔히 우리가 말하는 선비 정신이란 이 같은 사림파들의 비판 의식을 가리킵니다. 선비들의 비판 정신은 죽음도 두려워하지 않는 그들의 기개에서 나온 것입니다. 사실 사람이 살아가면서 부딪히는 가장 큰 한계 상황은 죽음이지만 그 죽음을 넘어서는 방법에는 여러 가지가 있습니다. 그 가운데 가장 보편적인 방법은 종교입니다. 종교는 언제나 그 종교를 믿고 따르다가 박해를 받고 죽더라도 죽음 뒤에 더 나은 세상이 있다고 말함으로써 사람들이 죽음이라는 한계 상황을 넘어설 수 있도록 합니다. 그러나 유교에는 내세가 없습니다. 그런데도 선비들이 올곧은 정신으로 죽음을 맞이할 수 있었던 것은 그렇게 행동하지 않는다면 사람답지 못하다는 인간 내면의 도덕성에 대한 확신 때문이었습니다. 조선 시대 선비들은 도를 따라 사는 것이 목표였으며 그런 까닭에 도학자라고도 불렸습니다. 도학자들은 방안에 혼자 있더라도 천장이나 이불에 부끄럽지 않아야 한다고 생각하였습니다. 이러한 생각은 《대학》에서 오히려 홀로 있을 때 더욱 마음가짐과 몸가짐을 조심하라는 말에 잘 나타나 있습니다. 그래서 혼자 있을 때도 마치 많은 사람들이 자신을 쳐다보고 있거나 손가락질하고 있다고 생각하라고 한 것입니다. 이 같은 자신에 대한 엄격성이 바로 불의와 타협하지 않는 기본 마음자세를 만들어 주었습니다. 이러한 정신이 선비들의 정신이었고 유교의 도덕 의식이었습니다. 이황은 자신이 겪은 역사적 경험을 바탕으로 옳은 것을 지키려다 목숨을 잃은 선비들과 그와 반대로 자신들의 이익을 지키기 위해 그들을 몰아냈던 사이비 선비들의 차이를 철학적으로 설명하려 했던 것입니다.

세상을 움직이는 바른 힘은 도덕뿐이다

앞서 살핀 논쟁에는 인간의 도덕적 행동과 비도덕적 행동을 합리적으로 설명하려는 이황의 노력이 담겨 있습니다. 그리고 이를 통해 바람직한 인간상을 제시하려고 한 것입니다. 사실 시대가 바뀌어도 그 속에서 살아가는 사람의 본질은 다르지 않습니다. 다만 시대의 변화에 따라 겉으로 드러나는 행동 양식이나 문화가 달라질 뿐입니다. 이는 옷 모양이나 재료는 달라져도 부끄러움을 가리고 아울러 품위를 드러내는 옷의 기능이 달라지지 않는 것과 같습니다. 그런 점에서 본다면 예나 지금이나 훌륭한 사람은 자신보다는 민족이나 국가나 사회를 먼저 생각하는 사람입니다. 이 문제는 공(公)과 사(私)의 구분으로 보아도 좋을 것입니다. 그러니까 그 사람이 얼마나 위대한 사람인가는 바로 그 자신이 스스로를 얼마나 희생하였는가로 판가름할 수 있습니다. 그리고 그러한 차이는 마음가짐의 차이에서 오는 것입니다. 오늘 우리가 사는 세상도 크게 보면 자신이나 제 가족, 그리고 자기가 속한 작은 집단의 이익만을 따지는 사람들과 이와 달리 자신이나 가족을 희생해서라도 더 많은 사람을 위해 행동하는 사람들로 나눌 수 있습니다. 물론 어느 시대나 대부분의 사람들은 전자에 해당할 것이며, 두 부류의 사람들 모두 현실적인 욕구들을 똑같이 지니고 있습니다. 더구나 오늘날은 우리의 욕심을 자극하는 물건들이 옛날보다 훨씬 다양해졌습니다. 조선 중기까지만 해도 아직 문물이 발달하지 못하였기 때문에 벼슬이나 토지, 좋은 집과 음식과 옷가지, 장신구 등에 대한 욕심이 전부였지만 오늘날은 좀더 다양해져서 비디오, 컴퓨터, 자동차, 오디오, 에어컨 같은 새로운 욕망의 대상들이 생겨났습니다. 그러나 크게 나누면 결국 앞서 《논어》에서 살폈듯이 옳고 그름을 따지는 사람과 이해 관계를 따지는 사람으로 나누어질 것입니다.

  물론 인간이 지니는 욕망 그 자체가 나쁜 것은 아닙니다. 어떤 측면에서 본다면 욕망은 사회를 발전시키는 원동력입니다. 하지만 그 욕망이 한 개인이나 작은 집단을 위한 것일 때는 대다수의 다른 사람을 짓밟고 빼앗는 결과를 가져오는 것입니다. 그렇기 때문에 이황은 어떻게 하면 개인적 욕망을 억누르고 오로지 도덕적으로 행동할 수 있는 사람이 될 수 있겠는가 하는 것에 관심을 가졌습니다. 그리고 개인적인 욕망이 삶의 추동력이 되는 사람과 도덕적 욕망이 삶의 근원적 힘인 사람을 가치적으로 엄격히 구분하려 하였던 것입니다. 이러한 생각은 이황의 이기론 가운데 理에 대한 생각에 잘 나타나 있습니다. 이황은 "옛날이나 지금이나 많은 사람들이 학문을 닦는다고 하지만 그들의 공부에 모두 차이가 나는 까닭은 오직 理

를 제대로 깨닫기가 어렵기 때문이다"라고 하였습니다. 이 말은 그의 학문적 관심이 오로지 理를 추구하는 데 있다는 사실을 잘 보여 줍니다.

이황의 철학에서 理는 모든 존재의 존재 원리인 동시에 도덕 원리입니다. 그리고 이 도덕 원리는 어떤 것과도 비교할 수 없는 가장 중요한 것이었습니다. 理가 도덕 원리인 까닭은 절대 불변의 존재로서 선의 원리이기 때문입니다. 그러나 氣는 이와 달리 변화 가능한 존재이기 때문에 선으로 나타날 수도 있지만 악으로 나타날 수도 있습니다. 물론 理와 氣는 언제나 한 사물 속에 같이 들어 있습니다. 그러나 理는 어디까지나 理일 뿐이고 氣는 어디까지나 氣일 뿐이며, 理는 氣가 될 수도 없고 氣 또한 理가 될 수 없습니다. 이 같은 생각을 바탕으로 理와 氣를 구분하려는 이황의 입장은 강력합니다. 이황은, 理는 氣를 거느리는 장군으로서 오직 명령을 내리는 존재일 뿐 어떠한 것으로부터도 명령받지 않는 존재이지만, 氣는 理의 거느림을 받는 졸병이라고 하였으며, 理는 귀한 것이고 氣는 천한 것이라고까지 하였습니다. 사실 완전한 도덕 원리인 理는 그 원리가 현실로 드러나든 드러나지 않든 모든 인간의 마음속에 들어 있는 것입니다. 그러니까 이황의 생각으로는 자기 속에 들어 있는 이 도덕 원리를 제대로 깨달으면 인간답게 사는 길을 알게 된다는 것입니다.

유학은 본래 인간 중심의 철학입니다. 신이나 내세에 대한 관심이 없으며 만물 가운데 가장 중요한 것을 인간이라고 봅니다. 그러므로 유학에서 말하는 세상의 중심은 인간인 셈이며, 어떻게 하면 자신의 인간다움을 구현할 것인가가 학문의 목적이었습니다. 이런 입장에서 유학을 평할 때 유학은 남에게 보이기 위한 학문이 아니라 오로지 참다운 자신을 위한 학문이라고 하는 것입니다. 이 같은 입장을 다음의 비유를 통해 생각해 봅시다. 먼저 나 자신이 지금 있는 자리를 한번 생각해 보십시오. 내가 지금 있는 위치가 집이나 학교, 또는 버스나 지하철의 가장 중심일까요? 어쩌다 중심에 자리 잡고 있을 수도 있겠지만 그건 그야말로 우연에 지나지 않을 것입니다. 그렇다면 지금 내가 있는 자리가 서울이나 경기도, 더 넓게는 대한민국의 중심입니까? 역시 마찬가지로 그렇지는 않을 것입니다. 그러나 생각을 지구로 넓혀 봅시다. 지구는 둥근 물체이고 둥근 물체는 어디든 바로 그 곳이 중심일 수 있습니다. 그렇다면 내가 있는 이 자리는 지구의 중심인 셈입니다. 생각을 더 넓혀 우주를 본다면 어떠합니까? 우주는 무한히 넓어서 끝을 알 수 없다고 합니다. 무한히 넓다면 중심이 어딘지 알 수 없다는 말도 되지만 역으로 어디든 중심이 될 수 있다는 말이기도 합니다. 그렇다면 내가 선 이 곳은 곧 우주의 중심인 셈입니다.

이번에는 조금 다른 각도에서 생각해 봅시다. 나는 어디서 왔습니까? 당연히 우리는 모두 각자의 부모님으로부터 왔습니다. 그렇다면 부모님은 어디서 왔습니까? 당연히 양쪽 집안의 할아버지, 할머니로부터 오셨겠지요. 그렇다면 그분들은 어디서 왔습니까? 이렇게 거슬러 올라가다 보면 어떤 사람은 아담과 이브를 말하기도 할 것이고 어떤 사람은 아메바, 미토콘드리아 같은 단세포 생물을 말하기도 할 것입니다. 어떤 논의를 택하든 우리가 생명의 기원에서 왔다는 사실은 분명합니다. 그런데 우리는 대부분 결혼해서 자식을 낳을 것이고, 그 자식들이 다시 자식을 낳을 것이고, 그래서 인류는 끝없이 이어질 것입니다. 그렇다면 저 먼 조상에서부터 다시 저 먼 후손들로 이어지는 연속선상에서 내 위치는 어디쯤일까요? 만일 내가 없다면 먼 조상에서 먼 후손으로 이어지는 중심 고리는 사라지는 것입니다. 그러니까 나는 그러한 연속의 중심에 서 있는 셈입니다. 앞에서 본 우주나 지구가 공간 축에서의 중심이라면 지금 본 것은 시간 축에서의 중심입니다. 그러므로 나는 시간적으로나 공간적으로나 이 세상의 중심인 셈입니다. 물론 이렇게 중심 축에 서 있는 것은 나 개인만이 아닙니다. 바꾸어 생각하면 우리 모두는 각자의 시간 좌표와 공간 좌표의

중심인 것입니다.

그렇다면 시공의 중심인 인간의 중심은 무엇일까요? 그것은 바로 깨어 있는 마음입니다. 깨어 있다는 것은 인식하고 판단할 수 있는 상태를 의미합니다. 우리가 잠들었을 때나 어떤 사람이 식물인간 상태로 있는 경우를 생각해 보면, 생각하고 판단할 수 있는 우리의 정신이나 마음이 내 속의 중심임을 잘 알 수 있을 것입니다. 그런데 마음의 작용을 보면 나쁜 생각을 하기도 하고 좋은 생각을 하기도 합니다. 그리고 우리는 못된 짓을 하는 사람을 가리켜 개만도 못하다, 짐승만도 못하다고 말합니다. 이 말의 의미는 나쁜 마음을 따라 움직이면 인간으로서의 가치를 잃어버린다는 뜻이 됩니다. 그렇기 때문에 우리의 중심은 바로 내 마음속에 있는 도덕심입니다. 이런 마음을 이황은 온 세상의 중심으로 본 것입니다.

마음을 지키는 요점은 경건이다

이황은 참다운 인간이 되기 위하여 마음을 다스리는 요점을 경(敬)이라고 하였습니다. 이 때의 敬은 공경이나 존경의 경우처럼 누군가를 높인다는 뜻이 아니라 스스로 삼가고 조심한다는 뜻으로, 경건하다거나 근신한다는 의미에 가깝습니다. 유학에서 내면적 수양의 중요한 방법으로 敬을 중시한 것은 오래 전부터입니다. 유학의 중요한 경전 가운데 하나인 《주역》에서는 "敬으로써 자신의 내면을 곧게 하고 의(義)로써 밖으로 드러나는 실천을 바르게 한다"고 하였습니다. 이 말은 마음속의 본성이 구체적인 감정으로 드러나는 순간에 개인적인 욕심이 담기지 않도록 조심하고 경계하며, 이를 바탕으로 구체적인 행동이 나왔을 때 그 행동이 도덕적으로 옳은지 그른지 판단하여 바로잡는다는 뜻입니다. 송나라 때에 이르러서는 많은 성리학자들이 좀더 구체적인 방법으로 敬을 설명하였습니다. 그 가운데 대표적인 것은 주돈이가 말한 주정(主靜)과 정이천이 말한 주일무적(主一無適)입니다.

'주정'이란 구체적인 생각이나 감정으로 드러나기 이전의 마음이 흔들림이 없는 고요한 상태이므로 바로 이 상태를 그대로 지켜 나간다는 뜻이고, '주일무적'이란 마음을 한 곳에 집중하여 어떤 유혹에도 흔들리지 않는다는 뜻입니다. 특히 정이천은 이러한 마음 상태를 병에 비유하였습니다. 병을 맑은 물로 가득 채워 두면 이물질이 더는 들어갈 수 없듯이 마음을 옳은 생각으로만 가득 채워 둔다면 나쁜 마음이 들어갈 수 없다는 것입니다. 유가의 선비들은 고요히 앉아 자신의 내면을 응시하는 정좌(靜坐)를 통해 마음속에 敬을 기르고 유지하고자 노력하였습니다. 이러한 선비들의 '정좌'는 어쩌면 불교의 참선과 같아 보일 수도 있습니다. 그러나 유교의 정좌와 불교의 참선은 본질적으로 다릅니다. 참선은 마음을 비우는 것이 목적입니다. 한국 불교의 기틀을 다진 지눌도 마음을 비운다는 것을 병에 비유하여 병을 없애는 것이 아니라 병 속을 비우는 것이라고 하였습니다. 바로 이러한 점을 통해 유가와 불가의 차이를 잘 알 수 있는데, 유가는 敬을 통해 마음을 도덕 의지로 가득 채우려 했던 것입니다.

이황의 학문을 평가할 때 학자들은 그의 학문이 출발이나 귀결 모두를 敬으로 꿰뚫고 있다고 합니다. 이 말처럼 이황은 모든 근본을 敬에 두어 "敬은 마음의 주재자이고 모든 일의 근본"이라고 하였습니다. 이렇게 말한 까닭은 경건한 마음을 갖는 것이 진리를 깨닫는 문(門)이기 때문입니다. 앞에서 보았듯이 이 세상의 중심은 사람이며, 사람의 중심은 마음이고, 그 마음의 주재자가 바로 경건성입니다. 그래서 이황은 마음이 움직이기 전이나 마음이 움직였을 때나 항상 敬을 유지해야 한다고 하였습니다. 경건성이란 일이 있을 때나 없을 때나 항상 깨어 있는 순수한 마음을 지니는 것입니다.

 마음이 순수하다는 것은 어떤 것일까요? 우리는 사람의 눈을 마음의 창이라고도 하고 눈은 속일 수 없다고 합니다. 그리고 어린아이의 눈이야말로 티 없이 맑고 깨끗하다고 합니다. 아마 이런 말들은 모두 어린아이의 마음이 가장 맑고 순수하다는 뜻일 것입니다. 그래서 영국 시인 워즈워스는 〈무지개〉라는 시에서 '어린이는 어른의 아버지'라고 했던 것입니다. 사실 우리는 대부분 나이가 들어 가면서 어린 시절 지녔던 순수한 마음을 점점 잃어 갑니다. 그래서 감동적인 일을 만나도 별 마음의 동요를 일으키지 않는 경우가 많아져 갑니다. 그렇기 때문에 순수한 마음을 지니고 있다는 점에서 보면, 어린이는 어른보다 더 위대하다고 할수 있습니다.

 그러면 어른이 되어서도 어린아이의 순수함을 유지할 수 있는 방법은 무엇일까요? 경건이야말로 순수함을 지킬 수 있는 방법입니다. 그래서 이황은 경건성을 바탕으로 마음속에서 욕심을 없애고 인간의 순수한 참모습을 보존하려 한 것입니다.

 앞에서 보았듯이 유학은 종교적 성격을 지녔지만 종교는 아니었습니다. 유학이 종교가 아닌 가장 큰 이유는 인과응보나 내세 관념이 약하다는 점입니다. 따라서 악한 행동을 해도 벌을 줄 신이 없습니다. 다만 그러한 행동에 따른 수치심이 스스로를 벌할 뿐입니다. 스스로를 벌하는 수치심은 바로 양심에서 나오는 것이기에 유학자에게 가장 두려운 일은 신의 뜻에 어긋나는 일이 아니라 자신의 양심에 어긋나는 일입니다. 그러므로 스스로에게 부끄럽지 않기 위해 조심하는 과정이 곧 마음속에 경건함을 보존하고 유지하는 일이었습니다.

일본 유학의 원조가 된 퇴계의 철학

이황의 철학은 그가 주로 안동 지역에 거주하면서 많은 학자들을 길러 냈기 때문에 뒷날 영남 지방의 학자들을 중심으로 발전해 갔습니다. 이들을 가리켜 영남 학파라고도 합니다. 이황은 벼슬에서 물러난 뒤로 오랜 기간 교육에 힘썼기 때문에 많은 제자를 두었습니다. 제자들 가운데는 높은 벼슬을 지낸 사람이나 뛰어난 학자가 많았습니다. 대표적인 학자들을 꼽는다면 조목, 정구, 김성일, 유성룡 등입니다. 특히 조목은 이황이 죽은 뒤 삼년상을 입었습니다. 이 일을 보면 제자들이 어떠한 마음으로 선생을 따랐는지 잘 알 수 있습니다.

오늘날도 많은 사람이 조선 시대 유학자들 가운데 이황을 첫 번째로 꼽습니다. 그것은 이황에 관한 연구가 가장 많다는 점에서도 나타납니다. 뿐만 아니라 중국 근대의 대사상가 양계초는 이황을 찬양하는 시를 짓기도 하였습니다. 이황의 철학은 우리 나라에만 영향을 준 것이 아닙니다. 특히 일본으로 이어져 일본 사상의 발전에 큰 영향을 주었습니다. 일본에서 성리학이 꽃핀 것은 임진왜란 이후였습니다. 임진왜란 때 가장 피해를 본 지역은 경상도였으며, 일본인들은 조선의 재물을 약탈한 것만이 아니라 학자들까지도 잡아갔습니다. 강항이라는 학자도 의병장으로 싸우다가 영광 전투에서 일본의 포로가 되었습니다. 일본에 잡혀 간 강항은 오사카에 머물면서 그 지역 영주와 그 영주의 자문 역할을 하던 한 승려를 가르쳤습니다. 뒷날 그 승려는 환속하여 많은 사람들을 가르쳤고 이로부터 일본의 성리학이 꽃피게 됩니다. 그 승려가 에도 유학의 시조라고 불리는 후지와라 세이카입니다.

특히 후지와라는 理와 氣의 역할이 서로 다르다는 이황의 견해에 주목한 뒤부터 퇴계의 학문을 깊이 신봉하였습니다. 그리고 그 영향을 받은 일본 학자들은 한결같이 이황을 높였던 것입니다. 뒷날 이황의 사상은 명치 유신 직후 일본에서 만든 교육 헌장의 사상적 바탕이 되기도 하였고, 오늘날에도 일본 기업 윤리의 근간을 이루고 있다는 평을 받고 있습니다.

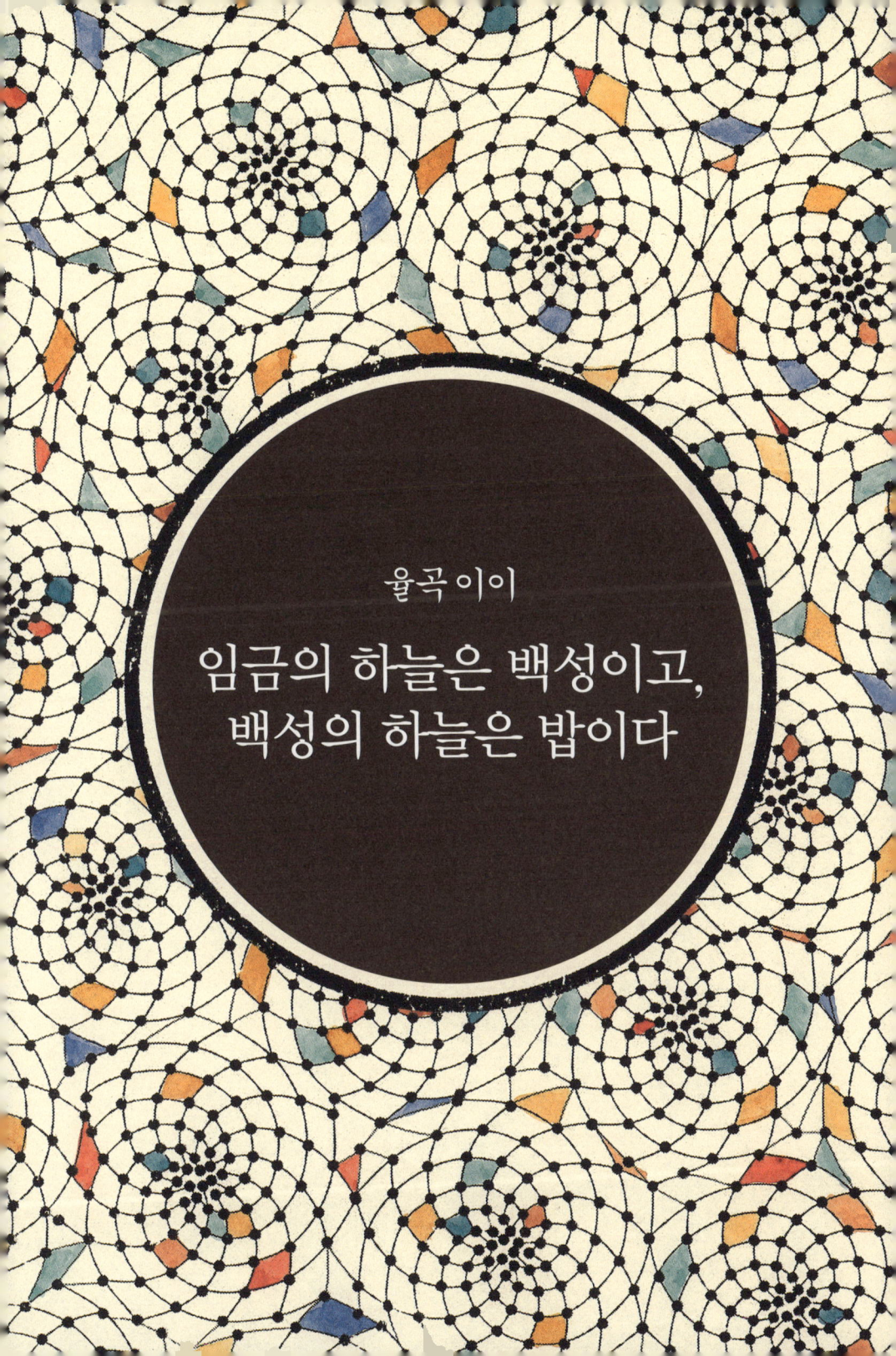

율곡 이이

임금의 하늘은 백성이고,
백성의 하늘은 밥이다

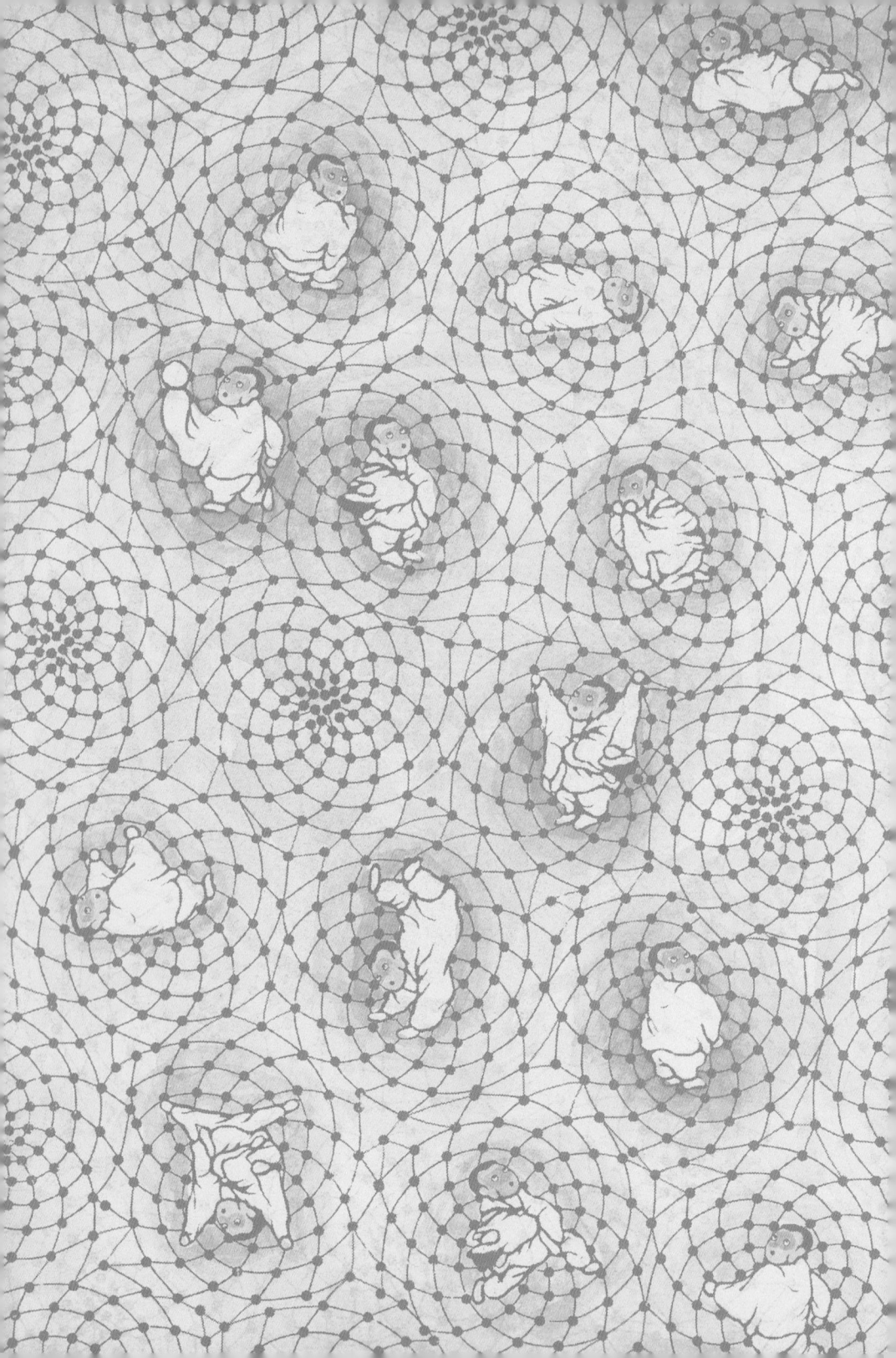

그 어머니에 그 아들

조선 시대 선비 가운데 퇴계 이황과 더불어 쌍벽을 이룬 사람이 바로 율곡 이이(栗谷 李珥: 1536~1584)입니다. 이황과 이이는 학문뿐만 아니라 훗날 두 사람의 학문을 이어받은 제자들이 영남 학파와 기호 학파라는 조선의 대표적인 학자 집단을 이루었다는 점에서도 한국 철학사에서 차지하는 무게가 거의 같다고 할 수 있습니다. 오늘날도 천 원짜리 지폐와 5천 원짜리 지폐에 이황과 이이의 얼굴이 각각 그려져 있고, 이황의 호를 딴 퇴계로가 있는 것처럼 이이의 호를 붙인 율곡로도 있습니다. 하지만 두 사람의 철학은 매우 대조적이며, 살아간 삶의 방식도 사뭇 다른 모습을 보입니다. 이이가 이황보다 35년 뒤에 태어나기는 했지만 두 사람은 거의 같은 시대를 살아간 셈입니다. 그런 점에서 본다면 말년에 임진왜란의 고초를 겪은 14대 임금 선조는 이황과 이이 두 사람을 모두 신하로 둘 수 있었다는 점에서 조선의 임금 가운데 가장 행복했던 임금이었습니다. 두 사람은 선조를 어진 임금으로 만들기 위해 애썼으며, 그 과정에서 이황은 《성학십도聖學十圖》를 지어 바쳤고, 이이는 《성학집요聖學輯要》를 지어 올렸습니다. '성학'이란 '성인의 학문'이란 뜻인데, 《성학십도》는 성인이 되기 위한 과정을 10단계로 나누어 각 단계마다 그림과 설명을 곁들인 책이고,《성학집요》는 옛 선비들의 글 가운데 성인이 되는 데 도움이 될 훌륭한 것들만을 주제별로 모아 놓은 책입니다.

이이는 중종 31년, 강원도 강릉에 있는 외가에서 태어났습니다. 아버지는 법을 담당하는 사헌부에서 감찰 벼슬을 지내는 이원수였고, 어머니는 오늘날 한국 어머니들의 상징이 된 신사임당이었습니다. 경포대 근처에 있는 이이가 태어난 집은 검은 대나무가 자란다고 해서 오죽헌(烏竹軒)이라고 불렸는데, 지금도 그 곳에 가면 검은 대나무를 볼 수가 있습니다. 이이가 태어났던 방에는 몽룡실(夢龍室)이라는 이름이 붙어 있는데, 동해 바다에 사는 용이 아기를 안고 집으로 들어와 신사임당의 품에 안겨 주는 꿈을 꾸고서 이이를 가졌기 때문에 붙인 이름입니다. 그래서 이이는 어렸을 때 '세상에 모습을 드러낸 용'이라는 뜻으로 현룡(見龍)이라 불리기도 하였습니다. 이처럼 동해 바다에 사는 용의 정기를 받아서인지 이이는 어린 시절부터 남달리 총명하였고, 자라서도 현실 개혁의 의지 속에서 치열하게 살아갔습니다.

조선 시대 선비들은 팔기 위한 물건을 만들거나 장사를 할 수 없었습니다. 선비들이 할 수 있는 일은 대부분 공부뿐이었으며, 그 때문에 가난한 선비는 집안을 돌보기가 어려워 처가 신세를 지는 경우가 많았습니다. 예전에 우스갯소리로 선비란 으레 어려서는 외가 덕을 보고, 장가 가서는 처가 덕을 본다고 한 것은 이러한 이유 때문입니다. 이이도 아버지가 처가 신세를 지는 덕에 외가에서 태어나 자란 것이고, 자신 역시 훗날 처가인 경기도 파주 밤골 마을에서 여러 해를 살았습니다. 처가 동네인 밤골 마을은 이름처럼 밤나무가 많았으며, 이이의 호인 율곡도 바로 그 밤골에서 따온 것입니다. 지금도 파주 임진강 부근에는 화석정을 비롯하여 이이와 관련된 문화 유적이 많이 남아 있습니다.

이이의 어머니 신사임당은 당시 여성으로서는 보기 드물게 유가 경전에 밝았고, 글뿐만 아니라 글씨와 그림까지 어느 것 하나 모자람이 없었습니다. 또한 세상의 흐름을 잘 알았고 상황을 판단하는 데도 밝았습니다. 한번은 신사임당이 남편에게 평소 자주 어울리는 사람들의 인품이 어질지 못해 보이므로 함께 어울리지 말라고 권하였습니다. 남편도 부인의 말이 옳다고 여겨 그대로 따랐는데, 얼마 안 가 그 사람들 대부분이 역모를 꾀한 것으로 몰려 죽거나 귀양 가게 되었지만 남편은 무사할 수 있었습니다. 훗날 이이가 훌륭한 학자가 될 수 있었던 것도 어머니의 교육에서 온 영향이 컸다고 하겠습니다. 이러한 신사임당의 인품과 예술적 재능을 잘 보여 주는 유명한 일화가 있습니다. 신사임당이 집안 잔치에 간 적이 있었습니다. 그런데 어떤 부인이 방 구석에서 어쩔 줄 모르며 울고 있었습니다. 그 모습이 하도 딱해 보여서 무슨 일로 우는지를 묻자, 그 부인은 초라한 모습으로 잔치에 오기 싫어서 남의 치마 저고리를 빌려 입고 왔는데, 그만 치마에 국물이 떨어져 옷을 망쳐 버렸으니 새 옷으로 변상해 줄 길이 막막해서 울었노라고 대답하였습니다. 이야기를 들은 신사임당은 주인에게 먹과 붓을 빌려 오게 해서는 그 부인의 치마를 벗겨 방바닥에 펼쳐 놓고 그 위에 포도 그림을 그렸습니다. 치마에 묻은 국물 자국이 신사임당의 붓 끝에서 포도 송이로 바뀐 것입니다. 그림 그리기를 마친 신사임당은 치마를 돌려주면서 이 그림을 시장에 내다 팔아 새 치마감을 마련하라고 하였습니다. 실제로 시장에 나가 팔았더니 좋은 치마감을 사고도 돈이 남을 정도였다고 합니다.

이이가 16세 되던 해에 맞은 어머니의 죽음은 이이에게 큰 충격이었습니다. 삶에 큰 회의를 느낀 이이는 삼년상을 마친 19세 때 금강산으로 들어가 절에 머물면서 불교를 공부하기도 하였습니다. 뒷날 당쟁이 일어나자 이이를 비판하는 쪽에서는 이이가 입산하여 머리를 깎았다고 주장하기도 했고, 옹호하는 쪽에서는 산에 있는 동안 전혀 머리를 다듬지 않아서 나중에 세상으로 돌아왔을 때 상투 크기가 커다란 방망이 같았다고 변호하기도 하였습니다. 조선 사회에서는 선비가 불교를 가까이하는 것을 금기로 여겼기 때문에, 사색 당쟁의 파벌 의식 속에서 한쪽은 어떻게든 이이와 불교를 관련 지으려 하고, 다른 한쪽은 무관하다는 것을 애써 입증하려 하면서 생긴 일화인 셈입니다. 사실 중국에서 성리학이 성립될 당시 그 바탕에 불교적인 사유 체계가 상당히 포함되기도 했지만, 오늘날의 학자들은 다른 성리학자들과 달리 이이의 사상에는 불교적인 요소가 많이 들어 있다고 평가하기도 합니다. 하지만 이이는 20세 되던 해 절에서 《논어》를 읽다가 문득 깨달은 바가 있어 다시 고향으로 돌아옵니다. 그 뒤로는 오죽헌에 머물면서 성인이 되겠다는 목표를 세워 놓고 열심히 공부하였습니다. 그리고 23세 때는 경상북도 예안의 도산(陶山)으로 당시 58세였던 이황을 찾아가 배움을 청하고 이틀을 같이 지냈습니다. 이 때문에 훗날 퇴계학파의 후손들은 이이도 이황의 제자라고 주장하였습니다. 하지만 함께 시를 지어 주고받으며 학문적 토론을 벌이면서 이이의 재능에 깊이 감명받은 이황은, 뒷날 제자 조목에게 보낸 편지에서 이이를 만나고 나서야 비로소 "뒤에 태어난 사람이 두렵다"고 한 공자의 말이 틀리지 않았음을 알았다고 하였습니다.

치열한 개혁 정신으로 이어진 짧은 삶

다른 뛰어난 인물들과 마찬가지로 이이에게도 뚜렷한 스승이 없었습니다. 그의 학문 세계는 스스로의 힘으로 만들어 낸 독창적인 것입니다. 이이는 특히 어려서부터 천부적인 재능을 보여 서너 살 무렵부터 말과 글을 함께 배웠습니다. 그리고 13세에 처음으로 과거시험에 응시하여 소과(小

科)에 합격해 진사가 되었습니다. 이후 대과에 붙어 벼슬에 나아가기까지, 남들은 한 번 붙기도 어려운 과거시험을 아홉 번에 걸쳐, 그것도 수석으로만 합격하였습니다. 그래서 사람들은 이이를 아홉 번 장원했다는 뜻으로 '구도장원공(九度壯元公)'이라고 불렀습니다. 예전 선비들이 쓰던 글은 형식에 따라 각각 다른 이름으로 불렀습니다. 예를 들어 임금에게 올리는 건의문은 표(表)라고 하는데, 그 가운데 가장 유명한 것은 제갈공명이 지은 출사표라고 할 수 있습니다. 이와 달리 문제에 대해 답을 쓰는 경우는 책(策)이라 불렀고, 과거시험 답안지도 여기에 해당합니다. 조선 시대에도 그 시기의 중요한 사회적 관심이 무엇인지에 따라 과거시험의 출제 경향이 달라졌습니다. 예를 들면 세종 무렵에는 과학 지식과 관련된 문제가 많이 출제되었고, 선조 무렵에는 우주 자연에 대한 이기론적 이해를 묻는 질문이 많았습니다. 이 같은 당시의 관심 때문에 이이가 쓴 유명한 과거시험 답안지 가운데는 우주 만물의 변화와 그 속에서 인간의 역할을 이기론을 통해 서술한 〈역수책易數策〉, 자연의 변화를 氣의 변화로 설명하면서 임금의 수양을 강조한 〈천도책天道策〉 등이 있습니다. 특히 그가 23세 때 별시(別試)를 치르면서 제출한 답안지인 〈천도책〉은 사상의 형성기에 해당하는 글이면서도 이이의 사상을 잘 보여 주고 있습니다. 당시 문제를 출제한 시험관들은 자신들이 여러 날 고민해서 만든 문제에 대해 젊은 이이가 아주 짧은 시간에 훌륭하게 답을 써 낸 것을 보고 놀랐다고 하며, 답안 내용이 너무도 뛰어나서 중국에까지 알려졌습니다. 그래서 당시 중국에서 온 사신들이 우리 나라 사람들에 대해 언제나 고자세이기 일쑤였지만, 이이가 47세 때 중국 사신을 접대하는 직책을 맡고 있을 때는 오히려 이이를 선생님이라 부르며 공손히 대했다고 합니다.

이이는 29세 때 호조 좌랑으로 벼슬길에 나선 뒤 생애의 대부분을 벼슬에 머물면서 치열한 개혁 정신으로 사회를 바로잡고자 애썼습니다. 이이는 대부분의 시간을 대사간, 대사헌, 홍문관 대제학, 호조 판서, 이조 판서, 병조 판서 등을 맡아 중앙 정부에서 보냈지만, 지방관에 임명되어 청주 목사로 있을 때는 〈서원 향약西原鄉約〉을, 황해도 관찰사로 있을 때는 〈해주 향약海州鄉約〉을 만들어 시행하였습니다. 서원은 청주 지방을 가리키고, 해주는 황해도 지방을 가리킵니다. 본래 향약은 고려 말 주자학이 들어올 때, 《주자 대전》에 실려 전해졌습니다. 이는 중국에서 여대균이 마을 사람을 가르치고 바르게 이끌기 위해 만들었던 〈여씨 향약呂氏鄉約〉을 주희가 다듬은 것으로, 조선 중기에 이르러 본격적으로 실시되었습니다. 주된 내용은 훌륭한 일을 서로 권하고, 잘못을 서로 고쳐 주며, 예의를 지켜 사귀고, 어려울 때 서로 돕는다는 것입니다. 이이는 이 내용을 우리 실정에 맞도록 고쳤으며, 그 속에 부정 부패가 만연한 지방 행정을 바로잡아 백성들의 이익을 보장하려는 노력을 담았습니다. 그 밖에 33세 때 사신으로 명나라에 다녀오기도 하였고, 병조 판서로 있을 때는 무과 시험에서 이순신을 발탁하기도 했습니다.

 이이가 지낸 벼슬 가운데 특히 주목할 것은 대사간이라는 직책입니다. 이이가 애써 사퇴한 경우까지 합치면 모두 아홉 차례나 대사간으로 임명되었습니다. 대사간은 사간원의 우두머리인데, 사간원은 왕의 잘못을 지적하거나 정책의 잘잘못을 따지기도 하며, 관원을 임명하기 전에 심사하기도 하여 나랏일 전반에 걸쳐 광범위하게 바른 언론을 펴는 곳이었습니다. 지금으로 따지면 감사원과 언론 기관의 역할을 함께 맡은 곳이며, 이 기관의 책임자인 대사간은 청렴한 사람으로 임명하는 것이 관례였습니다. 이런 사실에서도 이이가 불의와 타협할 줄 모르는 강직한 성품을 지녔다는 사실을 알 수 있습니다. 물론 이이에게도 다른 선비처럼 혼탁한 정치에서 벗어나 초야에 묻혀 지내고 싶은 생각이 없었던 것은 아닙니다. 그러나 이이가 병을 핑계로 벼슬을 그만두려 할 때마다 평생 동지였던 토정 이지함이 자신은 벼슬을 안 하면서도 벼슬을 떠나지 못하게 말렸습니다. 이지함은 이이에게 "당신이 벼슬을 떠나지 않는다면, 비록 선비들의 기풍이 크게 변하지는 못하더라도 적어도 망하는 지경에까지 이르지는 않을 것"이라고 하였고, 대사간을 그만두려 할 때도 "만일 아버지의 병이 깊어져 목숨이 곧 끊어지려 할 때 아들이 약을 드렸지만 아버지가 약사발을 집어던졌다 하더라도 울면서 약 드시기를 계속 권해야지 그냥 물러나는 것은 도리가 아니지 않은가" 하고 따졌습니다. 이지함은 이이의 개혁 정신에 많은 기대를 걸었던 것입니다.

이이는 오랫동안 높은 벼슬을 지냈으면서도 정말 청빈하고 검소하게 지냈습니다. 언젠가 이이가 서울에서 벼슬을 지내면서 집도 없이 어렵게 지내는 것을 본 처가에서 집을 한 채 사 주었습니다. 그러나 이이는 얼마 안 가 그 집을 팔아 그 돈을 어려운 친척들에게 나누어 주었습니다. 뒷날 이이가 죽었을 때는, 화려한 생애였음에도 장례 지낼 비용조차 없었습니다. 그래서 가까운 사람들이 돈을 모아 장례를 치르고 유족들이 살 수 있도록 도와주었다고 합니다. 나라를 위한 이이의 열정은 죽기 직전까지 계속되었습니다. 심지어는 죽기 이틀 전, 북쪽 국경 지방을 둘러보는 일을 맡아 떠나는 제자 서익을 불러 놓고, 가족들에게 몸을 의지한 채 아우 우에게 여섯 조항의 방책을 받아쓰게 하였습니다. 이러한 삶은 바로 이이 자신의 강한 사회지향 철학에서 나온 것입니다.

중요한 것은 이상과 현실의 만남이다

앞에서 본 것처럼 이황은 理와 氣를 나누려 하였으며 그 가운데서도 理를 강조하였습니다. 그래서 "예나 지금이나 많은 사람들이 학문을 닦는다

고 하여도 그들의 공부에 차이가 나는 이유는 理자를 제대로 깨닫기 어렵기 때문"이라고 하였던 것입니다. 그리고 이황이 말하는 理는 언제나 불변의 도덕 원리였습니다. 그러나 이이의 생각은 다릅니다. 그는 理와 氣를 함께 보려고 하였기 때문에 "理와 氣를 나누어 보려는 사람은 참진리를 깨닫지 못한 사람"이라고 하였고, "理와 氣가 묘하게 함께 어우러져 있음[理氣之妙]은 깨닫기도 어렵고 말로 설명하기도 어렵다"고 하였습니다.

 理는 모든 사물의 원리이고, 氣는 그 원리를 담아 내어 구체화시키는 그릇입니다. 비유하자면 理는 이상이고, 氣는 그 이상을 담아 놓은 현실이라고 할 수 있습니다. 이상은 추상적이지만 현실은 구체적입니다. 그래서 이상과 현실은 마치 다른 문제처럼 보이기도 합니다. 그러나 어떠한 이상도 현실을 떠나서는 의미가 없습니다. 현실 속에서 실현될 때에만 이상이 그 의미를 다할 수 있는 것이고 현실 역시 비로소 가치를 지니게 됩니다. 물론 구체적인 사람이나 사회가 무엇을 이상으로 삼는가는 다를 수 있습니다. 예를 들어 바람직한 사람이라는 개념은 바람직한 부모, 바람직한 자식, 바람직한 친구, 바람직한 선생, 바람직한 학생처럼 구체적인 상황에 따라 달라질 수밖에 없습니다. 바람직한 사회의 경우도 마찬가지입니다. 바람직한 학교, 바람직한 군대, 바람직한 직장에서 바람직한 국가와 바람직한 인류 사회에 이르기까지 다양한 모습으로 나타날 수 있습니다. 그러나 각각의 이상들이 모두 가장 바람직한 것을 지향한다는 점에서, 그 이상 속에 담긴 가치는 다르지 않을 것입니다. 이처럼 理에는 보편성과 특수성이 함께 담겨 있습니다. 구체적인 현실에서 바람직한 부모나 바람직한 학교 등은 모두 理의 특수성을 가리키며, 이 모두를 포괄하는 바람직하다는 개념은 理의 보편성을 가리킵니다. 그리고 구체적 현실들은 모두 보편자인 理가 氣라는 그릇에 담긴 모습들입니다. 그래서 이이는 둥근 그릇에 물을 담으면 물 모양이 둥글게 되고 모난 그릇에 담으면 모난 모습이 되지만, 그 속에 담긴 것이 모두 물이라는 점에서는 같다고 합니다. 그리고 큰 병이나 작은 병의 크기는 다르지만 그 속에 담긴 공기는 같다고도 하였습니다. 이런 입장에서 이이는 理와 氣의 관계를 이통기국(理通氣局)이라는 말로 표현하였습니다. 이통기국이란 '理는 형체가 없고 氣는 형체가 있기 때문에 理는 만물에 통하지만 氣는 막힌다'는 뜻입니다.

이 같은 이이의 표현은, 理가 구체적 현실의 제한성을 넘어설 수 있는 보편성을 지녔다는 점만이 강조되고 따라서 氣는 그보다 낮은 개념으로 본 것처럼 이해될 수도 있습니다. 그러나 이황이 혼란한 현실에서 이상을 가려내어 그 이상을 지켜 가기 위해 가장 높은 도덕 원리를 강조했던 것과 달리, 이이는 현실을 떠난 이상을 인정하지 않습니다. 즉 아무리 좋은 생각도 현실에서 실현되지 않는다면 의미가 없다고 본 것입니다. 물론 이상은 언제나 사회나 사람, 구체적인 현실에 대해 바람직한 방향을 제시함으로써 그 현실이 올바른 방향에서 벗어나지 않도록 해줍니다. 하지만 이상과 현실이 항상 잘 조화된 모습으로 나타나는 것은 아닙니다. 더구나 현실은 항상 변합니다. 조금 전까지 따뜻했던 물이 시간이 지나면 차가워지는 것처럼 이 세상에 변하지 않는 것은 하나도 없습니다. 이상이란 바로 항상 변화하는 구체적인 현실 속에서 실현되어야 하는 것입니다. 그렇다면 이상과 현실이 잘 맞지 않을 때는 어떻게 해야 할까요? 그런 경우에 이이는 이상을 바꾸는 것이 아니라 현실을 고치면 된다고 생각하였습니다. 그래서 이상이 추구하는 가치를 현실에서 구현해 내야 한다는 것입니다. 바로 이러한 생각에서 현실을 바꾸고자 하는 이이의 실천이 나오는 것입니다.

이황이 틈만 나면 임금의 허락을 얻어 현실 정치로부터 물러나서 도덕 수양에 힘쓰려고 한 것과 이이가 병석에 누워서까지 적극적으로 현실의 잘못을 바로잡으려고 한 것 사이에는 그와 같은 철학의 차이가 들어 있는 것입니다. 그래서 이황이 理와 氣를 둘로 나누어 이원적으로 이해한 것과 달리 이이는 일원적으로 이해했던 것입니다.

자연은 저절로 그렇게 되지만, 인간은 실천을 통해 그렇게 만든다

그렇다면 현실의 변혁을 강조하는 이이의 철학은 좀더 구체적으로 어떠한 사상에서 나오는 것일까요? 이이는 "저절로 그러해서 그렇게 되는 것은 자연의 법칙이고, 실천으로 그렇게 만들어 가는 것은 인간의 법칙"이라고 하였습니다. 여기서 자연의 법칙이란 자연의 변화 속에 들어 있는 법칙을 말합니다. 사실 자연의 변화는 누가 시켜서 그렇게 되는 것이 아닙니다. 다만 그 때가 되면 저절로 그렇게 될 뿐입니다. 문득 바람이 불기도 하고 갑자기 비가 내리기도 하며 구름이 잔뜩 덮여 있던 하늘에서 어느새 햇살이 따갑게 쏟아지기도 하지만, 바람이 불 때가 되어 바람이 불고, 눈이나 비가 올 때가 되어 눈이나 비가 내리며, 햇빛이 비칠 때가 되어 해가 나오는 것입니다. 이이는 이 같은 자연의 변화에 대해 "아무도 그렇게 시키지 않았지만 저절로 그렇게 되는 것"이라고 하였습니다.

성리학자들은 일반적으로 자연의 변화 속에서 변하지 않는 불변의 법칙을 찾으려 하였습니다. 그리고 그 법칙을 도덕 법칙인 理라고 함으로써 자연을 도덕 속에 포괄하였던 것입니다. 그러나 이처럼 자연을 도덕적이거나 주관적으로 이해하는 것과 달리 객관적으로 보려는 학자들도 상당히 많았습니다. 앞에서 본 서경덕이 그러한 인물 가운데 대표적인 사람입니다. 그리고 이이도 그런 점에서 비슷합니다. 이이는 모든 변화는 음양의 순환이며, 음양 또한 하나의 氣일 뿐이라고 하였습니다. 따라서 그러한 변화는 모두 氣의 변화일 뿐이며, 그런 입장에서 理도 氣의 변화를 떠나서는 말할 수 없다고 보았습니다. 이것이 앞에서 보았던, 理와 氣가 묘하게 같이 있는 이기지묘(理氣之妙)입니다. 그렇기 때문에 모든 자연 변화란 氣가 그렇게 하는 것일 뿐이라고 이해하였습니다. 이이가 서경덕이 처음 만들어 쓴 기자이(機自爾)라는 말을 그대로 가져다 사용한 것도 바로 그런 이유 때문입니다. '기자이'란 어떤 순간에 이르면 저절로 그렇게 되는 현상을 설명하는 말입니다. 사실 모든 변화는 한순간도 끊어져 있는 때가 없습니다. 다만 끊임없이 이어지는 연속선상에서 그 순간에 이르면 그것이 계기가 되어 눈도 오고 비도 오는 것입니다. 그리고 이러한 변화들은 자연의 입장에서는 저절로 이루어지는 것이지만, 인간의 입장에서는 어떻게 바꿔 볼 수 없는 필연적인 변화일 뿐입니다. 그래서 저절로 그렇게 된다는 자연의 이해 속에는 어쩔 수 없이 그렇게 된다는 필연성에 대한 이해가 함께 담겨 있는 것입니다.

사실 이 세상 모든 것은 자연 속에 포함되어 있기 때문에, 이러한 변화의 필연성에서 벗어날 수 있는 것은 하나도 없습니다. 그 점에서는 사람도 마찬가지입니다. 그래서 누구든 배고플 때가 되면 시장기를 느끼고, 아플 때가 되면 병이 들고, 목마를 때가 되면 갈증을 느끼고, 피곤할 때가 되면 쉬고 싶어지는 것입니다. 이런 것은 육체를 지닌 인간의 생리적 한계 때문에 생기는 자연스러운 현상입니다. 하지만 이것뿐만이 아닙니다. 우리는 길을 가다가 차마 못 볼 것을 보면 자기도 모르게 눈을 감게 되고, 고약한 냄새를 맡으면 어느새 코를 틀어막으며, 날카로운 쇳소리를 들으면 얼굴을 찡그리면서 귀를 막게 됩니다. 반대로 재미있는 구경거리가 있으면 자기도 모르게 발돋움하면서 보려 하고, 맛있는 냄새에는 저절로 코가 벌름거리고 입에 침이 고이며, 아름다운 소리에는 자연스럽게 귀가 쫑긋해지는 것입니다. 그리고 아무리 애를 써도 늙어 가는 것을 막을 수 없습니다. 사실 이 같은 모습은 우리 자신이 자연의 일부분이기 때문에 어쩔 수 없이 가지게 되는 자연적인 본성입니다. 이 같은 모습 모두를 이이는 필연적인 변화라고 생각하였습니다.

그런데 인간에게는 어쩔 수 없는 자연의 변화 법칙과 크게 다른 점이 하나 있습니다. 큰 틀에서 본다면 늙어 가는 것을 막을 수는 없겠지만 꾸준한 운동과 섭생을 통해 더 젊어질 수도 있습니다. 또한 아무리 배가 고프고 목이 말라도 아무것이나 먹지 않을 수도 있습니다. 허기져 못 견디는 사람이라도 먹을 것을 발로 차서 준다면 굶어 죽을지언정 먹으려 하지 않을 수도 있는 것입니다. 또는 굶주리면서도 자기가 가진 귀중한 먹을 것을 어린아이나 노인들에게 나누어 주고 자신은 배고픔을 참을 수도 있을 것입니다. 마찬가지로 좋은 구경이나 음악 소리 같은 유혹도 뿌리칠 수 있는 것이 사람입니다. 그래서 아무리 힘들더라도 지하철에서 자리를 양보하기도 하는 것이며, 자기는 헐벗고 춥더라도 어머니가 자식을 따뜻하게 입히려고 하는 것입니다. 사실 이 같은 행동은 모두 자연의 필연 법칙에서 벗어난 것이며, 인간의 생리적 본성과도 어긋나는 행동입니다. 하지만 바로 이 같은 행동 속에 사람다움의 의미가 담겨 있는 것이며, 이를 통해 자신이 지닌 생리적 한계를 벗어날 수 있는 것입니다.

그렇기 때문에 이이는 누가 시키지 않아도 저절로 그렇게 되는 것은 자연의 법칙이며, 실천을 통해 그렇게 만들어 가는 것은 인간의 법칙이라고 했던 것입니다. 따라서 인간에게는 스스로의 실천을 통해 필연 법칙을 거스를 수 있는 능동성이 있다고 본 셈입니다. 그렇다면 사람들에게만 있는 이러한 힘은 무엇이며, 어디에서 나오는 것일까요? 이러한 힘은 인간이 지닌 의지에서 나오는 것이며, 그 같은 의지를 일으키는 것은 바로 마음속에 있는 도덕적인 힘입니다.

순수한 마음과 욕심 섞인 마음

자연의 본질을 어찌할 수 없는 필연성으로 파악하면서도, 인간의 본질을 그 필연성을 넘어설 수 있는 능동성으로 파악한 이이의 생각은 인간의 마음 작용에 대한 이해에도 그대로 적용되었습니다. 이 같은 생각은 우계 성혼(牛溪 成渾)과 벌였던 논쟁에 잘 나타나 있습니다. 성혼은 이이보다 한 살 더 많으며, 두 사람은 이이가 19세 되던 무렵부터 사귀기 시작하였습니다. 그러나 논쟁은 이이가 병으로 벼슬에서 물러나 파주 율곡리에 머물던 37세 때 시작되었습니다. 이 해는 이황이 죽은 지 2년 지난 때였는데, 평소 이황의 학문을 존경하던 성혼이 먼저 이황의 4단7정설에 대해 의문나는 점을 물어 오면서 논쟁이 시작되었고, 두 사람 역시 여러 편의 편지를 주고받으며 토론하였습니다. 논쟁의 초점은 이황과 기대승 사이에 오간 4단7정 문제에 대한 이해였습니다. 두 사람의 주장을 크게 나누어 보면 성혼은 이황의 주장을 지지하였고, 이이는 기대승의 입장을 취하였습니다. 하지만 이이와 성혼의 논쟁은 4단7정 문제에만 머물지 않았으며, 이와 관련하여 인간이 지니고 있는 욕심 섞인 마음과 순수한 마음에 대해서도 논쟁을 벌였습니다. 욕심 섞인 마음은 인심(人心), 순수한 마음은 도심(道心)이라 불렀습니다.

인심과 도심은 4서3경 가운데 하나인 《서경》에 나오는 말입니다. 《서경》에서 "인심은 위태롭기 쉽고 도심은 잘 드러나지 않으니, 오직 정성되게 하고 흔들림이 없게 하여 진실로 그 중(中)을 잡아야 한다"고 하였습니다. 그 뒤 주희에 이르러 인심·도심 문제가 중요한 주제로 떠오르게 됩니다. 주희는 《중용》 서문에서 인심과 도심을 구별하여 "인심은 氣로 이루어진 사람 몸 속에 들어 있는 사사로운 욕심에서 나오고, 도심은 태어날 때 하늘로부터 받은 올바른 천성에서 나오기 때문에, 인심은 위태로워서 불안하고 도심은 미묘해서 보기가 어렵다"고 했던 것입니다. 인심이란 사람이 몸을 지니고 있기 때문에 어쩔 수 없이 갖게 되는 생리적 욕구와 관련된 마음입니다. 예를 든다면 먹고 싶고, 마시고 싶고, 쉬고 싶은 욕망이 모두 여기에서 나옵니다. 하지만 도심은 이와 달리 사람이 지니고 있는 순수한 도덕적 욕망을 가리킵니다. 사실 이 두 가지는 모두 사람이 태어날 때부터 가지고 있는 것이라는 점에서는 같습니다. 그러나 그 결과는 완전히 다르다는 것입니다. 물론 인심 그 자체가 나쁜 것은 아닙니다. 먹고 마시고 쉬고 싶은 것 자체가 나쁜 것이 아니기 때문입니다. 그러나 우리는 여러 가지 음식을 먹고 마시다 보면 자기도 모르게 조금 더 맛있는 것을 찾게 되고, 열심히 일하고 나서 쉬다 보면 어쩔 수 없이 좀더 편한 자리를 찾게 됩니다. 비록 사람에 따라서는 실제 행동에 옮기지 않는다 하더라도 그렇게 하고 싶은 마음이 생기는 것은 부정할 수 없습니다. 그러하기 때문에 인심은 결과적으로 부도덕하게 될 가능성이 높다는 것입니다. 이러한 입장에서 본다면 도심은 항상 좋은 것이지만, 인심은 좋을 수도 있고 나쁠 수도 있습니다. 인심·도심에 대한 주희의 생각은 사실 맹자의 성선설에 근거를 둔 것입니다. 주희는 이 같은 생각을 바탕으로 인심을 일으키는 근원인 氣를 악의 근원으로 규정하고, 성인(聖人)이 되기 위해서는 인심 속에 들어 있는 욕심을 완전히 없애야 한다고 주장한 것입니다.

　그 뒤 중국이나 조선의 많은 학자들은 인심·도심에 대해 여러 가지로 해석을 달리하였으며, 그 해석에 따라 각기 다른 수양 방법을 제기하였습니다. 조선의 이황이나 노수신 등이 모두 여기에 해당합니다. 하지만 4단 7정과 인심, 도심을 연결한 본격적인 논의는 이이와 성혼의 논쟁에 잘 드러나 있습니다. 성혼은 이황의 생각을 바탕으로 도심, 즉 순수한 마음은 4단에 해당하고 인심, 즉 욕심 섞인 마음은 7정에 해당하기 때문에 당연히 나누어 보아야 한다고 했습니다. 그러나 이이는 4단7정은 인간의 순수한 본성과 그 본성이 밖으로 드러난 감정의 관계를 따지는 문제이지만, 인심·도심은 그 두 가지 위에 의지가 더 관련되어 있는 문제라고 하였습니다. 그러니까 성혼이 4단-도심, 7정-인심의 관계로 이해하였다면, 이이는 4단7정과 인심·도심을 다른 차원의 문제라고 본 것입니다. 이이는 마음이 사람의 모든 것을 주재하는 중심이라고 생각하였습니다. 그리고 마음 작용이 딱 부러지게 구분되는 것은 아니지만 마음이 움직이기 이전은 성(性)이고 움직여서 밖으로 드러나는 것이 정(情)인데, 마음이 움직여서 드러난 이후에는 사람의 의지가 관련된다고 하였습니다. 아울러 이이는 4단은 7정 속에 포함되는 것이며 4단은 도심만 해당되지만 7정은 인심과 도심을 합쳐 말한 것이라고 하였습니다. 그리고 결정적으로는 마음이 하나이기 때문에 그 마음을 인심과 도심이라는 두 부분으로 나눌 수 있는 것이 아니며 오직 어떤 마음에서 시작하여 어떤 마음으로 끝났는지를 따질 수 있을 뿐이라고 하였습니다. 이 과정에서 이이는 마음의 작용을 설명하는 가운데 정신적인 것이든 물질적인 것이든 모든 변화는 氣가 움직여 드러나면 理가 그 속에 담기게 될 뿐이라는 입장을 기발이승일도(氣發理乘一途)라는 말로 표현하였습니다. 이러한 생각은 기대승의 주장을 조금 더 분명하게 체계화한 것으로 理나 氣가 모두 작용의 주체가 될 수 있으며 理는 선의 근원이고 氣는 악의 근원이라는 이황의 견해를 완전히 부정한 것입니다.

그렇다면 인심과 도심, 즉 욕심 섞인 마음과 순수한 마음은 어떤 마음에서 시작하여 어떤 마음으로 끝났는지를 따질 수 있는 문제일 뿐이며 이 두 가지를 상대적으로 나눌 수 있는 것이 아니라는 이이의 주장은 앞에서 살핀 자연과 인간의 차별성에 대한 이해와 어떤 일관성이 있을까요? 사실 인심과 도심 두 마음을 어떤 마음에서 시작하여 어떤 마음으로 끝나는지 경우를 나누어 본다면 도심에서 시작하여 도심으로 끝나는 경우, 인심에서 시작하여 인심으로 끝나는 경우, 도심에서 시작하여 인심으로 끝나는 경우, 인심에서 시작하여 도심으로 끝나는 경우의 네 가지가 있을 수 있습니다. 그러나 도심에서 시작하여 도심으로 끝나는 경우는 완전한 사람이 아니고서는 거의 불가능하며, 인심에서 시작하여 인심으로 끝나는 경우는 가장 일반적인 경우입니다. 따라서 중요한 것은 도심에서 시작하여 인심으로 끝나는 경우와 인심에서 시작하여 도심으로 끝나는 경우입니다.

앞에서 보았듯, 크게 보면 인간도 자연의 일부이므로 자연의 필연 법칙을 따를 수밖에 없습니다. 그래서 사람이라면 누구나 좋은 옷을 입고, 좋은 음식을 먹으며, 칭찬하는 말만 듣고, 편한 집에서 건강하게 오래 살고 싶은 갖가지 욕심이 있기 마련입니다. 이것은 육체를 지니고 태어난 사람들이 어쩔 수 없이 가지게 되는 생리적인 욕심이자 한계이기도 합니다. 더구나 이 같은 욕구들은 끝내 다 채워질 수 없는 것인데도, 우리 마음속에서 끊임없이 충동적으로 일어나는 것입니다. 하지만 우리는 마음의 또 다른 작용 때문에 어려운 사람을 보게 되면 자신이 손해를 보더라도 어떻게든 도와주려 하고, 나와 상관없는 일이더라도 옳지 못한 일에 분노하는 모습을 보입니다. 이 같은 마음의 이중성을 이이는 어떤 마음에서 시작하여 어떤 마음으로 끝나는지로 나눈 것입니다.

예를 들어 어떤 사람이 길 잃은 어린아이를 보았다고 칩시다. 처음에는 울고 있는 모습이 너무도 불쌍해서 자기에게 중요한 일이 있는데도 다 제쳐 놓고 아이의 부모를 찾아 주겠다고 나섰습니다. 그리고는 우선 너무도 배가 고파 보여서 가까운 음식점에 데리고 들어가 이것저것 물어보면서 밥을 먹이다 보니 아이의 집이 잘사는 것 같아 다른 마음이 생겼습니다. 은근히 아이를 찾아 준 대가로 아이의 부모에게서 어떤 보답이 있지 않을까 기대하는 마음이 들 수도 있을 것이고, 더 나쁜 욕심이 작용한다면 내

친김에 돈을 요구하는 전화를 걸 수도 있을 것입니다. 이 같은 마음의 움직임을 이이의 입장에서 본다면 처음에는 정말 남을 돕겠다는 순수한 마음에서 시작한 일도 얼마 지나다 보면 거기서 생기는 이익에 눈이 가게 되고 그래서 나중에는 욕심 섞인 마음이 순수한 마음을 누르게 되는 것이 필연적인 법칙이라는 것입니다. 이 경우는 순수한 마음에서 시작하였다가 욕심 섞인 마음으로 끝난 예입니다. 그러나 사람에게는 그 반대의 경우도 가능합니다. 손쉽게 돈을 벌 생각으로 부잣집 아이를 유괴하려고 대상을 물색하면서 길을 가다가 옷도 잘 입고 혼자 있는 아이를 보았습니다. 그래서 집에 데려다 놓고 아이의 집을 알아내려고 애쓰다 보니 집안 사정이 너무 어려워 아이를 기를 수 없어진 부모가 마지막으로 좋은 옷을 사 입혀서 길에 버렸다는 사실을 알았습니다. 그러나 이제 와서 아이를 길에 다시 버리거나 고아원으로 보내자니 아이의 하는 짓이 너무도 귀엽고 그동안 정이 들어 고민하던 끝에, 자신에게 아이가 없던 차에 큰 인연으로 생각하고 그냥 자식 삼아 키우기로 하였습니다. 이 같은 마음의 움직임을 이이의 입장에서 본다면 처음에는 자신의 이익을 얻으려는 욕심 섞인 마음에서 일을 꾸몄지만 나중에는 순수한 마음이 오히려 욕심 섞인 마음을 누르게 된 것입니다.

 이러한 마음의 변화는 일상생활에서 자주 일어납니다. 처음에는 명예를 얻을 욕심으로 어려운 사람들을 돕기 시작하였지만, 그런 일을 자주 하다 보니 정말 그 일에 보람을 느끼게 되어 마침내는 자신의 노력과 재산을 아낌 없이 써 가면서까지 남을 돕는 사람들도 있습니다. 또 반대로 순수한 마음에서 시작하였는데 주위에 알려지고 매스컴도 타게 되면서 순수성은 점점 사라지고 오히려 개인적인 욕심이 더 크게 자리 잡는 경우도 있습니다. 이러한 예들은 욕심 섞인 마음과 순수한 마음이 어떻게 처음과 끝을 이루게 되는지를 잘 보여 주고 있습니다.

사실 인간은 순수한 마음에서 어떤 일을 시작하였더라도 욕심 섞인 마음으로 끝나기 쉽습니다. 이것은 사람이라면 누구나 육체를 지니고 있어서 감각적이고 생리적인 욕구가 없을 수 없고 이 때문에 자연히 자연 법칙의 지배를 받기 때문입니다. 그러나 사람은 의지적인 노력에 바탕을 둔 실천으로 이를 극복할 수 있습니다. 그래서 오히려 욕심 섞인 마음에서 시작하였어도 순수한 마음으로 돌이켜 갈 수 있는 것입니다. 이처럼 이이는 자연 법칙과 인간의 실천에 대한 생각을 인간의 마음 작용을 이해하는 데에도 그대로 적용하였던 것입니다. 그리고 인간의 욕심 섞인 마음이 각 개인의 기질에서 오는 것이기 때문에 교육을 통하여 그 기질을 바로잡을 수 있다고 생각하였습니다.

무너져 가는 사회도 인간의 노력으로 새롭게 만들 수 있다

이 같은 이이의 생각은 사회를 보는 눈에도 똑같이 적용됩니다. 이 세상에 자연 밖에 존재하는 것은 아무것도 없습니다. 따라서 사람이 만든 사회도 당연히 자연 속에 포함되는 것이며 그렇기 때문에 어쩔 수 없이 필연 법칙의 지배를 받습니다. 이이는 모든 사회가 창업(創業) – 수성(守成) – 쇠퇴(衰退)의 과정을 거친다고 생각하였습니다. 즉 어떠한 사회든 처음 기초를 다지는 과정을 거쳐 점점 발전했다가 그 절정에 이르면 쇠퇴하기 시작하여 마침내 망한다는 것입니다. 이것이 바로 자연의 한 부분인 사회 변화의 필연 법칙입니다. 그러나 이이는 사회의 주체가 사람이고 사람에게는 능동적 실천이 있기 때문에 이 같은 인간의 노력으로 쇠퇴기에 접어든 국가나 사회를 다시 새롭게 만들 수 있다고 보았습니다. 이것이 바로 이이가 주장한 경장론(更張論)입니다.

이이는 당시 조선의 상황을 가리켜 "젊어서 정신없이 술과 여자에 빠져 지내면서도 아직 혈기 왕성하여 그 해독을 깨닫지 못하다가, 더 나이 들어 몸이 약해지면서 그 해독이 드러나 그제야 삼가고 조심하더라도, 이미 지탱하기 어려워진 상태에 이른 사람과도 같으니, 앞으로 10년이 지나지 않아 반드시 화가 닥칠 것이다"라고 하였습니다. 그리고 이 같은 상황 인식 속에서 사회를 새롭게 바꾸어 가자는 경장론을 주장한 것입니다. 이를 통해 이이가 사회 변화를 두 가지로 인식하고 있음을 알 수 있습니다. 하나는 지금 같은 상태가 오래 계속되면 반드시 화가 닥칠 것이라는 필연 법칙입니다. 이는 사람이 태어나 혈기 왕성하다가 병들고 늙어 죽는 것과 같습니다. 그러나 약을 먹고 병을 이겨내듯이 경장을 통해 극복할 수 있는 길도 있습니다. 그래서 이이는 경장할 때를 아는 것이 중요하다고 하였습니다. 이처럼 이이의 경장론이 아무 때나 필요한 것은 아닙니다. 사회가 한창 발전하고 있을 때 경장을 논하는 것은 마치 몸에 아무런 병도 없는데 약을 먹어야 한다고 주장하는 것과 같다는 것입니다. 그러나 사회가 쇠퇴하기 시작하면 개혁이 필요합니다. 그리고 만일 이 때 개혁을 거부한다면 병든 사람이 약 먹기가 싫어서 죽기만을 기다리는 것과 같다고 하였습니다.

　그렇다면 경장을 통해 바꾸어야 할 대상은 무엇일까요? 이이는 이 세상에 바꾸어야 할 것과 바꾸지 말아야 할 것이 있다고 보았습니다. 바꾸어야 할 것은 법률이나 제도이고, 바꾸지 말아야 할 것은 훌륭하고 어진 정치를 해야 한다는 원칙과 삼강오륜 같은 도덕 법칙이라고 합니다. 따라서 바꾸지 말아야 할 것은 이념이고 바꾸어야 할 것은 그 이념을 드러내는 도구인 셈입니다. 이이는 경장의 목적을 백성을 위하는 일에 두었습니다. 법이나 제도가 오래되면 폐단이 생겨서 그 피해가 백성에게 돌아가기 때문에 백성을 위해 새롭게 바꾸어야 한다는 것입니다.

그렇다면 경장의 기준은 무엇일까요? 사실 우리가 사는 현실은 언제나 바뀌고 있습니다. 따라서 현실에 맞지 않는 것들은 우리가 바꾸려고 하지 않더라도 저절로 바뀌는 법입니다. 하지만 적절한 때를 놓친다면 그러한 변화가 아무런 도움이 되지 않을 수도 있습니다. 따라서 이이는 변화를 잘 보고 바꾸어야 할 때를 아는 것이 중요하다고 생각하였습니다. 때에 따라 알맞게 바꾸는 것을 시의(時宜)라고 합니다. 우리가 쓰는 말 가운데 시의적절하다는 표현이 바로 그 때에 딱 알맞다는 뜻입니다. 그렇다면 무엇을 기준으로 바꾸는 것이 옳을까요? 이이는 어떤 일이 때에 알맞은지를 결정하는 것은 공론(公論)이라고 보았습니다. 그리고 "사람들이 모두 마음속에서 옳다고 여기는 것이 공론이며 그러한 공론을 국시(國是)라고 한다. 국시란 사람들이 함께 모여 논의하지 않더라도 모두 옳다고 여기는 것이다. 이익을 주겠다거나 두려움에 떨게 만들어 의견을 모은 것이 아니면서도 어린아이까지도 그렇게 하는 것이 옳다고 여기는 것이 국시이다"라고 하였습니다. 공론이란 다수의 의사만을 의미하는 여론과는 다릅니다. 이는 양의 문제가 아니라 질의 문제이며 정당성의 문제인 것입니다. 또한 공론은 임금이나 높은 벼슬아치들이 만드는 것이 아니라 백성들과의 합의를 통해 도출해 내는 것입니다. 바로 이 점에 공론의 의미가 있습니다. 따라서 공론이 없는 나라는 망할 수밖에 없습니다. 그렇기 때문에 이이는 공론이 조정에 있으면 나라가 잘 되지만, 조정에는 없고 마을에만 있으면 나라가 어지러워지며, 조정이나 마을 어디에도 공론이 없으면 나라가 망한다고 하였습니다. 그리고 공론을 가리켜 나라를 있게 하는 원기(元氣)라고 하였습니다. 이이가 나라가 발전하려면 반드시 자유롭게 의견을 말할 수 있는 길을 넓혀야 한다고 주장한 것은 바로 이런 생각에서 나온 것입니다. 이이는 특히 그러한 공론의 구체적인 담당자를 사림(士林)으로 보았습니다. 사림이란 자신의 이해 관계를 넘어서서 오직 옳고 그름만을 생각

하는 바람직한 지식인들이었기 때문에 그들에게 나라의 기대를 건 것입니다. 그런 입장에서 공론과 마찬가지로 사림도 국가의 원기라고 하였습니다. 이런 표현을 통해 이이가 얼마나 사림에 기대를 걸었는지를 잘 알 수 있습니다.

임금의 하늘은 백성이고, 백성의 하늘은 밥이다

이이가 일생을 벼슬에 머물면서 애쓴 까닭은 백성을 위해서였으며, 그의 사회 개혁론 역시 백성을 위한 것이었습니다. 그래서 선조 임금에게 올린 《성학집요》에서는 "임금이 있으려면 먼저 나라가 있어야 하고 나라가 있으려면 먼저 백성이 있어야 한다. 임금은 백성을 하늘처럼 여겨야 하지만 백성들이 하늘로 여기는 것은 먹을 양식이다. 그렇기 때문에 백성들이 그들의 하늘, 즉 먹을 것을 잃으면 나라가 의지할 곳이 없게 되는 것은 불변의 진리이다"라고 하였습니다. 이처럼 이이는 무엇보다도 백성들에게 먹고 살 수 있는 경제적 보장을 먼저 해주어야 한다고 생각했던 것입니다.

이 같은 이이의 생각은 유가를 창시한 공자의 생각과도 같습니다. 자신의 뜻을 펼치기 위해 여러 나라를 찾아다니던 공자가 위나라 임금을 만나러 가던 때의 일입니다. 위나라 국경에 들어서서 여기저기를 한참 둘러보던 공자는 혼잣말로 "백성들이 참 많구나"라고 하였습니다. 당시 중국은 주(周)나라였는데, 주나라는 천자가 나라를 여러 개로 나누어 이를 제후들에게 위임하여 다스리게 하는 제도를 행하고 있었습니다. 하지만 중국 전체가 본래 같은 나라이기 때문에 국경 통과세만 내면 다른 제후국으로 얼마든지 옮겨 가서 살 수 있었습니다. 그래서 백성들은 전제군주들의 사나운 정치를 피하기 위해 조금이라도 살기 편한 이웃 나라로 옮겨 가 사는 경우가 많았습니다. 그러니까 백성이 많다는 말은 상대적으로 위나라가 다른 제후국들보다 세금을 덜 걷고 간섭도 덜해서 백성들이 살기에 조금 낫다는 의미가 되는 것입니다.

공자가 탄 수레를 몰고 있던 제자 염유가 그 말을 듣고는 "선생님, 백성들이 많다면 먼저 무엇부터 해주어야 할까요?"라고 물었습니다. 그러자 공자는 다음과 같이 답하였습니다. "경제적으로 넉넉하게 살 수 있도록 해주어야지." 잠시 생각에 잠겼던 염유가 다시 물었습니다. "부유해진 다음에는 무엇을 해주어야 할까요?" 그러자 공자는 "가르쳐야지"라고 말하였습니다. 공자가 위나라 백성들에게 가르치고자 했던 것은 분명 인간다움을 실현할 수 있는 윤리도덕이었을 것입니다. 하지만 윤리도덕을 가르치는 일보다 먹고 사는 문제 해결이 더 우선이라고 본 공자의 생각은 의미가 깊습니다. 그리고 이런 점에서는 이이도 공자와 생각이 같았습니다. 이이는 임금이 백성을 위해 할 일 가운데 첫째로 즐겁게 살고 편안히 자기 일에 종사할 수 있도록 하는 것을 꼽았습니다. 그리고 그 다음을 윤리와 도덕을 가지고 질서를 유지해 주는 일이라고 하였습니다. 그래서 이이는 윤리도덕을 백성에게 가르치는 일이 고기 반찬을 먹는 일과 같이 좋은 일이지만 아무리 좋은 반찬도 위장이 약하면 소화를 시킬 수 없기 때문에 고기 반찬을 먹이는 일보다 더 중요한 것이 위장을 튼튼하게 해주는 일이며 이것이 바로 백성들의 경제적인 삶을 안정시키는 것이라고 하였습니다. 이이는 바로 이러한 것들을 직접 실천하고자 오랜 동안 벼슬에 나아가 있었던 것입니다.

실학으로, 의병으로

이이의 학문은 훗날 여러 갈래로 영향을 미쳤습니다. 그 가운데 하나는 실학사상입니다. 뒤에서 자세히 다루겠지만 실학자들은 도덕 수양을 이야기하거나 매끄러운 글을 짓기보다는 사회와 백성들에게 실제 도움을 줄 수 있는 현실적인 사상을 추구했던 사람들입니다. 그런데 그들이 현실을 중시하고 제도 개혁을 통해 좀더 나은 현실을 만들어 보려고 노력한 본보기가 이이의 사상이었던 것입니다. 이이의 글 속에는 실(實)이라는 글자가 많이 나옵니다. '實'은 빈 것, 헛된 것, 거짓된 것, 내용이 없이 겉만 꾸미는 것 등과 반대 의미를 지닙니다. 이이가 말하는 '實'은 바로 그런 뜻입니다. 이이는 모든 일의 가장 중요한 바탕으로서 거짓 없는 성실한 참마음을 강조하였으며, 이러한 마음을 가졌을 때 비로소 현실에서 실제적인 성과를 얻을 수 있다고 보았습니다. 그래서《동호문답東湖問答》에는 참된 일에 힘쓰는 것이 자신을 닦는 가장 중요한 요점임을 밝힌 〈논무실위수기지요論務實爲修己之要〉라는 글이 들어 있기도 합니다. 특히《동호문답》에서는 "사람이 뜻을 세운 뒤에는 實에 힘쓰는 일이 가장 중요하다"고 하였습니다. 그래서 일반 성리학자들이 수양 방법으로 항상 마음의 경건성을 유지하는 거경(居敬)과 사물의 이치를 탐구하는 궁리(窮理)만을 강조한 것과 달리, 힘써 실천한다는 뜻에서 역행(力行)을 덧붙였습니다. 앞에서 말한 實에 힘쓴다는 말을 이이의 표현대로 보면 무실(務實)입니다. 따라서 이 두 개념을 붙이면 '무실역행'이 됩니다. 아마도 도산 안창호 선생이 '무실역행'을 강조한 것도 이이의 영향을 받았던 것이 아닌가 합니다.

물론 그렇다고 해서 이이를 실학자라고 할 수는 없습니다. 그러나 이이의 사상은 그의 제자였던 중봉 조헌(重峰 趙憲)을 거쳐 실학으로 이어집니다. 조헌은 이이와 마찬가지로 여러 가지 제도 개혁을 주장하였으며, 그의 개혁사상은 중국에 사신으로 다녀온 후 임금에게 올린 〈동환봉사東還封事〉라는 글에 잘 나타나 있습니다. 뒷날 조헌은 임진왜란이 일어나자 의병을 일으켜 싸웠으며, 금산에서 영규대사의 승병과 연합하여 왜적을 막다가 전사하였습니다. 그 묘소가 바로 금산에 남아 있는 칠백의총(七百義塚)입니다. 실질적으로 실학을 처음 시작한 반계 유형원의 글에는 이이에 관한 이야기가 무려 스물여섯 번이나 나오며, 조헌에 대한 말도 열다섯 번 나옵니다. 또 유형원의 뒤를 이어 실학을 본격적으로 펼친 성호 이익은 "조선이 세워진 이래 무엇을 힘써야 할지 제대로 안 사람은 이이와 유형원뿐"이라고 하였습니다. 이 같은 사실은 실학에 끼친 이이의 영향을 잘 보여 주고 있는 셈입니다.

이이가 제시한 구체적인 사회 개혁론은 그 폭이 매우 넓습니다. 어떤 사람이 국가에 세금을 내지 못하면 그 친족이나 이웃에게 그 책임을 대신 묻는 당시의 폐단을 지적하기도 하였고, 임금의 밥상에 올릴 반찬이라는 명목으로 각 지방에서 거두어들이는 물건들이 지나치게 많고 번잡한 폐단을 지적하기도 하였습니다. 또한 나라에서 쓸 특산물을 지역별로 바치도록 되어 있었는데, 그런 특산물을 쉽게 구할 수 없어서 간교한 관리들이나 장사꾼들이 결탁하여 먼저 나라에 대신 바치고는 몇 십 배나 몇 백 배로 받아 내는 문제를 개선할 것을 주장하였으며, 이러한 노력은 광해군 때 대동법(大同法)이 실시되면서 열매를 맺게 됩니다. 국가에서 일이 있을 때 백성을 동원하는 제도에도 형평성에 문제가 많다는 점을 지적하고 개선하려고 하였는데, 이 노력 역시 훗날 균역법(均役法)으로 해결됩니다. 그 밖에도 각 지방의 아전들이 백성들을 속이거나 착취하는 이유가 그들에게 정해진 보수가 없기 때문이라고 지적하고, 행정 서류들을 만들 때 내는 수수료를 아전들의 봉급으로 주도록 하고 그 뒤에도 뇌물을 받는 자가 있으면 전 가족을 국경 지방으로 귀양 보내 국방에 종사시키자고 하였습니다. 또한 무술에 뛰어난 인재는 서자나 천인들까지도 벼슬길을 열어 주어야 하며, 모든 사람의 신분이 어머니를 따르도록 하여 어머니가 양민인 사람은 아버지가 천민이어도 양민이 될 수 있게 하자는 주장도 하였습니다. 이이의 다양한 개혁론은 훗날 실학자들이 더 구체화시켜 꽃을 피우게 됩니다. 많은 실학자들이 토지 제도를 비롯하여 신분 제도, 과거 제도, 교육 제도, 세금 제도 등을 고치려는 대안으로 내놓은 것들은 바로 위에서 본 이이의 사회 개혁론을 모체로 한 것입니다. 따라서 이이를 실학자라고 부를 수 없는 이유, 즉 실학자들과 본질적으로 차이가 나는 곳은 사회의 근본 모순이 어디에 있는지를 다르게 보고 있는 것이지만 그 정신은 하나로 통한다고 할 수 있습니다.

이이의 학문을 이은 또 하나의 흐름은 의병의 사회적 활동입니다. 이 점은 앞서 보았듯이 임진왜란에서 산화한 조헌에게서도 잘 나타나 있습니다. 그리고 조선 말 의병 운동으로 다시 이어집니다. 이이의 학문을 이어받은 사람들은 대부분 경기도와 충청도에 살았기 때문에 기호 학파라 불렀습니다. 기호 학파는 이이의 친구였던 구봉 송익필(龜峰 宋翼弼)과 이이에게 배웠던 사계 김장생(沙溪 金長生), 그리고 그 아들 신독재 김집(愼獨齋 金集)을 통해 우암 송시열(尤庵 宋時烈)로 이어집니다. 김장생과 김집은 예를 따지는 데 밝았던 사람들로서 조선조 예학(禮學)의 으뜸으로 꼽히기도 합니다. 또한 송시열은 병자호란 이후 중국 문화에 대한 자주성을 선언했다는 점에서 긍정적으로 평가되기도 하고, 서인 노론의 집권을 강화하면서 조선 주자학을 박제화했다는 점에서 부정적으로 평가되기도 합니다. 송시열 이후 제자들에 이르면 임진왜란과 병자호란의 참상을 거치면서 과연 인간의 본성이 인간 아닌 다른 짐승의 본성과 같은지 다른지를 따지는 인물성동이 논쟁(人物性同異論爭)이 벌어지기도 합니다. 그리고 또 다른 측면에서는 이 사상을 계승하여 조선 말기 일본과 서양이 우리 나라를 침략할 때 이에 맞서 싸운 의병 대장들이 많이 나옵니다. 특히 의병 대장들이 가장 많이 나온 학파가 화서 학파입니다. 화서 학파는 화서 이항로(華西 李恒老)에게 배운 이들을 말하는데 의암 유인석(毅菴 柳麟錫), 면암 최익현(勉菴 崔益鉉) 등이 모두 그 학파 출신들입니다. 그러므로 이이의 철학 사상은 훗날까지 사회적 실천에 앞장섰던 학자들을 통해 이어졌던 것입니다.

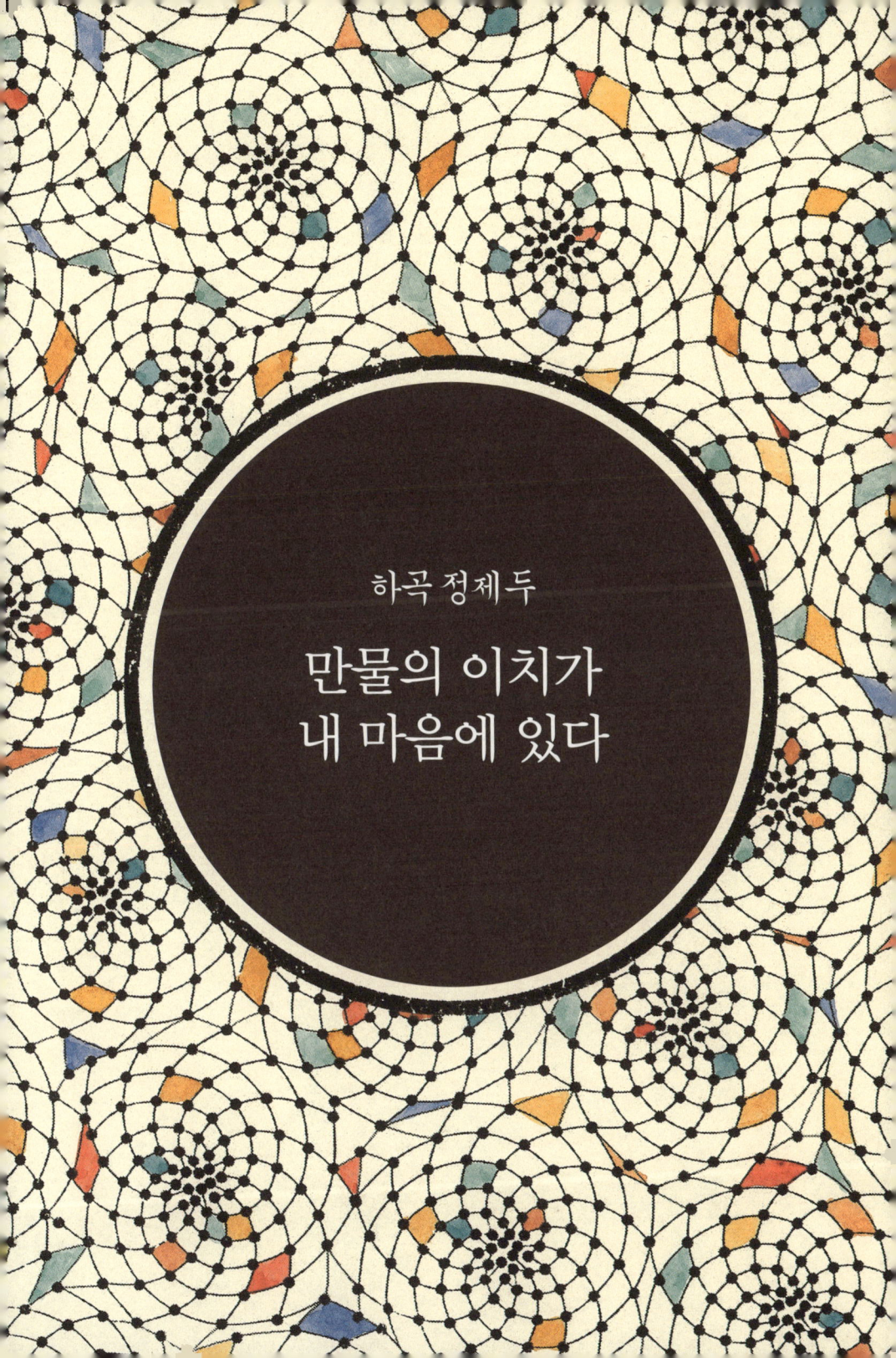

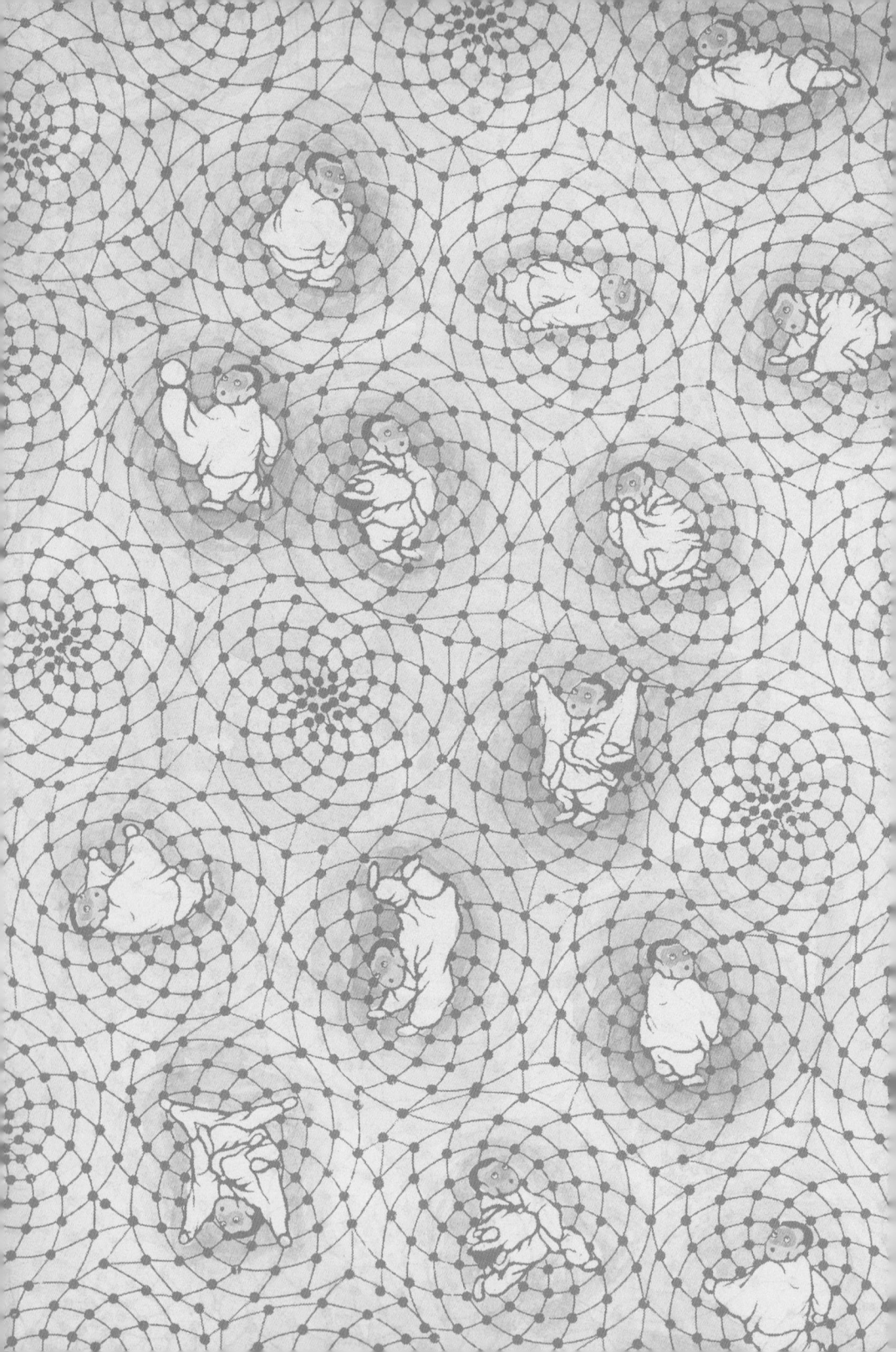

강화에 세워진 한국 양명학의 등대

역사적으로 볼 때 강화도는 참 특이한 곳입니다. 민족의 시작이자 정신적 고향인 단군이 하늘에 제사를 지냈다는 마니산의 참성단과 원시의 옛 조상들이 옷도 걸치지 않은 채 힘을 모아 만들었을 거대한 고인돌은 이 곳이 우리 역사의 시작 시기에 중요한 역할을 한 곳임을 침묵으로 보여 주고 있습니다. 게다가 강화도는 수난의 고비마다 자주와 독립의 상징으로 그 모습을 드러내기도 하였습니다. 몽고나 청나라가 쳐들어왔을 때에는 내 땅을 지켜 내는 마지막 보루였으며 근대에는 미국, 프랑스 등 외세의 야욕을 막아 내는 전초 기지였습니다. 그래서 고려 왕실의 임시 거처였던 고려궁지(高麗宮址)를 비롯하여 몽고 항쟁 유적이나 병인양요·신미양요 등에 얽힌 온갖 전적지까지 많은 유물들이 섬 전체를 빼곡하게 채우고 있습니다. 아울러 우리의 자랑스러운 문화유산인 팔만대장경과 금속활자도 모두 이 곳에서 만들어졌습니다. 지금은 그저 초라해 보이기만 하는 유적들이 바닷바람의 담금질을 겪었을 세월을 생각하면 고개가 저절로 숙여집니다.

그래서 그런지 강화 사람들의 애향심은 남달리 애틋한 데가 있습니다. 1997년 가을, 뜻 있는 강화 사람들이 인천가톨릭대학교 쪽으로 넘어가는 하일리 고개 마루턱에 자신들과 핏줄도 닿지 않는 조선 시대 선비 한 사람을 기념하는 숭모비를 세웠습니다. 그 사람은 지금으로부터 300년 전쯤 서울 생활을 정리하고 강화로 들어와 새로운 학문의 틀을 열었던 하곡 정제두(霞谷 鄭齊斗 : 1649~1736)입니다. 아마도 그 고개 너머에 정제두의 묘소가 있기 때문에 그 반대쪽 언덕배기를 잡은 것이 아닌가 싶습니다. 그런데 놀라운 일은 강화 사람들이 정성을 모아 자신들의 고향을 위해 기념비를 세운 일이 이번이 처음은 아니라는 사실입니다. 강화에 묘소가 남아 있는 고려의 문인 이규보를 기려서 문학비를 세웠고, '88 서울올림픽이 열리던 무렵에는 중국 선수단과 관광객들에게 우리에게도 중국 땅을 호령하던 역사가 있었음을 일깨워 주어야 한다는 뜻에서 고구려 명장 연개소문의 기념비를 세우기도 했던 것입니다.

하지만 정제두를 기념해서 세운 숭모비는 다른 어떤 것보다도 그 의미가 큽니다. 정제두는 60이 넘은 나이에 강화로 들어와 조선 후기 서인 노론들이 자신들의 기득권을 유지하려고 주자학 일색의 분위기를 강화해 가던 때, 참학문을 갈망하면서 그를 흠모하여 찾아온 젊은 선비들에게 어둠을 밝혀 주는 등대 역할을 했습니다. 그렇게 모였던 사람들은 몇 집안을 중심으로 강화 학파를 이뤄 민족 주체 의식에 기반한 근대 학문의 길을 열었으며, 일제 강점과 더불어 독립 운동과 국학 연구로 자신들의 뜻을 넓혀 갔습니다. 호국 정신과 민족 자주의 상징인 강화도 하일리 고개에 서 있는 정제두의 기념비가 등대처럼 느껴지는 것은, 아마도 그의 학문이 지닌 특성과 함께 지금의 현실이 당시 상황과 별반 달라진 것이 없기 때문이기도 합니다.

고단한 삶과 이단의 학문

정제두는 고려와 함께 죽음을 택했던 정몽주의 11대손으로 태어나 인조부터 영조에 걸쳐 88세의 생애를 살았던 조선 중기의 학자입니다. 사촌형이 영조의 사위였고 대학자로 이름을 떨치던 윤선거의 조카딸이 부인이었던 데서 알 수 있듯, 당시 위세를 떨치던 서인 명문 집안에서 태어났습니다. 그는 열 살 무렵부터 서인의 우두머리인 송시열과 송준길의 제자였던 이찬한·이상익 등에게 주자학을 배웠습니다. 하지만 과거시험과 인연이 없었던지 24세 이전까지 예비 시험과 같은 초시에 여러 번 붙고서도 본시험인 대과에 들지 못하였습니다. 그러던 중 과거 공부를 그만두고 참다운 사람이 되기 위한 공부에만 몰두하겠다고 어머니께 청을 드려 허락을 얻고 나서 일생을 거의 학문에만 전념하게 됩니다. 32세 무렵 당시 영의정이던 김수항이 임금에게 천거하여 벼슬을 내렸으나 나가지 않았고, 그 뒤로도 임금이 부를 때마다 사양했습니다.

정제두가 이러한 결심을 한 것은 아마도 그를 둘러싼 환경 변화와 무관하지 않을 것입니다. 집안일로만 보아도 그 무렵 여러 차례 개인적인 불행을 겪습니다. 큰아버지에서 큰아들, 큰손자로 이어지는 적자상속이 중시되던 가부장적 사회에서 20세 무렵부터 시작된 할아버지, 아버지, 큰아버지, 큰집 맏형, 큰집 맏조카의 연이은 죽음은 집안을 뿌리째 흔들어 놓았습니다. 더구나 23세에는 부인과 어린 아들이 연거푸 죽는 불행을 겪었고 자신 또한 심한 병이 들어 죽을 고비를 넘겼습니다. 이 같은 갑작스런 불행을 겪으면서 정제두는 집안을 일으키겠다는 생각보다는, 몰려드는 불행으로부터 집안을 지켜 내겠다는 생각에 안으로 움츠러들었을 것입니다.

게다가 당시의 급격한 정세 변화도 정제두에게 큰 영향을 미쳤습니다. 본래 조선의 사색당쟁은 1575년 선조 때 김효언과 심의겸이 인사권을 가진 이조 전랑자리를 놓고 동인과 서인으로 갈라진 데서 시작하였습니다. 처음에는 동서의 대립이었지만 얼마 안 가 동인이 남인과 북인으로 나뉘고, 북인은 대북과 소북으로 나뉘었습니다. 다시 대북은 중북·육북·골북으로 나뉘고, 소북은 청소북과 탁소북이 되었으며, 남인 역시 청남과 탁남으로 갈라졌습니다. 그리고 서인은 인조 때 청서·훈서·노서·소서로 나뉘었다가 한때 다시 합치기도 하지만 결국 노론과 소론으로 나뉩니다. 이 같은 분열은 권력과 밀접한 관련이 있습니다. 성호 이익은 〈붕당론 朋黨論〉에서 밥은 한 그릇인데 먹을 사람이 많으면 처음에는 점잖게 한 숟가락씩 먹다가 곧 밥이 적어지고 나면 밥 먹는 자세나 태도를 문제 삼아 싸우게 되는 것처럼, 한정된 벼슬자리를 놓고 더 많이 차지하려고 붕당을 만든다고 하였습니다. 구체적으로 보면 광해군 때는 북인이 세력을 잡았고, 인조가 광해군을 몰아내면서부터 서인이 세력을 잡았습니다. 뒤로 갈수록 대립이 심해져 시를 짓고 술 마시며 노는 모습을 멀리서 보더라도 어느 당파의 모임인지 알 수 있었고, 두루마기 옷고름 맨 모양으로도 구분이 가능했습니다. 심지어 여자들의 쪽 찐 뒷모습만 보아도 어느 당파 집안의 아낙인지 알 수 있었다고 합니다. 1970년대 초반 안국동 거리에서 길을 가운데 놓고 마주한 두 다방에 드나들던 노인들이 옛날 조상들이 속한 파당이 서로 달랐기 때문에 상대편 다방으로 출입을 삼갔던 사실은 지금 생각해도 이해가 가지 않습니다.

　더구나 이 같은 대립은 정권 다툼만이 아니라 학문적 차이까지 개입되면서 심각한 당쟁으로 나아갔습니다. 당시 집권 세력인 서인의 경우, 1680년 자신들의 권력을 강화하고자 남인들을 몰아낸 경신대출척(庚申大出陟) 과정에서 강경파와 온건파가 대립하다가 마침내 노론과 소론으로 나뉘었습니다. 특히 인조가 왕위에 오른 뒤부터 정권을 잡기 시작한 서인 노론 계열은 송시열을 중심으로 주자학을 강화하였고, 주자학에 대한 비판을 체제에 대한 도전으로 규정하였습니다. 그래서 윤휴라는 학자는 주자가 정리한 《대학》과 《중용》을 자기 나름대로 고쳤다고 하여 사문난적(斯文亂賊)으로 몰렸고, 마침내 귀양 가서 사약을 받고 죽었습니다. 그러나 이러한 상황에서도 정제두는 퇴계 이황이 적극 비판한 뒤부터 가장 큰 배척 대상으로 지목된 양명학을 받아들여 독자적인 학문을 이룩함으로써 훗날 조선 사상사에서 가장 뛰어난 양명학자로 평가받게 되었습니다.

스승과 벗에게 버림받고

어려서부터 주자학을 배웠고 나이 들어서도 여전히 주자학을 공부하는 줄만 알았던 정제두가 자신의 학문이 주자학이 아니라 양명학이었음을 밝힌 것은 그의 나이 34세 되던 때였습니다. 이 무렵 병이 심해져 집안의 뒷일을 아우에게 부탁하고 평소 스승처럼 모시던 박세채에게 하직 편지를 드리면서, 자신의 공부가 양명학이었으며 여러 해 동안 생각해 온 것을 모두 털어놓고 가르침을 받으려 했는데 그렇게 할 수 없게 되어 한스럽다는 고백을 했던 것입니다. 그러나 죽을 줄 알았다가 병이 낫게 되자 정제두는 어쩔 수 없이 드러내 놓고 양명학을 하게 되었고, 이를 본 주변 사람들이 모두 나서서 말리는 우스꽝스러운 일이 벌어집니다. 정제두는 이 문제를 놓고 37세부터 43세까지 박세채와 편지로 토론하였고, 윤증과는 56세까지 편지를 주고받았습니다. 이런 점에서 본다면 40세에 서울 생활을 정리한 것이나 60세 무렵 안산 생활을 정리하고 강화로 들어간 것도 이 논쟁의 진전과 무관하지 않을 것입니다. 정제두의 논쟁 상대는 박세채와 윤증만이 아니었습니다. 스승뻘이었던 두 사람 외에 친구였던 최석정·민이승·박심·이군보·정경유 등도 모두 이 논쟁에 가담하였습니다.

이 논쟁은 조선 시대의 다른 철학 논쟁과 달리 매우 특이한 모습을 보입니다. 먼저 논쟁 상대들을 잠시 살펴봅시다. 윤증은 율곡과 논쟁을 벌였던 우계 성혼의 외증손자입니다. 정제두와는 스승과 제자로 지냈으며 정제두의 부인이 윤증의 육촌이기도 하였습니다. 그의 아버지 윤선거는 실권을 잡았던 송시열과 사돈간이었고, 송시열에게 박해받은 박세당 둘째 형의 장인이기도 하였습니다. 또한 윤증 자신도 아버지인 윤선거뿐 아니라 김집과 송시열에게 배웠으므로 율곡에서 시작된 서인 예론(禮論)의 맥을 이은 사람입니다. 하지만 아버지인 윤선거가 죽었을 때 송시열과 사이가 나빴던 윤휴에게 제문(祭門)을 받은 일과 송시열이 써 준 비석 글에 윤선거에 대한 비방이 담긴 일이 문제가 되어, 두 사람 사이에 반목이 시작되었습니다. 그리고 마침내 송시열의 덕행과 학문을 비판하는 《신유의서 辛酉疑書》를 써서 '회니(懷尼) 문제'라고 불리는 송시열과의 논쟁을 통해 완전히 갈라서고 말았습니다. 그 뒤 남인을 처벌하는 문제를 놓고 강경파와 온건파로 나뉠 때 젊은 선비들이 윤증을 소론의 영수(領袖)로 추대하였습니다.

다음으로 박세채는 양명학적 경향을 보인 상촌 신흠의 외손자로, 김상헌에게 배우고 송시열과도 사귀었던 인물입니다. 그는 18세에 성균관에 들어갔으나 당쟁에 염증을 느껴 벼슬을 포기하고 성리학에만 전념하였습니다. 처음에는 효종의 장례 절차를 따지는 과정에서 송시열과 의견을 같이하였지만, 노소 분당 이후 윤증과 함께 소론의 우두머리가 되어 송시열과 맞서기도 하였습니다. 그 또한 정제두와 스승과 제자 관계로 지냈으며, 정제두가 양명학에 심취하는 것을 안타까워하면서 정제두를 위해 《양명학학변》이라는 비판서를 쓰기도 하였습니다.

이 밖에 최석정은 양명학자였던 최명길의 손자로, 큰할아버지의 외손주 사위였던 정제두와는 박세채에게 함께 배웠던 사람이었습니다. 최석정

역시 송시열과 윤증의 대립 과정에서 윤증을 변호하였기 때문에 자연스레 소론에 속하게 되었고, 개인적으로는 양명학적 경향을 보이기도 하였습니다. 하지만 당시는 양명학 이야기만 나와도 주자학자들에게 배척받던 상황이었기 때문에 기회가 있을 때마다 자신의 할아버지 최명길은 양명학자가 아니라고 극구 변명하였으며 본인도 양명학 배척에 적극 나선 사람입니다. 그리고 정제두의 절친한 친구였던 민이승도 정제두와는 윤증과 박세채에게 함께 배운 소론의 학자였지만, 논쟁 과정에서 점점 비판적 입장이 되어 버린 사람입니다.

위에서 본 것처럼 이 논쟁은 개인적으로는 인척 관계를 맺고 있고, 정치적으로는 같은 소론에 속하며, 학문적으로는 우계 성혼의 문맥을 잇는 사람들 사이의 논쟁이었습니다. 그들은 정제두가 이단에 빠진 것을 걱정하여 주자학으로 돌아오도록 깨우치려 하였습니다. 때로는 편지로, 때로는 만나서, 친구이기도 하고 제자이기도 하며 인척이기도 한 정제두를 위하여 혈전을 치르는 심정으로 논쟁을 했습니다. 그러나 정제두를 아끼는 마음에서 시작된 논쟁이 잘못을 지적하는 과정을 거치는 동안 마침내는 과일 껍질을 벗기다가 씨까지 다 발라내는 지경이 되어 갔습니다.

정제두의 학문을 당시 가장 큰 배척대상이었던 불교와 같다고까지 비판하였는데도 끝내 돌아오지 않자 박세채도 "옛날에 주희도 양경중이란 사람을 아꼈지만 양경중이 이단의 학문을 했기 때문에 마침내 더는 가르치지 않았다"는 고사를 들먹이며, "정(情)으로 보면 슬픈 일이지만 옳고 그름을 가려야 하는 입장에서는 더 할 것이 없다"고 절연의 뜻을 비치기도 하였습니다. 가까운 친구였던 민이승마저도 "입을 다물라"는 막말을 하였고, "그러다가는 주륙을 당할 것"이라는 협박과 함께 욕설도 퍼부었습니다.

하지만 정제두는 가까운 사람들에게 이처럼 모진 비난을 받으면서도 자신의 소신을 굽히지 않았습니다. "어떤 학문을 택할 것인가 하는 문제는 참으로 죽고 사는 갈림길이니 그만둘 수 있겠습니까? 제가 양명학에 애착을 갖는 이유가 기이한 것을 구하여 사사로운 이익을 얻으려는 데서 나왔다면, 결연히 끊어 버리는 것도 어려운 일이 아닙니다. 그러나 잘 알지는 못합니다만, 우리가 학문을 하는 이유가 무엇입니까? 저는 성인의 뜻을 구하여 참으로 그것을 얻으려는 것이라고 생각합니다"라는 정제두의 말 속에는 학문에 대한 그의 열정이 잘 드러나고 있습니다. 이런 입장에서 정제두는 친구 민이승에게 "만약 과연 그것이 참으로 옳다는 것을 알 수만 있다면, 학문을 논하다 죄를 입더라도 한될 것이 없습니다"라고 하였던 것입니다.

20년 가까운 논쟁 끝에 가까운 사람들에게 버림받고 서울에서 안산으로, 그리고 다시 강화로 거처를 옮긴 정제두의 심정은 어떠했을까요? 하지만 이처럼 아픈 과정이야말로 정제두의 학문이 만들어지는 데 큰 디딤돌이 되었습니다. 정제두의 논쟁 상대들은 다른 주자학자들처럼 양명학을 겉으로만 이해하지 않고 스스로 왕양명의 글을 구해 보거나 정제두가 베껴 보낸 글을 보았습니다. 때문에 정제두가 상대의 의견을 반박하기 위해서는 왕양명의 글에 대한 철저한 분석과 함께 자신의 견해를 논리적으로 개진하기 위한 노력을 늦출 수가 없었습니다. 아마도 이러한 과정이 없었다면 정제두에 기반한 한국 양명학의 전개도, 다시 그 위에 피어난 강화 학파도 없었을 것입니다.

나는 나대로 대나무는 대나무대로

그렇다면 조선의 주자학자들이 그처럼 치를 떨었던 양명학은 어떤 학문일까요? 양명학은 16세기 초 왕수인이 주자학의 문제점을 해결하면서 내

놓은 사상입니다. 양명학이 나온 배경은 크게 사상적 측면과 사회 경제적 측면으로 나누어 볼 수 있습니다. 먼저 사상적 흐름을 보면 원나라가 중국을 차지하고 난 뒤 1314년에 과거 제도를 부활시키면서, 《논어》, 《맹자》, 《중용》, 《대학》에 대한 주희의 해석을 과거시험의 모범 답안으로 채택하였습니다. 그 결과 주자학은 막강한 국가 권력의 지원 아래 관학으로 자리 잡았지만 한편으로는 오히려 현실과의 긴장 관계를 놓침으로써 학문적 생명력을 잃고 말았습니다. 학자들 대부분은 유학의 모든 체계를 주희가 다 이루었기 때문에 자신들은 그 이론을 철저히 따르기만 하면 된다고 생각하였습니다. 이러한 생각이 주자학을 실천 중심적인 모습이나 교조적인 모습으로 만들어 버린 것입니다.

하지만 명나라로 들어오면서 사물의 이치를 중시하는 이학(理學)에서 마음의 작용을 강조하는 심학(心學)으로 흐름이 바뀌기 시작하였습니다. 먼저 이런 터를 닦은 사람은 진헌장과 담약수였습니다. 두 사람은 기존의 주자학자들과 달리 마음의 역할을 강조함으로써 앞 시대와 분기점을 마련하였습니다. 특히 진헌장은 주희와 논쟁을 벌였던 육구연의 학문 방법을 계승하여 고요히 앉아 자신의 마음을 들여다보는 정좌법을 강조하였습니다. 그는 정좌법을 통해 마음이 바깥 사물에 이끌리지 않는 자유를 얻게 되고, 이를 바탕으로 마음과 마음 밖에 있는 사물의 이치가 하나가 될 수 있다고 보았습니다. 이 같은 생각은 마음과 마음 밖의 사물을 둘로 나누어 보던 주자학의 이원 구조와는 다른 생각이었습니다. 따라서 모든 사물에 각각 정해진 이치가 있다고 하는 주자학의 폐쇄성을 깨뜨리고 마음을 강조함으로써, 인간 주체를 중시하는 새로운 사상적 기반을 마련한 셈입니다.

다음으로, 사회·경제적 배경을 살펴보겠습니다. 명나라는 15세기 중반부터 연이은 반란을 겪으면서 점차 쇠퇴기로 접어듭니다. 하지만 왕과 권력자들은 백성의 어려움은 아랑곳하지 않고 더 많은 토지를 소유하는 일에만 열심이었습니다. 1508년에 왕이 된 무종은 임금이 된 첫 달에 장원 일곱 개를 더 만들어 모두 300여 개의 장원을 갖기도 하였습니다. 그 결과 농민의 조세 부담을 더욱 가중시켰고, 집 잃은 유민이 늘어나면서 곳곳에서 농민 봉기가 일어났습니다. 당시 농민군의 구호는 "다시 혼돈의 하늘을 열자"는 것이었습니다. '혼돈의 하늘'이란 주자학에서 내세우는 하늘이 정한 이치를 부정하는 것이자 봉건 통치 질서에 도전하는 것이었습니다. 그러나 주자학은 이 같은 사회적 위기를 해결하는 데 아무런 도움을 주지 못했고, 따라서 새로운 대안을 모색하는 것은 자연스러운 일이었습니다. 더구나 소수 민족과 농민군을 진압하는 데 여러 차례 참여했던 왕수인은 주자학에서 말하는 하늘이 정한 이치가 세상을 살아가는 인간 주체와 분리되는 한 결코 백성을 제대로 다스릴 수 없다는 사실을 깨달았습니다.

또 한편으로 남쪽 해안지방 일부에서는 전처럼 자기가 쓸 물건만을 만드는 것이 아니라 팔 물건을 만드는 자본주의적 생산 방식의 싹이 나타났습니다. 그리하여 전문 수공업 도시가 생기고, 노예처럼 얽매인 노동자가 아니라 자유롭게 옮겨 다니면서 자신의 기술에 따라 봉급을 받는 임금 노동자들도 나타났습니다. 이런 상황은 예의 법도를 내세워 개인의 자유를 눌러 오던 사회에 숨구멍을 틔우는 역할을 하였고, 그 결과 이처럼 자유로워진 백성들을 어떻게 교화시킬 것인가 하는 문제가 중요한 과제로 떠올랐습니다. 전통 도덕으로 개인의 의지를 억압할 수 없다는 자각과 더불어 개인의 특성과 의지를 존중하는 분위기가 형성된 것입니다.

이 같은 배경에서 양명학이 나옵니다. 왕수인은 월(越)이란 지역의 양명동에 살았기 때문에 호를 양명이라고 하였습니다. 물론 왕수인도 다른 사람들처럼 어렸을 때는 주자학을 배웠습니다. 그러나 주희의 이론을 맹목적으로 따르지 않았고, 21세에는 주희의 격물치지(格物致知) 이론을 직접 실험해 보기도 하였습니다. 주희의 격물치지론은 사물에는 각각의 이치가 있고 사람에게는 앎의 능력이 있기 때문에, 그 앎의 능력으로써 사물의 이치를 하나하나 알아가다 보면 어느 날 하루아침에 모든 사물의 이치를 깨닫게 된다는 것입니다. 왕수인은 이 말대로 친구와 둘이서 대나무 앞에 앉아 먹지도 않고 자지도 않으면서 대나무의 이치를 탐구해 보았습니다. 그러나 친구는 사흘 만에 쓰러졌고 왕수인은 이레 만에 쓰러져 병까지 얻었지만, 여전히 나는 나대로 대나무는 대나무대로 있더라는 것입니다. 이러한 의문은 37세 때의 깨달음을 통해 해결됩니다.

28세 때 진사 시험에 합격하여 벼슬에 나아갔던 왕수인은 37세 무렵 당시 세력자이던 내시 유근을 반대하는 운동에 가담하였다가, 말을 갈아타기 위해 설치된 산골 마을 작은 역의 관리인으로 쫓겨납니다. 그가 쫓겨난 용장이란 곳은 맹수와 독사가 수시로 드나드는 오지였지만, 이곳이야말로 왕수인에게는 깨달음을 안겨 준 소중한 곳이 되었습니다. 그 고난의 지역에서 마침내 왕수인은 내 마음이 그대로 만물의 이치이므로 주희의 이론처럼 사물에서 이치를 탐구한다고 생각하면 마침내 내 마음과 사물의 이치가 둘로 나뉘게 된다는 것을 깨달았습니다. 그래서 "마음이 곧 이치이니 천하에 마음 밖의 일이 있겠으며 마음 밖의 이치가 있겠는가"라고 하였습니다. 이 같은 생각은 "만물이 모두 내 안에 갖춰져 있다"고 했던 맹자의 생각을 발전시킨 것이며, 주자학에서 말하는 하늘의 이치와 인간 주체를 하나로 합친 것입니다.

내 마음이 꽃을 향할 때 비로소 꽃이 존재한다

마음을 중심으로 사물의 이치를 파악하는 왕수인의 생각은 《전습록傳習錄》에 담긴 다음 이야기에 잘 나타나 있습니다. 언젠가 제자들과 유람하던 왕수인에게 한 제자가 절벽에 있는 꽃나무를 가리키며 물었습니다. "선생님께서는 마음 밖에는 아무것도 없다고 하셨는데, 깊은 산속에서 저 혼자 피고 지는 이 꽃나무는 과연 내 마음과 무슨 상관이 있는 것입니까?" 왕수인은 "그대가 이 꽃을 보기 전에는 이 꽃이나 그대 마음이나 모두 고요할 뿐이었지만, 그대가 와서 이 꽃을 보았을 때 비로소 꽃 빛깔이 일시에 또렷해졌으니, 곧 이 꽃나무가 그대 마음 밖에 있는 것이 아님을 알지 않겠는가?"라고 답하였습니다. 이 말은 생 텍쥐베리가 쓴 《어린 왕자》에서 모든 사물은 내가 그것에 관심을 갖고 관계를 맺을 때 비로소 존재 의미가 있다고 본 것과 같다고 하겠습니다.

이러한 생각에서 왕수인은 효의 이치도 어버이에게 있는 것이 아니라 내 마음속에 있는 것이라고 하였습니다. 만일 효의 이치가 어버이에게 있다면 어버이가 돌아가시자마자 효도라는 생각이 없어져야 하는데 어버이가 돌아가셔도 효에 대한 생각이 없어지지 않기 때문이라는 것입니다. 따라서 내 마음에 들어 있는 만물의 존재 법칙이자 도덕 법칙인 이치를 부모에게 펼치면 효가 되고, 임금에게 펼치면 충이 되며, 벗에게 펼치면 믿음이 된다고 하였습니다. 이러한 입장에서 왕수인은 주자학에서 사람의 마음을 인심(人心)과 도심(道心)으로 나누고 도심은 순수한 하늘의 이치 그대로지만 인심은 그 안에 사사로운 이익을 꾀하는 욕심이 담겨 있다고 보아 경계 대상으로 삼았던 것과 달리, 인심과 도심은 다른 것이 아니라는 일원적 입장으로 나아갔습니다. 이 같은 왕수인의 입장은 인간 주체에 대한 신뢰에서 온 것입니다.

왕수인이 말한 마음의 이치는 맹자가 말한 양지(良知)였습니다. 양지란 맹자가 〈진심盡心〉편에서 "부모에게 효도하고 형제 사이에 서로 아끼는 것은 배우지 않아도 알고 연습해 보지 않아도 할 수 있다"고 했던 양지양능(良知良能)을 가리킵니다. 양지양능이란 타고난 앎이자 능력인 것입니다. 그러나 이 같은 양지양능은 인간만이 아니라 만물에도 있다고 합니다. 따라서 내 마음과 내 마음 밖에 있는 것처럼 보이는 만물 사이에는 조금의 틈도 없는 것이며, 그렇기 때문에 내 마음의 본모습을 깨달으면 만물과 하나가 될 수 있다는 것입니다. 이것이 바로 인간 주체의 입장에서 본 만물일체론(萬物一體論)입니다.

38세 무렵에는 이러한 생각을 바탕으로 지행합일론(知行合一論)을 주장하였습니다. 지행합일론이란 마음의 움직임이 곧 이치를 드러내는 것이라는 생각에서 나왔는데, 그런 입장에서 왕수인은 앎이란 실천의 시작이며, 실천이란 앎의 완성이라고 하였습니다. 이 같은 생각은 사물에 담긴 이치를 먼저 깨달아 이를 바탕으로 실천에 나선다고 본 주희의 선지후행론(先知後行論)과 완전히 다른 것입니다.

사실 먼저 알고 난 다음에 실천이 뒤따른다는 생각은 결과적으로 실천보다 앎을 강조하게 되지만, 왕수인처럼 앎이 곧 실천이라는 입장은 실천을 강조하게 되는 것입니다. 이 같은 왕수인의 생각은 49세 무렵부터 구체적 실천을 통해 자신의 양지에 도달하는 것이라는 치양지론(致良知論)으로 나아갔습니다. '치양지'란 마음과 이치가 하나로 합일된 경지로서 인간 자신이 타고난 도덕적 자각을 완성한 상태입니다. 왕수인은 사물 하나하나에 나아가 각각의 사물에 담긴 이치를 알아 간다는 주희의 격물치지론과 달리 실천을 통해 내 마음의 양지를 모든 사물에 드러낼 것을 주장한 것입니다.

이 같은 양명학의 발생에 대해서는 여러 가지 견해가 있습니다. 그 가운데 하나는 주자학과 양명학의 관계를 어떻게 볼 것인가 하는 점입니다. 학자에 따라서 주자학의 연장이므로 계승이라고 보아야 한다는 주장과, 주자학에 대한 반성에서 나왔으므로 극복이라고 보아야 한다는 주장이 있습니다. 전자의 입장에 선 사람들은 약간의 차이를 인정하면서도 두 사상 모두 봉건 사회의 이데올로기였다는 점을 중시하여 이학(理學)이라는 표현을 씁니다. 그러나 후자의 입장에 선 사람들은 주자학의 엄숙주의·권위주의에 반기를 든 것이 양명학이며 이러한 변화가 주지주의적 규제에서 정서(情緖)에 입각한 자연주의로, 객관에서 주관으로, 전통에서 반전통의 자유주의로 나타났다고 보고, 주자학과 구별하여 심학(心學)이라고 부릅니다. 또 일부에서는 크게 보면 후자에 속하면서도 양명학의 심학 체계 속에 명말 청초에 유행하는 기학(氣學)적인 요소가 많이 들어 있기 때문에 기학의 범주에 넣기도 합니다.

또 다른 문제는 고대 유가사상과 주자학·양명학의 연관에 대한 이해입니다. 이 점에 대해서는 주희가 성선설을 기반으로 삼아 유가의 전통을 순자가 아닌 맹자에 두었지만 오히려 그 내용은 순자의 영향을 많이 받은 것과 달리 왕수인의 학문은 맹자의 양지양능을 기본으로 하고 있기 때문에 유가 전통에 더 가깝다는 주장도 있습니다.

마음의 긍정에서 욕망의 긍정까지

왕수인 이후 그의 학문은 크게 세 갈래로 나누어졌습니다. 그 첫째는, 양지는 항상 본모습 그대로 드러나 있다는 생각에서 마음을 솔직하고 자연스럽게 열어 놓을 것을 강조함으로써 인륜 도덕이나 사회 기강을 무시하는 경향으로까지 나아갔던 태주 학파입니다. 둘째는 양지를 고요한 상태의 본모습과 사물과 만나 작용하는 두 측면으로 나누고 고요한 본모습을 강조함으로써 결과적으로 주자학에 접근해 간 귀적파(歸寂派)입니다. 셋째는 양지란 곧 도덕법칙인 하늘의 이치이므로 이치를 궁구하는 것이 필요하다고 하면서 역시 주자학에 가까이 간 수증파(修證派)입니다.

이 같은 분화는 왕수인이 죽기 1년 전, 소수 민족의 반란을 진압하러 떠나기 전날 밤 제자인 왕기, 전덕홍과 함께 천천교 다리 위에서 주고받은 문답에서 시작됩니다. 왕기는 언제나 완전한 상태로 존재하는 양지의 본모습을 강조하였고, 전덕홍은 양지의 본모습을 깨닫기 위한 공부를 강조하였습니다. 왕수인은 왕기의 견해에 보통 사람들로 하여금 함부로 단계를 뛰어넘게 할 우려가 있으므로 결코 사람들에게 가볍게 이야기해서는 안 된다고 충고하였습니다. 뒷날 양명좌파라고도 불린 태주 학파는 양명학의 주된 특징인 인간의 주체성을 강조하고 명나라 말기에 발전한 서민 문화에 상응하는 철학으로 나아감으로써 사회적으로 많은 영향을 끼쳤습니다. 특히 양지가 내 마음속에 언제나 완전한 모습으로 이루어져 있다는 생각을 바탕으로 이를 제대로 드러내려면 마음을 솔직하고 자연스럽게 열어 놓아야 한다고 하여 욕망을 긍정하기에 이르렀고, 그 결과 전통적으로 강조해 온 인륜 도덕이나 사회 기강의 굴레에서 인간 주체를 해방시키고자 했다는 점이 두드러집니다.

이 사상은 왕간, 하심은, 이지로 이어졌습니다. 그 가운데 염전 노동자 출신이었던 왕간은 서민적인 학풍을 바탕으로 나무꾼, 도자기공, 농부 등과 함께하면서 하는 일은 달라도 같은 길을 간다는 집단화된 강렬한 동지 의식을 보였습니다. 그리고 벼슬을 재물을 모으기 위한 벼슬과 도(道)를 실현하기 위한 벼슬로 나누고, 도의 실현을 통해 대동 사회를 이루겠다는 뜨거운 사회 의식으로 나아갔습니다. 그는 또한 일상생활 속에 도가 들어 있다는 생각에서 백성들의 물질적인 생활 보장과 함께 강한 실천을 주장하였습니다.

　이 흐름을 이어받은 사람이 하심은입니다. 하심은은 대규모 공부 모임을 조직하여 취화당(聚和堂)을 세우고 교육과 관혼상제뿐 아니라 세금까지도 일괄 처리하였으며, 새로 부과된 잡세 거부 운동을 주도하다가 투옥되기도 하였습니다. '취화'는 함께 모여 고르게 산다는 뜻으로, 이상적 공동체에 대한 실험이었던 셈입니다. 그 뒤 하심은은 정부가 정치 비판을 금지하기 위해 서원을 탄압하는 과정에서 반대 세력으로 지목되어 죽임을 당하였습니다. 그의 사상은 공동체적 존재인 인간과 그 인간의 욕망을 긍정하는 데서 시작하여, 주자학이 부정해 버린 인간의 욕망을 중시하고 오히려 욕망을 길러 주어야 한다는 주장으로까지 나아갔습니다. 그가 말하는 욕망은 공동체와 함께하는 것이었습니다. 이런 입장에서 하심은은 맹자가 주장한 백성과 더불어 함께 즐긴다는 '여민동락(與民同樂)'을 백성이 하고자 하는 일을 같이 한다는 '여민동욕(與民同欲)'으로 바꾸었습니다. 그 실현이 바로 취화당이었던 것입니다.

　이러한 흐름을 더욱 극단적인 모습으로 전개한 사람이 이지입니다. 이지의 사상을 잘 보여 주는 책으로는 창고에나 넣어 두어야 할 책이라는 뜻의 《장서藏書》와 태워 버려야 할 책이라는 뜻의 《분서焚書》가 있습니다. 나중에 그는 자신의 자유분방한 생각과 행동 때문에 옥에 갇힌 채 자살하였습니다. 그는 인간을 속박하는 모든 것에서 탈피하여 자유와 평등을 실현하고자 노력하였으며, 그런 입장에서 뚜렷한 반(反)전통적 자유주의 성향을 보였습니다. 이러한 사상은 그의 동심설에 잘 드러나 있습니다. '동심(童心)'은 말 그대로 어린아이의 마음을 가리킵니다. 이지는 어린아이가 사람의 근본이며 동심은 마음의 근본이라고 보아 동심이 곧 진심이라고 하였고, 이러한 입장에서 거짓 도학을 부정하고 동심을 그대로 드러내는 인간 해방을 역설하였습니다. 이 같은 사상적 경향은 예술에도 많은 영향을 미쳐서 인간의 성적 욕구를 적나라하게 드러낸 소설《금병매金瓶梅》가 나올 수 있는 기반을 만들기도 하였습니다. 하지만 명나라 말기의 정치적 혼란 속에서 더는 발전하지 못하고 쇠퇴하고 말았습니다.

양명학의 수용과 배척

우리 나라에 양명학이 들어온 것은 성리학보다 230여 년 뒤진 중종 무렵입니다. 당시 중국은 명나라였으며, 특히 임진왜란을 전후하여 조선에 왔던 중국의 사신이나 장수들 가운데 양명학자들이 많았습니다. 이러한 상황에서 양명학을 부분적으로 받아들이는 학자들이 나타나기 시작했습니다. 그들은 남언경·이요·박세당·윤휴·장유·최명길 등이었습니다. 그 가운데 최명길은 청나라가 쳐들어와서 남한산성을 에워쌌을 때 청나라와 화친할 것을 주장한 사람입니다. 당시 신하들 대부분은 대의명분을 내세워 오랑캐 청나라와 화친할 수 없다고 주장한 데 반해 그는 현실적으로 나라를 구하기 위해서는 화친이 필요하다고 적극 주장하였습니다. 이 같은 생각은 명분에 사로잡힌 주자학자들과는 다른 모습으로 적극적인 현실 인식과 실천의지를 드러내는 것이었습니다. 청과 싸우기를 끝까지 주장한 김상헌(金尙憲)과 함께 훗날 청나라 수도 심양으로 끌려간 것만 보아도 화친하자는 그의 주장에 민족 의식이 들어 있었음을 알 수 있습니다. 심양 감옥에서 두 사람은 시를 주고받았습니다. 최명길은 "끝까지 싸워야 하는 것이 원칙이지만 화친을 맺는 것은 어쩔 수 없을 때 취하는 현실적인 방편"이라고 썼고, 그 시를 받은 김상헌은 "그대의 뜻은 잘 알지만 아무리 위급한 순간에도 바지와 윗도리를 바꾸어 입을 수는 없는 것"이라고 답하였습니다.

하지만 조선 중기는 최명길 같은 학자를 거치면서도 양명학이 자유스럽게 발전할 수 있는 상황은 아니었습니다. 최명길의 손자와 증손자는 할아버지의 문집을 내면서 양명학과 관련된 글을 대부분 빼 버렸고, 오히려 자기 할아버지의 학문이 양명학이 아니라 순수한 주자학이었음을 극력 주장하였습니다. 이러한 모습은 윤휴나 장유 같은 학자들의 경우도 마찬가지였습니다. 이 같은 상황은 왜 생긴 것일까요? 처음에 양명학이 들어왔을 때에는 양명학에 호감을 보이는 선비들이 일부 있었습니다. 그러나 얼마 지나지 않아 퇴계 이황이 양명학을 비판하는 몇 편의 글을 썼고 그 뒤를 이어 퇴계 문하 선비들 또한 적극적으로 양명학을 비판하기 시작했습니다. 그 내용은 대부분 양명학이 불교의 선종에 가깝기 때문에 유학의 정통을 이은 것이 아니며, 특히 인간의 도덕성을 부정할 우려가 있다는 것이었습니다. 물론 이러한 초기의 비판은 순수한 학문적 의도에서 나온 것이었습니다. 그러나 임진왜란을 겪고 난 조선 후기에 이르면 당파 싸움이 격렬해지면서 자신의 학문이 순수한 주자학에 가깝다는 것을 앞다투어 드러내려 하였고, 주자학을 부정하면서 나왔던 양명학은 어떤 당파든 기피하게 되었던 것입니다. 더구나 정제두가 태어난 해는 병자호란을 겪은 지 12년 뒤였습니다. 병자호란은 임진왜란과 더불어, 전 인구의 반 이상을 죽거나 다치게 하고 전 국토 대부분을 황폐하게 만들었습니다. 이러한 상황은 엄청난 경제적 손실로 나타났고, 집권층의 정신적 지주였던 유학에도 많은 타격을 안겨 주었습니다. 유학은 본래 공자가 "널리 베풀어서 모든 사람을 구제하며", "자신을 수양하여 온 백성을 편하게 한다"고 했던 사회 정치적 이념을 가지고 있었습니다. 하지만 그러한 이념을 좀더 철학적으로 체계화한 주자학이 관념 차원에 머물렀기 때문에 현실 문제를 해결할 수 있는 힘이 부족하다는 반성이 일면서 반작용으로 실학이 나왔던 것입니다.

더구나 지배층은 정신적 지주였던 명나라가 오랑캐에게 망하고 조선 또한 그 청나라에게 굴복해야만 한다는 치욕을 참을 수가 없었습니다. 당시 청나라에 굴복한 조선은 청의 연호를 쓰고 스스로 신하라고 부르며 임금이 청나라 황제에게 무릎 꿇고 절해야 하는 굴욕을 강요당했습니다. 이러한 상황은 가치 체계의 혼란과 함께 새로운 가치 체계를 요구했던 것입니다. 그러한 과정 속에서 노론의 보수 학자들은 공자·맹자에서 주희로 이어진 도통이 명나라의 멸망과 함께 중국에서 끊어져 버림으로써 소중화(小中華)인 우리에게만 이어지고 있다는 논리를 세웠습니다. 그리고 그 도통의 순수성을 지키기 위한 노력으로, 대외적으로는 국민 대다수가 청에게 가지고 있는 복수심을 담보로 북벌정책을 폈으며, 대내적으로는 학문적 순수성을 지키기 위해 이단을 배격한다는 논리에서 분당(分黨)과 예송(禮訟) 같은 당쟁을 일으켰습니다.

물리에서 생리로, 그리고 다시 진리를 향하여

정제두의 학문은 왕수인과 마찬가지로 격물치지를 해석하는 부분에서부터 주자학과 입장을 달리합니다. 정제두는 그 자신이 양명학에 기울어 있음에도, 대부분의 글에서 주자학을 긍정적으로 평가하고 있습니다. 그러나 격물치지에 대한 부분에서는 한치도 자신의 주장을 물리지 않습니다. 특히 사물에 나아가 그 사물에 들어 있는 이치를 구한다고 했던 주희의 생각에 대해서는 조금의 양보도 없으며, 이러한 주희의 생각은 유학의 근본 가르침과도 다르다고 보았습니다. 사물에 담긴 이치를 탐구하는 작업으로는 도덕에 바탕을 둔 理의 본모습을 볼 수 없다는 것이 정제두의 생각이었습니다. 정제두는 이 같은 문제의식을 바탕으로 마음에서 해답을 구하는 양명학에 접근해 갔던 것입니다. 하지만 전적으로 양명의 견해만을 따르지도 않았습니다. 정제두는 23세 무렵 이미 양명학이 좋기는 하지만 잘못하면 감정에 쏠려서 욕심대로 행동할 걱정이 있다고 보았습니다. 그렇기 때문에 정제두는 理를 구분하여 모든 사물의 이치 가운데 사람의 이치를 중심에 놓고 다시 그 속에서도 참다운 이치를 찾아야 한다고 했던 것입니다.

이러한 생각에서 정제두는 이를 3단계의 구조로 이해하였습니다. 그 1단계는 모든 사물의 이치인 물리이고, 2단계는 사람의 이치인 생리이며, 3단계는 도덕적으로 완전한 진리입니다. 첫 단계인 물리는 도덕적인 것과 거리가 있기 때문에 헛된 조리에 불과하다고 합니다. 헛된 조리란 사물의 존재 법칙이기는 하지만 개체에만 적용되는 필연 법칙이어서 모든 존재에 보편적으로 적용할 수 있는 이치가 아닙니다. 돌과 바람과 물의 이치처럼 서로 소통이 안 된다는 것입니다. 그런데 정제두는 생명력의 여부에 따라 물리를 다시 말라비틀어진 나무조각이나 타고 남은 재 같은 무생물의 이치와 풀이나 나무, 날짐승과 길짐승처럼 생명력이 가득한 생물의 이치로 나누었습니다. 하지만 생물도 인간처럼 자신의 생명력을 남을 위해 쓸 수는 없다는 점에서 무생물과 같다고 생각했습니다. 다만 개체의 삶의 원리이자 종족 보존의 법칙으로 작용하는 생명력을 인정한 것뿐입니다. 그래서 무생물의 이치는 '죽은 이치'라 하였고, 생물의 이치는 그 생명력 때문에 인간과 가까운 존재라고 이해하였습니다. 그러나 이러한 생명력도 인간이 그것을 어떻게 쓰느냐에 따라 합당한 이치가 되기도 하고 그렇지 않기도 한다고 보았습니다. 즉 소를 밭 갈게 하고, 말을 달리게 하며, 닭을 삶아 먹기도 하는 이치는 모두 인간이 좌우한다는 것입니다. 그리고 이 같은 경우들을 하나하나 결정하고 처리하는 것이 실은 오직 내 한 마음에 달려 있다고 보았습니다. 이와 같은 정제두의 사물 이해는 철저히 인간 중심적 사고를 기반으로 한 것입니다.

그렇다면 물리보다 상위 개념인 생리는 무엇일까요? 생리란 사람에게만 해당하는 개념입니다. 하지만 생리는 순수한 도덕적 이치가 아니라 생리적이며 감각적인 제한을 받는 구체적인 인간의 이치입니다. 따라서 그 속에는 언제나 선으로 드러나는 도덕적 본성과 함께 악으로 드러날 수도 있는 욕심이 있습니다. 하지만 생리는 헛된 조리에 불과한 물리와 달리 능동적으로 자신의 도덕성을 실천할 수 있는 근거가 됩니다. 성리학자들이 인간의 본성을 순수하게 선만 존재하는 본연지성(本然之性)과 선과 악이 함께 존재하는 기질지성(氣質之性)으로 나눈 것에 비추어 본다면 생리는 기질지성에 속하는 셈입니다.

정제두는 이처럼 물리와 생리의 차이가 생명력을 바탕으로 한 능동성의 유무에서 오는 것이라면, 생리에는 도덕성 유무에 따른 차이가 있음을 명백히 한 것이며, 그렇기 때문에 다시 생리 가운데서 진리를 택한다고 했던 것입니다.

그렇다면 정제두의 공부 목표였던 진리는 무엇일까요? 사실 현실에서 살아가는 인간은 모두 理와 氣를 함께 가지고 태어난 존재입니다. 理가 도덕적으로 완전한 것이라 해도 그것이 불완전한 氣 속에 들어 있는 한, 우리는 생리적·감각적 한계를 지닐 수밖에 없습니다. 그렇다면 완전히 선만 존재하는 진리는 현실에서는 찾을 수 없는 이상에 불과한 것일까요? 만일 현실에서 존재하지 않는 것이라면 진리를 찾는다는 정제두의 생각은 처음부터 허구일 수밖에 없습니다. 그러나 생리 가운데 들어 있는 악을 제거하면 완전한 본모습에 도달할 수 있다고 생각해 볼 수도 있을 것입니다. 《주역》〈계사전〉에서는 "온 세상에서 가장 큰 덕은 생명력"이라고 하였습니다. 생명력이란 남을 살리는 것도 되고 자기가 살아가는 힘도 됩니다. 사실 그런 관점에서 본다면 날짐승이나 길짐승의 목숨도 생명력이며, 보통 사람이 욕심을 따라 하는 행위도 생명력인 셈입니다.

이처럼 생명력 자체가 창조의 힘이기 때문에 좋은 것이기는 하지만, 그 속에는 도덕적으로 옳은 것과 그렇지 않은 것이 있습니다. 따라서 나을 가망이 없는 환자의 고통스러운 삶을 유지시킬 것인가 아니면 편안히 죽을 수 있도록 도와줄 것인가 하는 안락사 논쟁이나, 아무리 나쁜 짓을 한 사람이라도 그 사람의 생명을 남이 강제로 빼앗을 수 있는가를 따지는 사형 제도 폐지 논쟁이 나오게 되는 것입니다. 사실 진리의 차원에서 보면 기준을 벗어난 행위는 아무리 생명력을 행사하는 문제라도 옳지 못한 것일 수밖에 없습니다. 정제두는 이 때의 기준 또한 자신의 마음속에서 찾았고, 내 속에 들어 있는 완전한 진리를 깨달으면 나부터 모든 사물에 이르기까지 가려졌던 틈이 없어지면서 만물과 내가 하나가 될 수 있다고 보았습니다.

진리의 짝 – 호연지기

이처럼 정제두는 만물의 이치를 3단계의 중층 구조로 이해했습니다. 하지만 성리학이 나온 이후 학자들이 만물을 설명하는 개념은 理와 氣였습니다. 사실 만물은 형체를 이루는 氣가 다르기 때문에 모습이 달라지는 것이며, 담는 그릇인 氣가 다르기 때문에 그 속에 들어 있는 이치도 달라지는 것입니다. 그러나 사람은 사물에 비해 수준이 높은 氣로 이루어져 있으므로 도덕성을 지닐 수 있게 되며, 바로 그 도덕성을 완전히 깨치면 만물과 하나가 된다고 하는 것입니다. 하지만 차이는 사물과 사람 사이만이 아니라 사람과 사람 사이에도 있습니다. 그래서 우리는 사람을 평가하면서 기품이 있다고도 하고 기질이 다르다고도 합니다. 기품이란 氣의 품

격을 가리키는 말이며 더 구체적으로는 태어나면서 받은 氣의 차이입니다. 기질이란 말도 氣의 질적인 차이를 인정하는 것입니다. 이렇게 말하면 숙명론처럼 보일 수도 있습니다. 하지만 유학에서는 누구나 수양을 통해 타고난 氣의 수준을 높여 갈 수 있다고 봅니다. 다만 그 氣가 얼마나 맑은가에 따라 필요한 노력의 정도가 다른 것이겠지요.

그렇다면 차등 구조는 理에만 있는 것이 아닐 듯합니다. 본래 주자학자들은 악의 원인이 氣에 있기 때문에 氣를 없앤 상태의 완전 선만 있는 궁극의 理를 깨닫겠다고 했습니다. 이런 입장은 理를 우위에 두는 철학이며, 앞에서 본 퇴계가 이에 해당합니다. 물론 氣를 우위에 둔 화담 같은 철학자들도 있었습니다. 그런데 왕수인은 주희와 같은 이원적 사고를 거부하고 이기일원론을 주장하였습니다. 그러나 왕수인은 정제두처럼 이를 차등 구조로 이해한 것은 아니었습니다. 그렇다면 이기일원론을 취하는 정제두의 경우 이기일원이라고 하려면 理의 구조에 대응하는 氣의 구조가 있어야 논리적인 합리성을 얻을 수 있을 것입니다. 그런 점에서 정제두가 氣를 어떻게 보는가를 살펴보겠습니다.

먼저 물리에 대응하는 氣는 어떤 것일까요? 정제두는 이 氣를 각각의 사물에서만 조리 있게 통하는 氣라고 합니다. 조리 있게 통한다는 것은 합법칙적인 것이기는 하나 보편적으로 모든 사물에 적용될 수 있는 것이 아니라 그 사물에만 적용되는 것을 뜻합니다. 그러면 2단계인 생리에 대응하는 氣는 어떤 것일까요? 생리는 앞에서 인간에게만 적용되는 능동적 생명력이며 그 속에 선과 악이 함께 들어 있다고 하였습니다. 정제두는 생리에 대응하는 氣를 생기라고 하였습니다. 우리가 일반적으로 '생기가 돈다'고 할 때의 생기입니다. 생기는 매일 생활해 가는 활력이기도 하고 그런 점에서는 혈기라고도 합니다. 그리고 우리가 어떤 사물을 알고 분석해 가는 지각 능력이나 어려운 사람을 보고 불쌍히 여기는 마음도 생기가 작용한 것이며, 그런 점에서 생기를 '양지'라고도 부릅니다. 하지만 생기 역시 생리처럼 선과 악이 그 속에 들어 있습니다.

그렇다면 진리와 대응하는 氣는 어떤 氣일까요? 정제두는 이것을 어머니 뱃속에 있을 때 지닌 순수한 氣라고도 했고, 참된 氣라는 뜻에서 '진기'라고도 했습니다. 그 밖에 으뜸이 되는 氣라는 뜻에서 '원기'라고도 하고 가장 큰 氣라는 뜻에서 '대기'라고도 부릅니다. 하지만 정제두의 생각을 가장 잘 담고 있는 용어는 맹자가 말했던 '호연지기(浩然之氣)'입니다. 우리는 젊은이들에게 호연지기를 가지라고 합니다. 땀을 뻘뻘 흘리면서 높은 산에 올라 막힌 것 없이 탁 트인 발 아래 광경을 볼 때의 느낌이 호연지기에 가깝다고 하겠습니다.

《맹자》〈공손추〉편에는 여러 용사들의 이야기가 나옵니다. 북궁유라는 용사는 칼로 살을 저며도 움찔하지 않고, 눈을 찔러도 눈동자를 피하지 않은 사람이었습니다. 그는 털끝만큼이라도 남에게 모욕을 당하면 마치 시장 한복판에서 종아리를 맞은 것처럼 여기며, 자기를 모욕한 사람이 하찮은 사람이든 임금이든 반드시 되갚았고, 임금을 죽이면서도 하찮은 사람을 죽이는 것처럼 생각하였습니다. 또 맹시사라는 사람은 무수한 싸움에서 이겼으면서도 항상 싸울 때마다 이길 것인지 질 것인지 상관하지 않고 오직 두려움 없이 앞으로 나아가는 것만을 최고의 무기로 삼았습니다. 맹자는 제자들과 이런 사람들 얘기를 나누면서 자신은 어떤 일에도 흔들리지 않는 마음을 가졌다고 하였습니다. 그러자 공손추라는 제자가 선생님은 어떤 점에서 이들보다 뛰어난지를 물었고 자신이 '호연지기'를 잘 기른다고 답변하였습니다. 다시 제자가 호연지기가 무엇인지를 묻자 맹자는 설명하기 어려운 개념이라고 하면서도, 호연지기란 지극히 굳세고 강한 기운으로서 도덕적 정당성과 짝하는 것이고, 이것을 잘 기르면 그 기운이 하늘과 땅 사이에 꽉 들어차게 되지만, 이것이 없으면 사람이 제

모습을 잃게 된다고 하였습니다. 호연지기란 이처럼 어떤 경우에도 부끄러울 것이 없는 도덕적 용기를 뜻합니다. 호연지기에 대해 정제두는 큰 물처럼 넓고 막힘이 없으며, 부끄럼이 없기에 부족함도 없으며 도덕적으로 조금도 흔들림이 없다고 합니다.

그런데 이러한 氣를 기를 때에는 뜻을 어디에 두느냐가 중요한 문제가 됩니다. 맹자도 호연지기에 대한 설명 끝에 뜻이 한결같으면 氣를 움직이고 반대로 氣가 한결같아도 사람의 뜻이 움직여진다고 했습니다. 뜻이 한결같아서 氣를 움직이는 경우는, 몸이 약한 사람이 건강해지려는 뜻을 한결같이 지니고 있으면 마침내 건강을 되찾을 수도 있는 경우가 그러합니다. 또 氣가 한결같아서 뜻을 움직인다는 경우는, 몸이 편하고 싶은 대로 하다 보면 마침내 게으른 사람이 될 수도 있는 경우가 그에 해당합니다. 따라서 氣는 감각적이고 육체적인 욕구에 해당하며, 뜻은 도덕적으로 바르고자 하는 욕구라고 할 수 있습니다. 그런데 사람의 뜻도 理나 氣로 나누어 보면 氣에 해당합니다. 그래서 감각적 욕구인 氣는 졸병이고 도덕적 욕구인 뜻은 졸병을 거느리는 장수라고 하기도 했습니다. 정제두는 이런 관점에서 도덕적 욕구인 뜻의 氣를 호연지기와 같은 개념으로 보았습니다. 이러한 입장에서 정제두는 氣를 악의 근원으로 보고 理氣를 둘로 나누려고 했던 퇴계 이황의 입장을 비판하였고, 理氣를 하나로 보면서도 理의 작용성을 부정하였던 율곡 이이도 비판하였습니다. 그리고 오히려 氣를 높였던 화담 서경덕에 대해 氣의 본모습을 본 것 같다고 긍정적으로 평가하였던 것입니다.

이 같은 정제두의 견해는 인간을 중심으로 만물을 도덕의 입장에서 파악함으로써 인간 중심의 주관주의에 빠질 우려가 있습니다. 하지만 이러한 논리는 그가 공부를 해 나가는 동안 주자학에서 제기했던 문제를 해결하고, 뒤에 양명학을 하면서 욕심에 내맡겨 악에 빠질 것을 우려하여 내

놓은 이론이었던 셈입니다. 즉 물리를 기본으로 삼는 주자를 반대하여 물리보다 상위 개념인 생리를 말한 것이며, 다시 양명의 사상에서 나온 욕심대로 행동할 우려를 없애기 위하여 그 속에서 진리를 구하려 한 것입니다. 이처럼 주자와 양명의 문제점을 자신의 철학 체계를 통해 해결해 보려 했던 것입니다.

양지를 깨달아 성인 되는 법

앞에서 다룬 이기론의 궁극적인 목적은 인간을 설명하는 데 있습니다. 정제두는 理와 氣를 하나로 이해하고 그 각각을 중층 구조로 이해했던 논리를 인간을 이해하는 데 그대로 적용하였습니다. 인간을 설명할 때 양명학은 마음이 곧 만물의 이치라는 심즉리(心卽理)를 주장하였고, 주자학은 인간의 본성이 곧 하늘이 내려 준 이치라는 성즉리(性卽理)를 주장하였습니다. 마음이 감정까지 포함한 넓은 개념이라면 본성은 마음의 본질을 가리킵니다. 그런데 정제두는 이 두 주장을 모두 받아들였습니다. 그래서 마음의 이치를 선악이 공존하는 생리와 선만 있는 진리로 나눔으로써 생리를 심즉리로 보았고 진리를 성즉리로 본 것입니다. 사실 성즉리는 마음의 작용을 강조하는 왕수인도 인정한 것이었습니다. 왕수인은 주자의 이론 가운데 성즉리 자체를 반대한 것이 아니라, 마음으로 표상되는 인간을 떠나 사물에서도 이치를 인정하는 견해에 반대한 것이었습니다. 하지만 바로 이 점이 인간 이외의 생물, 심지어는 무생물까지도 이치를 가지고 있다고 생각했던 정제두의 견해와 다른 부분입니다.

정제두는 생리로서의 심즉리와 진리로서의 성즉리를 체용(體用) 관계로 이해하였습니다. 체용에서 '체'는 본질이고 '용'은 작용입니다. 따라서 본질인 진리가 생리의 작용으로 드러난다고 본 것입니다. 사실 인간의 본성은 그 자체가 드러나는 것이 아니라 구체적인 현실에서 마음을 통해 드러납니다. 즉 본성이 마음을 떠나 있는 것이 아니며 그 실현은 마음의 움직임을 통해 나타나는 것입니다. 그런데 정제두는 양지도 체용 관계를 가지고 설명합니다. 양지는 앞에서 본 것처럼 맹자가 말한 것이며 왕수인이나 정제두 두 사람 모두 중시하는 개념입니다. 정제두는 양지를 가장 낮은 차원에서는 생명체의 본질적인 생명 현상이라고 보았습니다. 즉 인간만이 아니라 생명을 지닌 존재라면 무엇이든 본래 가지고 있는 생명력으로도 이해됩니다. 그래서 나무가 자라서 꽃피고 열매 맺는 행위 모두를 양지라고 하였습니다. 물론 무생물에게는 양지가 없습니다. 또한 인간의 양지에 도덕적인 것만이 아니라 아파하고 가려워하는 감각적이고 생리적인 부분까지 포함시켰습니다. 하지만 정제두가 말하려는 양지의 본질은 세상의 질서를 바로잡고 만물이 제때 자라게 하는, 만물과 함께하는 도덕이었습니다.

양지는 사실 눈에 보는 능력이 있고 귀에 듣는 능력이 있는 것처럼, 마음에 있는, 도덕을 실천하는 고유 능력입니다. 하지만 이러한 능력이 언제나 선으로 드러나는 것은 아니며 지나치거나 모자라서 악이 되는 경우도 있습니다. 그렇기 때문에 양지도 작용으로 나타나는 측면과 본모습으로 나누어 볼 수 있습니다. 양지 역시 마음과 본성을 체용으로 구분한 것처럼 양지의 용은 생리에 해당하고 양지의 체는 진리에 해당하는 셈입니다. 하지만 정제두는 마음과 본성, 양지의 체용을 다시 하나라고도 합니다. 그 이유는 마음의 본체인 도덕성이 마음의 작용을 통해 구체적으로 실현될 수 있는 근거를 마련하기 위한 것이었습니다.

보수와 진보의 이중 구조

모든 철학은 시대의 아들이며 그 속에는 시대를 읽고 어떤 방식으로든 시대의 어려움을 극복하려 했던 노력이 담겨 있습니다. 그렇다면 정제두의 철학은 조선 후기 사회에 어떤 역할을 할 수 있었을까요? 앞에서 살핀 정제두의 철학은 두 가지 가능성을 지니고 있습니다. 첫째는, 理氣가 하나라는 입장에서 양지의 본체가 마음의 작용을 통해 구체적인 현실에 드러나는 것임을 강조하는 실천성의 측면과, 다른 하나는 모든 것이 본래 내 마음속에 완전한 선의 모습으로 있는 것이므로 그 본모습만 깨달으면 된다는 점에서 나타날 수 있는 주체 지향의 가능성입니다. 전자가 외향적이라면 후자는 내향적이라 하겠으며, 외향적 경향이 일원 구조에서 오는 것이라면 내향적 경향은 중층 구조에서 오는 것이라 하겠습니다. 본래 유학은 자신을 닦는 수기(修己)와 사회에 참여하는 치인(治人)을 함께 말했습니다. 그런 점에서 본다면 정제두의 이런 두 측면도 유학의 특성과 맞는다고 하겠습니다.

그 가운데 먼저 일원 구조가 보이는 사회적 기능을 봅시다. 정제두는 진리에 이르면 나와 만물이 하나가 된다고 보았습니다. 그렇기 때문에 진리의 입장에서는 생리와 물리까지를 하나로 끌어안는 것이며, 호연지기도 마찬가지로 생기와 조리(條理)로서의 氣를 포괄합니다. 더구나 물리와 조리로서의 氣, 생리와 생기, 진리와 호연지기가 모두 하나이며, 그런 점에서 타고난 앎인 양지는 실천과 하나가 되는 것입니다. 정제두는 이러한 일치가 제대로 이루어졌는지는 이론과 실천의 일치 여부로 드러난다고 보았습니다. 만일 이론과 실천 사이에 불일치가 생긴다면 그것은 사사로운 욕심이 들어갔기 때문이라고 보았습니다. 그래서 임진왜란과 병자호란 이후 백성들의 삶이 극도로 피폐하고 국가의 기강이 무너졌음에도 당파 싸움만을 일삼는 당시 대부분의 지식인들이 거짓 학문만 하고 있다고 비판합니다. 사람을 살리지 못하는 학문, 실천으로 이어지지 않는 학문, 그저 고전에만 얽매여 있는 학문 모두가 그의 비판 대상이었습니다. 특히 대의명분만 내세우는 위정자들의 처신은 음의 변화에 따라 옮겨 가면서 연주해야 하는 비파줄 받침에 움직일 수 없도록 아교를 칠해 놓고 연주하는 것과 같다고 보았습니다.

특히 정제두는 소중화 의식에 사로잡혀 대의명분만을 강조하는 집권 세력들을 매섭게 비판하였습니다. 사실 병자호란 때 인조 임금은 포위된 남한산성에서 나와 청 태종에게 무릎걸음으로 다가가서 머리를 땅에 세 번 부딪고 항복했습니다. 그리고 청나라는 만주에서부터 끌고 온 엄청난 돌에다 한 쪽에는 만주 글자로, 다른 한 쪽에는 한문으로 승리를 기념하는 글을 새겨 삼전도 나루 부근에 세웠습니다. 그 때 세워진 치욕의 삼전도비가 지금도 송파구의 한 여자고등학교 교정에 서 있습니다. 그 뒤부터 조선은 청의 강압에 따라 공식적인 관계에서는 청나라의 연호를 사용해 오고 있었습니다. 이러한 상황에서 청나라는 다시 무릎 꿇고 절하는 예절과 스스로 신하라고 낮추어 부를 것을 요구해 왔습니다. 이 같은 청나라의 요구에 대해 조정을 중심으로 한 대다수 지식인들이 반대하고 나서게 되면서 논의가 어지럽게 전개되었습니다. 그런데 정제두는 무릎 꿇고 절하는 것이나 신하라고 부르는 것이 연호를 쓰는 일과 다르지 않다고 합니다. 무릎 꿇고 절하는 일이나 신하라고 부르는 일이 옳지 않다면 연호도 받지 말았어야 한다는 것입니다. 이것은 일관성 없이 명분만 내세우는 지식인들의 허위 의식을 비판한 셈입니다. 그리고 한 걸음 더 나아가 비록 오랑캐의 나라라고 하더라도 그들 역시 양지를 갖추고 있으므로 청나라와도 교류할 수 있다는 입장을 보였습니다.

이번에는 중층 구조의 구분 의식이 사회적으로 어떻게 드러났는지를 봅시다. 중층 구조는 한편으로는 주체성을 강조하고 사회적 평등을 지향하는 특징을 지니고 있습니다. 정제두는 사람이면 누구나 양지의 본모습, 즉 진리를 가지고 있다고 보았습니다. 비록 이상에 그친 것이기는 하지만 신분에 대한 그의 견해는 혁신적입니다. 정제두는 신분제가 엄격하던 당시 상황에서 "제일 좋은 법은 공적으로나 사적으로나 천민 제도를 없애서 사내종과 계집종을 두지 않는 것이며, 그 다음 법은 계집종은 부리되 사내종은 부리지 않는 것"이라고 하였고, 심지어는 양반을 없애자고까지 하였습니다. 양반이 다스리던 사회에서 양반을 없애자는 주장은 참으로 혁신적인 것입니다. 더구나 당시는 임진왜란과 병자호란의 와중에서 남편을 잃었거나 점령지에 남았던 여자들의 순결 문제가 심각하게 대두된 상황이었습니다. 특히 청나라가 쳐들어왔을 때 왕실과 대다수 사대부들은 과거 고려 때에도 그 드센 몽고족이 바다를 넘지 못했다고 하여 가족들을 강화도로 피난시켰습니다. 그러나 남한산성보다 강화도가 먼저 함락되면서 많은 양반집 여인들이 수난을 겪었던 것입니다. 정제두는 이 같은 상황에서 약자일 수밖에 없는 여자들 가운데 집에서 쫓겨난 부인들과 30세 미만의 자식 없는 과부들의 재혼을 허용하자고 하였습니다. 물론 실행되지 못한 이런 주장은 이상에 불과한 것일 수도 있습니다. 그러나 억압받는 민중의 주체성을 인정하고 해방을 요구했다는 점에서 중요한 의미가 있습니다.

그런데 중층 구조가 다른 한편으로는 계층을 엄격히 구분 짓는 사고로도 나타납니다. 사실 진리를 얻기 위해서는 물리나 생리를 넘어서야 하는 것처럼, 순수성을 지키기 위해서는 그렇지 못한 것을 버리거나 희생시켜야 하는 것입니다. 그런 점에서 정제두는 집안 내에서는 신분 문제에 대해 정반대의 모습을 보입니다. 정제두는 젊은 시절 가문의 몰락을 보면서 집안을 지켜 내야 한다는 뜻에서 가법을 세웁니다. 그 속에서 정제두는 서자와 적자의 구별을 엄격히 하라고 하였고, 집안일에 아래 잣것들이 끼어들지 못하게 하라고도 하였습니다. 또한 집안의 어린아이라도 나이 많은 사내종이나 계집종까지 반드시 죄를 주고 매를 때려서 명령이 설 수 있게 하라고 하였고, 계집종 신분으로 첩이 된 자는 첩으로 대하지 말라고 하였습니다. 이처럼 가법에 나타난 신분차별적 견해는 理의 순수성을 확보하려 했던 정제두 철학의 구조와 같은 연장선 위에 있습니다. 물론 이 같은 상반된 두 입장은 모순처럼 보일 수도 있습니다. 그러나 신분의 엄격한 구분을 강조한 글은 30세 때 쓴 글이고 주체성을 강조하면서 평등사상을 논한 글은 80세 무렵 쓴 것입니다. 따라서 학문적 심화 과정을 거치면서 앞의 입장에서 뒤의 입장으로 발전해 간 것이라고 하겠습니다.

참마음으로 살아간 강화 학파

정제두의 철학은 한국철학의 흐름에서 큰 의미를 갖습니다. 무엇보다도 정제두는 주자학 중심의 학문 풍토와 꽉 막힌 정치 상황에도 불구하고, 양명학을 연구하고 체계적인 논리를 세움으로써 한국철학을 풍부하게 만들었습니다. 그리고 앎과 행함의 일치를 주장하여 당시 명분론이 주도하던 풍토에 소금의 역할을 하였습니다. 또한 그의 철학에는 근대 지향적 요소가 들어 있습니다. 물론 그 같은 요소가 근대 시민 의식의 기틀이 된 것은 아닙니다. 그러나 주자학적 보편론에 반대하고 개인의 주체성을 강조함으로써, 평등을 기반으로 한 시민 의식으로 발전할 수 있는 싹을 보인 것입니다. 이것은 중세 봉건제가 무너져 가던 17, 18세기 상황과 밀접한 관련이 있습니다. 이러한 모습은 특히 그를 중심으로 형성된 강화 학파에서 잘 드러납니다.

정제두 이후의 학문 흐름을 '강화학'이란 말로 처음 표현한 사람은 정인보의 학맥을 이은 민영규입니다. 그러나 강화학인들 스스로도 자신들의 학문을 왕양명이 가르치던 서원의 이름을 따와 계산지학이라고도 했고, 오늘날 쓰이는 조선 후기의 실학과는 의미가 다르지만 '실심에 기초한 양명학적 실학'이라는 뜻에서 '실학'이라는 이름으로도 불렀습니다. 그리고 철학보다는 문학·국어학·역사학 등으로 다양하게 전개되었지만 그 바탕은 모두 정제두의 학문이었습니다.

강화 학파의 지역적 근거는 정제두가 61세 되던 1709년, 서울을 등지고 묘막이 있는 강화도 하일리로 거처를 옮기면서 생겨납니다. 물론 주자학이 더욱 기승을 부리던 조선 후기의 사회 조건 속에서 학맥을 제대로 형성하기는 어려웠습니다. 따라서 대부분 소론이었던 제자들은 사제 관계에 그치지 않고 혼인을 통해 인척 관계를 맺음으로써 동지적 유대를 더욱 강화해 갔습니다. 정제두가 죽은 뒤 그의 제자들이 문집을 내면서도 양명학 관련 글을 대부분 빼놓은 것도 어려운 당시 상황을 잘 드러내 주고 있습니다.

강화 학파 가운데 가장 큰 집안은 전주 이씨였습니다. 그들 역시 서인 소론에 속하였으며, 영조 때 노론에게 몰려나면서 벼슬과 인연을 끊었습니다. 이 집안에서는 이광려, 이광신, 이광명, 이광사가 정제두에게 직접 배웠고, 이 흐름이 이충익과 이긍익, 이영익으로 이어졌으며, 충익의 아들 이면백을 거쳐 아들 이시원으로, 다시 아들 이상학을 거쳐 그 아들 이건창, 이건승 형제와 조카 이건방으로 이어졌습니다. 그 가운데 이광사는 27세 때 83세의 하곡을 처음 만난 뒤 32세 때 가족을 모두 데리고 강화로 들어왔습니다. 그러나 이미 하곡이 숨을 거둔 뒤였기 때문에 자식처럼 상제 노릇까지 하였습니다. 또한 이시원은 철종이 강화도에 있을 때부터 맺은 교분으로 이조 판서를 지냈으나 병인양요 때 강화성이 함락되자 동생

지원과 함께 음독 자결하였습니다.

또 다른 집안은 강화도 하일리에서 정제두에게 직접 배운 신대우에서 시작되었습니다. 신대우의 집안도 고조부가 최석정, 박세당과 함께한 이래 소론에 속하였습니다. 그 뒤 신대우의 학문은 세 아들 진, 작, 현과 조카 이면백과 그 아들 시원, 그리고 정제두의 증손자 술인으로 이어졌습니다.

강화 학파는 다양한 모습으로 발전하였습니다. 그들은 정제두의 학문을 계승하면서도 율법처럼 거기에만 얽매이지 않고 시문이나 국사, 국어 연구, 문자학이나 경학 연구 등으로 다양하게 펼쳐 갔습니다. 하지만 이들을 한데 묶을 수 있는 끈은 역시 마음에 대한 견해입니다. 정제두의 수제자인 이광사는 자신의 며느리로 맞아들인 정제두의 어린 손녀에게 유배지에서 보낸 편지에서, 정제두의 학문은 오로지 안으로 자신을 실하게 하는 학문이라고 하였습니다. 그들은 이처럼 자신을 실하게 하는 학문과 이에 바탕한 강한 실천 속에서 구도자 같은 삶을 살았습니다. 물론 강화학인들의 실천은 다양한 모습으로 드러나지만 그 가운데 가장 중요한 것은 개인 주체를 민족 주체 의식으로 넓혀 간 것입니다. 이 같은 주체 의식은 이광사, 이영익, 이충익으로 이어진 훈민정음 연구로도, 이긍익의 국사 연구 결실인 《연려실기술練藜室記述》로도 나타났습니다. 또한 이광사와 그 아들 이영익이 대를 이어 완성한 《동국악부東國樂府》에도 악부의 형식을 빌어 고조선부터 고려 말까지 역사책에 전하는 전설과 고사에 의문을 제기하였는데, 여기에는 국사를 새롭게 구성하여 민족혼을 진작시키고자 하는 역사 의식이 담겨 있습니다. 그리고 이건창이 쓴 당쟁사 연구의 대표적 저술 《당의통략黨議通略》 또한 같은 연장선 위에 있습니다.

또 다른 모습들은 이면백이 고구마 싹을 얻어다 심어서 민중의 배고픔을 구하려 했던 노력에서도 나타납니다. 그리고 병인양요 때 미국에 패하는 모습을 보고 자결한 이시원과 이지원 형제의 순국도 그러하고, 조선이 일제에 강점당할 무렵 이건창과 이건승 형제가 독립운동을 위해 만주로 간 것도 이 같은 정신을 계승한 셈입니다. 특히 이건승은 을사조약 이후 양명학을 바탕으로 한 애국 계몽 운동을 전개하였고, 1906년에는 인재를 양성하고자 가산을 털어 계명의숙을 세웠습니다. 그리고 홍승헌, 하곡의 7대손 정원하, 이석영, 이회영, 이시영 등과 함께 가산을 정리하여 만주와 연해주 일대에서 이상설 등과 함께 독립을 위한 사업을 전개하였습니다.

또한 18세부터 이건방에게 배워 강화학을 이은 정인보도 21세 무렵 박은식, 신채호, 홍명희 등과 함께 상해에서 동제사를 결성하여 독립운동에 참여하였고, 귀국해서는 연희전문 등에 재직하면서 국학 연구에 전념하였습니다. 해방 후에도 1950년 납북되기 전까지 나라를 바로잡기 위한 노력을 아끼지 않았고, 특히 1935년부터 1년 8개월 동안 《동아일보》에 '오천년간 조선의 얼'이라는 글을 연재하면서 마음과 양지를 바탕으로 식민사관에 대항하여 우리 얼을 밝히는 작업을 하였으며, 〈양명학연론陽明學演論〉을 지어 거짓과 허세를 거부하고 실심과 실행을 추구하는 한국 양명학의 체계를 잡았습니다. 그 많은 강화 학파들이 민족의 위기에서 한 사람도 변절하지 않고 국가와 민족을 위해 몸으로 실천한 것은 그들의 학문이 양명학이었기 때문에 가능했을 것입니다.

어떠한 철학이든 현실이 어려울수록 그 본모습이 제대로 드러나는 법입니다. 왜냐하면 현실은 언제나 철학을 담금질하는 계기가 되기 때문입니다. 강화학도 마찬가지로 나라가 어려움에 처하자 비로소 제 모습을 드러냈습니다. 특히 한말 민족 위기의 상황에서 강화학인들은 도학파나 개화파와는 분명 다른 모습을 보입니다. 그들은 주자학을 표방한 많은 학자들과 현실 참여를 지향한 개화파의 상당수가 조선이 패망하자 친일을 통해 현실과 타협한 것과는 완전히 다른 길을 걸었습니다. 강화학인들 중에는 자신의 실심을 속이고 현실과 영합한 사람이 하나도 없습니다. 게다가 도

학파의 일부 사람들이 무너져 내리는 국가와 민족을 보면서도 지금은 도(道)를 지킬 때라고 하면서 은둔했던 것과 달리, 철저히 민족 주체 의식을 기반으로 한 실천으로 제 모습을 드러냈습니다. 이러한 한국 양명학의 흐름이 여전히 이어진다면 강화도 하일리 고개에 세워진 정제두의 숭모비는 결코 외로운 등대가 아닐 것입니다.

연암 박지원

격정의 삶을 살아간
북학의 대부

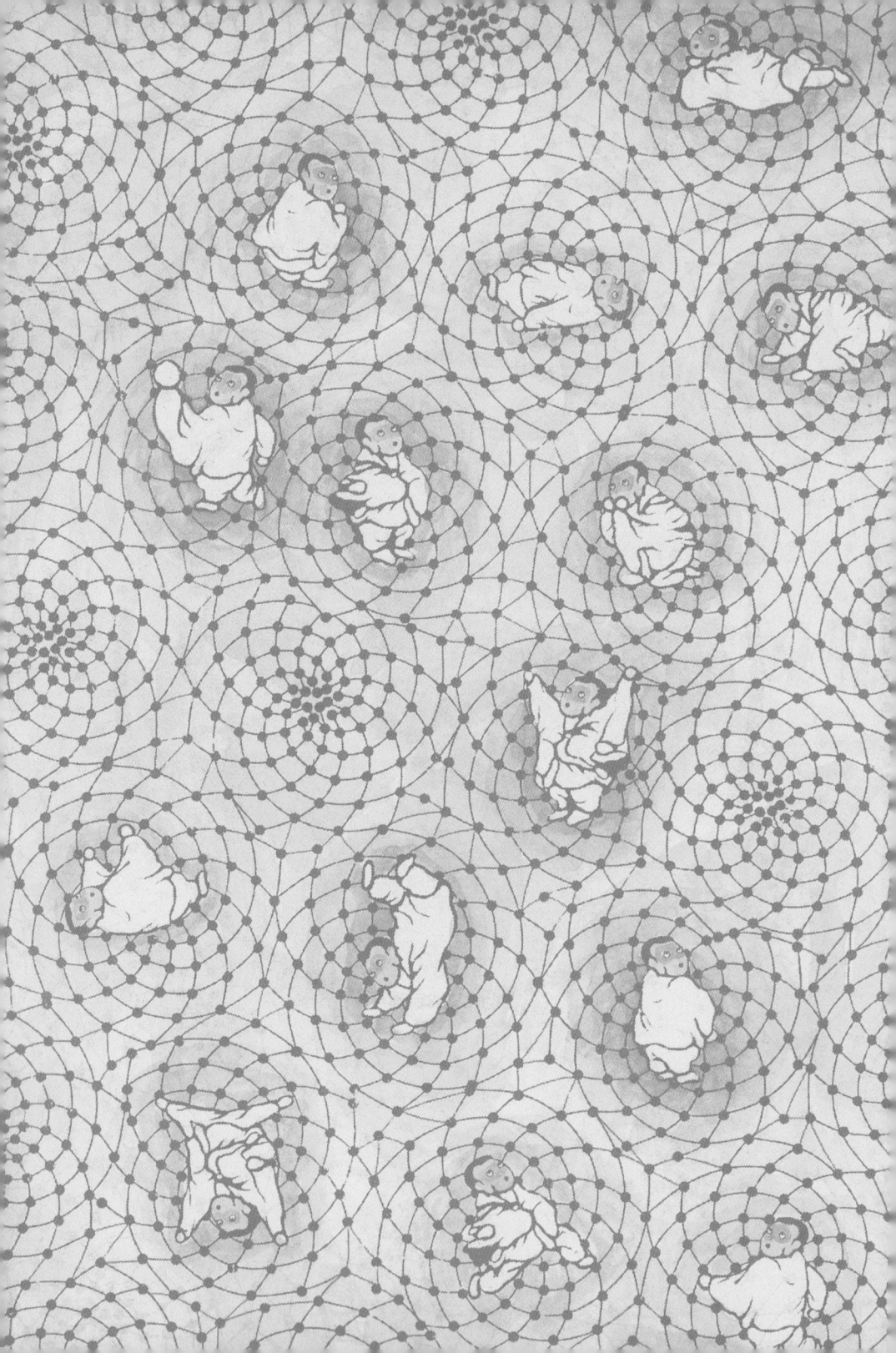

고단한 삶 속에서 자라난 큰 뜻

 18세기 조선 사회는 안팎으로 위기에 직면한 격동의 시기였습니다. 안으로는 조선 중기부터 흔들리기 시작한 토지 제도, 병역 제도, 세금 제도가 임진왜란과 병자호란을 거치면서 손을 대기 어려울 정도로 무너져 버렸습니다. 하지만 정권에 참여한 대부분의 지식인들은 근대를 향한 세계 변화의 흐름을 타지 못한 채 비생산적이고 소모적인 성리학 이론 싸움과 당쟁에 빠져 있었습니다. 그리고 밖을 보면 이웃 일본이 주로 네덜란드를 통해 서구문물을 받아들이면서 서양에 대한 관심을 난학으로 발전시키고 여기에 대응하는 국학이 함께 어우러지면서 새로운 세기의 변화에 대응해 가고 있었습니다. 청나라 또한 극동지방 선교를 위해 1540년 창설된 예수회를 통해 많은 서양문물을 받아들이고 있었습니다. 하지만 조선은 임진왜란 이후 일본에 대해 문을 닫아걸었고 중국에 대해서도 명나라를 무너뜨린 원수이자 병자호란의 주범이라고 보았기 때문에 가까운 두 나라조차 통상적인 외교 이외에는 적극적인 교류가 없었습니다.

 이 같은 시대적 상황이 만들어 낸 어려움은 대부분 하층 피지배층의 몫이었으며, 근대에 대한 준비를 소홀히 한 결과는 뒷날 일본의 식민지가 되는 아픔으로 이어집니다. 하지만 이처럼 척박한 상황이라고 해서 한둘이라도 뜻 있는 젊은 지식인들이 없었겠습니까? 박지원(燕巖 朴趾源 : 1737~1805)이야말로 개인적으로는 고단한 생활 속에서도 밑바닥 삶을 살아가던 민중의 어려움과 작은 나라 조선에 대한 뜨거운 열정을 가슴에 안고 어지러운 현실과 몸으로 부딪쳐 가며 실천의 길을 걸었던 사람입니다.

그가 살던 시기는 조선 시대 전체에서 볼 때 중세 부흥기라고 불리는 영조와 정조가 다스리던 무렵이었습니다. 두 임금은 모두 학문을 좋아하였으며, 사색당쟁을 막기 위해 인재를 고루 쓰는 탕평책을 펼쳤고, 기득권 세력과 끝없는 긴장관계를 유지하면서 왕권 강화를 통해 나라를 바로잡으려고 하였습니다. 그러나 두 임금의 의지만으로는 이미 엄청난 부를 거머쥔 채 자신들의 땅을 더 넓히는 데 혈안이 된 양반 토호세력들의 횡포와, 그 결과 삶의 터전을 잃고 도적이 되거나 농노로 전락하는 대다수 농민들의 불행을 막기는 어려웠습니다. 이런 상황 속에서 박지원 같은 뜻 있는 학자들이 시대를 아파하면서 근대를 향한 대안을 만들어 가고 있었던 것입니다.

박지원은 몰락한 양반 가문이었지만 5대 위 할아버지가 선조의 사위였고 할아버지는 지돈녕부사를 지냈으며, 8촌형은 영조의 사위가 될 정도로 내로라하는 집안에서 태어났습니다. 하지만 두 살 때 아버지를 잃은 뒤부터 할아버지 밑에서 자라났습니다. 한참 재롱을 떨 나이에 아버지의 사랑도 모른 채 자라는 어린 박지원을 불쌍히 여긴 할아버지는 손자에 대한 사랑이 지나쳐서 그랬는지 공부를 거의 가르치지 않았습니다. 그래서 16세에 장가를 든 다음 어려서부터 박지원을 키워 주던 할아버지가 돌아가시고 나서야 뒤늦게 홍문관 교리였던 처삼촌에게 글을 배우기 시작하였습니다. 하지만 워낙 자질이 뛰어난 탓에 늦게 배운 학문이면서도 남보다 앞서 갈 수 있었고, 더구나 관심이 다양해서 유학뿐 아니라 군대, 농사, 천문, 지리 등으로 광범위하게 배움을 넓혀 갔습니다.

열여섯이란 나이는 지금 생각해도 적은 나이가 아닙니다. 아마도 박지원이 남들처럼 어려서부터 전통학문을 배웠더라면 당시 학문의 기본이던 성리학에 매몰되어 사회를 비판적으로 볼 수 있는 눈을 갖지 못하였을지도 모릅니다. 오히려 나이 들어 공부를 시작한 박지원의 남다른 삶이 박지원을 비판적 지식인으로 만들었던 것입니다. 그의 사회 비판은 매우 일찍 시작되었습니다. 스물 남짓한 나이부터 30세 무렵까지 《허생전》 같은 유명한 사회 비판 소설들을 써 냅니다. 그리고 30대 무렵부터 담헌 홍대용 같은 동지들을 만납니다. 뒷날 묘비에 쓰는 글의 모범이 된 홍대용 무덤의 비석 글에는 그가 홍대용을 얼마나 아꼈는지가 잘 나타나 있습니다.

일생 벼슬에 연연하지 않았던 박지원이지만 34세 때 첫 단계 과거시험인 초시에 수석으로 합격한 적이 있습니다. 그러나 다음 단계의 과거를 보지는 않았습니다. 친구들이 억지로 권해서 다음 시험을 보기는 했지만 답안지를 내지 않았다고도 합니다. 아무튼 박지원은 출세를 위한 과거시험과는 담을 쌓고 들에 묻혀 살면서도 사회를 걱정하는 많은 후배 학자들을 이끌어 간 큰 선비였습니다. 특히 그가 아끼고 지도한 박제가, 이덕무, 유득공, 서이수 등은 대부분 조선 시대 내내 제대로 사람 대접을 받지 못한 서얼 출신들이었습니다. 서얼은 조선이 건국한 이후 혈연에 기초한 종법제도를 내세우는 유가의 대의명분에 밀려 벼슬에 나아갈 수가 없었습니다. 종법제는 본부인의 큰아들에서 다시 큰손자로 이어지는 적장자 중심의 제도였습니다. 그래서 서얼은 사회적 진출을 막는 서얼금고법에 묶여 과거시험마저 볼 수 없었습니다.

이런 불합리한 제도의 이념적 뿌리는 성리학이었습니다. 사실 성리학을 앞세운 조선과 아직 성리학이 들어오지 않았던 고려는 가족제도에서 엄청난 차이를 보이는, 질적으로 다른 사회였습니다. 고려에서는 오늘날에도 있는 남아선호사상을 볼 수 없으며, 따라서 딸보다 아들이 더 중하다거나 대를 잇기 위해 입양을 하는 풍습을 볼 수가 없습니다. 고려에서는 남녀의 만남도 자유로웠고 이혼이나 재혼도 쉬웠습니다. 이런 점은 이혼한 여자를 왕비로 맞아들인 임금이 세 명이나 있다는 사실에도 잘 나타나 있습니다. 뿐만 아니라 고려에서는 족보에도 남자와 여자를 똑같이 기록하였고 그 딸이 시집가서 낳은 딸들까지도 모두 기록하였습니다. 이런 점은 성리학이 자리 잡은 조선의 경우 족보가 남자 중심으로 기록되며 여자는 남자를 기록한 글씨의 절반 크기로 어느 집안 누구에게 시집갔다는 정도로 끝나는 것과 매우 대조적입니다. 심지어 고려에서는 부모가 돌아가시면 그 재산을 시집간 딸에게까지 평등하게 나누었고, 제사 또한 아들 딸 구분 없이 돌아가면서 지냈습니다. 얼마 전까지도 시집간 딸들은 재산 분배에서 제외되었던 것이나 아직도 남아 있는 호주제를 보면 그 당시가 오히려 남녀평등에서 앞서 있었음을 알 수 있습니다. 하지만 조선으로 오면 달라집니다. 유교 이론에 따라 남존여비가 강화되고 적서의 차별이 분명해지며, 대를 잇기 위한 남아선호사상이 뚜렷하게 나타납니다. 이런 상황이 서얼들의 사회 진출을 가로막았던 것입니다. 박지원은 집안을 따질 때에는 아버지 가계를 내세우면서도 서얼만은 모계를 기준 삼는 모순을 비판하였고, 그런 입장에서 비록 신분은 서얼이지만 뛰어난 재능을 지닌 박제가, 이덕무 같은 인재들을 가르치고 키워서 북학을 국가적 차원으로 확산시키는 데 큰 역할을 하였던 것입니다.

박지원이 40세 되던 해 정조가 임금에 오르면서 박지원의 정치적 입지가 잠시 어려워지기도 합니다. 정조는 아버지인 사도세자가 할아버지인 영조의 미움을 사서 뒤주에 갇혀 죽은 뒤부터 임금이 되기까지 매우 어려운 세월을 살았습니다. 그 때 어린 정조를 보호했던 홍국영은 정조가 왕이 되자 엄청난 권력을 누리게 됩니다. 당시 홍국영을 중심으로 한 세력은 시파라 불렸고 반대 세력은 벽파라 불렸습니다. 이런 상황 속에서 벽파로 몰린 박지원은 황해도 연암골로 거처를 옮기고 직접 농사를 지으면서 9년 남짓 숨어 살았습니다. 하지만 이 과정에서 귀중한 농사 경험을 얻게 되었고 그 덕에 농사와 관련된 책을 쓰기도 하였습니다.

43세 때에는 청나라 고종의 칠순을 기념하는 사신 행차에 일원으로 뽑힌 8촌형 박명원을 따라 중국을 다녀오는 귀한 경험을 합니다. 이 경험을 바탕으로 나온 책이 유명한 《열하일기》입니다. 박지원은 이 사신행에서 이름난 중국 선비들과도 만나고 심지어는 라마 교주와도 접견을 하였습니다. 이러한 경험이 그의 세계관을 넓히는 중요한 역할을 하였던 것입니다.

과거시험도 마다했던 박지원이지만 나이 50이 넘어 할아버지 덕에 선공감 감역이라는 벼슬을 받습니다. 당시 과거시험을 보지 않고서도 공이 많았던 조상의 덕을 받아 벼슬에 오르는 것을 음직이라고 하였습니다. 선공감이란 토목 관련 공사를 주관하거나 부서진 물건을 수리하는 관청이며, 감역은 종9품의 말단 관리였습니다. 그 뒤 55세 이후에는 한성 판관을 거쳐 안의 현감과 면천 군수를 지내기도 합니다. 그는 벼슬에 있는 동안 백성 위에 군림하는 수령으로서가 아니라 농사에 대한 자신의 생각을 실현해 보는 진지한 목민관의 역할을 하였습니다. 면천 군수를 지낼 당시에는 글재주가 뛰어난 박지원의 글투를 흉내 내는 것이 젊은이들 사이에 유행이었습니다. 그는 평소 명나라 말기부터 중국에서 유행하기 시작한 일반인 대상의 통속소설들을 많이 읽었기 때문에 비어나 속어 같은 자유로운 표현을 잘 썼으며, 더구나 그의 글 속에는 특유의 반골 사상가 기질이 잘 드러나 있었습니다. 뿐만 아니라 그는 평소에 당시 가장 큰 배척 대상인 불교에 대해 많은 장점을 가졌다고 평가하기도 하였고, 주자학자들이 신주처럼 떠받드는 《시경》에 나오는 시들의 순수성을 의심하기도 했습니다.

그런 까닭에 보수적인 선비들은 박지원의 문체를 빌미 삼아 비난하기 시작하였고, 마침내는 많은 젊은이들이 박지원을 따르는 것을 걱정하여 벌줄 것을 주장하였습니다. 하지만 박지원의 재주를 아끼던 정조는 반성하는 뜻에서 전통적인 문체로 글을 지어 올리라는 너그러운 조처를 내립니다. 이 때의 상황을 가리켜 문체반정(文體反正)이라고 하며 정조의 명을 받은 박지원은 《과농소초》를 지어 올립니다. 이 경험 때문이었는지 뒷날 박지원은 후배들에게 자신의 문체를 본받지 말고 고문을 배우라고 권하기도 하였습니다. 하지만 사실은 문체 문제라기보다 그 속에 담긴 사상 문제가 더 컸습니다. 그가 지은 대부분의 소설이 한문으로 쓰였지만, 한글로 썼으면서도 귀족 세계의 신선놀음만을 그렸던 김만중의 소설과 달리, 서민들의 애환을 잘 드러내면서 양반들의 허위의식을 가차없이 비판하고 있는 것만 보아도 잘 알 수 있습니다.

주자학을 넘어서서

1392년 고려를 무너뜨리고 새 왕조를 세운 조선은 고려의 이데올로기였던 불교에 대응하여 주자학을 이데올로기로 삼았습니다. 새롭게 등장한 주자학은 조선 중기까지 주도적 이념으로 기능하면서 역동적인 발전을 거듭하였습니다. 앞에서 다룬 화담과 회재, 퇴계와 율곡의 경우가 모두 그러한 예입니다. 하지만 주자학은 조선 중기 이후부터 학문적 이론 싸움과 당쟁이 맞물리면서 오히려 사회 발전을 가로막는 걸림돌이 되고 말았습니다. 바로 이 점에서 주자학의 비생산성과 폐쇄적인 학문 경향에 대한 반성이 시작됩니다.

사실 조선은 연산군이 집권한 15세기 무렵부터 국가경제의 토대인 토지, 병역, 조세 같은 중요한 제도가 무너지기 시작하였고, 그에 따라 기존의 봉건체제를 개편하자는 요구가 거세게 일기 시작합니다. 당시의 폐해를 정확하게 지적하고 구체적 대안을 제시한 것으로는 이이의 《만언봉사》와 그 제자 중봉 조헌의 《동환봉사》가 좋은 예입니다. 하지만 주자학자들은 현실을 외면한 채 공리공론만을 일삼으면서 시문이나 읊조리고 있었습니다. 더구나 인조 이후 서인 노론이 집권하면서는 임진왜란과 병자호란의 참혹한 경험을 겪었으면서도 대의명분론에 사로잡혀 현실성 없는 북벌론만을 내세우면서 자신들의 기득권을 강화해 가는 상황이었습니다. 하지만 다행스럽게도 이 같은 주자학의 비현실적인 학문 풍토에 대한 반성과 함께 학문의 현실성과 과학성을 강조하는 소리가 높아지면서 실학이 싹트기 시작하였습니다. 그들은 중국을 통해 들어온 서양문물에 대한 책을 읽거나 중국 사신의 보조원으로 직접 중국을 다녀오면서 서구 과학의 놀라운 성과를 경험하였고, 이를 바탕으로 자신들의 생각을 더 넓혀 갔습니다.

이 같은 실학의 발생에는 실학자들이 처한 상황이 큰 몫을 하였습니다. 실학자들은 대부분 당시 조선 현실에서 본다면 매우 독특한 환경에 처해 있었습니다. 그들이 태어나 살아간 곳은 대부분 서울이나 경기 지방이었습니다. 서울이나 경기에 산다는 것은 지금의 충청도인 호서 지방이나 영남 지방, 그리고 호남 지방에 사는 것과는 많은 차이가 있었습니다. 삼남 지방이라 불리는 이런 지역 선비들은 권력의 중심인 서울과 멀리 떨어져 있기 때문에 애초부터 벼슬을 포기하고 소과를 통해 초시, 생원, 진사 정도의 호칭을 얻는 데 만족하는 경우가 많습니다. 그리고는 근검 절약으로 조상에게서 물려받은 재산을 지키면서 정치 사회적인 관심보다는 양반의 체면을 유지할 정도의 학문을 바탕으로 집안의 전통을 지켜 갈 뿐이었습니다. 하지만 서울 인근의 선비들은 대부분 벼슬에 기대게 되며 그 바람을 이루지 못하면 생활이 어려울 수밖에 없습니다. 왜냐하면 서울 인근은 땅도 많지 않을 뿐더러 그 대부분이 특권층의 소유였기 때문입니다.

실학을 일으킨 성호 이익이나 순암 안정복, 다산 정약용 등이 모두 경기도 광주 일대에서 살았으며 박지원이나 박제가 등이 서울서 살았던 것은 그 좋은 예입니다. 이익의 《성호사설》에 따르면 정상적인 경우 4년에 한 번 보는 과거시험 합격자를 한 세대 30년 동안 계산하면 모두 2,300여 명이 되지만 관직은 조그만 자리까지 다 합쳐도 500여 자리밖에 안 되기 때문에 당쟁이 일어날 수밖에 없다는 것입니다. 그리고 이익은 〈붕당론〉에서 이런 상황을 밥 먹는 것에 비유하여, 밥은 한 그릇밖에 없고 먹을 사람은 많다면 처음에는 한 숟가락씩 점잖게 퍼 먹겠지만 이내 밥이 조금밖에 남지 않은 것을 보고는 곧 서로 먹는 자세가 나쁘다느니 먹는 소리가 난다느니 하면서 다투게 된다는 것입니다.

이 같은 당쟁 속에서 희생되어 서울 인근에 살면서도 벼슬 한 자리 못한 선비는 정치 경제적 지위를 잃은 채 독서를 통해 얻은 문화적 기능만 남게 됩니다. 그리고 아직은 지식이 상품화될 수 없었던 조선 후기의 불행한 환경 속에서 오히려 지식인들의 사회적 역할을 깨달은 의식 있는 선비들이 나오게 됩니다.

이중환은 《택리지》에서 본래 사·농·공·상 사민이 평등한 것이므로 선비라고 해서 농사꾼, 장사꾼, 공장이를 업신여기거나 거꾸로 선비를 선망하는 농사꾼, 장사꾼, 공장이가 있다면 이는 모두 그 근본을 모르는 것이라고 했습니다. 또한 홍대용은 경전에만 몰두하거나 글 짓는 일에만 힘쓰거나 과거시험에만 매달리는 일반 선비들과 달리 참선비가 될 것을 주장하였습니다. 그가 말한 참선비는 어떤 재물로도 뜻을 더럽힐 수 없고 어떤 가난으로도 그가 즐기는 것을 바꿀 수 없으며, 임금도 감히 신하로 삼지 못하는 사람으로서, 그가 세상에 나오면 혜택이 온 세상에 미치고 물러나면 진리를 천 년 후에라도 밝게 전한다고 하였습니다. 그리고 박지원은 선비의 학문은 농사·장사·공업의 원리를 모두 담고 있어야 하며,

그 신분을 따진다면 위로는 임금이나 귀족과 벗하면서도 아래로는 농사꾼이나 공장이와 어울리는 사람이라고 하였습니다. 다산 정약용은 한 걸음 더 나아가 농민이 아닌 선비는 땅을 가져서는 안 되며, 농민의 자녀들을 가르치거나 농사법을 연구하여 농민에게 이익을 주고 그 대가로 살아가야 한다고 했습니다.

이 같은 실학의 흐름은 이이에서 시작되었으며, 반계 유형원을 거쳐 이익에 이르러 비로소 결실을 맺기 시작합니다. 성호 이익은 본래 퇴계 이황 계열의 학자입니다만 조선에서 힘써야 할 것이 무엇인지를 안 사람은 오직 율곡 이이와 반계 유형원 두 사람뿐이라고 함으로써 자신의 학문이 두 사람에서 이어진 것임을 분명히 하였습니다. 이익이 중심이 된 최초의 학파는 18세기 전반에 시작된 경세치용 학파입니다. 그들은 혈연관계, 사제관계, 교우관계로 얽힌 남인 집안이 대부분이었고, 책을 통해 서학을 알았다는 특징이 있습니다. 그들은 농업에 많은 관심을 보이면서 토지 제도와 행정기구의 개혁을 통해 소농민의 이익을 보장하려 하였습니다. 하지만 성리학의 비생산적 관념론을 반대하면서도 다른 한편으론 예를 따지는 문제나 성리학적 관심들을 정리하기도 하였습니다. 그래서 실학적 문제의식과 성리학적 관심이 별 모순 없이 추구되었다는 평을 받기도 합니다. 이 학파에 해당하는 사람들로는 이익 이외에 이가환, 이중환, 안정복, 권철신, 이벽, 이승훈, 정약용 형제들이 있으며, 뒷날 천주교를 반대하는 사람들과 적극적으로 받아들인 사람들로 갈라지기도 합니다.

두 번째 학파는 18세기 후반 박지원, 박제가, 홍대용 등이 중심이 된 이용후생 학파로서 북학파라고도 불립니다. 이들은 대부분 노론 계열로서 서로 교우관계를 통해 동지적 결합을 이루었고, 중국을 통해 서양 학문을 직접 경험하기도 한 세대입니다. 그들은 경세치용 학파와 달리 공업이나 상업에 관심이 많았으며, 상공업의 유통 확대와 생산 기구의 개량을 통한 생산력 발전을 강조하였습니다. 당시는 전국적으로 여전히 자연경제가 지배하는 상황이었지만 상업의 발달이 조금씩 두드러지기 시작하였습니다. 이런 상황 속에서 육의전 같은 어용상인이나 큰 장사꾼보다는 소생산자와 소상인을 보호해야 한다는 것이 이들의 생각이었습니다. 특히 이들은 문학 예술을 통해 주자학에 대한 자신들의 비판적인 생각을 잘 드러냈습니다.

실학의 마지막은 19세기 전반에 나타난 추사 김정희 중심의 실사구시 학파입니다. 이들은 청나라 고증학의 영향을 받아 유가 경전뿐 아니라 돌이나 쇠붙이에 새겨진 고대 자료들을 고증하기도 하였습니다. 따라서 경세치용 학파나 이용후생 학파 같은 사상성과 사회개혁의 열정은 보이지 않습니다. 그러나 선배 실학자들의 실증적 연구방법을 계승하면서 한 편으로는 주체적 인식을 바탕으로 민족문화에 많은 관심을 기울였습니다. 김정희가 진흥왕 순수비를 고증해 낸 것도 그런 목적에서였습니다. 여기에 속하는 학자들은 정치적 또는 사회적 이념을 기준으로 고전을 해석하는 데 반대하고 오직 학문 자체만을 목적으로 삼았습니다. 이 같은 객관적인 태도가 근대적 학문의 길을 열었으며, 당시 이상적이나 오경석 같은 중인 계층의 의사나 통역관들과도 교류함으로써 양반 지식인 중심의 실학이 개화사상으로 연결되는 고리 역할을 하기도 하였습니다.

위에서 살핀 실학의 유파 가운데 집권 세력이 가장 경계했던 것은 이용후생 학파입니다. 왜냐하면 그들은 오랑캐인 청나라에 대해서도 가장 긍정적이었으며, 사회 구조상 하층민으로 취급받던 장사꾼이나 공장이에게 주목하였기 때문입니다. 유교는 본래 농업을 근간으로 삼았고 경세치용 학파도 여기에서 벗어나지 않았습니다. 하지만 이용후생 학파는 상업을 중시하기 시작한 것입니다. 본래 농사는 한 군데서 짓는 것이며 따라서 사회 체제를 흔드는 일이 별로 없습니다. 하지만 장사는 주로 돌아다니는 것이 일이며 물건 또한 활발한 유통을 필요로 합니다. 따라서 정적인 봉건왕조의 체제를 흔드는 일이 되며 그렇기 때문에 지배집단의 입장에서는 가장 불온한 사상이라고 볼 수밖에 없었을 것입니다. 특히 그 가운데서도 중심 역할을 하던 박지원은 당연히 주목대상이 될 수밖에 없었고, 그래서 앞에서 본 것처럼 글을 빌미 삼아 박지원을 탄압하려 했던 것입니다.

북학만이 살길이다

그렇다면 보수적인 성리학자들이 우려했던 박지원의 사상은 무엇이었을까요? 박지원과 그를 따르던 젊은 학자들의 사상은 북학이라고 불렸습니다. 그래서 그들을 가리켜 북학파라고도 합니다. 북학이란 북벌에 대응되는 표현으로서 북벌이 청나라를 쳐서 명나라의 원수를 갚자는 것이라면 북학은 조선이 강한 나라가 되기 위해 청나라로 대표되는 선진 문물을 배워 오자는 주장이었습니다. 북벌론이 대의명분에 입각한 논리라면 북학론은 근대화를 위한 논리였던 셈입니다.

박지원의 북학사상은 그가 지은 《열하일기》에 잘 나타나 있습니다. 《열하일기》는 1780년 박지원이 청나라 사신 행차를 따라다니면서 보고 들은 두 달 동안의 일들을 일기 형식으로 기록한 글로서 박제가가 지은 《북학의》와 쌍벽을 이루는 책입니다. 《열하일기》는 박지원 일행이 막 홍수가 그친 압록강을 건너는 장면에서 시작됩니다. 박지원은 드넓은 요동 벌판을 보면서 한바탕 목 놓아 울 만한 좋은 울음터라고 하였습니다. 아마도 좁은 한반도의 서러움을 그렇게 표현한 듯 합니다. 박지원은 중국 여행길에서 본 것들을 작은 것 하나라도 놓치지 않고 기록하였습니다. 사신들이 묵는 집의 건축 구조와 중국의 벽돌 만드는 법, 마을 변두리에 놓인 가마의 효율과 구들이나 굴뚝의 모양새까지 세심한 눈으로 살피고 있습니다. 그리고 중국의 산천과 기후, 풍속, 도로 형태와 그 효율, 다리의 구조와 배의 모양 등을 하나하나 조선의 그것들과 비교하면서 어떻게 하면 조금이라도 더 배울 수 있을지를 고심하였습니다.

북벌론이나 북학론은 모두 집권세력인 서인 내부의 논쟁이었습니다. 그 가운데 북벌론이 체제 유지를 위한 이론이라면 북학론은 개혁론인 셈입니다. 이 대립은 노론 계열의 논쟁인 인물성동이 논쟁과도 선이 닿아 있습니다. 인물성동이 논쟁이란 인간과 인간 아닌 것의 본성이 같으냐 다르냐를 따진 논쟁입니다. 율곡 이이의 학맥을 이은 수암 권상하의 문하에서 시작된 이 논쟁은 시대의 참다운 정신을 담아내지 못한 이론적 논쟁에 지나지 않았다는 비판을 받습니다. 하지만 철학사적 의미를 본다면 전 국민의 절반 이상이 죽거나 다친 임진왜란과 병자호란의 참혹함을 겪은 상황에서, 과연 사람이 짐승과 근본적으로 무엇이 다른지를 고민한 데 의미가 있습니다.

처음에 이 논쟁은 송시열의 수제자인 권상하와 그의 제자였던 외암 이간 사이에서 시작되었고, 얼마 안 가 이간과 또 다른 제자 남당 한원진 사이의 논쟁으로 발전하였습니다. 지금도 충남 서쪽 지역에는 두 사람이 호를 딴 외암리와 남당리가 있습니다. 논쟁의 시발이 된 것은 주희와 율곡 이이의 언급이었습니다. 《주자어류》를 보면 주희가 어떤 곳에서는 "理를 가지고 말하면 사람이 태어나면서부터 가진 인의예지를 동물이 어찌 온전히 얻을 수 있겠느냐"고 하고, 또 다른 곳에서는 "사람이나 사물이나 처음 생겨날 때 각기 하늘로부터 理를 얻어 인의예지의 덕이 되니 이것이 본성"이라고 하여 서로 모순처럼 보이는 말을 하였습니다. 그리고 이이는 "理는 모든 만물에 통하지만 氣는 막힘이 있다"고 하였습니다. 처음에는 사람과 짐승의 본성을 따지는 문제로 논쟁이 시작되었지만 나중에는 사람과 사람 아닌 모든 사물의 본성을 따지는 문제로 나아갔습니다. 사람과 짐승에게 똑같이 인의예지신의 덕성이 있는가 없는가를 따지는 것에서 시작하여 마음이 아직 움직이지 않은 상태에 욕심을 일으키는 기질이 섞여 있는지 아닌지를 따지는 문제로, 그리고 다시 그 상태가 선인지 아니면 선과 악이 섞여 있는 것인지를 따지는 문제로 나아간 것입니다.

이간은 사람과 사람 아닌 것의 본성은 같으며 아직 움직이지 않은 본래적인 상태는 선이라고 주장하였습니다. 그러나 한원진은 사람과 사람 아닌 것의 본성이 처음부터 다르며 아직 움직이지 않은 마음에도 선과 악이 함께 들어 있다고 주장하였습니다. 대체로 경기와 서울 부근 학자들이 이간의 주장을 지지하였기 때문에 낙론이라고 부르고 한원진의 주장은 충청도 학자들이 지지하였기 때문에 호론이라고 합니다. '낙론'이란 본래 낙양이 중국의 수도였던 것에서 연유하여 서울을 '낙'이라고 불렀던 데서 온 것이며, 충청도를 호서지방이라 부른 데서 '호론'이라는 표현이 나온 것입니다. 그래서 호락 논쟁이라고도 부릅니다.

두 이론을 사회적 상황과 연관하여 보면 엄청난 차이가 담겨 있습니다. 먼저 낙론인 인물성동론의 경우는 개체의 차이를 넘어서서 각각의 사물을 주체로 인정하는 이론이 됩니다. 따라서 국제적 관계에서는 청나라가 비록 오랑캐지만 그들의 본성 또한 본질적으로 우리와 같으므로, 우리보다 앞선 그들의 문명을 배우고 받아들이자는 북학론으로 이어집니다. 그리고 국내적으로는 양반이나 상민이나 그 사회적 신분은 다르지만 본질적으로는 같다는 생각에서 근대적 평등론으로 나아갈 가능성을 보입니다. 하지만 호론, 즉 인물성이론은 정반대의 모습을 보입니다. 밖으로는 오랑캐와 사람은 본질적으로 다르기 때문에 한 하늘 아래 있을 수 없으므로 반드시 명나라를 무너뜨린 오랑캐를 쳐야 한다는 북벌론으로 이어집니다. 그리고 안으로는 봉건적인 신분질서와 차별적인 계급질서를 더 강화하는 논리가 되었습니다.

백성의 더 나은 삶을 위해

박지원은 백성들의 삶 전체에 관심이 많았습니다. 우선 농업에 대한 관심을 보면 그는 농업에 대한 선비들의 무관심을 비판합니다. 토지는 정치의 근본이므로 선비들이 농업에 대한 연구를 해야 한다는 것입니다. 그래서 내용 없는 성리학이나 연구하고 문장 꾸미는 일에나 매달리는 사람들이 백성을 다스리는 것은 술에 취한 사람이 맹인의 길잡이가 되는 것과 같다고 하였습니다. 그리고 좋은 물감과 기술이 있다고 해도 종이가 없으면 소용없는 것처럼 농사기술이 아무리 좋아도 토지가 없으면 아무것도 아니라고 하면서 당시 대부분의 토지를 양반들이 소유하는 문제를 바로잡으려 하였습니다. 구체적으로는 〈한민명전의〉라는 글을 통해 획기적으로 토지 소유의 상한을 정하자고 하였습니다. 토지 소유를 제한하면 많은 토지를 소유하려는 사람들이 없어져서 산업이 고루 발달할 것이고 백성들의 삶 또한 안정될 것이라고 보았습니다. 더구나 개혁법이 공포된 뒤에는 상한선 이상의 토지를 매입하는 사람의 토지를 백성이 적발하면 적발한 백성에게 주고 관에서 적발하면 국가가 몰수하자고 하였습니다. 다만 개혁법 공포 이전에 가지고 있는 상한 이상의 토지는 그대로 인정하되 상속을 통한 분할을 장려하면 대토지 소유가 줄어들 것이라 보았습니다.

이 같은 박지원의 주장은 상한의 규모를 구체적으로 언급하지 않은 문제가 있습니다. 그리고 현실의 대토지 소유를 인정하면서 그 해결을 상속 같은 방법으로 해결하려 한 것 또한 소극적인 방법이라 지적되며, 법이 아무리 엄해도 지금처럼 남의 이름으로 토지를 소유하는 경우 또한 막기 어려웠을 것입니다. 하지만 이 같은 주장은 박지원 자신의 경험에서 나온 것입니다. 그는 자신이 군수를 지내던 면천군의 예를 들어 백성들 가운데 자작농은 2/10가 채 안 되는 데다가 대부분의 소작인들은 국가에 내는 세금이 1/10이고 다시 땅 주인에게 5/10를 내야 하므로 세금이 6/10이나 되니 농민들이 아무리 부지런해도 굶어 죽을 수밖에 없다는 것입니다.

그러나 박지원의 관심은 경세치용 학파처럼 단순히 토지 제도의 개혁에 머물지 않았습니다. 그는 오히려 농업기술론에 역점을 두었으며, 하늘에 기대어 점을 치는 당시 풍토를 비판하면서 인간의 짧은 지혜로는 우주 자연의 오묘함을 예측할 수 없으므로 인간이 할 수 있는 일에 힘을 기울이라고 하였습니다. 이 같은 주장은 하늘을 도덕의 근원으로 보던 전통 성리학에서 벗어난 것을 의미합니다. 그리고는 논에 물을 대는 관개와 물 푸는 기계, 땅을 북돋는 방법과 종자 관리법 등 세세한 데까지 관심을 두었습니다. 또한 곡식의 보관에도 관심이 많아서 추수 뒤 관리 소홀 때문에 곡식이 썩는 것을 막기 위하여 아래쪽은 습기를 방지하고 위쪽은 열기가 빠져나갈 수 있게 창고를 지어야 한다고 했습니다. 그리고 경작기와 파종기, 탈곡기와 정미기까지 언급하였고, 심지어 서울 근교에 백성들에게 농사기술을 보급할 수 있는 모범농장을 세우자고도 하였습니다. 이 같은 생각은 중국 사신을 따라다니며 보았던 선진 문물에 대한 경험에서 나온 것입니다. 그리고 소 기르는 법과 외양간의 구조, 병 치료법, 사료 등에까지 관심을 가졌고, 관개를 위해 저수지를 어떻게 개발하고 활용할 것인가와 물길을 이용하는 것이 얼마나 효율적인가를 언급하였습니다. 그리고 그러한 입장에서 삼국 시대부터 사용해 오던 김제의 벽골지가 그냥 방치되고 있다는 비판을 하기도 하였습니다.

다음으로 상업에 대한 관심을 보면 박지원은 무엇보다도 생산물의 유통에 관심이 많았습니다. 그는 모든 생산물이 생산된 지역을 거의 벗어나지 못하는 현실을 안타까워하면서 국내뿐 아니라 외국과의 무역도 더 활발하게 개선하라고 하였습니다. 그리고 이런 입장에서 수레 만드는 법을 언급하였고, 우리 나라의 경우는 도로가 나빠서 수레를 못 쓰는 것이 아니라 수레를 쓰지 않기 때문에 도로가 발달하지 못하는 것이라고 꼬집었습니다. 조선이 가난한 이유는 바로 사방 몇 천 리도 안 되는 좁은 땅에서 수레가 잘 다니지 못하는 데 이유가 있다는 것입니다. 이 같은 생각을 잘 드러내고 있는 것이 그가 쓴 〈허생전〉입니다. 뿐만 아니라 화폐에도 관심이 많아서 유통을 활발하게 촉진시킬 수 있는 화폐 제도의 정비를 역설하였습니다. 그는 은을 중국에 수출하고 중국 돈을 들여다 쓰는 당시 현실을 비판하면서, 은화를 만들어 유통시킬 것과 고액권을 발행하여 소액권과 함께 사용하게 해야 한다고도 하였습니다. 이러한 박지원의 주장들은 기득권층의 이익을 돕기 위한 것이 아니라 철저히 피지배층의 이익을 보장하기 위한 것이었습니다.

사람답게 사는 평등사회를 향한 꿈

박지원의 사회의식을 가장 잘 드러내는 것은 그가 쓴 소설들입니다. 〈마장전〉, 〈예덕선생전〉, 〈민옹전〉, 〈광문자전〉, 〈김신선전〉, 〈우상전〉 같은 대부분의 소설들은 《연암집》 별집에 들어 있지만, 유명한 〈호질〉과 〈허생전〉은 《열하일기》 속에 들어 있습니다. 그의 소설은 모두 역사의식과 현실의식에 바탕을 둔 주제를 다루고 있으며, 문체 또한 관념적이거나 상투적인 전통 형식이 아니라 비어나 속어를 거침없이 쓰고 있습니다. 더구나 그의 소설에 등장하는 주인공들은 대부분 밑바닥 사람들입니다. 박지원은 이 사람들을 통해 한편으로는 도덕군자인 척하는 지배계층의 허위

의식을 신랄하게 비판하였고, 다른 한편으로는 하는 일이나 신분에 관계없이 모든 사람이 평등하다는 주장을 한 것입니다.

구체적으로 소설 하나하나를 살펴보면 이러합니다. 〈마장전〉에서는 저잣거리에서 빌어먹으면서 미친 사람처럼 노래를 부르고 다니는 세 사람을 주인공으로 내세워서 참된 우정이 무엇인지를 말하고 있습니다. 그리고 충성이니 의리니 삼강오륜이니 하는 유교 도덕들은 모두 가난하고 천한 사람들에게만 강요되는 의무라고 비판하였고, 덕 있는 군자인 척, 학문 높은 양반인 척 위세를 부리는 무리들이 사실은 권력이나 명예나 자신들의 이익만을 욕심 내는 위선자들임을 날카롭게 지적했습니다.

〈예덕선생전〉은 제목부터 해학적입니다. 박지원은 이 소설의 주인공으로 똥을 퍼서 서울 근교 채소밭에 져다 나르는 엄행수를 내세웠습니다. 엄행수는 가난하고 낮은 신분인 데다 항상 똥을 져 나르기 때문에, 가까이 가면 냄새가 날 것 같아서 사람들이 모두 더럽다고 생각합니다. 하지만 순진한 천성을 바탕으로 성실하게 살아가는 모습은 오히려 옳지 못한 일로 재물을 모아 떵떵거리고 사는 무리들의 내면적인 불결함보다 깨끗하다는 것입니다. 그래서 똥오줌 '예'자에 덕 있는 사람이라는 뜻을 붙여서 '예덕선생'이라고 한 것입니다. 이 이야기 속에는 덕 있는 체 위선을 부리는 양반들에 대한 비판과 함께 그가 하는 일만 가지고 사람을 평가하지 말라는 암시가 들어 있습니다.

18세 때 지은 〈광문자전〉 또한 광문이라는 거지가 주인공으로 등장합니다. 광문은 천성이 순박하고 정직하며 자기가 한 말은 반드시 지키는 믿음직한 사람이지만, 거지라는 이유 때문에 가는 곳마다 웃음거리가 되고 맙니다. 이와 달리 양반은 대단한 집안에서 태어나 용모만 번듯하면 마음씀이나 하는 짓이 형편없어도 사람 대접을 받습니다. 박지원은 장안 최고로 꼽히는 운심이란 기생이 잔치자리에서 상석에 앉아 있는 번듯해 보이는 양반들을 다 제치고 말석에 앉은 광문을 택하게 함으로써, 이처럼 불합리한 사회를 보란 듯이 비판하고 있습니다. 광문이라는 이름 뒤에 공자나 맹자 같은 덕 있는 사람 이름 뒤에나 붙이는 '자'를 붙인 것 또한 기발한 발상입니다.

〈양반전〉은 부를 쌓은 평민이 한평생 글만 읽은 가난한 양반으로부터 천 섬을 주고 양반 신분을 사는 이야기로 시작됩니다. 이 기상천외한 매매의 증인으로 원님이 나서서 아침부터 저녁에 자리에 들 때까지 양반이 지켜야 할 예의범절과 학문 닦는 일을 일일이 적어 문서를 만드니, 양반을 산 부자는 이렇게 재미없을 바에야 산 것을 다시 물리겠다고 하였습니다. 그러자 원님은 이번에는 제멋대로 남을 못살게 굴고 권세를 부릴 수 있다는 내용으로 문서를 다시 꾸미자 그 부자는 어이가 없다는 듯 이게 도둑놈이 아니고 무엇이냐며 그냥 돌아갔다는 이야기입니다. 이 글 속에는 양반의 위선과 못된 짓을 고발하고 유교의 형식주의와 계급의식을 부정하는 의미가 담겨 있습니다.

〈호질〉은 본래 중국 소설을 가져온 것이라고 하는데, 이 이야기에는 북곽선생과 동리자라는 여인, 그리고 호랑이가 나옵니다. 북곽선생은 겉으로는 덕이 높은 척 벼슬도 마다하고 공부에만 전념하여 수만 권의 책을 지었으며, 그래서 많은 사람들의 존경을 받는 인물이지만, 알고 보면 위선으로 가득 찬 거짓 선비일 뿐입니다. 그리고 동리자 또한 겉으로는 절개를 잘 지켜 나라에서 표창까지 받은 열녀로 알려져 있지만, 슬하에 아버지가 다른 자식이 다섯이나 있는 음탕한 사람입니다. 이 둘이 한 밤중에 몰래 만나고 있을 때, 북곽선생을 천 년 묵은 여우라고 여긴 다섯 아들이 잡으려 드는 바람에 북곽선생이 도망을 치게 됩니다. 허둥대던 북곽선생이 들판에 있던 똥구덩이에 빠졌다가 겨우 빠져나오는 판에 호랑이를 만나 야단을 맞는 이야기입니다. 박지원은 호랑이의 입을 빌려 선비란 아

첨꾼에 지나지 않는다고 하면서 성리학의 허구성을 매섭게 비판하고 있습니다. 이 소설에 나오는 북곽선생과 동리자는 형식에 얽매여 명분만 내세우는 명나라와 조선을 비유한 것이고, 호랑이는 청나라를 비유한 것으로 보기도 합니다.

위에서 본 소설들이 성리학자들의 허위의식을 비판한 것이라면 〈민옹전〉, 〈우상전〉, 〈김신선전〉 등은 유교사회의 신분질서를 비판한 소설들입니다. 〈민옹전〉은 슬기롭고 재주가 뛰어난 민옹이라는 무관 출신의 기인을 내세워 무인을 깔보고 문인만 대우하는 당시 사회를 비판하고 있습니다. 특히 놀고 먹는 양반들을 메뚜기에 비유하면서, 종로에서 방황하는 7척짜리 큰 메뚜기가 해서 지방의 메뚜기보다 더 많은 곡식을 축내는 것이 걱정이라고 하였습니다. 〈김신선전〉은 세상을 멀리하고 신선이 되어 살아가는 인물을 통해 사회가 알아주지 않아서 불우하게 살 수 밖에 없는 사람들의 모습을 그린 것입니다. 그리고 〈우상전〉은 일본 관백의 추대식 사신 행차에 따라간 통역관 이언진이 뛰어난 글 솜씨로 일본 전체를 놀라게 했지만, 조선 조정은 이처럼 아까운 인재를 신분이 낮다는 이유로 등용하지 못했다는 이야기입니다. 박지원은 이 글들을 통해 적서차별과 문무차별 때문에 빚어진 인재 등용의 맹점을 지적하고 있는 것입니다.

그 밖에 〈열녀함양박씨전〉은 여성 인권에 주목한 소설입니다. 이 책에서 박지원은 55세 무렵 안의 현감을 지낼 때 자신이 직접 목격한 사건을 토대로 남편이 죽은 뒤 삼년상을 마치고 자결한 여인의 이야기를 그리고 있습니다. 박지원은 열녀가 될 것을 강요하는 당시 사회의 문제를 지적하고, 새파란 나이에 홀로 되어 이웃의 연민과 못된 억측 속에 살아가야 할 어려움을 동정하면서, 내면의 자연성을 긍정하는 입장에서 인간적인 고민을 뛰어난 심리묘사로 그려 내고 있습니다.

박지원이 쓴 소설 가운데 압권은 〈허생전〉입니다. 〈허생전〉은 남산골

샌님으로 글만 읽다가 가장 천한 직업인 장사꾼으로 나선 허생을 통해 박지원 자신의 상업에 대한 관점을 잘 드러내 보인 책입니다. 허생은 부인의 타박에 못 이겨 10년 기약한 글공부를 7년 만에 중단하고 장안 최고의 갑부 변부자에게서 사업자금을 빌려 장삿길로 나섭니다. 변부자는 생면부지에 돈을 빌리러 왔으면서도 비굴하기는커녕 오히려 당당한 허생의 태도에 탄복하여 아무 말 없이 거금 만 냥을 빌려 줍니다. 허생은 그 돈으로 안성에서 과일을 모두 사들인 뒤 잔치나 제사 상에 놓을 과일을 구하지 못해 과일값이 치솟자, 내다 팔아 열 배의 이득을 남깁니다. 그리고 다시 제주로 가서 말총을 다 사들였고, 말총이 없어 망건을 만들지 못하게 되자 역시 말총값이 치솟아서 큰 이득을 봅니다. 박지원은 허생의 입을 빌려 물건이 생산된 지역을 벗어나지 못하는 우리 시장의 취약한 유통구조 문제를 꼬집습니다. 그리고 허생은 변산의 떼도둑들에게 돈을 나누어 주고 부인 삼을 여자와 소를 한 필씩 구해 오게 한 다음, 작은 섬에 들어가서 농사를 짓게 하여 수확한 곡식을 일본에 가져다 팔아 백만 냥을 얻습니다. 하지만 백만 냥은 조선 전체에 쓰일 수 있는 돈이 아니라고 하면서 오십만 냥을 바다에 버렸고, 뒷날 화근이 된다 하여 글 아는 자들만 배에 싣고 섬에서 나옵니다. 이러한 설정은 앎이 오히려 사람을 얽어매고 남을 못살게 두는 도구일 뿐이라는 노장사상의 영향으로 평가됩니다. 남은 돈으로 어려운 백성을 구제한 허생은 처음에 돈을 빌린 변부자를 찾아가 만 냥을 십만 냥으로 갚습니다. 그 뒤 북벌의 책임을 맡아 인재를 구하러 다니던 어영대장 이완이 변부자에게서 허생의 이야기를 전해 듣고 도움을 얻으러 찾아옵니다. 허생은 이완에게 세 가지를 제시합니다. 첫째, 제갈량 같은 인재를 추천할 터이니 임금이 삼고초려하게 할 수 있는지. 둘째, 명나라가 망할 때 조선으로 망명한 사람들에게 명문 집안 딸들을 시집보내고 대신들의 집을 징발하여 살게 할 수 있는지. 그리고 셋째, 양반 자제들에게 청나라 복장과 머리모양을 하게 하고 청에 유학 보낼 수 있는지. 이완이 세 가지 모두 실행하기 어렵다고 하자 허생이 크게 꾸짖고 칼로 찌르려 해서 창문으로 도망 나왔다가, 나중에 다시 찾아가 보니 허생이 온데간데없더라는 이야기로 끝을 맺습니다.

개화와 개국의 이론으로

박지원은 문학가로서, 그리고 개혁사상가로서 살아갔습니다. 그의 사상이 담긴 《연암집》은 그가 죽은 뒤 불온한 사상이 담긴 금서처럼 취급되었습니다. 개화사상의 대부 역할을 했던 손자 박규수까지도 할아버지의 문집을 발간하자는 동생의 제안을 공연히 말썽을 일으킬 필요가 없다는 구실로 거절할 정도였습니다. 그래서 박지원의 글이 세상에 빛을 보는 것은 세상이 엄청 바뀐 1900년에 와서야 가능했습니다.

그의 사상이 마치 오늘날 국가보안법의 대상처럼 취급받은 까닭은 그가 근본적으로 사회 구조를 바꾸려 했기 때문이며, 더구나 혼자 초야에 묻혀 글을 통해 주장한 정도가 아니라 많은 젊은이들이 그를 따랐기 때문이었습니다. 그의 사상에는 우선 양반과 상민을 엄격하게 구분하던 계급의식을 타파하려는 열망이 강하게 담겨 있습니다. 그는 하늘이 어떤 사람들에게만 특별히 재능을 내려주진 않는다고 하면서, 서얼들에 대한 차별대우를 철폐하라고 하였습니다. 그리고 소설의 주인공으로 대부분 하층민들을 등장시켰던 것처럼 양반 관료들의 무능과 부패를 지적하면서, 민중들의 희생 위에 서 있는 계급 제도의 부조리를 고발하였습니다. 더구나 〈열녀함양박씨전〉 같은 글을 통해서는 여성해방과 함께 남녀평등의 관점까지 보이고 있는 것입니다.

둘째, 현실적으로 청나라의 지배를 받고 있으면서도 대의명분을 구실 삼아 자신들의 기득권을 지키기 위해 이미 망해 버린 명나라를 높이던 주자학자들에 대한 강한 비판입니다. 박지원은 당시 사대부들을 우물 안 개구리나 논밭에 돌아다니는 들쥐에 비유하면서, 백성들에게 이롭고 나라에 도움되는 것이라면 오랑캐에게서라도 배워 와야 한다는 입장에 서 있었습니다. 하지만 박지원은 외국의 선진문물을 맹목적으로 따르는 외세의존적인 사람이 아니었습니다. 그는 청나라에서 배우자고 하면서도, 병자호란 때 끝내 청나라와의 화친을 반대하다가 심양으로 끌려갔던 청음 김상헌을 높이면서, 청음이라는 이름만 들어도 머리털이 곤두서고 맥박이 뛴다고 하였습니다. 강한 민족의식을 토대로 박지원은 오로지 나라와 민중의 이익에만 관심을 두었던 것입니다. 그래서 고조선의 영토에 대한 고증, 당 태종의 침입을 보기 좋게 물리쳐 낸 안시성의 고증 같은 민족사 자료들을 정리하기도 했던 것입니다.

셋째, 겉으로는 도덕적인 인간을 내세우면서도 속으로는 온갖 욕심에서 제멋대로 못된 짓을 해대는 주자학의 형식주의를 타파하고, 실용적이며 실제적인 인간상을 세우려 했습니다. 박지원은 〈호질〉에 보이듯 양반 관료들의 위선을 좀벌레, 도둑, 불한당이라는 말로 비판합니다. 박지원이 볼 때 주자학자들의 도덕은 권위주의적이며 자기방어적인 윤리일 뿐이었습니다. 그래서 덕을 먼저 내세우던 주자학자들과 달리 "사용하는 도구들을 이롭게 한 뒤에야 삶이 윤택해질 수 있고, 삶이 윤택해진 뒤에야 덕이 바로 잡히게 된다"고 했던 것입니다. 이런 입장에서 박지원은 구체적이고 객관적으로 사물을 보는 자연과학적 태도를 지키려고 했으며, 음양오행론의 비과학성을 비판하기도 했습니다.

이 같은 박지원의 사상은 제자 박제가, 이덕무 등을 통해 이어져 갔습니다. 특히 열여덟의 나이로 박지원을 찾아와 제자가 된 박제가는 스승의 뜻을 이어 《북학의》를 지었습니다. 그는 대부분의 실학자들이 소비 억제와 절약과 검소를 강조했던 것과 달리 "쓸 줄 모르면 만들어 내지 않게 되고, 만들어 낼 줄 모르면 백성들의 삶이 날로 가난해진다"고 하였고, "재물이란 우물과 같아서 자꾸 퍼 쓰면 물이 계속 솟지만 쓰지 않으면 말라 버린다"고 하였습니다. 그래서 구체적으로는 "비단을 입지 않으면 비단 짜는 일이 퇴보하고, 찌그러지고 깨진 그릇을 쓰면 대장장이나 옹기장이가 어려워진다"고 하였습니다. 박제가는 농업을 해치는 것은 상업의 발달이 아니라 놀고 먹는 양반이라고 보고, 나라의 큰 좀인 놀고 먹는 양반들에게 나라에서 자금을 지원해서라도 장사를 할 수 있도록 해야 한다고 하였습니다. 이러한 주장은 하층민의 신분 상승을 통한 평등의 실현이 아니라 양반의 신분을 낮춤으로써 신분제를 타파하려 한 노력으로 평가되기도 합니다. 그리고 종속 무역을 경계하면서 중국만이 아니라 해외 여러 나라와 바닷길을 통한 교역을 하자고 주장하였습니다. 그는 국가간의 교역이란 단순히 경제적 이익을 얻는 일만이 아니라 문물과 제도를 배워 오는 과정이며, 아울러 세계관의 확대를 통해 편견을 고칠 수 있는 기회라고 보았던 것입니다.

　박지원은 자신의 사상을 실현해 볼 수 있을 정도의 벼슬에 오르지도 못하였고, 본인이 직접 실천에 나선 것도 아니었습니다. 하지만 박제가를 통해 이어진 박지원의 사상은 뒷날 개화사상의 뿌리가 되었습니다. 개화사상가 대부분이 조선의 멸망과 함께 친일로 넘어간 사례를 볼 때 그들이 박지원 사상의 겉만 보고 그 속에 담긴 강한 민족의식을 보지 못한 아쉬움이 남습니다.

다산 정약용

농민이 아니면 땅을 가질 수 없다

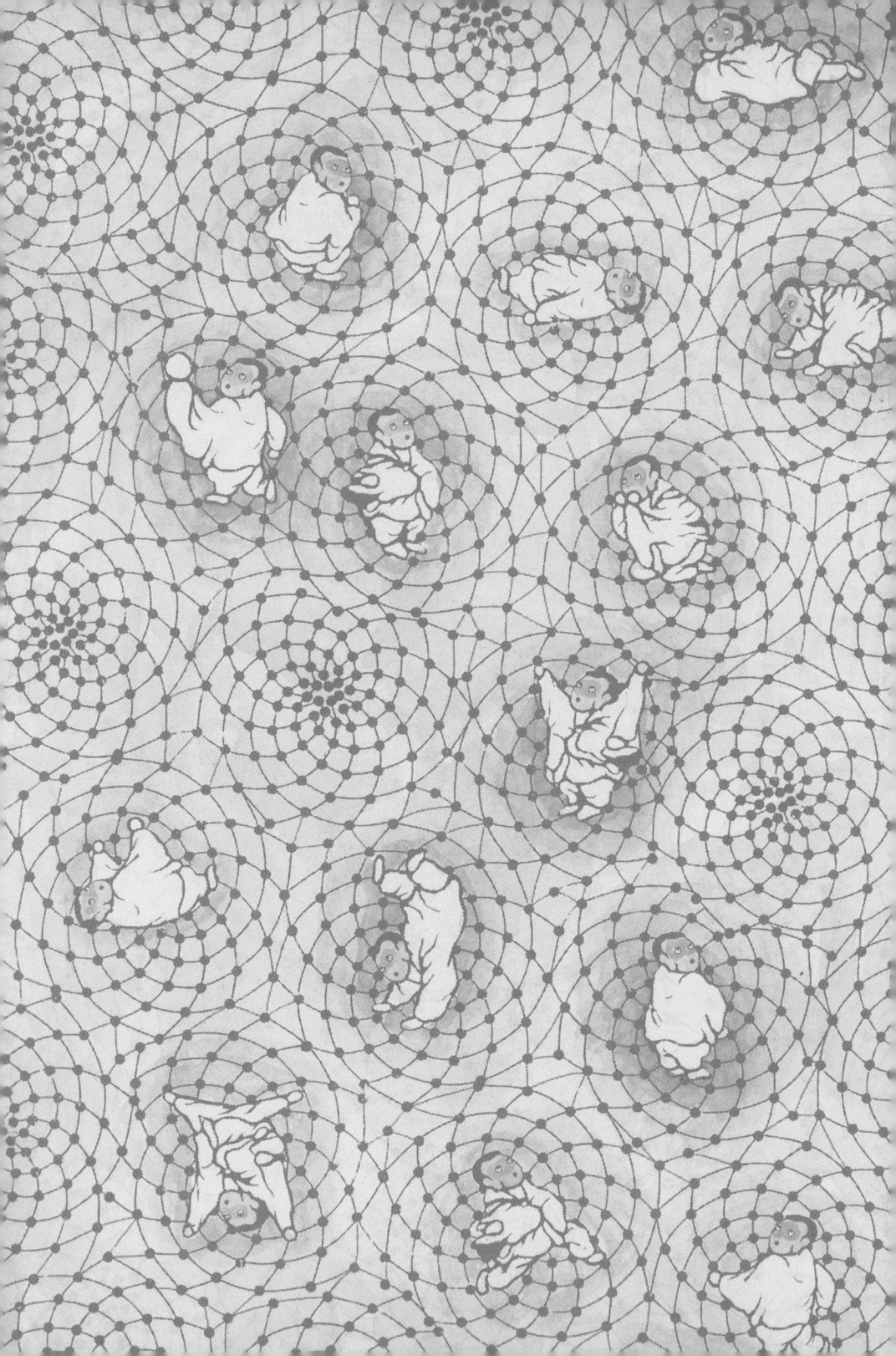

다산학을 만들어 낸 18년 귀양

쓰러져 가는 조선을 다시 일으켜 근대 국가를 이루겠다는 큰 뜻을 품고 노심초사하던 정조가 왕위에 오른 지 24년 만에 갑자기 승하하고 순조가 뒤를 이었습니다. 그리고 다음해인 1801년, 그동안 잔잔하던 조선 사회에는 권력투쟁의 피바람이 몰아치기 시작했습니다. 중국을 통해 서구문물과 함께 소개된 천주교에 민감하게 반응하던 집권 세력들이 천주교에 관대하던 정조의 죽음을 기화로 반대파들의 숙청에 나선 것입니다. 형장에서 문초를 받는 사람들은 대부분 종교적으로는 천주교에 긍정적이었으며 정치적으로는 사도세자를 추앙하면서 정조를 돕던 남인 계열의 시파였고, 서슬 푸르게 문초하던 사람들은 종교적으로는 위정척사를 내세워 천주교를 탄압하고 정치적으로는 사도세자의 학살을 옹호하던 북인 계열의 벽파였습니다.

신유사옥이라 불리는 이 사건에 연루된 사람들 속에는 갓 마흔 된 정약용(茶山 丁若鏞 : 1762~1836)의 여러 형제가 들어 있었습니다. 더구나 둘째 형 약전과 셋째 형 약종이 모두 주요 인물로 지목된 상황이었기 때문에, 정조가 죽기 한 달 전에도 자신은 천주교도가 아니라는 내용의 상소를 올린 정약용이었지만 벗어날 수가 없었습니다. 벼슬을 놓고 향리로 돌아가겠다는 정약용을 '내가 어찌 너를 놓아 줄 수 있겠느냐'며 붙들 정도로 정조의 신임을 받은 까닭에 그만큼 시기하는 무리도 많았습니다. 당시 오고 간 편지들을 증거 삼아 심문을 하던 형리들이 괴수가 약종이냐고 묻자 정약용은 "위로는 임금을 속일 수 없고 아래로는 형을 증언할 수 없으니 나는 오늘 죽음이 있을 뿐이오. 동생으로서 형을 증언할 수는 없소"라고 답하였습니다. 이 사건은 둘째 형 약전의 사위인 황사영이 북경에 있는 주교에게 도움을 요청한 편지가 발각되면서 더 큰 사건으로 발전하였습니다. 황사영 백서사건이라고 불리는 문제의 편지에는 자유롭게 천주교를 믿을 수 있게 청나라가 보호 감독하도록 해 달라는 것과 프랑스 함대를 보내 조선 정부에 압력을 넣어 달라는 내용이 있었습니다. 집권 세력에게는 천주교가 외세를 불러들이는 가장 중요한 원인이라는 확신을 준 셈입니다.

그 결과 셋째 형 약종과 매부 이승훈은 목이 잘리고, 이익의 제자였던 이가환과 권철신은 옥중에서 죽었으며, 둘째 형 약전은 완도군 신지도로, 그리고 정약용은 경상도 영일군 장기현으로 귀양을 떠납니다. 정약용은 여러 사람들이 힘을 써 무죄가 내정되었지만, 암행어사로 있을 때 정약용에게 비리가 적발되어 곤욕을 치렀던 전 경기 감사가 한사코 물고 늘어지는 바람에 형벌을 벗어날 수가 없었습니다. 그리고 얼마 뒤 다시 서울로 압송되어 와서 약전은 흑산도로, 정약용은 강진으로 유배지가 바뀝니다. 그 뒤 형제는 가끔 편지만 주고받았을 뿐 살아서는 다시 얼굴을 대하지 못하였습니다. 두 사람 사이에 오간 편지에는 서로의 안부를 묻는 내용말고는 온통 공부에 대한 얘기뿐이었습니다. 정약용은 이 곳에서 18년을 보냅니다. 물론 본인에게는 엄청난 시련의 세월이었겠지만 강진에서의 18년이 없었더라면 오늘날 전해지는 정약용의 학문은 보잘것없었을지도 모릅니다. 몇 차례 동료나 아들의 건의로 귀양을 푸는 문제가 조정에서 거론되었지만, 그 때마다 세도정치를 펼치던 집권 세력의 반발로 쉽게 풀려날 수 없었습니다.

강진에 도착한 정약용은 처음에는 동문 밖 주막에 머물렀습니다. 그러나 얼마 안 가 만덕사 보은산방으로 거처를 옮겼고, 다시 이정이란 사람 집에 머물다가 마침내 윤단이 지어 놓은 다산초당에 정착하게 됩니다. 지금 남아 있는 전남 강진군 도암면 만덕리 귤동 부락 만덕산 가의 다산초당은 1958년에 다시 지은 것이지만, 귤동 부락 인근은 정약용의 발길이 닿지 않은 곳이 없을 것입니다. 귤동 마을은 자연 환경이 좋아서 감귤과 차가 잘 자라는 곳이었습니다. 더구나 불행 중 다행으로 귤동은 고산 윤선도의 증손자이자 정약용의 외증조부였던 윤두서 집안이 모여 사는 곳이었습니다. 특히 30리 정도 떨어진 외가에는 윤선도로부터 전해진 1,000여 권의 책이 그대로 남아 있었습니다. 그래서 정약용은 수시로 외가를 드나들며 책을 볼 수 있었고, 기나긴 유배 생활 동안 엄청난 양의 독서를 바탕으로 후대에 길이 빛날 많은 책을 쓸 수 있었던 것입니다. 많은 시간을 꼼짝 않고 앉아서 책을 보는 바람에 엉덩이가 짓물렀고, 그 뒤로는 천장에 줄을 묶어 선반을 달아맨 채 서서 글을 쓰는 바람에 나무에 쓸린 팔꿈치에 못이 박일 정도였다는 일화는 학문에 대한 그의 열정을 잘 보여줍니다.

또한 비록 유배지에서의 생활이었지만 정약용을 따르는 사람들도 적지 않았습니다. 부근에서 찾아와 제자가 된 사람들도 여럿 있었고, 만덕사 승려 하나는 정약용에게 감화를 받아 스스로 부엌 시중을 들기도 하였습니다. 그래서 정약용의 제자들로부터 시작된 실학의 흐름을 특화시켜 호남 실학이라고 부르자는 주장도 나올 정도입니다. 43세 때에는 큰아들이 유배지로 찾아와 잠시 함께 머물기도 하였습니다. 정약용은 아들에게 《주역》과 《예기》 등을 가르쳐 주면서 돌아가 아비 대신 아우들을 가르치라고 하였습니다. 이 애틋한 가르침은 52조의 《승암문답》으로 정리되어 전해집니다. 한번은 아내가 남편을 그리며 헌 치마 다섯 폭을 보내오기도 하였습니다. 정약용은 그 천을 잘라서 두 아들을 위한 가르침을 정리한 책의 표지로 쓰고, 남은 천에는 매화를 그려 딸에게 보냅니다. 그 낡은 치마가 멀리 떨어져 지낼 수밖에 없었던 부부와 부모 자식 사이의 도타운 정이 물씬 풍기는 또 다른 선물이 되었던 것입니다.

또한 강진에서의 생활은 근본이 무너져 내리던 조선 후기 사회에서 고초를 겪는 일반 민중들의 어려움을 가까이서 경험할 수 있는 기회를 정약용에게 주었습니다. 본래 호남은 물자가 가장 풍부한 곡창이었기 때문에 "아들 낳아 호남에 고을 원살이 보내고 지고"라는 조선 후기 민요의 가락처럼 욕심 많은 벼슬아치들이 가장 가고 싶어하는 곳이었습니다. 더구나 강진은 호남 지방에서 난 쌀을 모아서 배를 통해 서울로 보내는 조운의 중심지였습니다. 그래서 먹을 것이 풍부한 까닭에 관리들의 수탈이 상대적으로 더 극심한 곳이었습니다. 돌아가신 아버지와 갓난아이까지 군적에 올라 세금을 내야 하는 상황을 견디다 못해 스스로 자신의 성기를 잘라 버린 사내의 아내가 울부짖는 것을 보고 지은 "애절양哀絕陽" 같은 시는 생생한 그의 경험에서 나온 것입니다. 이 같은 역경이 다산학을 가능하게 하였습니다.

자신을 알아준 정조와의 만남

정약용은 유배에서 풀려난 뒤 돌아와 만년을 보냈던 지금의 경기도 양주군 와부읍 능내리에서 태어났습니다. 정약용이 태어날 무렵 남인 계열이었던 그의 아버지 정재원은 지방 수령을 지내다가 사도세자의 참혹한 죽음을 계기로 잠시 벼슬을 놓고 고향 마을에 숨어 지내고 있었습니다. 9세 어린 나이에 어머니를 잃은 정약용은 큰형수 손에서 자랐습니다. 어머니 같았던 큰형수 주변에는 오늘날 순교의 공을 인정받아 성인의 지위에 오른 사람이 여럿 있을 정도로 천주교 신자가 많았습니다. 유명한 사람으로는 한국 천주교의 기틀을 다진 친동생 이벽이 있습니다. 그리고 다산의 매부 이승훈은 조선 최초로 영세를 받은 사람입니다. 이런 관계로 정약용은 8세 위였던 이벽을 통해 일찍부터 천주교와 서양 과학을 소개받았고, 마테오 리치가 쓴 《천주실의》와 《7극》 같은 책을 얻어 볼 수 있었습니다. 이 같은 환경이 뒷날 두고두고 정약용이 천주교 신자였는지 아닌지를 따지는 논란을 낳았습니다.

14세 무렵 정조가 왕위에 오르자 다시 호조 좌랑에 오른 아버지를 따라 서울 생활을 하게 된 정약용은 16세 때 이가환을 통해 성호 이익이 쓴 《성호사설》을 벅찬 감격으로 보게 됩니다. 그리고 이가환이나 권철신 같은 성호 학파 사람들뿐만 아니라 남인의 우두머리인 채제공을 비롯하여 박지원, 박제가, 이덕무 같은 북학파 사람들과 사귀기 시작하였고, 21세 때에는 과거시험에 합격하여 진사 자격으로 성균관에 들어가 공부를 하게 됩니다. 그런데 이 무렵, 학문을 좋아해서 평소에도 자주 성균관을 찾던 정조가 유생들에게 《중용》에서 뽑은 의심스러운 조목 70군데에 대한 풀이를 과제로 주었습니다. 여러 사람들의 풀이 가운데 정약용이 지은 《중용강의》가 가장 돋보였고, 그 뒤부터 정약용에 대한 정조의 신임은 두터워만 갔습니다.

28세 때 대과에 합격하여 벼슬에 나가기 시작한 정약용은 임금의 극진한 신임을 바탕으로 자신의 지식을 국가와 백성을 위해 적극 펼쳐 나갑니다. 그래서 아버지 사도세자의 능을 자주 방문하던 정조를 위해 한강에 배를 연결시키고 그 위에 널을 덮는 뜬다리를 만들기도 하였고, 수원성

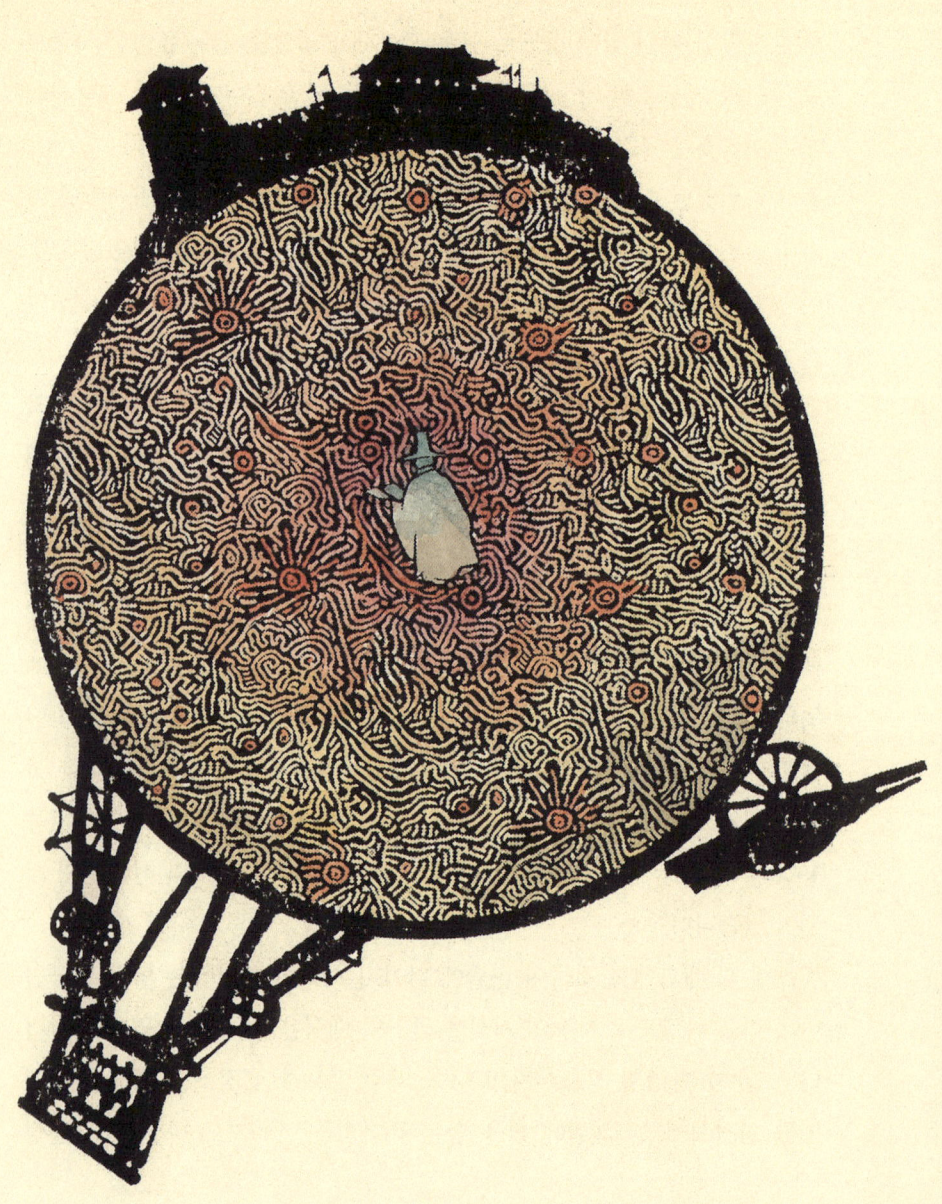

건설에 참여하기도 하였습니다. 특히 수원성을 쌓는 일에는 정약용이 발명한 기중기와 바퀴 달린 달구지 등이 큰 역할을 하였습니다. 경기도 광릉수목원 안 박물관에 전시되어 있는 정약용이 만든 기중기 모형을 보면 작은 힘으로 큰 돌을 들어 올릴 수 있도록 고안된 그 기술에 놀라지 않을 수 없습니다. 뿐만 아니라 정약용은 기하학과 측량술을 동원하여 수원성을 어떤 침략에도 쉽게 무너지지 않을 튼튼하고 네모 반듯한 성으로 만들어 냈습니다. 학자들은 당시 정조가 권력을 틀어쥔 보수 세력을 몰아내고 참신한 개혁 정치를 펼치려 했다는 점에서, 자신이 신임하는 사람들과 함께 수구 세력을 몰아내는 거사를 하게 될 경우에 수원성을 거점으로 삼기 위해 수비 중심의 성을 만든 것이며, 자주 배를 엮어 만든 뜬다리를 이용해 한강을 건넜던 것은 유사시에 대비한 도하훈련이었다고 보기도 합니다. 그런 점에서 본다면 정조의 갑작스러운 죽음 또한 예삿일이 아닐 수 있습니다.

 29세 되던 해에는 충남 금산에 살던 윤지충이라는 천주교 신도가 부모의 신주를 불태워 버리고 제사를 지내지 않은 충격적인 사건이 발생하였습니다. 그래서 반대파들이 벌떼처럼 들고일어나 많은 천주교도들을 처형하였습니다. 이 일이 신해사옥입니다. 반대파들은 이 기회를 이용하여 정약용 일파를 몰아내려 하였습니다. 하지만 임금의 신임이 두터운 까닭에 천주교 관련 책들은 읽었지만 믿지는 않았다고 하여 무사할 수 있었고, 오히려 그를 몰아내려던 이기양이 경원으로 유배를 당했습니다. 그러자 정약용은 이기양의 집을 찾아가 가족들을 위로하기도 하고, 이기양의 어머니가 죽었을 때에는 있는 돈을 다 털어 1,000냥이나 되는 거금을 부조하기도 하였습니다. 뿐만 아니라 뒤에서 그의 석방을 위해 애쓰기도 하였고, 이기양이 귀양에서 돌아왔을 때에는 따뜻이 맞아 주기까지 하였습니다.

33세 때에는 경기도 암행어사가 되어 지방 관리들의 부패와 그로 인한 민중의 어려운 삶을 직접 보게 됩니다. 이런 경험은 나중에 《목민심서》를 짓는 중요한 동기가 됩니다. 정조는 정약용에게 규장각 학사, 승지 등의 벼슬을 주어 항상 곁에 있게 하였습니다. 하지만 정약용에게는 일생 시기하는 무리들이 따라다녔습니다. 더구나 사색당쟁이 점점 격화되는 과정에서 스스로 당쟁에 끼지 않으려 하였고, 아들에게도 여러 차례 당쟁에 들지 말라고 당부하였지만, 시파가 아니면 벽파로, 남인이 아니면 서인으로 나뉘던 당시 상황을 벗어날 수는 없었습니다. 하지만 정약용은 자신을 음해하는 반대파들을 일생 동안 한 번도 비난하지 않았습니다. 이 무렵 반대파들의 비난이 거세어지자 정조는 정약용을 금정이라는 작은 고을의 찰방 벼슬로 잠시 보내기도 했고 곡산 부사를 맡기기도 했습니다. 외직에 나가서도 어김없이 목민관의 구실을 다했지만 정조는 반대파들의 목소리가 낮아지면 곧바로 한양으로 불러 올려 곁에 두었습니다.

39세 때 정약용은 극심해지는 반대파들의 모략을 견디기 어려워 정조에게 간청을 해서 잠시 벼슬을 놓고 서울 집으로 돌아왔습니다. 그렇게 지내던 어느 날 밤 정약용을 못내 그리워하던 정조가 다섯 권은 집에 두고 보고 다섯 권은 제목을 붙여 올리라고 열 권의 책을 보내옵니다. 그리고 보름 뒤 정조는 근대 국가의 꿈을 이루지 못한 채 눈을 감았습니다. 정조의 국상을 마치고 서울 집으로 돌아온 정약용은 자신이 거처하던 방의 이름을 《도덕경》 구절에서 따다가 '여유당'이라고 지었습니다. '여(與)'는 겨울 냇물을 건너는 것처럼 조심하고, '유(猶)'는 이웃을 두려워하듯 행동을 삼가라는 뜻이었습니다. 아마도 정조의 죽음과 함께 몰아닥칠 폭풍을 예견하고 앞으로 지킬 몸가짐을 스스로에게 이른 것인 듯합니다.

41세 때 정약용은 기나긴 귀양길에 오릅니다. 그리고 18년이 지나 57세의 중늙은이가 되어서야 그립던 고향 능내로 돌아옵니다. 마침 이웃 고을에 귀양 와 있던 정약용의 옛 친구가 귀양에서 풀려 돌아갈 때 그의 부채에 고향 그리는 마음을 시로 적어 주었는데, 당시 권세를 누리던 안동 김문의 세력자 김조순이 부채에 쓴 그 시를 보고 불쌍히 여겨 도와주었기 때문에 유배가 풀리게 된 것입니다. 그리고 60세에는 자신이 죽었을 때 묘비에 새길 글을 미리 남깁니다. 세간에서 자신의 처신에 대해 여러 가지 이견이 많기 때문에 비문을 스스로 쓸 수밖에 없다는 것이었습니다. 하지만 그 뒤로도 75세의 나이로 숨질 때까지 학문 연구와 저술에만 몰두하면서 남한강과 북한강을 합친 열수처럼 실학을 집대성하였습니다. 다산 정약용에게는 여러 가지 호가 있습니다. 그 가운데 가장 유명한 것이 다산이지만 여유당이나 열수, 열상노인 같은 표현도 자주 썼습니다. 예전에는 북한강을 산수라고 불렀고 남한강을 습수라고 불렀으며, 이 두 물길이 합쳐지는 지점을 열수라고 불렀습니다. 열수의 지금 이름인 양수리도 두 물이 합친 곳이라는 뜻입니다. 이 열수라는 호는 두 물이 만나는 것처럼 경세치용 학파와 이용후생 학파의 두 흐름을 종합해 낸 다산의 학문적 성격을 잘 드러내고 있습니다. 열상노인 또한 두 물이 만나는 지점에서 한가로이 노니는 노인을 뜻한 것입니다.

실학을 집대성한 다산학

정약용이 이룬 다산학의 뿌리는 이익이 중심이 된 경세치용 학파입니다. 하지만 그의 학문 속에는 박제가 · 유득공 · 이덕무 등과의 교류를 통해 받아들인 북학, 전통 주자학, 양명학, 천주교를 포함한 서양학문, 그리고 신작 · 김정희 등과의 교류를 통해 얻은 청대 고증학까지 다양한 요소가 녹아 있습니다.

그의 저술은 500여 권의 《여유당전서》에서 볼 수 있듯이 매우 방대합니다. 1883년에 고종은 《여유당전서》를 붓으로 일일이 베껴서 규장각에 보관하도록 지시하면서, 정약용 같은 신하와 시대를 같이 못한 것을 한탄했다고 합니다. 정약용은 스스로 지은 비문에서 자신의 저작을 크게 '수기'와 '치인' 두 부분으로 나누었습니다. '수기'란 자신을 닦는 일이며, '치인'이란 남을 다스리는 일입니다. 하지만 다산학에서의 '치인'은 백성들 위에 군림하는 것이 아니라 백성을 극진하게 섬기는 것이었습니다. 지배자의 특권을 바탕으로 한 권위적인 다스림이 아니라 평등한 인간 관계를 바탕으로 반드시 해야 할 임무를 수행하는 것이었습니다.

그 가운데 자신의 수양 부분에 해당하는 저술은 새로운 시각으로 4서와 6경을 풀어 쓴 《대학공의》, 《논어고금주》, 《맹자요의》, 《중용자잠》 같은 책들입니다. 학문의 근본을 경학에 두었던 정약용은 이 책들을 통해 실학 정신과 고증학적 방법을 바탕으로 유학의 근본 정신이 실천에 있음을 드러내려 하였습니다. 본래 경학이란 《주역》이나 《대학》 같은 유교 경전에 대한 해석학입니다. 고전에 대한 해석은 언제나 그 시대의 요구를 반영하기 마련이며, 그런 점에서 본다면 유학의 역사는 경전에 대한 해석사와 같다고도 하겠습니다. 정약용은 시대의 요구를 바탕으로 당시 이미 문제를 드러낸 성리학을 넘어서 실천을 중시했던 공자와 맹자의 유학으로 돌아가려고 했던 것입니다.

두 번째 부분인 남을 다스리는 일에 대한 저술은 《경세유표》, 《목민심서》, 《흠흠신서》이며, 이 세 권의 책을 합쳐서 '1표2서'라고도 부릅니다. 이 가운데 《경세유표》의 본래 제목은 "방례초본"이었습니다. "방례초본"이라는 이름 속에는 중국 고대 주나라의 예의 제도를 조선의 현실에 창조적으로 적용해 보겠다는 뜻이 담겨 있습니다. 이 책의 주된 내용은 중앙 행정에 대한 개혁론으로 정약용은 이 책에서 부유하고 강한 나라가 되기 위해서는 기구를 어떻게 축소해서 관리들의 숫자를 줄이고 행정의 효율을 높일 수 있는지, 백성들이 부담하는 세금 제도를 어떻게 합리적으로 바꾸어야 하며 과거 제도를 어떻게 바꾸는 것이 인재를 들여 쓰는 요점인지, 상공업의 발전을 위해 자연을 어떻게 이용할 것인지 등을 논하고 있습니다.

《목민심서》는 관리가 백성들을 위해 존재하는 것이라는 입장에서 쓴 지방행정 개혁론입니다. 이 책에서 정약용은 지방 수령들이 어떤 마음가짐과 태도를 가져야 하며, 행정 실무는 어떻게 처리해야 하고, 자리에서 물러날 때에는 어떠해야 하는지 등을 설명하고 있습니다. 책이름을 "목민심서"라고 붙인 까닭은 백성을 기르는 일인 목민을 해 볼 마음은 있지만, 귀양 와 있기 때문에 몸소 실행할 수 없는 안타까움을 표현한 것입니다. 조선 사회에서 지방 수령은 단순한 행정직이 아니라 세금 징수, 법 집행, 치안 유지 등 모든 일을 왕을 대신해서 행하는 자리였습니다. 정약용은 어려서부터 지방 수령을 지내던 아버지를 따라다니며 보고 들은 경험에다 자신이 암행어사와 곡산 부사를 지내면서 직접 일을 맡아 본 경험들, 그리고 장기와 강진에서 귀양 생활 하면서 느낀 민중들의 어려움을 토대로 이 책을 지은 것입니다. 1817년에 쓰인 이 책은 《경세유표》를 쓰다가 민중들의 현실 문제를 해결하는 일이 더 급하다고 생각하여 먼저 집필에 착수해서 1년 만에 완성했다고 합니다.

《흠흠신서》는 죄수를 다루는 일에 대한 글입니다. 조선은 건국 초부터 명나라의 법 제도인 대명률을 들여오고 여기에 기초한 규정들을 마련하였지만, 인권을 가볍게 보는 당시 풍조 때문에 형벌이 지나친 경우가 많았습니다. 그래서 곤장을 맞다가 죽거나 후유증으로 죽는 일이 자주 일어났습니다. 정약용은 죄수를 다루는 일의 근본 정신은 불쌍히 여기는 마음이어야 한다고 보았습니다. 그래서 죄수의 인권과 인명을 귀하게 다루어야 하고, 형벌의 적용 또한 공정해야 한다는 주장을 이 책에 담았습니다.

뿐만 아니라 정약용은 시문학에도 뛰어난 모습을 보였습니다. 비록 형식에서는 민중 지향의 패관문학을 부정하고 한문으로 글을 썼지만, 내용에서는 농촌이나 어촌에서 본 일반 민중들의 생활을 표현한 작품들이 주가 되었습니다. 따라서 그가 남긴 2,500여 편의 시는 일반 유학자들의 시와 달리 음풍농월이나 읊조리는 한가한 시가 아니라 서민들의 애환을 어루만지고 사회 문제를 지적해 내는 시들이었습니다. 정약용은 또한 "나는 조선 사람이므로 조선 시를 짓겠다"고 말한 것처럼, 비록 한문으로 쓰면서도 중국식의 율, 격, 운 등을 따르지 않는 주체적인 모습을 보이기도 했습니다.

실증과 실용에 뿌리를 둔 다산학

정약용의 학문에 나타난 첫 번째 특징은 경험주의적이며 실증주의적인 점입니다. 정약용은 자연과학적 태도에 바탕을 두고 유교 형이상학의 불합리한 점들을 비판하였는데, 그 같은 예는 음양오행에 대한 그의 견해에 잘 나타나 있습니다. 정약용은 먼저 태극에서 음양이 나오고 음양에서 오행이 나오고 이를 통해 만물이 생겨나 자란다고 하는 성리학의 주장을 문제 삼았습니다. 그는 음양이란 본래 밝은 곳과 어두운 곳을 뜻하는 것이며 오행 또한 만물 가운데 다섯 가지 요소에 불과하다고 보았습니다. 따라서 한의사들이 음양오행 이론을 가지고 진맥을 해서 사람 몸 속에 들어 있는 오장에 대해 말하는 것은, 흘러가는 한강 물을 가리키며 저 물은 오대산에서 온 것이고 저 물은 금강산에서 온 것이라고 하는 것과 같다는 것입니다. 그리고 한 걸음 더 나아가 우리 몸 안에 오행이 있다고 하지만 해부해 보아도 오행을 볼 수 없다고 부정함으로써, 실험을 통해 증명할 수 없는 것은 받아들이지 않았습니다. 이 같은 정약용의 견해에 대해 오늘날의 입장에서 동양적 사유의 특징인 유기체적 관점을 제대로 보지 못한 것이라고 비판할 수도 있겠지만, 정약용은 당시 성리학자들의 형이상학적 주관론의 잘못을 바로잡으려 했던 것입니다.

같은 관점에서 정약용은 하늘을 고정불변의 이치이며 도덕의 근원이라고 보았던 성리학자들의 견해를 비판합니다. 정약용은 하늘을 구체적인 자연 현상으로서의 하늘과 종교적인 신앙 대상으로서의 하늘로 나누어 보았습니다. 그리고 만물의 본질인 태극에 대해서도 감각을 통해 알 수 없는 형이상적인 이치라고 해석한 성리학자들과 달리, 오직 실제적이고 구체적인 사물의 이치로만 받아들였습니다. 그는 만물이 한 가지 이치에서 시작하여 다시 한 가지 이치로 되돌아간다고 하는 견해는 모든 이치가 하나로 귀결된다고 하는 불교의 논리일 뿐이라고 보았습니다. 아울러 사람들이 성인이 되려고 하면서도 성인이 되지 못하는 이유는 이처럼 천, 태극, 인 같은 개념들을 현실을 떠난 형이상학적 理로 해석했기 때문이라는 것입니다. 그래서 정약용은 모든 사물의 이치가 내 안에 있는 것이 아니라 각각의 사물 속에 들어 있을 뿐이라고 합니다. 그리고 맹자가 "만물이 내 안에 갖추어져 있다"고 한 것도 목마를 때 마시고 싶고, 배고플 때 먹고 싶은 감정과 욕망이 내게 있기 때문에 이것을 미루어 남의 사정을 헤아릴 수 있다는 뜻일 뿐이라고 보았습니다.

두 번째 특징은 신비주의적인 요소에 대한 비판입니다. 정약용은 갑자, 을축의 순서로 60갑자를 헤아리는 일이나 10간 12지를 방위에 배정하는 것을 모두 부정하였습니다. 60갑자는 시간의 변화에 지나지 않고 방위 또한 자기를 중심으로 방향을 나눈 것에 지나지 않는다는 것입니다. 그리고 《주역》의 경학적 측면은 중시하면서도 점을 치는 행위는 비판하였습니다.

정약용은 특히 일생 동안 자신의 사사로운 일로 점을 쳐 본 적이 없다고 할 정도로 개인의 사적인 욕심에 근거한 점치는 일을 부정하였습니다. 뿐만 아니라 풍수지리와 관상 같은 술수도 부정하였습니다. 풍수지리는 본래 부모가 늙으면 산에 내다 버리던 고려장을 없애기 위해 장사 지내 좋은 자리에 모시면 복을 받는다고 했던 것인데, 이제는 남의 묘 자리를 파내고 대신 제 부모를 묻는 폐단에까지 이르렀다는 것입니다. 그래서 썩은 해골이 어떻게 산 후손의 복을 좌우할 수 있겠느냐고 비판하였습니다. 또한 관상을 보고 길흉을 따지는 것에 대해서도 길흉이 상에 나타나는 것이 아니라 관습이나 직업에 따라 상이 변하는 것이고, 배우고 익힌 결과가 길흉으로 나타난다고 보았습니다. 더구나 유학자들의 목표인 성인 개념에 대해서도 그 신비성을 배격하였습니다. 정약용은 성인이란 나면서부터 아는 사람이나 앞일을 미리 꿰뚫어 아는 사람이 아니라, 어려서부터 몸을 닦아야 한다는 것을 깨달아서 행동이 도리에 잘 들어맞는 사람이라고 합니다. 따라서 열심히 덕을 닦으면 누구나 성인이 될 수 있다는 것입니다.

세 번째 특징은 명분주의에 대한 비판입니다. 당시 대다수의 선비들은 공자에서 시작된 도통의 맥락이 명나라의 멸망으로 중국에서는 끊어지고 대신 우리에게 이어졌다고 주장하였습니다. 그래서 조선을 소중화라고 부르면서 청나라나 일본을 오랑캐라고 멸시하였습니다. 그러나 정약용은 이러한 세계관을 비판합니다. 그는 중화니 오랑캐니 하면서 민족의 우열을 논하는 것은 지역 차별에 의한 것이 아니라 도덕과 정치의 수준에 따른 것이 되어야 한다고 보았습니다. 따라서 지역만 가지고 나눈다면 공자가 높였던 주나라도 본래는 오랑캐였다고 하면서, 선비족이 세운 위나라나 거란이 세운 요나라, 여진의 금나라와 만주족이 세운 청나라가 모두 훌륭한 나라라고까지 하였습니다.

성리학을 넘어 공자의 유학으로

위에서 본 특징들은 모두 성리학에 대한 비판인 셈입니다. 정약용은 주희가 완성한 성리학을 비판하면서 공자와 맹자가 말했던 실천 중심의 유학 본래의 모습으로 돌아가려고 하였습니다. 이 같은 정약용의 입장은 인간에 대한 이해에 잘 나타나 있습니다. 정약용은 인간의 본성을 선천적인 도덕성으로 이해하고 형이상학적으로 설명한 성리학자들과 달리, 마음이 인간 생명의 실체이며, 마음의 속성인 성은 선을 좋아하고 악을 싫어하는 기호(嗜好)에 따라 실천에 의해 후천적으로 얻어지는 것이라고 보았습니다. 정약용은 그 증거로 도둑도 깨끗한 사람이라고 하면 좋아하며, 착한 일을 하고 나면 스스로 만족스러워하지만 나쁜 짓을 하고 나면 부끄러워한다는 예를 들었습니다. 이처럼 사람이 선을 좋아하는 것은 사슴이 들을 좋아하고 꿩이 산을 좋아하며 벼가 물을 좋아하는 것과 같다는 것입니다.

같은 관점에서 정약용은 타고난 기질이 맑으냐 탁하냐에 따라 선악이 갈라진다고 본 견해에 대해서도 반대하였습니다. 만일 타고난 기질에 따라 선악이 정해진다면 요순 같은 훌륭한 사람들은 나면서부터 선한 존재이므로 배울 필요가 없게 되며, 걸주처럼 포악한 사람들은 나면서부터 악한 존재라서 아무리 열심히 수양을 해도 어쩔 수 없다는 것입니다. 그는 사람이란 몸과 정신이 합쳐진 존재이므로 한계를 지닌 육체와 생리적인 감각 때문에 착한 일보다 나쁜 일을 하기가 더 쉽다고 보았습니다. 하지만 사람에게는 착한 일을 좋아하고 나쁜 일을 부끄러워하는 신령스러운 지각 능력이 있기 때문에 선을 택하고 악을 버릴 수 있다는 것입니다. 이처럼 정약용은 악을 버리고 선을 택할 수 있는 능력을 하늘에 둔 것이 아니라 인간의 자주적인 선택 의지에 두었습니다. 즉 선으로 갈 수도 있고 악으로 갈 수도 있지만, 벌이 맹목적으로 여왕벌을 호위하고 개가 무조건

주인을 따르는 것과 달리 그 완성은 개개인의 자주적인 결단과 실천에 달려 있다고 본 것입니다. 이 같은 정약용의 인간 이해는 자유 의지에 따른 실천 속에서 도덕의 근거를 찾으려고 한 데에 큰 의미가 있습니다. 따라서 정약용은 맹자가 말한 측은지심, 수오지심, 사양지심, 시비지심의 4단도 인간의 내면에 들어 있는 도덕성이 겉으로 드러나는 단서가 아니라, 실천을 통해 덕으로 향해 가는 실마리라고 해석하였습니다. 정약용의 견해에 따르면 행위의 결과로 나타난 것이 덕인 셈입니다. 이처럼 정약용은 인간의 본성을 형이상학적 이기론으로 설명한 성리학자들과 달리, 좋아하거나 싫어하는 감성에 기초한 현실의 구체적인 모습으로 이해하였습니다. 만일 성리학자들의 견해처럼 도덕성을 선천적인 것으로 본다면 불가식의 수양법으로 빠지게 된다는 것입니다. 그래서 정약용은 불교는 마음을 닦아서 일을 실천하는 것이고, 유가는 일을 실천하는 과정에서 마음을 닦는 것이라고 하였습니다.

정약용은 인간이 선을 좋아하는 본성의 경향성을 실현해 가는 구체적인 방법으로 서(恕)를 들었습니다. '서'란 본래 같을 여(如)자와 마음 심(心)자가 합쳐진 모습에서 알 수 있듯이, 입장을 바꾸어 남의 마음과 같아져 보는 것입니다. 정약용은 사람이란 죽을 때까지 사회 속에서 다른 사람들과 사귀며 살아가는 존재이기 때문에, 하늘을 섬기는 방법이나 인간을 섬기는 방법이 모두 '서'라고 하였습니다. 따라서 공자의 중심 사상인 인(仁)도 철학적으로 해석한 성리학자들과 달리 부모, 형제, 이웃과의 관계에서 구체적인 실천을 통해 인간다움을 실현해 가는 것으로 보았습니다.

이러한 입장에서 정약용은 인간의 욕망도 긍정하였습니다. 그는 백성들이 이로움을 추구하는 것은 물이 아래로 흐르는 것과 같다고 함으로써 인간의 자연적인 욕구를 긍정하였습니다. 그는 사람에게 몸이 있는 한 욕망이 없을 수 없으며, 욕망이 없으면 그 실천의 결과인 선악도 없을 뿐더러

글도 못 쓰고 일도 못하는 쓸모없는 존재가 되고 말 것이라고 하였습니다. 정약용에게 욕망은 구체적인 삶의 추동력이었던 것입니다.

이 같은 정약용의 인간 이해는 인간을 박제처럼 보면서 형이상학적이며 보편적인 존재로 이해하려 한 성리학자들과 달리, 현실 속에서 살아 움직이는 구체적 개별적 인간으로 이해하려 한 것입니다. 그래서 사람들 사이의 관계 속에서 인간의 본모습을 찾아보려고 했으며, 그 결과 자유 의지에 근거한 실천에서 인간의 고유한 성질을 파악해 낸 것입니다. 즉 인간을 고정된 실체로서가 아니라 활동하는 모습으로 이해했던 것입니다. 하지만 이 같은 정약용의 사상은 유교의 본래적인 모습을 바꾼 것이 아니라, 공자의 본래 생각에 충실함으로써 현실 속에서 살아 움직이는 실천적인 모습으로 되살려 내려고 한 것입니다.

농민이 아니면 땅을 가지지 말라

토지에 대한 정약용의 견해는 두 가지입니다. 하나는 38세의 젊은 나이에 가졌던 급진적인 주장이고, 다른 하나는 만년에 《경세유표》에 쓴 점진적인 주장입니다. 초기의 급진적 개혁론은 〈전론〉에 보이는 여전론입니다. 예전에는 작은 마을을 부를 때 여라고도 하고 항이라고도 했습니다. 그래서 여항문학이라고 하면 일반 백성들의 문학을 가리킵니다. 정약용은 자연적인 지형을 경계 삼아 30가구를 묶어 1려로 하고, 3려를 1리로, 5리를 1방으로, 5방을 1읍으로 하자고 했습니다. 토지 단위가 곧 행정 단위가 되는 셈입니다. 여 안에 있는 땅은 여 전체 가구의 공동 소유로서 공동 경작을 하며, 마을 사람들은 여를 관리할 여장을 직접 뽑습니다. 여장이 맡는 가장 중요한 일은 날마다 30가구에서 나와서 일하는 양을 장부에 기

록하는 일과 그 날 할 일을 지시하는 것이고, 마을 사람들은 반드시 여장의 지시에 복종해야 합니다. 그리고 가을이 되면 1년 동안 거둔 수확을 마을 공터에 모아 놓고 먼저 나라에 낼 세금을 떼어 낸 다음, 여장의 봉급을 뺀 나머지를 장부에 기록해 두었던 일한 양에 따라 30집이 나누어 갖습니다. 처음에는 자연적인 지형에 따라 마을 단위를 나누었기 때문에 땅의 비옥도나 마을 농민의 수가 다를 수 있지만, 이 제도를 시작하면서 8, 9년 동안은 농민들이 마음대로 자신이 살 마을을 바꿀 수 있게 한다면, 인구와 토지의 비율이 자연적으로 조절되어서 나중에는 여마다 노동에 따른 생산성이 비슷해질 것이라고 보았습니다. 또한 세금을 너무 적게 걷으면 문화 정치를 펼칠 재정이 부족해지고, 너무 많이 걷으면 수탈이 되므로, 1/10을 내게 하는 것이 가장 알맞다고 하였습니다. 그리고 토지 제도를 군사 제도와 일치시켜서 유사시에는 여장이 소대장 정도의 초장이 되고, 이장은 중대장 정도의 파총이 되며, 방장은 대대장 정도의 천총이 되고, 읍장은 현령이 되게 하자고 하였습니다. 그리고 마을에 사는 장정들 가운데 1/3은 군인이 되고 나머지 2/3는 군대를 유지할 세금만 내자고 하였습니다.

그런데 정약용은 땅을 나누어 줄 때 장사꾼과 공장이는 분배 대상에서 제외하였고, 놀고 먹는 양반 또한 인정하지 않았습니다. 양반도 농업, 상업, 공업 가운데 하나를 택하여 생산 노동에 직접 참여하거나, 백성의 아들딸들을 가르치는 일을 맡아야 합니다. 정약용은 누구든 생산에 참여하지 않는다면 분배에도 참여할 수 없다는 입장이었습니다. 따라서 몸으로 일하는 것이 어려운 양반들은 토질에 맞는 농작물을 연구하거나 수리 시설, 농사기술, 농기구 등의 개선 방법을 연구하거나 목축에 관한 연구에 참여해야 하며, 연구한 양만큼 분배에 참여할 수 있다는 것이 정약용의 생각이었습니다.

이 같은 정약용의 주장에 대해, 당시 대지주들의 반발을 막을 수 있는 구체적 방법이 없으므로 비현실적인 제안이었다는 비판도 있고, 8, 9년 동안 자유롭게 옮겨 살 수 있게 하더라도 땅의 넓이나 수확량의 차이가 같아지기는 어려울 것이라는 지적도 있습니다. 정약용의 토지 개혁론은 능력에 따라 일하고 일한 만큼 나눈다는 초기 공산주의 모습을 보는 것 같습니다. 그리고 지식인들을 생산 노동에 참여시키자는 주장 또한 모택동이 문화대혁명 과정에서 지식인들을 공장이나 농장에 보내어 함께 일하게 했던 것이 연상됩니다. 아울러 여의 구성원들이 여장을 직접 뽑는 것은 중국 고대 일하는 사람들의 집단이었던 묵가 집단에서 우두머리를 선출하던 것과 비슷해 보이며, 역사 발전에서는 임금이 주인인 봉건군주제에서 민중이 중심인 민주제로 넘어가는 싹으로도 이해됩니다. 물론 정약용의 여전론은 너무 급진적이어서 실현 가능성이 매우 희박했습니다. 그러나 이런 고민이 새로운 시대를 여는 추동력이 되었던 것입니다.

  정약용은 만년에 이르러 중국 고대부터 가장 이상적인 제도로 꼽혀 왔던 정전제를 주장하는 것으로 돌아옵니다. 정전제는 땅을 우물 정(井)자처럼 9등분으로 나누어 주변 여덟 구획은 여덟 가구에 나누어 주고, 가운데 땅은 여덟 집이 공동 경작하여 국가에 세금으로 내게 하는 제도입니다. 가운데 땅은 공전이라 부르고 주변 땅은 사전이라고 부릅니다. 사전은 8인 가족을 기준으로 삼아 8인 이상의 가구에는 기름진 땅 한 구역을 주며, 5~7인 가구에는 거친 땅 한 구역을 주고, 가족이 2~4인 경우는 비옥도에 따라 1/2에서 1/4을 주자는 것입니다. 그리고 가운데 공전은 국가가 땅 주인에게서 사들이고, 나머지 사전 8구역은 지주의 소유권을 인정하면서 경작권만 농민에게 나누어 주자는 것이었습니다. 하지만 정전론에서도 양반과 공장이, 장사꾼은 토지 분배에서 제외시키자고 하였습니다. 왜냐하면 벼슬하는 양반은 국가로부터 봉급을 받고 있고 벼슬 안 하는 경우도 대부분 지주이기 때문이며, 장사꾼과 공장이 또한 다른 생업이 있기 때문입니다. 이 같은 주장은 지주제를 인정했다는 지적을 받기도 합니다. 하지만 젊을 때 제안한 급진적인 여전론부터 말년에 내놓은 점진적이면서 실현 가능한 정전론에 이르기까지, 그 속에는 대다수 농민들의 삶을 지키려는 정약용의 한결같은 염원이 담겨 있는 것입니다. 그래서 정약용은 임금이나 지방 수령들이란 "재산을 고르게 해서 백성들을 다 함께 살리는 자"라고 하였고, 이들의 임무는 "부유한 쪽을 덜어 내어서 가난한 쪽에 보태어 재산을 균등하게 하는 것"이라고 하였던 것입니다.

펴지 못한 근대를 향한 꿈

근대를 향한 세계 역사의 흐름은 민주와 평등을 향한 움직임이었으며, 그 결과 대다수 민중이 역사의 주역으로 올라서게 됩니다. 비록 세계사적 변화 속에서 그 중심에 서지 못했던 작은 나라 조선의 지식인이었지만, 그의 생각만큼은 시대적인 요구나 변화의 흐름에 결코 뒤처지지 않았습니다. 정약용의 역사의식은 답답한 성리학자들과는 뚜렷하게 달랐습니다. 그는 무너져 가는 민중의 삶은 아랑곳하지 않고 불변의 도덕과 상하관계를 내세우던 성리학자들과 달리, 나라와 백성들을 위해 모든 것을 새롭게 바꾸어야 한다고 생각했습니다. 그런 입장에서 정약용은 임금과 신하의 관계까지도 옛날부터 지금까지 절대 변하지 않는 것이 아니라 시대마다 다른 모습으로 바뀌어 온 것이라고 합니다. 고대에는 다섯 집이 모여 이웃들의 우두머리인 '인장(隣長)'을 뽑고, 이웃들의 집단 다섯이 모여 마을의 장인 '이장'을 뽑고, 다섯 마을이 모여 현의 장인 '현장'을 뽑고, '현장'들이 모여 제후를 뽑고, 제후들이 천자를 추대했던 것이라고 합니다. 따라서 아래에서 뽑은 사람을 아래에서 바꾸는 것은 당연하기 때문에 천자가 잘못하면 제후들이 천자를 바꾸었던 것이라고 하였습니다. 그러나 진시황이 권력을 잡은 뒤부터는 위에서 아래로 내려오게 되어, 아랫사람이 윗사람을 치는 것을 반역이라고 하게 되었다는 것입니다. 그래서 이제는 천자가 되는 일이나 힘센 신하가 임금을 몰아내는 일이 모두 뭇사람들의 뜻을 벗어난 결과를 낳았다는 것입니다. 이 같은 생각은 여전제에서 보여준 생산자 중심의 경제체제에 대한 구상과 함께 아래에서부터 위로 뜻을 모아 가는 민주집중 형식의 정치체제를 꿈꾼 것으로 보입니다.

또한 정약용은 평등지향적 신분관을 보여 줍니다. 당시 현실은 이미 많은 부분에서 사농공상 사민의 차별과 적서의 차별이 훨씬 완화된 모습으로 나타나고 있었지만, 제도나 관습에는 여전히 엄격한 불평등 구조가 담겨 있었습니다. 돈을 많이 모은 농사꾼이나 장사꾼, 공장이가 돈으로 족보를 사서 양반이 되는 경우도 있었지만, 양반이 되고 싶다는 의식 자체가 곧 뿌리 깊은 차별의식에서 나온 것입니다. 또한 많은 선각자들의 노력으로 서얼의 사회진출이 넓어졌지만 아직도 극히 일부 서얼만이 누릴 수 있는 제한적인 확대에 지나지 않았습니다. 그런데 정약용은 앞에서 본 것처럼 농민과 국가 이외에는 토지 소유를 인정하지 않으려고 하였습니다. 이 같은 생각은 양반의 힘이 무제한의 토지 소유에서 온다는 것을 잘 알고 있었기 때문입니다. 그래서 구체적으로는 벼슬에 있는 선비는 국가에서 봉급을 받지만 벼슬을 하지 않는 선비들은 직접 자신의 몸으로 농업이나 상업, 공업에 종사해야 한다고 보았던 것입니다. 그는 또한 서얼의 사회진출에 대해서도 나아갈 수 있는 벼슬이 제한되어 있는 현실을 비판하면서 정승에 이르기까지 아무런 제약을 두지 말자고 하였고, 궁극적으로 자신이 바라는 것은 온 나라 사람들이 다 양반이 되는 것이라고 하였습니다.

그는 자신이 꿈꾸는 이러한 사회를 민란을 통해서가 아니라 지식인들의 자각을 통해서 이루어 보려고 했습니다. 정약용은 당시 선비를 두 부류로 나누었습니다. 하나는 나라 다스리는 일과 백성을 편히 살게 하는 일에 힘쓰는 문무를 고루 갖춘 참된 선비이고, 다른 하나는 공리공론만 일삼는 썩은 선비입니다. 정약용은 썩은 선비들을 가리켜 "헛된 이름을 도둑질하여 어리석은 백성들을 속이는 좀"이라고도 하였고, "도포 입고 낮에 도둑질하는 자"라고도 하였습니다. 그리고 이러한 입장에서 선비들 처신의 좌우명인 '명철보신(明哲保身)'에 대해서도 세상의 흐름을 꿰뚫어 봄으로써 자신의 몸을 잘 지킨다고 했던 전통적인 풀이와 달리, '명'이란 선악을 잘 분별하는 것이고, '철'은 옳고 그름을 잘 살피는 것이며, '보'는 약한 사람들을 돕고 지켜 주는 것이라는 새로운 해석을 내놓았습니다. 선비란 본래 재물과 권력으로부터 자유로울 수 있을 때 참다운 힘을 쓸 수 있는 사람들입니다. 정약용은 파당에 치우치지 않은 선비, 땅을 갖지 않은 선비들을 통해 새로운 국가를 만들어야 한다고 생각했던 것입니다.

일제 시기 국학 연구에 앞장섰던 정인보는 "다산 선생 한 사람에 대한 연구는 곧 조선사의 연구요, 조선 근대사상의 연구요, 조선 혼의 명암, 또는 전 조선의 흥망쇠멸에 관한 연구"라고 하였습니다. 한 사람의 사상에 대한 찬사치고는 정말 극찬에 가까운 표현이라고 하겠습니다. 또한 독립운동가였던 안재홍은 다산을 "근대 국민주의의 선구"라고 하여, 근대적인 민주주의의 싹이 여기에 있다고 보았습니다. 심지어 일본 학자들까지도 "다산은 조선의 영광"이라고 했으며, 월남의 민족지도자 호지명 또한 《경세유표》와 《목민심서》를 읽고 탄복하여 정약용의 제삿날을 기억해 두고 추모했다고도 합니다. 이처럼 근대를 향한 뚜렷한 지표를 놓고 온 정열을 바쳤던 다산 정약용의 사상은 일제를 지나 오늘에 이르기까지 이 땅에서 살고 있는 많은 지식인들의 귀감이 되고 있습니다.

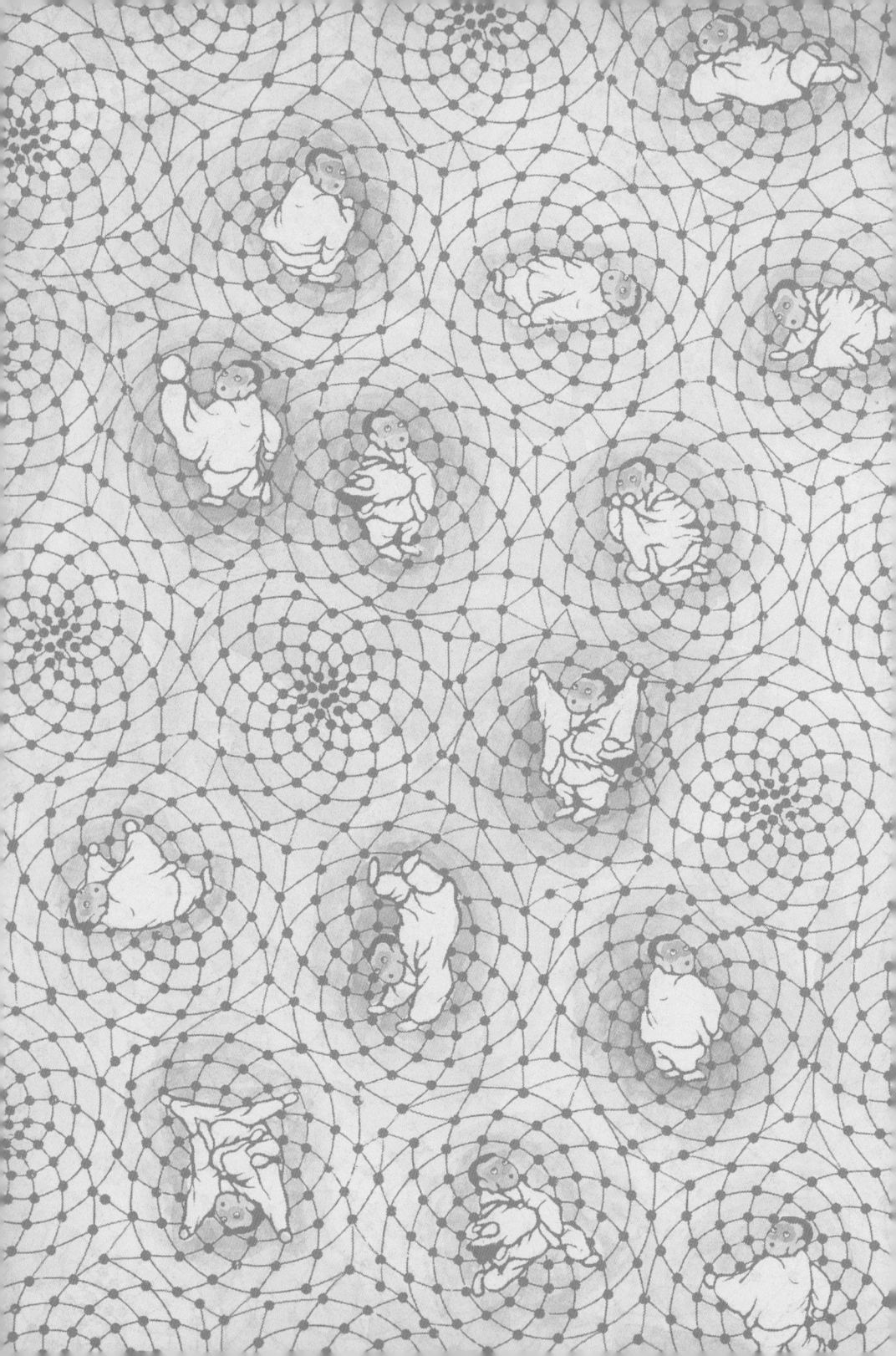

근대를 향한 민중 사상의 태동

19세기 말 동아시아 모든 나라는 근대로 넘어가는 진통을 겪고 있었습니다. 조선도 예외 없이 농업, 상업, 공업의 모든 분야에서 변화가 시작되었습니다. 영조 무렵 모내기가 전국으로 보급되면서 이모작과 넓은 땅의 경작이 가능해졌고, 소작료가 정액 방식으로 바뀌면서 소작인들의 독립성이 확보될 수 있었습니다. 그에 따라 경영형 부농이나 서민 지주가 생겨났지만 더 많은 수의 소작지를 잃은 농민들이 발생하면서 농민 계층의 양극화가 심해졌고, 많은 농민들이 농업이나 광공업 노동자, 장사꾼, 떠돌이 또는 도적이 되었습니다. 이 같은 상황은 수공업이나 상업에서도 마찬가지였습니다. 나라에서 주관하던 수공업이 수요가 늘면서 민간 자본을 받아들였고, 농촌의 수공업도 자급 자족에서 상품 생산으로 바뀌어 갔습니다. 상업 또한 나라에서 허가받은 시전 상인들의 통제에도 불구하고 영세 상인들이 늘어 갔으며, 유통의 길목을 틀어쥔 지방 대도시 상인들과 밀무역으로 부자가 된 장사꾼들이 나타났습니다. 따라서 피지배층의 양극화는 농업과 마찬가지일 수밖에 없었습니다. 그 결과 돈을 모아 새롭게 성장한 세력은 양반이나 관리에 맞설 수 있는 힘을 갖게 되었지만, 몰락한 피지배 계층은 사회 변화를 일으킬 수 있는 과격한 반항 세력이 되었습니다.

　이 같은 변화는 자연스레 신분 상승 욕구로 이어집니다. 하지만 정치 상황은 이러한 경제 발전을 충족시키기보다 억누르는 방향으로 작용하고 있었습니다. 몇몇 집안이 돌아가면서 정권을 쥔 세도 정치 상황에서 국가의 근간인 삼정(三政)은 더 문란해져 갔습니다. 삼정이란 토지에서 세금을 거두는 전정(田政), 군대를 가거나 아니면 군대 가는 대신 옷감을 내는 군정(軍政), 춘궁기에 나라에서 백성들에게 곡식과 씨앗을 빌려주었다가 추수 때 받아들이는 환정(還政)을 가리킵니다. 이런 제도들 모두가 임진왜란을 전후해 무너져 버리면서 조선 후기 많은 민란이 줄지어 일어났던 것입니다. 사회가 이처럼 흔들리고 있었지만 지배 이데올로기였던 유교는 당파 싸움의 이론적 근거였을 뿐 사회 전체를 이끌어 갈 지도 이념의 역할을 하지 못했습니다. 더구나 청나라를 통해 서양 문물과 함께 들어온 천주교와 유교의 갈등은 점점 심해져 갔습니다. 이 같은 상황에 불을 지핀 또 하나의 충격은 1840년 아편전쟁으로 영국에 백기를 들었던 청나라가 1860년 영불 연합군에게 북경이 함락되면서 강제적으로 베이징조약을 맺은 사건입니다. 조선의 지배층에게 세계의 중심인 중국이 서양 오랑캐에게 진다는 사실은 상상도 할 수 없는 일이었습니다.

　이 같은 상황 속에서 동학사상은 조선 사회가 총체적으로 병든 사회라는 인식을 가지고 출발하였습니다. 최제우는 나라에 못된 질병이 가득해서 백성들이 1년 내내 편할 날이 없다고 하였습니다. 최제우가 말한 질병은 천주교를 앞세운 서구 세력의 침략과 썩을 대로 썩은 조선의 모든 제도, 그리고 더 이상 사회를 이끌어 갈 지도력을 잃은 유교, 불교, 도교 등을 가리킵니다. 그래서 그 대안으로 모든 사람이 바로 한울님이라는 평등사상과 외세에 대항하는 민족 의식을 앞세운 동학사상을 만든 것입니다.

　동학사상에는 이전까지 우리가 경험한 다양한 사상들이 담겨 있습니다.

전통사상인 유교, 불교, 도교, 민간 신앙뿐 아니라 서양의 천주교까지 담아 냈습니다. 온갖 재료를 다 집어넣고 비벼서 새로운 맛을 끌어내는 비빔밥 같은 우리 문화의 특성이 잘 드러난 것이기도 합니다. 하지만 유교의 경우 군자나 인의예지 같은 윤리 도덕과 인간이 궁극적으로 하늘과 하나라는 천인합일 개념은 받아들이면서도 하늘로부터 타고난 운명에 따라 신분이 달라진다고 하는 지배 이데올로기로서의 역할은 부정하였습니다. 불교도 마찬가지입니다. 누구나 깨달으면 부처가 될 수 있다는 평등 의식은 받아들였지만 현실적인 불교의 타락상은 비판하였습니다. 도교의 경우도 삼신산(三神山), 신선, 선인(仙人) 같은 개념들을 받아들이지만 '지상신선(地上神仙)'이라는 표현에 보이듯 세상을 벗어나려는 생각이 아니라 이 땅을 신선 세계로 만들겠다는 강한 현실 의식을 보이고 있습니다. 유교, 불교, 도교의 좋은 점만 계승하겠다는 생각은 '유가의 윤리와 불교의 깨달음과 도교의 기를 기르는 것이 모두 천도(天道)의 속성'이라고 한 말에서 잘 나타납니다. 여기서 천도는 동학을 의미합니다.

그밖에 무속이나 풍수지리 같은 민간 신앙도 많이 담겨 있습니다. 동학 경전에는 초능력을 지닌 귀신이 자주 등장하기도 하고, 동학도들은 21자 주문이나 그 가운데 핵심만 추린 13자 주문을 외우고 다녔습니다. 갑오농민전쟁 당시 농민군 사이에는 '시천주 조화정 영세불망 만사지(侍天主 造化定 永世不忘 萬事知)'라는 13자 주문만 외워도 총알이 피해 간다는 믿음이 팽배했습니다. 또한 조선 후기에 나온 신흥 종교들은 하나같이 '지금 여기'에 새 세상이 열린다고 믿었습니다. 과거는 하늘의 법칙을 따르는 세상이었지만 지금은 하늘을 거스르는 세상이므로, 잘못된 세상을 바로잡고 새 세상을 열겠다는 의지를 담아 '개벽'을 주장한 것입니다. 당시 일반 백성들 사이에는 정도령이 오셔서 지금의 혼란을 없애고 계룡산 아래 새 세상을 연다는 《정감록》이 유행하였습니다. 동학 경전에 운수와 관련된 언급이 많이 나오는 것도 이런 흐름과 무관하지 않습니다. 개벽에는 인간 정신의 잘못을 바로잡는 정신 개벽, 외세를 몰아내고 민족 주체를 바로 세우는 민족 개벽, 그리고 잘못된 사회 질서를 바로잡는 사회 개벽이 있습니다. 정신 개벽은 모든 개벽의 근원으로서 동학에 들어가는 순간 일어나는 군자이며 지상신선으로의 탈바꿈입니다. 낡은 관습과 편견을 벗어나 인간 존엄을 스스로 깨닫고 이를 통해 계급적 신분 질서를 넘어서서 인본주의의 완성을 이루는 것입니다. 동학이 천도교로 바뀐 뒤 1920년 천도교에서 펴낸 《개벽》이라는 잡지는 이런 생각을 바탕으로 나온 것입니다.

또한 무속의 엑스터시 같은 종교 현상도 눈에 뜨입니다. 〈안민가〉, 〈포덕문〉, 〈논학문〉, 〈용담가〉에는 최제우가 깨달음을 얻은 종교 체험 과정이 마치 무속의 엑스터시처럼 묘사되어 있습니다. 그리고 동학에는 서학의 영향도 많이 들어 있습니다. 물론 최제우는 〈논학문〉에서 '나 또한 동에서 나서 동에서 받았으니 도는 비록 천도이나 학은 동학이라'고 해 서학에 대한 대결 의식을 보입니다. 하지만 천주라는 용어에서 보이듯 서학의 영향도 적지 않습니다.

어리석은 백성들을 구하겠노라

동학을 창도한 수운(水雲) 최제우(崔濟愚 : 1824~1864)의 본래 이름은 제선(濟宣)이었습니다. 그러나 어리석은 백성들을 구하겠다는 뜻에서 35세 때 이름을 제우로 바꾸었습니다. 신라 말의 대학자 고운(孤雲) 최치원(崔致遠)의 28대손인 최제우는 경주의 몰락한 양반 집에서 태어났습니다. 최치원은 천년 뒤 최씨 후손이 유불도 삼교를 통일할 것이라 예언했습니다. 그 예언이 맞는다면 최제우가 바로 그 후예가 되는 것입니다. 최제우의 아버지는 두 번이나 장가를 갔지만 자녀가 없어서 조카를 양자로 들였습니다. 그러다가 나중에 다시 한씨 부인과의 사이에서 아들을 얻었던 것입니다. 하지만 집안이 가난했기 때문에 출신은 양반이면서도 경제적으로는 평민이나 같았습니다. 최제우는 6세 때 어머니를 잃고 16세 때 아버지마저 돌아가신 뒤 23세 때 노비들을 자유민으로 풀어준 다음 깨달음을 얻기 위해 전국을 돌아다녔습니다. 전국 방랑은 피폐한 조선의 모습을 경험할 수 있는 좋은 기회였습니다.

그 동안 최제우는 산에 들어가 도를 닦기도 하고 사색에 잠기기도 하였습니다. 그리고는 1860년 4월 신비 체험을 거쳐 동학을 창도합니다. 최제우가 도를 얻는 모습이 동학 경전에는 이렇게 그려져 있습니다. 49일간의 기도를 끝낸 최제우 앞에 상제(上帝)가 나타납니다. 상제는 최제우에게 '두려워하거나 겁내지 말라. 세상 사람들이 나를 상제라 부르거늘 너는 상제를 알지 못하느냐'라고 합니다. 최제우는 그 상제와 문답을 주고받았고 그 과정에서 깨달음을 얻습니다. 그런데 곁에서 최제우를 보는 가족들은 우리 아버지가 정신이 나갔다고 난리가 납니다. 그들의 눈에는 허공을 향해 무릎을 꿇고 앉아 혼자 중얼대고 있는 모습으로 보였던 것입니다. 깨달음을 얻어 동학을 연 최제우는 집에 있던 계집종 두 명을 한 명은 며느리로 삼고 다른 한 명은 수양딸로 삼습니다. 그리고는 자신의 깨달음을 다른 사람들에게 알리는 일에 전념하다가 1864년 대구 감영에서 좌도난정(左道亂正)이라는 죄목으로 죽임을 당합니다. '좌도난정'이란 잘못된 도를 가지고 바른 도를 어지럽혔다는 뜻이니 지금으로 따진다면 국가보안법 위반인 셈입니다. 최제우의 생각이 담겨 있는 동학 경전에는 한문으로 된 《동경대전》과 우리말로 된 《용담유사》가 있습니다. 특히 8편의 노랫말로 이루어진 《용담유사》는 한문을 모르는 일반 신도나 부녀자를 위한 것이었습니다. 민중의 말로 씌어진 만큼 민중의 유대를 강화시키는 좋은 틀

이 되었습니다. 이런 점은 동학교도들이 21자 또는 13자 주문이나 부적의 효험을 절대적으로 믿었던 것과도 연관이 있습니다.

사람이 곧 한울이다

동학은 한울님을 믿는 종교입니다. 한울님은 유가의 천(天)과 비슷하지만 최제우는 천주(天主)라고 불렀습니다. 한울님은 무한한 능력을 지닌 최고의 가치로서 믿는 사람에게 응답하는 인격적인 존재이기도 합니다. 그런데 그런 한울님이 내 밖에 있는 것이 아니라 내 안에 있다고 합니다. 한울님이 내 안에 있다는 사실을 깨달아서 잘 모시는 것이 13자 주문에 나오는 시천주(侍天主)입니다. '시천주'는 인간이 자신 내면의 자아를 확신하는 것입니다. 그리고 이를 바탕으로 온 세상에 한울님의 조화를 실현해 나아가는 것입니다. 한울님을 모신다고 할 때의 '모신다'를 《동경대전》에서는 한울님을 깨닫는 것이라고 풀었습니다. '사람이 바로 한울님이다'라는 뜻의 인내천(人乃天)은 자신의 참 모습을 깨닫고 이를 완전히 믿는 것이었습니다.

한울님을 모시는 방법을 최제우는 여러 가지로 설명하였습니다. 무엇보다도 먼저 할 일은 한울님을 믿는 것이고 그 다음은 정성과 공경으로 대하는 것입니다. 한울님에 대한 정성과 공경만 제대로 갖추면 세상 사람 누구나 군자도 되고 성인도 된다는 것입니다. 이 속에는 모든 사람이 평등하다는 생각과 함께 인간 주체에 대한 강조가 깔려 있습니다. '정성'이란 한울님을 믿는 마음을 굳게 지키는 수심(守心)이며, '공경'이란 한울님 모시는 자세를 바르게 하는 정기(正氣)입니다. '수심'은 안으로 신령함을 간직하는 것이고 '정기'는 밖으로 세상 만물의 질서를 바로잡아 가는 것입니다. 내 안에 신령함을 간직하는 일은 내 안에 들어 있는 한울님의 소리, 즉 양심의 소리를 듣는 것이고 이를 바탕으로 정신이든 물질이든 세상 질서를 바로잡는 실천이 나옵니다. 최제우는 세상 모든 것이 기(氣)로 이루어져 있다고 보았습니다. 그렇기 때문에 만물은 연관성을 지니는 것이며 그 연관성을 가장 충만한 지극한 기운[至氣]을 바탕으로 바른 모습이 되도록 하는 것이 밖으로의 실천이었습니다.

최제우는 도를 사회적으로 실천하는 것으로 온 세상에 한울님의 덕을 널리 펼치는 '포덕천하(布德天下)', 나라를 도와 백성을 편하게 만드는 '보국안민(輔國安民)', 뭇 생명을 널리 구제하는 '광제창생(廣濟蒼生)'을 내걸었습니다. 그래서 《용담유사》〈교훈가〉에서는 '내 마음이 곧 너의 마음이니 하나로 어우러져 한 몸으로 돌아간다'고 했습니다. 여기서 '하나로 어우러져 한 몸으로 돌아간다'는 말은 뭇 생명이 평등하게 하나로 어우러지는 대화해의 세상이며 지상신선의 나라인 것입니다. 이런 생각은 나와 한울이 둘이 아니라 하나라는 생각에서 출발합니다. 그리고 이를 바탕으로 계층의 대립과 갈등을 넘어서서 모든 사람이 하나가 되는 것이며, 그렇기 때문에 내 마음을 기준으로 삼는 것이 아니라 '내 마음이 곧 너의 마음'이라고 하는 것입니다. 그리고 '보국안민'의 경우는 '안민'이 민중 지향을 보인다면 '보국'은 민족 지향을 담고 있습니다.

동학은 이런 이념을 실현하기 위해 포(包)와 접(接)이라는 조직을 만들었습니다. '접'은 동학에서만 쓰인 용어는 아닙니다. 서당 훈장을 접장이라고 하고 같은 선생님 밑에서 배운 사람들을 동접이라고 하는 것을 보면 공부와 연관하여 널리 쓰인 용어였습니다. 하지만 동학은 '접'을 교리를 배우는 단위, 또는 동학을 연구하는 집회의 단위를 가리키는 개념으로 썼습니다. 또한 '포'는 '접'보다 뒤에 생겼지만 '접'보다 상위 개념으로 쓰였으며, 특히 지역적 유대를 나타내는 용어였던 것 같습니다. '포(包)'는

'포(布)'로도 쓰였는데, 포덕천하(布德天下)에서 따온 것이라는 견해도 있습니다. 2대 교주인 최시형이 거느리는 지역과 그 지역 사람들을 법포(法布)라 하고, 서장옥이라는 접주가 거느리는 지역과 그 지역 사람들을 서포(徐布)라고 불렀습니다. 서포는 갑오농민전쟁 때 주력으로 봉기한 사람들이라 해서 기포(起布)라고도 불렸고, 봉기를 반대한 최시형의 포를 그냥 앉아 있다는 뜻에서 좌포(坐布)라고도 했습니다. '포'와 '접'은 신라 때 최치원이 난이라는 화랑을 기려 쓴 비문인 〈난랑비서문〉의 '실내포함삼교 접화군생 (實乃包含三敎 接化群生)'에서 따온 것이라는 주장도 있습니다. 위 글은 우리 고유 사상이라 불리는 고신도(古神道)에 유교, 불교 도교의 삼교가 본래부터 포함되어 있어 뭇 살아 있는 생명들을 교화시켰다는 뜻입니다. 그런데 '포'보다 작았던 '접'이라는 단위가 나중에는 '포'보다 큰 단위가 됩니다. 그래서 갑오농민전쟁 당시 전봉준을 중심으로 한 호남의 동학을 남접이라 부르고 최시형을 중심으로 한 충청 이북의 동학을 북접이라 부르게 됩니다. 접이니 포니 하는 단위의 결합 방식은 지역이 토대가 되면서도 사회 계층과 상관없는 이념적 결합이었던 것입니다.

민족과 민중을 위해

동학사상은 크게 두 가지의 특징을 보입니다. 하나는 반외세의 민족 의식이며 다른 하나는 반봉건의 민중 의식입니다. 민족 의식은 무엇보다도 중국과 일본에 대한 대결 의식으로 나타납니다. 〈안심가〉에서는 '가련하다. 가련하다. 아국 운수 가련하다. 전세(前歲) 임진(壬辰) 몇 해던고 240 아닐런가…… 개 같은 왜적 놈아 너희 신명 돌아보라'고 했고, 또 '내가 또한 신선 되어 하늘로 날아오른다 해도 개 같은 왜적 놈을 한울님께 조화받아 하룻밤 사이에 다 없애고저……'라고 하였습니다. 이처럼 240년 전 겪었던 임진왜란의 수모를 떠올리면서 그 복수를 다짐하고 있습니다. 그리고 중국에 대해서는 '대보단(大報壇)에 맹서하고 더러운 오랑캐의 원수를 갚아 보세'라고 하였습니다. 대보단은 크게 보답한다는 뜻에서 명나라가 망한 지 60년 뒤인 숙종 때 창덕궁 서북쪽에 세운 제단입니다. 황단(皇壇)이라고도 불렀는데, 처음에는 임진왜란 때 원병을 보내 도와준 명나라 신종(神宗)과 마지막 황제인 의종(毅宗)을 모셨고, 영조 때에 이르면 명나라 태조(太祖)의 신위까지 더했습니다. 그리고 이 황제들이 죽은 날과 탄생한 날에 제사를 올렸습니다. 대보단에는 명나라의 은혜에 보답한다는 뜻과 함께 명나라를 멸망시키고 병자호란 때 조선을 침입한 청나라에 대한 반감이 담겨 있습니다. 이처럼 비록 힘으로는 청이나 왜를 앞서지 못하지만 정신적으로는 결코 질 수 없다는 의지를 드러낸 것입니다. 이러한 생각은 '임진왜란의 원수와 병자호란의 굴욕을 어찌 말로 다 할 수 있으며 어찌 잊을 수 있겠는가'라고 한 보은 집회의 포고문으로 이어집니다.

다음으로는 천주교를 포함한 서양 세력에 대한 대결 의식이 담겨 있습니다. 〈포덕문〉에서는 '서양인은 싸워서 이기고 쳐서 빼앗아 일마다 이루지 못함이 없다. 온 세상이 모두 망하고 나면 또한 입술이 없어진 다음 이가 시리게 되는 탄식이 없을 수 없으니, 나라를 돕고 백성을 편하게 하는 계책이 장차 어디에서 나올 것인가'라고 하였고, 또 〈권학가〉에서는 '요망한 서양 적이 중국을 침범해서 천주당 높이 세워…… 저의 부모 죽은 후에 신도 없다 이름하고 제사조차 안 지내며……'라고 하였습니다. 당시 조선은 아직 서양의 침략을 입지는 않았습니다. 하지만 아편전쟁과 북경 함락 등에 보인 서양의 침략이 중국에 그치는 것이 아니라 조선의 멸망으로 이어질 동아시아 전체의 위기라고 보았던 것입니다. 당시 동서의 대립을 최제우는 음양의 대립으로 이해하기도 하였습니다. 그래서 동학은 양이고 서학은 음이므로 양으로 음을 제압한다고 보았고, '저 무리들은 화공(火攻)을 잘하기 때문에 갑옷이나 무기로 맞설 수 있는 것이 아니고 오직 동학만이 그 무리를 몰아낼 수 있다'고 하였습니다.

또 하나 주목할 것은 문화적인 대결 의식입니다. 대결 의식의 주된 대상은 특히 중국 문화였습니다. 동학 경전에서는 '인의예지는 옛 성인이 가르친 덕이고, 수심정기(守心正氣)는 오직 내가 새로 정한 것'이라고 하였고, '유도 불도 누천년에 운이 역시 다했는가'라고 탄식했습니다. 최제우는 수천 년을 이어 온 유교와 불교는 더 이상 민족의 위기를 구할 수 있는 정신적 지주가 될 수 없다고 보았습니다. 이 같은 생각은 중국 문화권으로부터의 독립 선언이었던 셈이며, 이를 바탕으로 사대주의에 찌든 봉건 귀족에 대한 항거로 나아갈 수 있었습니다.

다음으로 민중 의식을 보면 다음과 같습니다. 민중 의식은 먼저 평등 의식으로 나타납니다. 동학의 평등 사상은 '사람이 곧 한울'이라는 생각에서 나옵니다. 사람이면 누구나 동학을 통해 무한한 능력을 지닌 무극대도를 받아 모실 수 있다고 합니다. 그러니까 사회 밑바닥에 있는 사람도 동학을 믿음으로써 영웅적인 능력을 발휘할 수 있다고 본 것입니다. 또한 한울님을 믿는 일에는 가난한 자와 부유한 자, 귀한 자와 천한 자, 유식한 자와 무식한 자의 구분이 없습니다. 가난이나 부유는 선천적이거나 고정된 것이 아니라 시간을 따라 흘러 변하는 과정일 뿐입니다. 그래서 동학 가사에서는 '부유하고 귀한 사람 이전 시절 빈천이오, 가난하고 천한 사람 오는 시절 부귀일세'라고 하였습니다. 지금 또는 과거의 가난하고 천한 사람들이 새로운 세상과 함께 부귀를 누린다는 생각은 계급적 구분과 그에 따른 차별이 분명하던 당시로서는 엄청난 혁명적 사고였으며, 일반 민중에게 그러한 새로운 시대의 주역이 될 수 있다는 믿음을 주는 것이기도 하였습니다. 이처럼 신분이나 계층의 차이를 인정하지 않았기 때문에 교주인 최제우 자신도 다른 종교처럼 스스로를 신격화하거나 우상화하지 않았습니다. 이런 생각을 바탕으로 동학도들이 양반 상놈을 떠나 서로 공경하고 맞절하는 모습이 지배층에게는 계급 질서를 부정하는 엄청난 충격이기도 하였습니다.

민중 의식은 또 다른 면에서 유토피아 지향으로 나타납니다. 더구나 그것은 죽은 뒤에 얻어지는 유토피아가 아니라 '지금 여기'에 건설하는 유토피아였으며, 그러한 유토피아를 동학에서는 '개벽'이라고 불렀습니다. 개벽은 개벽 이전과 이후를 선천과 후천으로 나누기 때문에 후천개벽이라고도 불렀습니다. 개벽은 지금까지의 잘못된 세상을 부정하고 새 세상을 열기 위한 혁명 사상으로의 가능성을 보입니다. 개벽으로 여는 새 세상은 양반과 상놈의 구분 없이 모든 생명체가 한 모습으로 돌아가는 지상천국이었습니다. 그리고 그러한 사회를 세우기 위한 구체적인 방법이 봉건 계급 질서를 부정하는 반봉건 투쟁과 외세를 몰아내려는 반침략 투쟁이었습니다. 이 같은 움직임은 비슷한 시기 동아시아 다른 지역에서도 나타납니다. 청나라 말 홍수전이 세운 태평천국이 바로 그러한 예였습니다. 태평천국은 상제를 믿는 배상제회(拜上帝會)에서 시작하여 청을 없애고 중국 민족을 다시 일으키자는 구호를 내걸고 세운 나라였습니다. 하지만 태평천국은 새로운 왕조로 변질되는 모습을 보였습니다.

어린이도 여자도 한울님이다

동학을 창도한 최제우가 처형된 뒤 해월(海月) 최시형(崔時亨 : 1827~1898)이 2대 교주가 됩니다. 최시형은 경주에서 가난한 농부의 아들로 태어났습니다. 6세 때 어머니를 잃고 12세 때 아버지를 잃은 다음, 종 노릇도 하고 소작인 노릇도 하다가 35세 때 동학에 입도하였고, 37세 되던 1863년 도통을 물려받습니다. 그리고는 최제우가 처형된 1864년부터 1894년까지 30년 동안 전국을 돌아다니며 도를 전하였습니다. 최시형도 최제우처럼 1894년 전라도 익산 사자암에서 49일 기도 끝에 한울님의 전갈을 받았습니다. 일생 동학 경전의 복원과 간행, 반포에 힘쓰느라 자신의 글을 남기지는 못하였지만, 그의 노력으로 경상도 한 모퉁이에서 시작한 동학이 전국으로 넓혀졌습니다. 그는 점진과 온건을 내세운 평화주의자였지만 1898년 원주에서 붙잡혀 최제우와 마찬가지로 좌도난정이라는 제목으로 처형을 당했습니다.

최시형의 업적은 무엇보다도 인내천을 사인여천(事人如天)으로 발전시킨 것입니다. '사인여천'이란 사람 섬기기를 한울님 섬기듯 하라는 것입니다. 이런 생각은 그의 일화들에 잘 나타나 있습니다. 그가 방랑하며 전국을 다니다 어느 날 신도의 집에 머물렀을 때입니다. 교주님이 오셨으니 그 집에서는 주인과 함께 먹도록 밥상을 정성껏 차려 내왔습니다. 그런데 막 먹으려는 최시형의 귀에 집안 어디에선가 물레 잣는 소리가 들렸습니다. 누가 물레를 잣고 있느냐고 주인에게 묻자 주인은 자기 집 며느리가 물레를 잣고 있다고 하였습니다. 그러자 최시형은 정색을 하고서 '며느리라고 해서는 안 됩니다. 그 며느리도 한울님입니다. 우리는 이렇게 밥을 먹는데 어떤 사람은 일을 한다면 그것은 잘못입니다. 어서 이리 와 같이 밥을 먹게 하시지요'라고 하였습니다. 아직 양반과 상놈이 엄연한 사회이고 더구나 남녀가 유별한 상황인데 어떻게 그런 말이 받아들여질 수 있었겠습니까. 하지만 최시형은 밥 먹기를 거부했고 할 수 없이 주인이 며느리도 일을 멈추고 밥을 먹도록 했습니다. 최시형은 비록 다른 자리이지만 며느리도 밥을 먹기 시작했음을 확인한 뒤에야 상에 앉았습니다. 다음날 하룻밤 신세진 집을 떠날 무렵 주인과 식구들이 배웅하기 위해 나왔습니다. 그런데 어른들을 따라 나온 어린아이가 칭얼대며 울었습니다. 주인이 민망하여 손님 가시는데 운다고 아이를 야단치자 최시형은 어린아이 앞에 무릎을 꿇고 앉았습니다. 그리고는 '이 아이가 바로 한울님입니다'라고 하면서 야단 친 어른 대신 아이에게 사과하였습니다. 이처럼 여자와 어린아이의 인권에 처음으로 눈을 돌린 것도 동학이었습니다.

최시형은 모든 사물이 한울님이며 사람이 하는 모든 일 또한 한울님이라고 생각하였습니다. 그래서 숨어 다닐 때에도 어디에서건 잠시도 손에서 일을 놓지 않았습니다. 남의 집에 머물 때마다 할 일이 없으면 짚을 가져다 새끼라도 꼬았고, 심지어 그나마 일이 없으면 이미 꼰 새끼를 풀어 다시 꼬기도 하였습니다. 어느 날은 그런 교주의 모습을 보다 못한 제자가 물었습니다. '아니 내일이면 다른 곳으로 떠나야 할 터인데 가지고 가지도 못할 것을 왜 그렇게 정성껏 만드십니까?' 그러자 최시형은 '이렇게 만들어 두면 나중에 누구라도 쓰지 않겠느냐'고 하였습니다. 이처럼 최시형은 모든 일, 모든 사물을 한울님처럼 대했습니다. 그래서 사람이 먹고 입고 생활하는 것도 사물 한울님이 사람 한울님을 먹여 살리는 것이라고 이해하였습니다. 이런 입장은 만물의 관계를 유기적으로 이해한 것입니다. 그렇기 때문에 최제우가 내 안에 한울님을 모시고 있다는 뜻에서 '시천주(侍天主)'라고 하였던 것을 내 안에 있는 한울님을 기른다는 뜻에서 '양천주(養天主)'라고 바꾸었습니다.

최시형의 뒤를 이은 사람은 의암(義菴) 손병희(孫秉熙:1861~1922)입니다. 손병희는 청주에서 아전 집안의 서자로 태어났습니다. 1882년 22세 때 동학에 입도하여 2년 뒤 최시형을 만나 수제자가 되었고 1900년에 3대 교주로 추대됩니다. 1894년 갑오농민전쟁에는 통령(統領)이라는 지위로 북접(北接) 농민군을 이끌고 전봉준이 이끄는 남접(南接)을 치러 내려왔지만, 논산에서 벌남기(伐南旗)를 찢어버리고 힘을 합쳐 외세에 대항하여 싸웠습니다. 일본군의 개입으로 갑오농민전쟁이 실패한 뒤 원산·강계 등지로 피신하였다가 1897년부터 최시형의 뒤를 이어 3년 동안 숨어 다니며 교세 확장에 힘썼고, 1901년 상해를 거쳐 일본으로 갑니다. 그러면서 단순한 종교 지도자가 아니라 근대화 운동의 지도자가 되었습니다. 특히 개화파 지식인들을 만나 동학에 들게 했고 이들에게서 개화사상을 받아들이기도 하였습니다. 일본에 있을 때에는 오세창과 박영효 등을 만나 나라 안 사정 이야기를 듣고 1903년에 귀국하여 두 차례에 걸쳐 청년들을 선발해서 일본으로 데리고 가 유학시켰습니다. 1904년 오세창 등과 함께 진보회를 조직하여 전국에 회원 16만 명을 확보하고 전 회원에게 단발령(斷髮令)을 내리는 등 신생활 운동을 일으켰습니다. 이듬해 이용구가 배신하여 친일 단체인 일진회(一進會)를 만들고 을사늑약을 찬성하는 성명을 내자, 즉시 귀국하여 진보회는 일진회와 관계없음을 밝히고 이용구 등 친일 분자 26명을 동학에서 쫓아낸 뒤 1906년에 동학의 명칭을 천도교로 바꾸었습니다. 일진회는 일본이 우리 자원을 빼앗아 가기 위해 만든 철도 공사에 동학교도들을 집단적으로 동원하기도 하였습니다. 1906년 손병희는 하루에 밥 한 숟가락 절약하자는 운동을 펼쳐 마련한 재원을 바탕으로 문화 운동을 일으킵니다. 그래서 보성학교와 동덕여학교를 인수하여 교육 사업에 힘쓰기도 하였습니다. 1908년 교주 자리를 박인호에게 넘겨주고 우이동에 은거하면서 도 닦는 일에 힘쓰다가, 1919년 민족 대표 33인의 핵심으로 3·1운동을 주도한 뒤 경찰에 체포되어 3년형을 선고받고 서대문 형무소에서 복역하였습니다. 이듬해 10월 병보석으로 출감하였지만 치료를 받다가 사망했습니다.

 손병희는 일본에 머물 때 나라를 일으키기 위한 방법으로 삼전론(三戰論)을 제기하였습니다. '삼전'은 민족의 힘을 키워 외세를 물리치기 위한 세 가지 싸움을 뜻합니다. 이념 싸움인 도전(道戰), 경제 싸움인 재전(財

戰), 외교 싸움인 언전(言戰)이 그것입니다. '도전'의 토대는 동학이며 이를 바탕으로 인화를 이루어야 한다고 했습니다. '재전'으로는 국내 자원을 활용하고 산업을 발전시켜 나라를 부강하게 만들자고 하였습니다. 그리고 '언전'에서는 외국어 학습을 장려하고 나아가 외교법을 익혀야 한다고 했습니다.

또한 손병희는 《각세진경(覺世眞經)》을 썼습니다. 손병희는 이 책에서 최제우의 '시천주(侍天主)'를 '시천(侍天)'으로 바꿉니다. 이 같은 변화는 천주라는 개념에서 의지적이며 인격적인 모습을 빼 버리는 것입니다. 그런 점에서 '시천'은 한울님이 아니라 한울님의 본성만을 내 안에 받아들이는 것이 됩니다. 손병희는 하늘, 땅, 사람이 모두 같은 기의 조화일 뿐이라고 합니다. 하지만 그 가운데 하늘은 모든 변화의 근본이며 만물이 가진 본성의 근원입니다. 그렇기 때문에 하늘로부터 받은 본성을 지키려고 하는 사람은 곧 하늘 사람일 수밖에 없습니다. 그래서 마침내는 하늘과 사람이 같은 기로 이루어져 있기 때문에 사람의 몸이 바로 한울이 되는 것이고, 같은 본성을 지녔기 때문에 사람 마음이 곧 한울 마음이 되는 것입니다. 이처럼 내 마음이 곧 한울 마음임을 깨닫는 것이 '인내천'입니다. 그런 관점에서 손병희는 모습을 갖춘 하늘이 사람이고 모습 없는 사람이 하늘이므로 하늘과 사람은 하나면서 둘이요 둘이면서 하나라고 하였습니다. 큰 근원으로서의 존재가 하늘이라면 각 사람 사람 마다에 담겨 있는 하늘은 작은 하늘인 셈입니다.

억울하게 죽은 교주의 원한을 풀어주오

조선조 말에 일어난 민중 봉기는 평안도농민전쟁과 임술농민항쟁을 거쳐 갑오농민전쟁에서 절정을 이룹니다. 평안도농민전쟁부터 갑오농민전쟁까지의 사건들은 우발적이거나 독립적인 것이 아니었습니다. 비록 사건마다 성공한 역사로 자리매김하지 못한 여러 가지 결정적 요인들을 가지고 있지만, 대다수 농민들의 엄청난 호응을 받았습니다. 봉건제 해체기에 접어든 조선 사회는 안팎으로 모순이 커지면서 농민에 대한 수탈이 더 심해졌고 이에 따른 농민 대중의 저항은 당연한 것이었습니다. 하지만 평안도농민전쟁은 상당한 조직력을 지녔음에도 이념적 지지 기반이 약했습니다. 또 임술농민항쟁은 넓은 지역에서 상당 기간 싸움을 벌였지만 지역적 연대와 이념적 지지 기반을 갖지 못하였습니다. 그러나 갑오농민전쟁은 이념적 지지 기반을 가졌으며 조직도 강했습니다. 또한 다른 봉기들의 주목적이 반봉건이었던 점과 달리 반봉건과 반외세를 함께 아우르고 있습니다.

갑오농민전쟁에 대한 평가는 시대마다 다양했고, 그에 따라 부르는 명칭도 달랐습니다. 1970년대 초까지 초중등 교과서에는 동학란이라고 씌어 있었습니다. 그 뒤 동학운동이라는 애매한 이름으로 불리다가 동학혁명으로 호칭이 바뀌었고 이제는 혁명이라는 표현과 농민전쟁이라는 표현이 같이 쓰이고 있습니다. 1950년대부터 북녘 학자들과 재일 교포 학자들이 농민 전쟁이라고 했던 것과 비교하면 많은 역사 의식의 차이가 드러나는 부분이기도 합니다. 동학란이란 표현에는 세상을 어지럽힌 잘못된 행동이라는 평가가 들어 있습니다. 그러니까 동학군에 대한 토벌이라는 표현이 나오는 것입니다. '토'나 '벌'은 공자가 지은 역사책 《춘추》에 따르면 옳은 사람이 옳지 않은 사람을 칠 때 쓰는 표현입니다. 뒤를 이은 '운동'이란 표현은 옳고 그름에 대한 판단을 드러내지 않은 채 단지 그런 움직임이 있었음을 알리는 밋밋한 표현입니다. 한때 사용되던 '4·19 학생운동', '5·18 광주민주화운동' 등이 그러합니다. 하지만 혁명이란 표현에는 정당하다는 평가가 담겨 있습니다. 본래 동양에서는 하늘로부터 명을 받은 사람이 왕이 된다고 보았습니다. 그것을 천명이라고 합니다. 천명을 받을 수 있는 사람은 덕이 높은 사람이며, 그 사람이 덕이 높은지 낮은지는 백성들이 따르는지 안 따르는지를 보면 안다는 것입니다. 그런데 어떤 사람이 덕이 높아서 백성들이 잘 따르기 때문에 천명을 받아 왕이 되었더라도, 그 사람이 덕을 잃으면 천명이 바뀌게 된다는 것입니다. 그것이 바로 혁명입니다. 그러니까 5·16 군사혁명이라 불리던 것이 쿠데타로 바뀌었고 대신 4·19 학생운동이 혁명이 된 것은 그러한 정당성에 대한 인정 여부에 달린 것입니다. 마지막으로 전쟁은 상대방을 죽여야 한다는 적대적인 모순이 잘 드러나 있는 표현입니다. 사실 갑오농민전쟁의 대상이 외세와 집권 세력이었음을 감안한다면 죽여 없애거나 무력으로 굴복시켜야 한다는 절박함이 담겨 있는 것입니다.

갑오농민전쟁은 1864년에 처형된 최제우의 억울함을 풀어달라는 교조 신원운동에서 시작되었습니다. 1892년 7월 무렵 봉기를 주장하는 호남의 강경파 접주 서장옥과 서병학이 공주 집회를 계획했지만 최시형의 반대로 무산되고 말았습니다. 하지만 마침내 11월에 삼례에서 대규모 집회가 열립니다. 최시형은 여전히 참가하지 않았지만 최제우가 죽은 이후 최초의 공공연한 움직임이었으며, 충청도와 전라도의 관찰사에게 교조 신원과 함께 탐관오리 제거, 교당 설치 허가를 요구하였습니다. 그리고 다음 달에는 보은에서 비슷한 내용의 상소를 중앙 정부에 올립니다. 그러니까 지방 정부를 상대하던 것에서 중앙 정부를 상대하는 것으로 발전한 셈이지요. 더구나 이듬해인 1893년 2월에는 손병희의 지휘로 동학의 대표자 40여 명이 광화문 앞에 몰려가 복합 상소를 올립니다. 복합 상소란 특별한 일이 있을 경우 유생이나 양반들이 무더기로 궁궐에 몰려가 건의드리는 행위를 가리킵니다. 이들은 경복궁의 정문인 광화문 앞에서 사흘 밤낮으로 울어댔는데 당시에는 이들만이 아니라 수많은 교도들이 몰래 서울에 잠입한 까닭에 민심이 흉흉했다고 합니다. 놀란 임금이 '돌아가 생업에 종사하면 마땅히 소원대로 해주겠노라'며 해산을 권유하자 동학도들은 일단 집으로 돌아왔습니다.

하지만 아무리 기다려도 왕으로부터 답이 없자 1893년 3월 보은으로 모여듭니다. 사발통문을 돌려 한번 연락했을 뿐인데 2만여 명이 모였다니 대단한 기세였습니다. 그리고 이 집회에서는 최제우의 억울함을 풀어달라거나 관리들의 횡포를 막아달라던 요구에서 한 걸음 나아가 서양을 물리치고 일본을 물리치자는 '척양척왜'를 내세웁니다. 반봉건의 요구가 반외세의 요구로 나아간 것입니다. 이들이 20여 일 간 시위를 벌이자 정부에서는 어윤중을 대표로 삼고 홍계훈이 거느린 600여 명의 관군을 보내왔으며, 관리들의 횡포를 금하겠다는 약속을 받고 해산합니다. 정부에서는 이때부터 소란을 막기 위해 외국 군대를 끌어들이자는 논의가 시작됩니다. 그런데 재미있는 사실 가운데 하나는 이때 전라북도 금구에도 수만 명이 모였는데, 보은 집회가 해산하자 충주까지 올라갔다가 슬그머니 자취를 감춘 일입니다. 이들은 전봉준이나 서병학 같은 강경파들의 독자 세력으로서 보은 집회와 호응하여 서울로 진격하려 했던 것이 아닌가 싶습니다. 이 집회가 있고 나서 정부에서는 보은 집회에 참가하지 않았던 김봉집, 서병학, 서장옥 등을 잡아들이도록 명합니다. 김봉집은 한자어가 비슷한 전봉준의 가명일 것이라는 판단입니다.

녹두장군 전봉준과 갑오농민전쟁

갑오농민전쟁에 대한 이해는 초점을 농민군 지도부에 두느냐, 동학 교

단 지도부에 두느냐에 따라 달라질 수 있으며, 또한 갑오농민전쟁의 발생과 전개를 동학사상의 논리로부터 끌어내느냐 전봉준 개인의 개혁 의지에 맞추느냐도 문제가 됩니다. 하지만 갑오농민전쟁에서 전봉준의 역할을 무시할 수는 없으며, 영향이 많든 적든 동학과의 연관도 따지지 않을 수 없습니다.

갑오농민전쟁의 중심 인물은 전봉준입니다. 어린 시절 키가 녹두 알만큼 작다고 하여 붙여진 별명 때문에 뒷날 녹두장군이라 불렸습니다. 전봉준은 천안 전씨이지만 어떤 집안이었는지 어디에서 태어났는지 모두 불분명합니다. 아버지는 지방 국립 학교의 학생 자치 기구 임원에 해당하는 향교의 장의를 지냈다고도 하고 동네 구장을 지냈다고도 하는 것으로 보아 평민은 아닌 듯합니다. 전봉준이 어려서 지은 시도 있으니 아마도 몰락한 양반인 듯합니다. 더욱이 몰락한 양반들이 그러하듯 전봉준도 약장사나 풍수장이 노릇도 했고, 잡혀서 문초를 받을 때 직업이 무엇인지를 묻자 선비와 훈장을 업으로 했다고 했습니다.

사실 전봉준의 삶은 의혹 투성이입니다. 28~9세 때에는 대원군을 만난 것 같은데 왜 만났는지는 알 길이 없습니다. 또한 접주 손화중의 인도로 동학 도인이 된 것은 분명하지만 언제였는지도 불분명합니다. 어쩌면 처음부터 세상을 갈아엎을 생각으로 동학에 들어갔고, 대원군도 그래서 만났는지 모르겠습니다. 전봉준은 붙잡혔을 때 논 세 마지기가 재산의 전부였다고 합니다.

갑오농민전쟁은 우리 역사에 나타난 가장 조직적인 민중 운동이었습니다. 직접적인 원인은 탐관오리인 고부 군수 조병갑의 행태 때문이었습니다. 당시 고부에는 물을 가두어 두었다가 논에 대주는 만석보가 있었는데, 조병갑은 백성들에게 품삯도 안 주고 일을 시켜서 멀쩡한 만석보 아래에 새로 보를 만든 다음 물세를 챙겨먹었습니다. 또한 제 아비의 추모비를 세운다고 돈을 걷기도 하고, 세금은 좋은 쌀로 거둔 뒤 나라에 낼 때에는 나쁜 쌀로 내면서 그 차액을 떼어먹기도 하였습니다. 아무튼 못된 지방관이 하는 짓은 다 한 셈입니다. 이런 조병갑의 학정을 견디다 못한 백성들이 떼를 지어 항의를 하였고, 이 일에 앞장섰던 전봉준의 아버지가 잡혀가서 매를 맞아 죽었습니다. 하지만 더 근본적인 원인은 호남 지역에 집중된 극심한 수탈입니다. 당시 호남은 국가 재정의 40%를 감당하던 가장 풍요로운 지역입니다. 그래서 당시 서울 사람들의 노랫가락에는 '아들 낳아 호남에 원살이 보내고 지고' 하는 가사가 있습니다. 아들 낳아 과거 시험에 급제한 뒤 서울의 중앙 정부에서 높은 벼슬하기를 바라는 것이 아니라 호남의 고을 원님이 되었으면 하는 것입니다. 그 까닭은 호남에서 원님 노릇 한 번 하면 죽을 때까지 가족 전체가 먹고살고도 남을 재산을 모을 수 있기 때문입니다.

당시 농민들은 이리 뜯기고 저리 뜯기는 신세였습니다. 호남에는 세금으로 거둔 쌀을 운반해 가는 전운사(轉運司)라는 기구가 있었습니다. 그런데 이들은 세금으로 낸 쌀을 실어다 줄 배 값을 받으면서, 쌀을 실었다 내렸다 하다 보면 양이 부족해진다고 그 부족분을 또 받아갔습니다. 균전사(均田司)에서는 당시 김제 등지의 황무지를 백성들에게 개간하도록 시킨 다음 황무지를 개간한 땅에는 세금을 매기지 않는 것인데도 세금을 받았습니다. 거기다 봉건 권력의 행동대 역할을 하는 보부상들의 횡포도 만만치 않았습니다. 그리고 청나라와 일본의 장사꾼들이 이 지역에 들어 와 쌀을 많이 사가서 국내에 쌀이 부족하게 되었을 뿐 아니라 상권도 위축되는 지경에 이르렀습니다. 이런 상황들이 얽히면서 농민들의 불만이 점점 커져 갔고, 이를 조직적으로 엮어서 끌어낸 것이 갑오농민전쟁이었습니다.

갑오농민전쟁의 1단계는 고부 봉기입니다. 철저하게 계획을 세운 전봉준은 1894년 1월 10일 농민군 1000여 명을 이끌고 두 갈래 길로 나누어 고부 관아를 들이치면서 한쪽 길을 도망갈 수 있도록 터주었습니다. 맞부 딪쳐 싸워서 생길 희생을 최소화하려는 작전이었습니다. 전봉준은 남아 있던 탐관오리들을 혼내 주고 새로 만든 보를 부숴 버렸으며, 양곡 창고를 개방하여 어려운 백성들에게 나누어 주었습니다. 이 사건은 전봉준을 이름 없는 신참 접주에서 일시에 유명한 인물로 떠오르게 하는 계기였습니다. 전봉준이 이끄는 봉기군은 15일 동안 고부 관아를 점령하고 시위를 벌이다가 백산으로 물러나 성을 쌓고 머물면서 호남 각 고을에 격문을 보내어 호응을 기다립니다. 하지만 추운 날씨 탓에 농민들의 호응이 별로 없고, 더구나 추수한 뒤라 아직은 먹고살 것이 있으니 조그만 안락에도 감지덕지하는 농민들의 불만이 크지 않았습니다. 그리고 가장 큰 문제는 호남의 대접주 김개남포와 손화중포가 움직이지 않는 것이었습니다. 전봉준이 처음 거사를 모의했을 때에는 고부성을 점령하고 조병갑을 처형한 다음 전주 감영을 함락시키고 서울로 진격한다는 계획까지 세웠습니다. 하지만 호남 동학의 지원 없이 이런 계획을 밀고 나갈 수는 없었던 것입니다. 그래서 얼마 안 가 해산하고 맙니다. 그 뒤 도망쳤던 조병갑은 의금부에 갇혔지만 장흥 부사 이용태가 안핵사로 와서는 농민들의 책임을 물어 잡아 가두고 죽이는 일을 저질렀습니다.

갑오농민전쟁의 2단계는 척양척왜를 내세운 승리 단계입니다. 농민군은 3월 21일 고부, 태인 등지에서 다시 일어섭니다. 이름도 알려지지 않았던 전봉준이 어느새 총대장이 되고 전봉준 위에 있던 김개남과 손화중이 전봉준의 지휘를 받는 총관령이 되었습니다. 고부 봉기 이후 전봉준은 어디서 무엇을 했는지 행적이 묘연합니다. 아마도 그 기간 동안 호남 각지를 돌아다니며 김개남, 손화중 같은 사람들을 설득했던 것으로 보입니다. 그래서 고부, 정읍, 태인, 남원, 금구, 나주를 비롯한 호남 전체의 봉기가 시작된 것입니다. 농민군은 황토현에서 잘 훈련된 전주 병영의 관군과 보부상 연합군을 맞아 싸웠습니다. 이 싸움이 농민군이 거둔 첫번째 승리였습니다.

농민군의 위세에 놀란 조정에서는 홍계훈을 초토사로 삼아 서울 방위를 맡고 있던 군대와 외세의 침략을 막는 최일선의 강화도 군대를 합쳐 2000여 명의 병력을 급히 내려 보냅니다. 농민군은 이들 최정예 부대를 전라도 깊숙이 유인해 들인 뒤 황룡촌 싸움에서 승리를 거둡니다. 농민군은 관군의 총알을 장태를 이용하여 막아냈습니다. 장태는 긴 대나무를 엮어 만든 커다란 원통인데, 이 원통을 굴려가며 진격해서 관군 300명가량을 섬멸하고 승리하였습니다. 그 사이 호남 깊숙이까지 끌려들어 간 관군을 우회해서 농민군의 다른 부대가 4월 28일 전주성에 들어갑니다. 지금도 전주에 가면 유적으로 남은 성문에 '호남 제일 문'이라고 써 있습니다. 본래 전라도는 전주와 나주가 중심이었기 때문에 전라도라고 했던 것입니다. 경상도의 중심이었던 경주와 상주, 충청도의 중심이었던 충주와 청주, 강원도의 중심이었던 강릉과 원주는 일본 제국주의의 지배를 받는 과정에서 모두 중심 도시에서 밀려났습니다. 일본은 자신들의 지배를 강화하기 위해 기득권 지방 세력들을 누르고 새로운 지배 질서를 만들어야 했습니다. 그래서 위에서 언급한 도시들을 우회해서 철도를 건설합니다. 그 결과 천안, 대전, 광주, 목포, 대구, 부산 등이 새로운 중심 도시가 되었습니다. 호남의 중심 도시 전주성이 함락되자 조정에서는 바로 외국 군대의 힘을 빌려 오게 됩니다. 원세개가 이끄는 청나라 군대 2500명이 아산만에 상륙하여 동학군의 진로를 끊었고, 청나라 군대를 견제한다는 핑계로 일본도 6000명의 병력을 인천으로 상륙시켜 서울과 경기 일대를 장악하였습니다. 농민군은 외국 군대 개입의 명분을 주지 않기 위해 5월 초 정부와 전주 평화조약을 맺습니다. 이것은 반대 움직임을 보이던 충청 이북의 북접을 기다리는 기간이기도 하였습니다.

갑오농민전쟁의 3단계는 전라도 53주 전역에 집강소를 설치한 단계입니다. 집강소는 한민족 역사에서 최초로 농민과 천민이 중심이 된 자치 기구였습니다. 농민군은 정부와 전주 평화조약을 맺으면서 민중 대다수의 뜻을 반영한 27개 조항의 개혁을 요구하였습니다. 그 대부분은 삼정 문란에 대한 시정, 탐관오리 처벌, 상인과 아전들의 횡포에 대한 불만이었습니다. 이러한 27개조의 폐정 개혁안은 전주 평화조약 이후 집강소에서 펼친 12개 폐정 개혁안으로 발전합니다. 그 내용을 보면 동학과 정부의 갈등 해소 노력, 봉건적 지배 체제의 청산을 위한 실천, 노비 문서를 없애고 과부의 재혼을 허용하는 평등 사회의 실현, 토지를 똑같이 나누어 신분 평등을 보장할 물적 토대의 확보를 위한 노력이었습니다.

집강소는 전주성 싸움 이후 소강 상태에 들어간 6월 무렵부터 9월 12일 재봉기까지의 기간에 민중이 자신들의 이상을 실험해 본 것입니다. 비록 완전한 체계를 갖춘 것은 아니었지만 농민군은 집강소를 통해 자신들의 성숙된 역량을 보여주었습니다. 평화조약이 맺어진 뒤 대다수 농민군은 농촌으로 돌아갔습니다. 그러나 전라도는 대부분 수령이 도망간 탓에 전란의 뒷수습조차 제대로 할 수 없는 상황이었습니다. 그래서 도순변사 이원회는 면과 리마다 집강을 두고 억울한 일을 집강을 통해 호소하면 공정하게 처리하겠다는 뜻을 밝히기도 하였고, 전라도 관찰사 김학진 또한 전봉준을 오게 하여 동학의 협조를 요청하였습니다. 충청도에서도 최시형이 충청 감사의 협조 요청에 따라 동학의 접주 가운데서 집강을 임명하여 농민군의 불법 행위를 통제하기도 하였습니다.

집강소는 동학의 교리 학습 단위이자 군대 단위였던 '포'와 '접'에 농촌 사회의 계나 향약 같은 두레 공동체를 합친 성격을 지녔습니다. 그러니까 집강소는 포와 접을 중심으로 관할 지역을 나눈 확대된 형태의 군사 공동체이자 종교 공동체, 정치 공동체, 생산 공동체였으며, 기존의 관청과 달리 이념과 조직을 활용한 생활 공동체였던 것입니다. 지역에 따라 다르기는 하지만 관과 공존하면서 관을 압도하거나 견제하기도 하고 일부 지역에서는 해체된 관을 대신하기도 했으며, 심지어는 지방 수령을 몰아낸 곳까지도 있었습니다. 전주의 도집강소에 있는 도집강이 전라도 전체를 관할하고, 각 고을에 집강소를 두어 집강이 관할하였으며, 집강은 대부분 동학 접주가 맡았습니다. 집강소는 크게 집행 기관과 논의 기관, 호위군, 보조 기관으로 구성되었습니다. 집행 기관은 집강 아래에 문서를 담당하는 서기, 치안과 법을 담당하는 성찰, 대민 사업과 폐정 개혁의 행정을 담당하는 집사, 집강소 주변 방위와 연락을 담당하는 동몽이 있습니다. 논의 기관은 정책이나 의사를 결정할 때 의견을 수렴하고 검토하는 역할을 맡았고, 호위군은 당연히 농민군이었지만 천민이나 광대만으로 구성된 부대도 있었습니다. 방조 기관은 아전들 가운데 동학에 입도하였거나 협조한 사람들로 이루어진 행정 보조 기구였습니다.

　전라도의 통치는 전봉준이 전라 우도를 맡고 김개남이 좌도를 맡았습니다. 그 과정에서 전봉준이 온건한 정책을 폈다면 김개남은 남원 수령이 반기를 들었다고 처단한 일처럼 매우 개혁적이었습니다. 더구나 두 사람의 불화가 매우 심했습니다. 한번은 대원군이 편지를 보내오자 김개남은 편지 가져 온 사람을 죽이려 했습니다. 그런데 편지가 왔다는 사실을 안 전봉준이 사람을 보내 와 죽이라고 전갈하자, 조금 전까지도 죽이려 하던 김개남이 오히려 전봉준이 죽인 책임을 다 자신에게 덮어씌우려 한다고 하면서 살려줍니다. 이들이 이렇게 불화하는 사이에 청나라와 일본의 싸움은 일본의 승리로 끝을 맺었습니다. 그리고 승리한 일본 군대가 관군과 함께 충청도 일대의 동학 교도들을 탄압하기 시작합니다. 전주성을 함락시킨 뒤 농민군이 평화 조약을 맺고 소강 상태를 유지한 이유는 5~6월이 농번기라서 군량 확보가 어렵고, 청나라와 일본의 군대가 들어와 있어 서울 진격이 쉽지 않으며, 더구나 전주성 싸움에서 전봉준이 부상을 입었고, 가장 큰 어려움은 북접이 아직도 합류를 하지 않고 있기 때문입니다. 당시 북접은 협조를 안하는 정도가 아니라 무력 행동을 제지하는 경고문을 보내오기도 하고 심지어는 단속반을 파견하기도 하였습니다.

우금치에 서린 동학 농민군의 한, 그러나 새로운 희망

갑오농민전쟁의 마지막 단계는 농민군의 재기와 패배입니다. 추수철이 끝날 무렵이라서 군량 확보에 문제가 없어지자 농민군은 전주성을 떠나 서울로 향합니다. 그리고 이 전투에는 북접도 함께합니다. 북접을 지도하는 최시형은 처음에 전봉준을 국가의 역적, 사문란적으로 지목하였고, 농민군이 북상을 시작하자 손병희에게 북접 농민군을 이끌고 내려가 남접을 막으라고 '벌남기(伐南旗)'를 주어 보냅니다. '벌남'이란 '잘못을 저지른 남접을 친다'는 뜻입니다. 하지만 같은 동지들을 치러 가는 북접 농민군들의 마음이 어떠했겠습니까? 결국 대다수 동지들의 뜻에 밀린 최시형이 무력 봉기를 선언하면서 남접과의 합류를 지시하였고, 논산벌에서 마주했던 20만의 남북접 농민군은 북접 지휘자 손병희가 벌남기를 찢는 순간 하나가 되었습니다.

사기가 오른 농민군이 충청도의 중심인 공주성을 에워싸고 싸움을 시작했지만 결과는 패배였습니다. 당시 농민군의 모습을 가리켜 '서면 백산이요 앉으면 죽산이라'는 말이 나왔습니다. 농민군이 산을 뒤덮었기 때문에 이들이 서 있으면 사람들의 흰 옷 때문에 온통 흰 산이 되는 것이고, 제자리에 앉으면 그들이 들고 있던 죽창만 빼곡히 서 있기 때문에 대나무 산이 된다는 뜻입니다. 하지만 수적으로 우세한 농민군도 막강한 일본군의 화력을 이길 수 없었습니다. 더구나 양반들이 곳곳에 민보군을 조직하여 농민군을 괴롭혔고, 일본군이 뒤로 상륙해서 공격해 올까 봐 손화중과 나경선이 병력을 나누어 나주를 지킬 수밖에 없었습니다. 농민군 지도부에는 상당한 벼슬을 지낸 양반들도 있었습니다. 그 가운데 한 사람이 성안의 관군에게 같이 힘을 합쳐 일본군을 몰아내자는 호소문을 보냅니다. 그 호소문에 성안 군사들이 많이 흔들렸지만 일본의 감시 아래에서는 어쩔 수 없었습니다. 2500명의 관군과 200명 일본군의 우수한 무기를 감당하지 못해 농민군은 마침내 우금치에서 패하였고, 잇달아 공주에서도 패한 뒤 논산에서 마지막 결전을 벌였지만 무너지고 말았습니다. 이로써 동학농민군의 조직적인 싸움은 끝이 났고 많은 동학 지도부가 잡혀 죽었습니다. 전봉준도 배신자의 밀고로 순창에서 잡혀 처형되었습니다. 당시 일본에서는 전봉준에게 회유책을 쓰면서 일본 망명을 권하기도 했지만 흔들리지 않았습니다. 흩어진 농민군들은 화적이 되기도 하고 부자들을 털어서 가난한 자를 돕는 활빈당이나 영학당이 되기도 합니다. 그리고 나중에는 의병 운동으로 넘어갑니다.

동학사상과 갑오농민전쟁

동학사상과 갑오농민전쟁의 관계를 보는 세 관점이 있습니다. 첫째는 동학사상을 갑오농민전쟁의 모체로 보는 관점이며, 둘째는 동학사상을 갑오농민전쟁의 종교적 외피로 보는 견해이고, 셋째는 양자의 관련성을 무시하는 경향입니다. 사실 갑오농민전쟁 과정에서 교단 상층부는 무력 봉기를 반대하였습니다. 그러니까 교단 내부에 사회적 실천을 보는 두 관점이 있었던 것입니다. 이런 점은 동학사상의 이중 구조에서 나옵니다.

갑오농민전쟁 당시 농민군의 구성은 '진짜 동학당', '임시 동학당', '거짓 동학당'으로 나뉩니다. 그 가운데 '진짜 동학당'은 동학사상에는 밝지만 사회 변혁을 위한 실천에 일정한 거리를 두는 종교적 지향이 강한 집단이었습니다. 또한 '임시 동학당'은 보신을 위하여 잠시 동학에 붙었던 기회주의자들로서 농민군이 패하자 바로 양반 토호들에게 붙었던 집단입니다. 그리고 '거짓 동학당'은 농민군의 주축을 이루어 사회 변혁의 주체로 나섰던 대다수 민중을 가리킵니다.

앞에서 말한 동학사상의 이중 구조는 그 실천 주체가 '진짜 동학당'과 '거짓 동학당'입니다. '진짜 동학당'의 중심은 최시형을 중심으로 한 교단 지도부로서 갑오농민전쟁이 일어나기 전 정부를 상대로 종교 박해를 중지하라는 요구를 하기도 했지만, 궁극적으로는 남접의 무력 봉기를 반대하고 심지어는 남접을 벌하려고 하였습니다. 사실 최제우도 종교로서의 동학을 세웠을 뿐 결코 정치 사회의 혁신을 구체적으로 실천할 목적이 있었던 것은 아닙니다. 그는 무엇인가를 억지로 하려는 것이 아니라 저절로 바뀌는 '무위이화(無爲而化)'를 강조하였습니다. 그래서 관념적 또는 종교적으로 모든 것을 해결하려는 경향을 보입니다. 개인의 수양을 통해 모든 변화를 실현함으로써 사회 문제까지도 개인 윤리 측면에서 해결하려고 한 것입니다.

하지만 '거짓 동학당'은 갑오농민전쟁을 통해 역사의 전면에 나섰던 대다수 민중과 그들을 이끌었던 남접의 지도부로서 그 속에는 자신들의 사회적 실천을 실현시킬 도구로 동학사상을 이용하려 한 사람들도 있고, 정말 동학사상을 믿으면서 그 사상의 참모습이 사회적으로 실현되어야만 한다고 생각한 사람들도 있습니다. 그들의 이념적 기반도 동학이었으며 특히 동학 경전에 나오는 칼 노래에 그런 정신이 잘 드러나 있습니다.

푸른 옷 긴 소매의 용호장(龍虎將)이 이와 같고 이와 같고 또 이와 같도다. 좋은 때여 좋은 때여, 다시 못 올 좋은 때로다. 만 년 만에 한 번 나오는 장부로서 오만 년 만에 만난 좋은 때로다. 용천검(龍泉劍) 드는 칼을 아니 쓰고 어이하랴. 춤추는 듯한 긴 소매 떨쳐 입고 이 칼 저 칼 넌짓 들어 탁 트인 넓은 천지 한 몸으로 비켜서서, 말 높이 한 곡조로 좋은 시절이여 좋은 시절이여 하고 불러내니, 용천검 날쌘 칼은 해와 달을 희롱한다. 계수나무 덮은 구름 춤추는 듯한 긴 소매가 우주를 덮었다.

칼은 본래 힘과 저항을 상징합니다. 특히 이 칼 노래는 사회 변혁을 위한 동학의 변혁 의지를 잘 드러내고 있습니다. 그러므로 어떤 의미에서는 폭력적 실천에 대한 강조로 해석될 수 있습니다. 대다수 민중은 동학사상을 지렛대 삼아 자신들이 역사의 전면에 주체로 나설 수 있는 기회를 얻었으며, 동학사상 또한 단순한 종교적 측면을 넘어서서 반봉건 반외세의 실천을 보일 수 있었습니다.

갑오농민전쟁이 끝나고 난 뒤 사람들 사이에 이런 노래가 불려졌습니다. '새야 새야 파랑새야 녹두밭에 앉지 말아. 녹두 꽃이 떨어지면 청포장수 울고 간다.' 이 노래는 누가 지었는지 알 수 없는 전래 민요입니다. 일반적으로 파랑새는 푸른 군복의 일본군을 뜻하고 녹두밭은 전봉준을, 그리고 청포장수는 백성들을 뜻한다고 합니다. 애절한 노랫 가락에서 민중의 바람과 절망이 느껴집니다. 전봉준은 잡혀서 재판을 받는 과정에서도 전혀 흔들림이 없었습니다. 그 기개에 재판을 맡은 일본인까지도 놀랐다고 합니다. 또한 처형을 앞두고 지은 시 '운명(殞命)'은 그의 드높은 기상을 잘 보여줍니다.

때를 만나서는 천하도 내 뜻과 같더니,
운 다하니 영웅도 스스로 어쩔 수 없구나.
백성을 사랑하고 정의를 위한 길이 허물이 되랴,
나라 위한 일편단심 그 누가 알리.

 갑오농민전쟁은 비록 실패로 끝났지만 반외세와 반봉건의 명확한 목표를 내세우고 새 세상을 건설하려던 농민군의 꿈은 그대로 남았습니다. 우리의 문제를 외세를 끌어들여 해결하려 한 집권 세력의 방해로 꿈을 이룰 수 없었습니다. 더구나 외세에 대해 대결 의식을 보인 위정 척사파와도, 해외 문물을 들여와 부강한 나라를 일으켜 보려던 개화파와도 연결하지 못한 민중들의 고립된 싸움이었습니다. 하지만 갑오농민전쟁은 전근대 조선의 모습을 완전히 무너뜨려 버림으로써 갑오경장이 나오는 원동력이 되었으며 뒷날 항일 무장 투쟁의 기반이 되었습니다.

돌아보기

오늘 우리에게
한국철학은 무엇인가

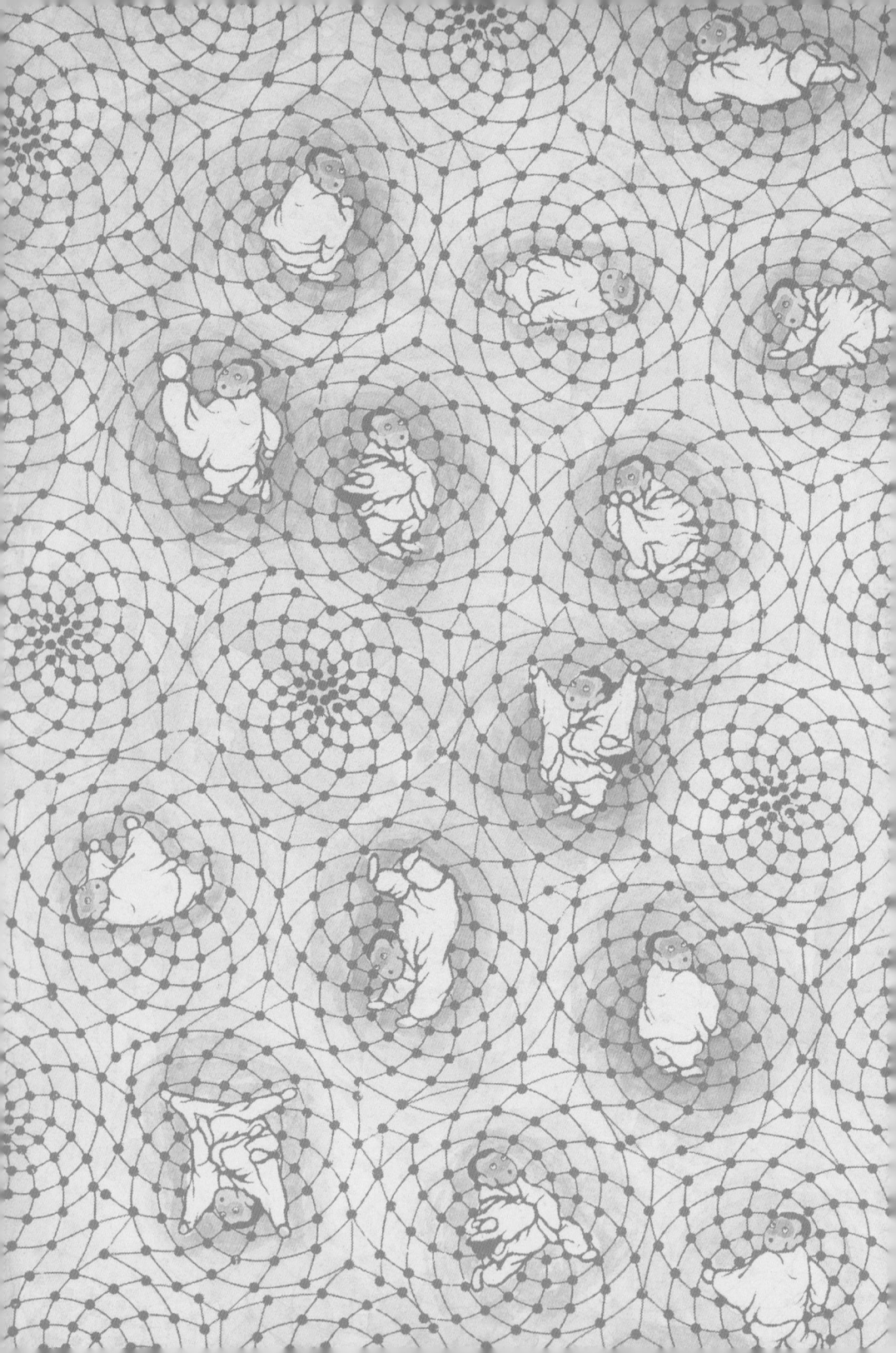

오늘 우리에게 한국철학은 있는가

여러 해 전부터 중국과 일본, 동남아 여러 나라에서 '한류'가 유행하고 있습니다. 우리 영화배우와 가수, 그리고 그들이 출연한 영화와 노래, 춤이 그 곳 젊은이들뿐만 아니라 아주머니들 사이에서까지 인기를 누리고 있으며, 그 덕에 한국어를 배우려는 사람들이 늘고 있다고 합니다. 그런 분위기를 타고 아예 활동 무대를 국외로 옮긴 연예인들도 생겨나면서 일부에서는 우리 문화가 상당한 경쟁력을 갖추었음을 자축하는 목소리도 흘러나왔습니다. 느닷없는 '한류' 바람이 어떤 이유에서 일어난 것인지 잘 이해가 안 가면서도, 한편으로는 1990년대 들어와 심심찮게 들었던 '가장 한국적인 것이 가장 세계적인 것'이라는 주장이 정말 실현된 것은 아닐까 하는 생각도 들었습니다. 그리고 '한류'에 힘입어 약간의 경제적 이익도 얻을 수 있었습니다. 한류 스타가 드라마나 영화에서 사용한 핸드폰이나 화장품까지 덕을 보고 있고, 영화나 드라마의 촬영지와 가수의 콘서트를 보기 위하여 몰려오는 관광객 수도 적지 않아 보입니다. 하지만 지금의 '한류' 열풍이 이제까지의 위세와 달리, 한때 주목받던 것에서 밀려나 한물간 유행 정도로 끝나지 않을까 하는 우려도 있습니다.

그런 걱정이 드는 까닭은 '한류'의 구체적 내용인 노래와 춤과 영화 속에 한국적인 혼이 제대로 담겨 있지 않기 때문입니다. 일부 경우는 한국적이기는커녕 오히려 그 곳 젊은이들이 닮고 싶어하는 서양화의 모델을 같은 동양권에서 가장 먼저 이룩한 것에 열광하고 있는 듯도 합니다. 이런 모습의 '한류'라면 단순히 한국에서 만들어진 것을 뜻할 뿐입니다. 그리고 그 결과는 뿌리 없는 거품, 생명력 없는 일시적 유행으로 끝날 수밖에 없을 것입니다. '한류'가 참다운 의미를 지니려면 다른 나라 사람들이 따라 할 수 없는 한국의 멋과 풍류와 한 같은 한국적 정서와 사상이 그 속에 담겨 있어야 합니다. 그처럼 한국 특유의 사유체계에 튼튼하게 뿌리를 내리고 있어야만 다른 나라의 문화가 '한류'를 대신할 수 없게 되는 것입니다. 그렇지 못하면 얼마 가지 않아 다른 나라의 문화가 새롭게 그 자리를 대신할 것이고, 마침내는 한류를 흉내 낸 그 사회의 젊은이들이 역할을 대신할 것입니다.

몇 년 전 남북 냉전을 주제로 한 영화 "쉬리"가 그동안 미국 영화들이 세웠던 많은 흥행 기록을 뒤엎으면서 세간의 주목을 받았습니다. 오랫 동안 미국 영화가 독주해 온 척박한 한국 영화 시장에 한국 영화의 가능성을 보여 주었다는 점에서 "쉬리"가 가진 의미는 매우 큽니다. 하지만 한반도를 배경으로 한 할리우드식 액션 영화의 아류를 벗어나지 못했다는 점에서 아쉬움을 남겼습니다. 다행스러운 것은 얼마 안 가 "쉬리"와는 다른 관점에서 분단을 다룬 영화 "공동경비구역 JSA"가 그 기록을 뒤집었고, 그 뒤로 "웰컴 투 동막골"이 다시 새로운 기록을 남겼다는 점입니다. 같은 주제를 다루더라도 밑바닥에 깔린 세계관이 무엇이냐에 따라 영화의 내용이 달라지게 마련입니다. 그래서 "쉬리"나 "공동경비구역 JSA", "웰컴 투 동막골" 이 같은 분단 문제를 다루었지만 시나리오 작가와 감독의 철학에 의해 하나는 분단의 격차를 벌리는 영화가 되었고, 다른 둘은 이를 좁히는 영화가 되었습니다.

위에서 본 '한류'와 "공동경비구역 JSA"나 "웰컴 투 동막골"의 예처럼 비록 지금의 현실은 철학에 냉소적이지만 여전히 철학은 현실을 갈아엎는 보습으로 남아 있습니다. 물론 이 경우 그 철학이 꼭 한국의 전통철학이냐 아니냐 하는 문제는 중요하지 않습니다. 1장 "바로 보기"에서 말한 것처럼 그 철학이 프랑스 철학이든 독일 철학이든 중국 철학이든 우리 현실의 중요 모순을 제대로 짚어 내고 그 문제를 해결하기 위한 철학으로 기능할 수 있다면, 긴 역사의 흐름에서 볼 때 그 철학은 이미 우리 철학의 길을 걷고 있기 때문입니다. 이 같은 관점에서 보면 오늘날 우리 철학이 현실에서 하는 일은 미미해 보이지만, 여전히 현실을 재고 분석하며 방향을 잡는 출발점으로 존재하고 있습니다. 또 그 철학을 보듬고 범주를 넓히며 그 속에 현실적인 생명력을 불어넣는 일은 바로 우리 자신들에게 달려 있습니다.

사실 오늘날 우리 철학에 바탕을 둔 삶의 총체로서의 문화가 가능성을 보이고 있는 분야는 매우 많습니다. 여러 해 전 임권택 감독이 조선 말기 화가 장승업의 일생을 주제로 만든 "취화선"을 칸 영화제에 출품하여 감독상을 받았습니다. 황금종려상을 받지 못한 아쉬움은 있지만 우리 것이 세계적인 것으로 인정받은 뿌듯함에 가슴이 벅찼습니다. 임권택 감독은 오래 전부터 "아제아제바라아제", "만다라", "씨받이", "서편제", "춘향뎐" 같은 우리 정서가 흠뻑 밴 작품을 만들어 왔고, 상을 받고 나서도 우리 것이라야 비로소 세계와 어깨를 나란히 할 수 있다고 했습니다. 정말 우리다운 것은 다른 나라에서는 찾아볼 수 없는 것이며, 그렇기 때문에 가장 쉽게 남과 어깨를 겨룰 수 있는 힘의 터전이 되는 것입니다. 이런 점은 월드컵 개막식 행사 때 많은 외국인들이 우리 문화 공연에 찬사를 보낸 것만 보아도 쉽게 알 수 있습니다.

우리가 강한 힘을 보일 수 있는 것은 영화만이 아닙니다. 그러한 또 다른 실례로 많은 사람에게 호평을 받은 "난타"를 들 수 있습니다. "난타"는 대부분의 젊은이들이 따분하게 여기는 전통 사물놀이의 장단과 가락을 새로운 감각으로 되살려 낸 훌륭한 예입니다. "난타"는 사물놀이의 주된 도구인 타악기의 특징을 120% 활용하여 칼, 도마뿐만 아니라 주방에 있는 모든 것을 두드리는 도구로 삼아 훌륭한 악기로 변모시킴으로써, 우리 민족의 신명나는 정서를 그 속에 그대로 담아냈습니다. 사실 두드리는 일은 단순한 몸짓 같아 보이지만 소리의 높낮이, 음정의 길고 짧음, 맑은 소리와 둔탁한 소리 등 매우 다양한 모습으로 드러나게 됩니다. 그리고 이러한 소리들이 단순히 감정을 드러내는 차원을 넘어서서 다시금 우리의 흥을 불러일으키는 도구가 될 때, 이는 오늘날에도 여전히 살아 움직이는 예술로 자리매김하게 되는 것입니다. 이처럼 온갖 도구들을 마구 두들겨대는 "난타"가 관객과 출연자의 구분 없이 말 그대로 난장판을 이룰 수 있다면 그 속에서 한국인의 정서는 새로운 활력으로 되살아나는 것입니다. "난타"가 한 가장 큰 역할은 공연의 상업적인 성공보다도 골동품처럼 여기던 우리 옛것에 엄청난 힘이 들어 있음을 상기시킨 일입니다.

 사실 전통은 낡은 골동품이 아닙니다. 전통은 오래되어서 낡은 것이 아니라, 오히려 오래되었기 때문에 그 속에 강한 힘을 지니고 있습니다. 그렇기 때문에 새로운 관점으로 가공해 내어 그 속에 숨어 있는 불을 다시 지필 수 있다면 그 전통은 오늘날에도 여전히 살아 움직이는 힘으로 드러날 수 있는 것입니다. 그 경우 전통의 가장 밑바닥에 숨어 있는 알맹이는 바로 우리의 사유체계이자 이에 기반한 정서인 것입니다. '한류'를 진정한 '한류'이게 하는 것도 바로 이것이며 "난타"나 "취화선" 같은 우리 것의 부활도 여기에 뿌리를 두고 있습니다. 우리가 전통 문화와 더불어 그 뿌리인 철학사상에 주목해야 하는 것은 이 때문입니다. 주체적인 것도, 세계적인 것도, 돈이 되는 것도 모두 여기에서 나옵니다.

그런데 오늘날 우리의 철학은 넘어야 할 또 하나의 커다란 벽을 가지고 있습니다. 그것은 민족의 오랜 숙원인 통일입니다. 그동안 우리 철학은 부끄럽게도 통일 문제를 심각하게 고민해 보지 않았습니다. 동족끼리 처절하게 피 흘린 과거가 있으면서도 이를 설명하는 철학이나 나아가 그 아픔을 넘어설 수 있는 화해의 철학은 고사하고, 남과 북의 철학을 객관적으로 검토해 보는 작업에조차 인색했습니다. 그나마 그런 노력이 1990년에 들어와서 시작되었다는 것은 다행이라 할 수 있습니다. 통일을 일구는 철학, 통일 후를 내다보는 철학이야말로 현재 우리에게 주어진 또 다른 과제일 것입니다.

같은 민족, 같은 전통, 그러나 다른 눈 – 남북의 전통철학

남북이 분단된 지 50여 년의 세월이 지난 지금 남과 북의 거리는 얼마나 될까요? 아마 지구상에서 물리적으로는 가장 가까운 거리에 있으면서도 심리적·사회적·문화적으로는 가장 멀리 있는 것이 남과 북일 것입니다. 남북은 오랜 세월 동안 분단을 겪으면서 정치, 군사적 대립뿐 아니라 교육을 통해 분단을 재생산해 냄으로써 다른 어떤 나라보다도 더 이질감을 지닌 사이가 되고 말았습니다. 이처럼 분단이 고착화되면서 점점 깊어진 골은 철학에서도 그대로 드러납니다. 그러나 현실이 이렇게 어둡더라도 이 시대를 살아가는 한반도의 지성이라면 통일을 위해 무슨 일이든 해야만 할 것입니다. 그렇다면 철학은 어떤 일을 할 수 있으며, 무엇을 해야 할까요?

사실 전통철학은 남북 모두에게 똑같이 남아 있는 문화 유산입니다. 우리가 서로 다른 사회를 구성하고 있으면서도 여전히 통일을 말하는 까닭은 한 민족이라는 당위성 때문이며, 그 경우 전통철학의 사유 체계는 그러한 당위성을 보증하는 중요한 요소 가운데 하나가 됩니다. 하지만 남북은 오랜 세월 동안 동일한 전통철학을 서로 다른 기준으로 보아왔으며, 같은 철학자나 사상에 대해서도 전혀 다른 평가를 내려 왔습니다. 그리고 그러한 연구 결과를 토대로 서로의 연구 방법과 방향을 끊임없이 비판해 왔습니다.

우선 남과 북은 교육 제도와 연구 환경에서부터 엄청난 차이를 보입니다. 남한에는 무려 50여 개 대학의 철학과에서 2000명 정도의 학생들이 공부하고 있는 반면, 북한에는 김일성종합대학교에만 철학부가 있고 이 한 곳에서 1000여 명의 학생들이 배우고 있습니다. 연구 기관도 남쪽은 국가가 운영하는 정신문화연구원부터 대학에 설치된 각종 철학 관련 연구소를 비롯하여 퇴계학연구원 같은 사설 연구 단체에 이르기까지 많은 기구가 있지만, 북한에는 사회과학원에 속해 있는 철학연구소를 중심으로 몇 개의 연구소가 있을 뿐입니다. 학회 역시 남쪽에는 엄청나게 많은 반면, 북쪽은 몇 안 되는 연구 기관의 학자들이 해마다 다른 분야 전공자들과 조선사회과학자협회에 모여 연구 성과를 교환하고 토론을 통해 의견을 조정하는 데 그칠 뿐입니다. 따라서 이러한 연구 환경을 바탕으로 남쪽이 다양한 목소리를 담은 엄청난 양의 연구 성과를 내는 것과 달리 북한의 연구 성과는 극히 미미하며 이마저도 획일적인 목소리를 내고 있습니다.

구체적인 수치를 본다면 분단 이후부터 1992년까지 북에서 나온 1000여 편의 연구 성과 가운데 주체사상과 마르크스주의에 대한 연구를 빼면 한국철학 관련 연구는 네 권의 철학사와 60여 편의 논문이 있을 뿐입니다. 그리고 더 놀라운 사실은 북한에는 중국 철학이나 인도 철학 연구가 한 편도 없고 한국철학 관련 논문뿐이라는 것입니다. 이러한 상황은 비슷한 시기에 남쪽에서 나온 연구 성과 가운데 동양철학만 따져도 5000편에 가깝고 유교, 불교, 도교 등을 망라한 다양한 연구의 결과로 중국 철학이나 인도 철학에 대한 많은 논문이 있으며, 더구나 한국철학 논문만 따져 보아도 1800여 편이 되는 점을 감안하면 엄청난 차이가 있음을 알 수 있습니다. 이 같은 양적인 차이는 내용을 비교해 보면 더 뚜렷해집니다. 우선 남쪽은 성리학 연구가 중심을 이루지만 북쪽은 조선 후기 이후의 흐름인 실학과 애국 계몽 운동에 대한 연구가 중심을 이루고 있습니다. 아울러 연구 대상 인물에서도 그러한 차이는 잘 나타납니다. 남쪽에서 가장 인기 있는 전통 철학자가 퇴계 이황이라면 북에서 가장 비판받는 인물 역시 퇴계 이황입니다. 남쪽에는 퇴계를 기념한 퇴계로도 있고 가장 많이 쓰이는 1000원짜리 지폐에 초상도 넣었습니다. 더구나 퇴계에 대한 연구는 전통 철학자에 대한 연구 가운데 가장 많습니다. 퇴계 다음으로 연구 성과가 많은 율곡 이이에 대한 연구도 퇴계 연구의 절반에 못 미친다는 점을 보면 잘 알 수 있습니다. 그러나 북에는 퇴계에 대한 연구가 한 편도 없습니다. 사정이 이렇더라도 퇴계를 전혀 연구하지 않는 것은 아닐 것입니다. 북에서 나온 네 권의 철학사 책에서는 많은 분량을 할애하여 퇴계를 언급하고 있으면서도 미 제국주의 앞잡이 이론이라고 매도하고 있을 따름입니다. 퇴계에 대한 비판과 대조적으로 북한이 성리학자 가운데 가장 내세우는 인물은 화담 서경덕입니다. 북한 학자들은 서경덕을 "15, 16세기에 전 세계를 통틀어 가장 뛰어난 유물론자"라고 극찬합니다. 하지만 남쪽의 서경덕 연구는 한국철학 연구 전체의 3%도 되지 못합니다. 이처럼 남과 북은 연구 내용에서도 정반대의 길을 가고 있는 셈입니다.

사실 북한의 전통철학 연구 목적은 "사회주의 새 문화와 생활 기풍을 창조 발전"시키고, 북한사람들을 "사회주의 애국정신으로 무장"시키기 위한 것입니다. 북은 이러한 목적을 위해 전통철학 가운데 시대에 뒤떨어지고 반동적인 것은 버리고 진보적이고 인민적인 것만을 비판적으로 계승·발전시키자고 합니다. 이런 관점에서 본다면 퇴계의 철학은 낙후하고 반동적인 것이며, 화담의 철학은 진보적이고 인민적인 것이 됩니다. 이런 입장에서 북은 전통철학을 올바르게 비판·계승하기 위하여 두 가지 기준을 제시합니다. 하나는 "문화유산의 사상적 본질을 밝히며 계급적 견지에서 력사적 진보성과 제한성에 대한 평가를 내리는" 계급주의 원칙이고, 다른 하나는 "민족문화유산의 력사적 진보성과 의의 및 그 제한성을 발생 발전의 력사적 견지에서 분석 평가하는" 역사주의 원칙입니다.

그 가운데 먼저 계급주의 원칙을 보면 북은 철학사 전체를 피지배 계급의 이념인 유물론과 지배 계급의 이념인 관념론이 서로 대립하면서 싸워 온 역사라고 이해하고 있습니다. 예를 들면 성리학의 경우에 氣를 주장하면 유물론이고 理를 주장하면 관념론이라는 것입니다. 그러나 시대에 따라서는 지배 계급의 이론들 속에도 계급 투쟁이 있었다고 봅니다. 그리고 가장 중요한 기준으로 계급주의를 내세우면서도 외세가 밀려들던 근대 이후의 철학을 다룰 때에는 민족을 지키기 위한 외세와의 투쟁이 더 중요하다는 점에서 계급 모순보다 민족 모순을 더 중요한 모순으로 보기도 합니다. 철학사의 흐름 가운데 북에서 주목하는 계급 투쟁의 예는 교종과 선종의 투쟁, 불교와 주자학의 투쟁, 주자학 내부 여러 조류의 투쟁 등이며, 그 가운데서도 특히 주목하는 시기는 15, 16세기 성리학 내부에서 발생한 투쟁입니다.

북은 이 시기 사상의 흐름을 세 갈래로 나눕니다. 첫째 갈래는 유물적 요소인 氣를 강조함으로써 사회적으로 몰락한 하층 양반들과 근로 인민 대중의 이익을 중시한 김시습과 서경덕이고, 둘째 갈래는 관념적 요소인 理를 강조함으로써 지배 계급인 대토지 소유자의 이익을 대변한 이황이며, 셋째 갈래는 처음에는 이기이원론을 주장하여 두 입장의 중간 지점에서 있다가 나중에는 氣보다 理를 더 강조함으로써 결과적으로 중소 토지 소유자들의 이익을 대변한 이이입니다. 그러나 크게 유물론 진영과 관념론 진영으로 나눈다면 이이는 이황 편으로 기울었다고 봅니다.

다음으로 역사주의 원칙을 보면 역사에서는 다양한 사회적 조건들이 각 시기마다 발전적 요소로 작용하기도 하고 걸림돌이 되기도 한다고 봅니다. 그렇기 때문에 시대의 산물인 철학사상 속에는 긍정적인 면과 부정적인 면이 함께 들어 있다는 것입니다. 이런 입장에서 북은 진보적이며 인민적인 민족문화유산에도 계급적 제한성이 들어 있다고 봅니다. 따라서 어떠한 사상을 다루더라도 긍정적인 측면만을 끌어내어 사실을 과장해서도 안 되고, 반대로 부정적인 측면만을 강조하여 지나치게 현대적 요구와 어긋나는 부분만을 찾아내는 잘못을 범해서도 안 된다고 합니다. 그렇기 때문에 시대적 조건을 따지는 역사 분석이 철학 연구에 반드시 필요하다는 것입니다. 이런 입장에서 북의 철학사 책들은 철학사상을 설명하기 전에 정치, 사회, 경제 등의 배경을 설명하고 있으며 심지어 과학기술의 발전까지 언급하고 있습니다. 이런 점은 북이 다산 정약용의 사상을 높이 평가하면서도 그 안에 역사적 한계가 들어 있음을 강조하는 것으로 나타납니다.

이 같은 북의 입장에 대해 남쪽 연구의 주류는 보편주의 원칙과 객관주의 원칙을 내세웁니다. 보편주의 원칙은 계급주의 원칙에 대한 반대 기준이며 객관주의 원칙은 역사주의 원칙에 대한 반대 기준인 셈입니다. 그 가운데 먼저 보편주의 원칙을 보면 철학은 시대적 특수성을 넘어서서 모든 시기에 공통적으로 적용될 수 있는 본질을 지니고 있다고 봅니다. 그래서 성리학의 경우에는 그 학문의 목적이 인간의 보편성을 추구하는 데 있기 때문에 비록 중세에 만들어진 철학이지만 시간적 한계를 넘어 오늘날에도 여전히 유효한 철학이라는 주장으로 나타납니다. 시대와 맞지 않게 동성동본 불혼을 주장하거나 호주제를 지켜야 한다는 주장은 바로 이러한 논리 위에 서 있는 것입니다. 그렇기 때문에 어떤 철학사상을 연구할 때에도 대부분 그 철학 자체에 담겨 있는 논리를 분석하거나 철학사적 의미를 정리하는 데 초점을 맞출 뿐입니다.

다음으로 객관주의 원칙을 보면 남쪽 연구자 대부분은 과거의 철학 연구란 그 사상의 모습을 그대로 드러내는 일이라고 봅니다. 그런 점에서 가능한 한 연구자의 주관을 최소화해야 한다는 것입니다. 그래서 많은 연구들이 철학사상만을 독립시켜 다룰 뿐 그 철학이 만들어진 사회 경제적 배경이나 당시 과학기술의 발전 같은 외적 조건과 연관하여 다루지 않습니다. 이처럼 시대적 상황과 분리하여 철학사상만을 다루는 연구 방법은 전통적인 고증학적 연구 방법의 연장선 위에 있는 것으로서 과학성과 역사성을 상실한 박제화된 주장이 되기 쉽습니다.

더욱 슬픈 사실은 남과 북이 이처럼 상반된 입장에 서서 서로의 연구 방법을 적극 비판하고 있는 점입니다. 북에서는 이황을 중시하는 남쪽의 전통철학 연구를 "인민들에 대한 통치 계급의 착취와 계급적 압박을 합리화하는 도구"라고 비판하며, 연구 방법에 대해서도 "부르죠아 반동철학사가나 기회주의자들은 항상 철학사 연구에서 소위 '무당성', '초계급성'을 들고 나오면서 철학사상의 계급성을 가리우며, 철학사가의 임무는 사실을 수집하여 그것을 거저 기록하면 된다고 떠벌인다"고 비난합니다. 하지만 이에 대한 남의 비판 역시 만만치 않습니다. 일부 철학 연구자들은 주체철학을 가리켜 '철학사적 우민화' 작업이라고도 하고, 북한의 연구자들이 유물론에 사로잡혀 전통철학의 참의미를 알지 못하고 있다고 비난합니다. 하지만 남쪽에는 이 같은 일방적 비판 외에 남북을 공정한 시각에서 분석하고 서로의 단점을 지적하는 목소리까지 공존하고 있기 때문에 한목소리만을 내는 북에 비해 상대적으로 열린 연구틀 위에 서 있습니다.

이런 점에서 지금으로서는 남북 학술 교류에 대한 기대를 남쪽에 걸 수밖에 없습니다.

사실 양자의 이 같은 비판은 대부분 일방적인 것이며, 냉정하게 본다면 남북 모두 어느 정도의 잘못을 지니고 있습니다. 크게 보면 남쪽의 주류는 '관념사적 집착'에 머물러 있고, 북쪽은 '유물론적 집착'에 머물러 있는 것입니다. 그래서 남쪽이 사회경제사와의 관련을 별로 따지지 않으면서 검증 과정도 없이 과거 철학을 오늘날의 현실로 그대로 끌고 나오려 한다면, 북쪽은 유물론과 관념론의 도식을 무차별로 적용하여 전통철학 가운데 자신들의 입맛에 맞는 부분만을 강조하고 있는 것입니다. 그리고 인물 연구의 경우도 북쪽이 자신들의 이데올로기에 맞는 인물에만 집중하고 있다면, 남쪽은 조상을 빛내기 위한 집안들의 지원을 쉽게 받아들임으로써 본래의 철학사적 의의나 가치와는 상관없는 왜곡된 연구 성과를 가져올 수 있습니다. 그 밖에 북은 한국철학에 많은 영향을 준 중국·인도 철학에 대한 연구 성과를 도외시하고 오직 한국철학에만 매달려 있기 때문에 국수주의적 한계를 보이기도 합니다. 하지만 북의 이러한 모습을 열린 마음으로 본다면, 그동안 서양 유명 철학자들의 관심을 따라 떼 지어 몰려가고, 동양철학 연구에서도 중국이나 일본 연구자들의 주장을 답습해 온 우리의 현실을 냉정하게 반성하는 계기가 될 수도 있습니다. 전체적으로 볼 때 이 같은 남북의 상황은 너무도 소모적이어서 통일을 위해서는 아무런 도움도 되지 않을 것입니다. 그렇다면 우리는 남과 북 서로가 가진 문제를 지양하기 위해 어떠한 자세를 가져야 할까요? 이런 문제를 논할 때에는 먼저 상대적으로 논의가 자유로운 남쪽이 북쪽으로부터 배워야 할 점을 따져 봄으로써, 남쪽의 철학적 방법을 풍부하게 만들어 통일에 대비한 철학을 구상해 보는 것이 좋을 것이라고 생각됩니다.

그 첫째는 연구 성과를 표현하는 방법입니다. 사실 남쪽 연구 성과들은

대부분 용어가 너무 전문적이고 설명이 어려울 뿐만 아니라 대부분 한문을 그대로 살려 쓰고 있기 때문에 일반인들이 이해하기 힘든 것은 물론이고 그 시대나 그 인물을 전공하는 사람이 아니면 비슷한 전공을 하는 사람들끼리도 의사 소통하는 데 어려움을 겪는 경우까지 있습니다. 그러나 이와 달리 북쪽은 대부분의 글이 특별한 경우를 제외하고는 인용문이나 출전을 밝히지 않고 있으며, 순수한 우리말을 최대한 살린 글쓰기를 하고 있습니다. 이 문제는 전통철학의 대중화를 위해서도 남쪽이 본받을 필요가 있습니다. 두 번째는 학파의 분류 방식입니다. 성리학의 경우를 보면 남쪽은 아직도 식민사학자 고교형이 만든 주리·주기 이분법을 많이 쓰고 있습니다. 고교형은 일제 강점 초기 총독부 관리로 왔다가 경성제국대학을 세울 때 사학과 교수로 눌러앉아 식민사관의 기초를 마련한 대표적 이론가입니다. 고교형의 식민사관은 그가 쓴 〈이조 유학사에 있어서 주리 주기파의 발달〉에 잘 나타나 있습니다. 고교형은 한국사상의 특징을 세 가지로 설명하였습니다.

그 첫 번째 특징은 조선왕조 수백 년 동안 주자학에만 매달린 것처럼 한 가지에만 집착하는 사상적 고착성이며, 두 번째 특징은 이황과 이이를 중심으로 한 4단7정 논쟁에 드러난 것처럼 독창성 없이 중국 철학을 그대로 답습하는 종속성이고, 세 번째 특징은 퇴계-주리론-영남 학파 대 율곡-주기론-기호 학파로 나뉘어 당쟁을 하고 그 결과 조선의 멸망을 초래한 분열성이라고 하였습니다. 이러한 논리는 우리 사상사를 왜곡하여 자신들의 식민 지배를 정당화하려는 주장이었습니다. 하지만 남쪽은 지금도 여전히 고교형의 주리·주기 이분법을 큰 비판 없이 받아들이고 있습니다. 그러나 이와 달리 북쪽은 1960년에 나온 《조선철학사》(상)에서 이미 조선 중기 성리학의 흐름을 김시습-서경덕의 기일원론, 이이의 이원론, 이황의 일원론으로 나누고, 이를 그 이후의 흐름인 실학, 개화사상, 위정책사와 연결함으로써 고교형의 논리를 극복하였습니다. 물론 북쪽의 논리는 유물사관에 근거한 것입니다. 하지만 식민사관을 극복하기 위한 이러한 노력은 남쪽도 반드시 수행해야 할 과제인 것입니다.

한국철학의 미래를 위하여

한국 철학사상과 관련된 강의자리에 가면 기대가 무너질 것을 뻔히 알면서도 강의에 앞서 먼저 한국철학 관련 책을 읽은 적이 있는지를 묻는 것이 습관처럼 되었습니다. 이미 사회에서 중추적인 역할을 하다가 정년을 하신 분들이 대부분인 자리에서나, 철학을 전공하겠다고 철학과를 택한 학생들의 한국철학사 강좌 첫 시간에서나, 한국철학사를 읽어 보았거나 한국철학에 관한 책을 읽어 본 사람은 손을 들어 보라고 하면 대부분 서로의 얼굴만 쳐다볼 뿐입니다. 물론 이런 결과의 첫 번째 책임은 한국철학 전공자들의 몫입니다. 하지만 우리 사회가 과연 한국철학이 설 만한 여유를 주었는지도 따져야 할 것입니다.

지금은 한국철학이라는 표현이 낯설지 않게 되었지만 사실 10여 년 전만 해도 한국철학은 그냥 동양철학이란 말 속에 포함된 용어였습니다. 더구나 순수하게 한국철학을 전공하는 사람도 별로 없었고 한국철학을 전공해서는 먹고살 길도 막막했습니다. 지금도 사정이 크게 나아진 것은 아니지만 그래도 이제는 한국철학이라는 용어가 낯설지 않게 되었고 한국철학 관련 책들도 서점의 서가를 장식하고 있습니다. 하지만 한국철학이 그 기반을 더 튼튼히 다지려면 많은 사람들의 의식부터 바뀌어야 합니다. 그리고 우리 고유 사상을 알고자 하는 주체 의식을 바탕으로 조상들의 사유 체계를 이해하고, 나아가 우리 철학을 현실에 되살려 내겠다는 실천이 뒤따라야 합니다. 그러기 위해서는 우리 모두 '한국철학 지킴이'가 되어야 합니다.

 문화에 대한 관심이 높아지고 사회적인 여유와 함께 시민 운동이 자리를 잡으면서 독특한 일을 하는 사람들이 우리 주변에 생겼습니다. 경복궁이나 덕수궁, 창경궁 같은 고궁에는 공무원이 아닌데도 찾아온 관람객들에게 자진해서 우리 문화재를 설명하는 사람들이 있습니다. 이들은 바로 '궁궐 지킴이'라고 불리는 자원 봉사자들입니다. 그 가운데에는 젊은 사람들도 있고, 나이 든 분들도 있으며, 아주머니들도 있습니다. 대부분 생업을 따로 가지고 있으면서도, 스스로 원해서 6개월 동안 문화관광부의 지원을 받아 일주일에 여섯 시간씩 전문적인 교육을 받은 다음, 이삼 일에 한 번 정도 고궁에 나와 안내인을 자처하고 있는 것입니다. 언젠가 학생들을 데리고 경복궁을 찾았을 때 설명을 맡아 준 60이 넘어 보이는 '궁궐 지킴이'는 학생들에게 두 시간 정도를 열심히 설명하고서도 아직 한 시간 이상은 더 설명해야 한다면서 아쉬움을 감추지 못하였습니다. 설명은 자연과 어우러진 궁궐 전체의 균형, 처마나 창문의 구조부터 그냥 지나치기 쉬운 담장·굴뚝의 문양, 작은 조각물의 의미까지 아주 작은 것 하나 놓치는 것이 없었습니다. 더구나 조선 시대의 제도와 같은 주변 지식뿐 아니라 건축물 바탕에 깔린 동양적 사유 체계까지 열성을 다해 두루 설명하는 모습에 놀랐습니다. 그리고 안내를 아쉽게 끝내면서 오후에는 또 다른 교육을 받으러 간다고 했습니다.

 요즈음 우리 나라를 찾는 외국 관광객들은 50% 정도가 중국사람이고 30%는 일본사람이며, 그 나머지가 서양사람이라고 합니다. 우리 문화재에 대한 자세한 설명이 없다면 중국 관광객들은 크기의 웅장함을 자랑하는 자신들의 문화재에 비해 그저 이웃 나라의 볼품 없는 문화재 정도로 보고 지나칠 것이며, 일본 관광객 역시 자신들의 인공적인 문화재에 길들

여겨 큰 감흥을 받기 어려울 것입니다. 하지만 '궁궐 지킴이'들은 그들의 이런 생각을 바꾸는 데 큰 역할을 하고 있습니다. 그리고 더 중요한 것은 바로 이들이 우리들에게 우리 문화의 소중함과 자부심을 느낄 수 있도록 한다는 것입니다. 그런 점에서 '궁궐 지킴이'는 단순히 전통 문화재를 이해하고 설명하는 사람들이 아니라 민족의 자존심과 주체성을 지키는 사람들인 것입니다.

　이처럼 한국철학에도 '한국철학 지킴이'들이 나올 수는 없을까요? 문화의 뿌리는 철학과 사상이며, 고유의 철학이 뒷받침하지 못한 문화는 일시적 유행에 그칠 수밖에 없습니다. 따라서 우리 문화를 더 깊이 이해하고 오늘에 맞는 새로운 문화를 창출하려면 반드시 우리 철학사상에 대한 이해가 있어야 하는 것입니다. 그렇다고 우리 모두 국수주의자가 되자는 것은 아닙니다. 국수주의는 오히려 자신의 문화를 올바르게 이해할 수 없으며, 아울러 남의 문화를 받아들여 우리 문화를 풍부하게 만들어 갈 수도 없습니다. 자만이 아닌 자긍으로, 자기 비하가 아닌 자기 확신으로 한국철학을 이해하고 사랑하며, 나아가 우리 고유의 사유체계를 오늘 현대사회에 응용해 낼 수 있는 사람들이 주변에 늘어날 때 우리 철학은 우리 현실을 갈아엎는 보습이 될 수 있는 것입니다.